2020 年国家社会科学基金社科学术社团主题学术活动资助项目 批准号：20STB033

长城国家文化公园建设推动区域经济发展专题论坛论文集

Treatises on Construction of the Great Wall National Cultural Park Promoting the Regional Economic Development Forum

中国长城学会 八达岭特区办事处 编

燕山大学出版社
·秦皇岛·

图书在版编目（CIP）数据

长城国家文化公园建设推动区域经济发展专题论坛论文集 / 中国长城学会，八达岭特区办事处编. —秦皇岛：燕山大学出版社，2021.6

ISBN 978-7-5761-0197-3

I. ①长… II. ①中… ②八… III. ①区域经济发展－华北地区－文集 IV. ① F127.2-53

中国版本图书馆 CIP 数据核字（2021）第 103928 号

长城国家文化公园建设推动区域经济发展专题论坛论文集

中国长城学会 八达岭特区办事处 编

出 版 人：陈 玉
责任编辑：方志强 裴立超
装帧设计：方志强
出版发行：燕山大学出版社 YANSHAN UNIVERSITY PRESS
地 址：河北省秦皇岛市河北大街西段 438 号
邮政编码：066004
电 话：0335-8387555
印 刷：秦皇岛墨缘彩印有限公司
经 销：全国新华书店

开 本：889mm×1194mm 1/16　印 张：21.25　插 页：16　字 数：548 千字
版 次：2021 年 6 月第 1 版　印 次：2021 年 6 月第 1 次印刷
书 号：ISBN 978-7-5761-0197-3
定 价：298.00 元

2020年9月29日，由中国长城学会、北京市文物局、《文明》杂志社和中共北京市延庆区委宣传部主办，北京市延庆区文化和旅游局、八达岭特区办事处、中国长城博物馆和清华大学建筑学院文旅研究中心承办的2020中国长城文化学术研讨会暨八达岭长城峰会在北京市延庆区召开

中国长城学会副会长兼秘书长袁安升致辞

北京市延庆区人民政府副区长丁章春致辞

北京市文物局遗产处处长范军致辞

《文明》杂志社社长娄晓琪致辞

八达岭特区办事处副主任李东致辞

北京市朝阳区政协副主席、北京国际城市发展研究院院长连玉明发言

中国长城学会副会长董耀会发言

中央民族大学历史文化学院教授李鸿宾发言

中国科学院空天信息创新研究院副主任王心源发言

中央民族大学历史文化学院教授彭勇发言

《文明》杂志社编审季燕京发言

清华大学建筑学院文旅研究中心主任邬东璠发言

中国长城研究院院长赵琛发言

天津大学建筑学院副教授李哲发言

中国农业大学规划设计研究院乡村振兴战略规划所所长刘晴发言

清华同衡规划设计研究院副总规划师刘岩发言

中华全国供销合作总社社团处处长周子乔发言

中国长城学会副会长董耀会（左1），中共临洮县委副书记岳中平（左2），中共山阴县委常委、宣传部部长刘宇（左3），丹东市城建文旅集团董事长陈国强（左4），中共山丹县委常委、宣传部部长杨友楠（左5）参加“长城区域经济社会发展”主题交流对话

清华大学建筑学院文旅研究中心主任邬东璠（左 1）、中国人民大学公共管理学院城市规划与管理系主任郐艳丽（左 2）、中国传媒大学亚洲传媒研究中心常务副主任文春英（左 3）、清华大学文化创意发展研究院副院长殷秩松（左 4）、清华同衡规划设计研究院遗产保护与城乡发展中心主任工程师杜凡丁（左 5）参加“长城文旅融合”主题交流对话

中国科学院空天信息创新研究院研究员、UNESCO 国际自然与文化遗产空间技术中心副主任王心源（左 1），清华大学北京清城睿现数字科技研究院院长贺艳（左 2），中国科学院航空遥感中心高级工程师张哲（左 3），中国科学院空天信息创新研究院副研究员骆磊（左 4），中国测绘科学研究院陈一铭博士（左 5）参加“长城数字化保护”主题交流对话

内蒙古自治区长城保护中心主任赵少英（左2）、河北地质大学长城研究院副院长彭运辉（左3）、北京科技大学国际学院副教授张明弘（左4）、北京联合大学旅游学院旅游与城乡发展中心主任汤利华（左5）参加“长城历史文化”主题交流对话

清华大学城市建设艺术设计研究所所长助理赵鑫（左 1）、北京文化遗产保护中心秘书长杨兆凯（左 2）、东方园林投资公司产业研究中心总经理张麟（左 3）、中青旅博汇会展运营管理公司总经理刘宏伟（左 4）、清华同衡规划设计研究院副总规划师刘岩（左 5）参加“长城保护利用的 DIBO 思路”主题交流对话

中国农业大学规划设计研究院副总工程师崔山（左2），河北省新农村超市行业协会副会长李增贤（左3），北京建筑大学建筑与城市规划学院教授穆钧（左4），中共山丹县委常委、宣传部部长杨友楠（左5）参加“农业发展与乡村振兴”主题交流对话

中国长城学会副会长王志国作了会议总结发言：这次会议克服了疫情影响，保证了交流研讨的充分性和实用性。下一步要作好学术交流成果的落地，会议研讨并不是目的，关键是成果的应用，要把与会各方提出的真知灼见应用到长城事业发展的实践工作中，推动区域经济社会发展。今后，还要开展更加深入的专题研讨，更好地服务于长城国家文化公园建设

北京八达岭长城　陆军摄影

长城国家文化公园建设推动区域经济发展研究还要做下去

董耀会

2020年5月，中国长城学会向全国哲学社会科学工作办公室申报国家社科基金社科学术社团主题学术活动资助，活动名称为“长城国家文化公园建设推动区域经济发展专题论坛”。2020年8月，全国哲学社会科学工作办公室通知中国长城学会：经专家评审并报全国哲学社会科学工作领导小组批准，中国长城学会申请的国家社科基金社科学术社团主题学术活动“长城国家文化公园建设推动区域经济发展专题论坛”获准立项，批准号20STB033，项目类别为学术会议类。

2018年，中国长城学会新一届领导班子产生之后，决定每年主办一次中国长城文化学术研讨会暨八达岭长城峰会。会议由中国长城学会、北京市文物局、《文明》杂志社和中共北京市延庆区委宣传部主办，北京市延庆区文化和旅游局、八达岭特区办事处、中国长城博物馆和清华大学建筑学院文旅研究中心承办。2020中国长城文化学术研讨会暨八达岭长城峰会主题即为“长城国家文化公园建设推动区域经济发展”。

在国家社科基金资助下，论坛紧紧围绕长城国家文化公园建设，聚焦长城区域经济社会发展、长城保护利用、长城文旅融合、长城学术研究、农业发展与乡村振兴等议题，进行了充分的交流。来自中国长城学会、中国测绘科学研究院、中国科学院航空遥感中心、中国科学院空天信息创新研究院、中华全国供销合作总社、清华大学、天津大学、北京建筑大学、中央民族大学、中国传媒大学、北京联合大学、中国农业大学规划设计研究院、东北大学秦皇岛分校、河北地质大学、北京国际城市发展研究院等院校和机构的专家以及北京、辽宁、内蒙古、河北、山西、甘肃等长城沿线各地政府机构的代表参加了会议研讨。

2019年9月，中共中央办公厅、国务院办公厅印发的《长城、大运河、长征国家文化公园建设方案》对国家文化公园建设的主要目标，作出了明确的规定。建设长城国家文化公园，需要对国家文化公园建设目标有明确了解，对目标的衡量标准有清晰理解，这些都需要作深入的理论研究。这是做好长城国家文化公园建设工作的基础。“长城国家文化公园建设推动区域经济发展专题论坛”的成功举办，为进一步推动长城国家文化公园建设，促进我国长城事业的顶层规划、统筹协调、工作协同和信息共享提供了坚实的学术支撑，让长城这一中华文明的特质文化资源，作为推动文明交流互鉴和构建人类命运共同体的文明底蕴与文化气度的载体，在新时代发挥更大作用。

论坛的研究方向紧紧围绕长城国家文化公园建设的内容和目标进行，主要是围绕四大主体功能区和五大工程中与长城区域经济发展有关的内容。中央要求国家文化公园的建设，结合国土空间规划分为四大主体功能区。并且强调这四大主体功能区，要根据各地文物和文化资源的整体布局、资源差异以及周边人居环境自然条件、配套设施等情况进行规划设计。

第一个主体功能区是管控保护区。管控保护区是针对长城及相关文物本体保护而设置，应该是和长城保护规划确定的文物保护单位的保护范围相一致，或是说只能比文物保护单位的保护范围更大而不能更小。管控保护区内不仅要对长城文物的本体进行保护，还要对长城所在地的周边环境实施严格保护和管控。

第二个主体功能区是主题展示区，包括核心展示园、集中展示带、特色展示点等展示空间。核心展示园是对人们开放的空间，是人们参观、游览的地方，所以要求地理位置和交通条件都要相对便利。各地在安排核心展示园的时候，首先要选择开放的游览景区。因为这些景区的地理位置都很好，交通也相对便利。核心展示园应是国家级的文物和文化资源的重点地段。在这个基础上再考虑要有游览的便利、地理位置的便利、交通的便利等条件。这一点很重要，国家文化公园说到底还是一种公园的属性，公园就是让人们来玩儿的。一个进不来出不去的地方，人们怎么来玩儿啊？有了核心展示园，再安排集中展示带。长城作为线性文化遗产，集中展示带也非常重要。要把长城文化带上相应的省、市、县级文物资源，汇集成文化载体密集的文化展示带，并将这条线上与长城相关的文物资源串联起来，形成一条长城历史文化的集中展示带。主题展示区再下面一个层级是特色展示点，主要是一些有特殊文化意义或者是体验价值，但是布局又较为分散的长城相关文物点。特色展示点或是体量不够大，或是远离核心展示园和集中展示带的区域，但却有特殊的文化意义，所以可以规划为特色展示点。

第三个主体功能区是文旅融合区。文旅融合区主要是利用长城文物和文化资源的外溢辐射效应，推动长城区域的经济发展。这是长城国家文化公园建设文旅深度融合发展的主体功能区。文旅融合要作出业态，不是重新粉刷一下农村的墙壁、建几个或改造几个厕所、设几个游客服务中心或修建几个游客停车场。发展文旅融合不是仅仅做这些面子活。文旅融合要推动旅游产业的发展，要作出文旅项目、文旅产品，要发展文旅产业。

第四个主体功能区是传统利用区。在城乡居民传统的生活、生产区域，通过合理保存传统的文化生态，适度发展文化旅游，发展特色生态产业。在这个区域，要适当控制大规模的生产经营活动，要逐步疏导那些不符合国家文化公园建设规划要求的设施和项目撤出这个地区。传统利用区不应该是我们今天的建设内容，而是一代代的人在这个地区从事生产、生活形成特色传统的一个区域。对传统利用区也是首先要保护这里的特色，同时要适度地发展文化旅游、特色生态产业。

“长城国家文化公园建设推动区域经济发展专题论坛”收录研究成果的标准，就是服务于四大主体功能区和五大工程建设。中央要求长城国家文化公园建设，要坚持保护优先、强化传承，文化引领、彰显特色，总体设计、统筹规划，积极稳妥、改革创新，因地制宜、分类指导的原则，主要的目标任务是管控保护、主题展示、文旅融合、传统利用四大类的主体功能区建设。国家部署的各项建设任务是否落到了实处，主要是看四大主体功能区建设是否能很好地完成，五大工程的实施是否能高质量地完成。

本次专题论坛，各高等院校科研院所及长城沿线各相关领域的学者，针对长城国家文化公园建设议题进行了系统研讨，并就促进我国长城事业的顶层规划、统筹协调、工作协同和信息共享达成了共识。与会论文主要聚焦于长城国家文化公园在主题展示、文旅融合、传统利用的三个重要方面，论坛以“长城国家文化公园建设推动区域经济发展”为主题，以推动长城国家文化公园建设，特别是以促进长城沿线地区文旅产业及现代农业产业发展为目的，邀请文化传播领域、文旅体产业、现代农业产业及乡村振兴发展等领域的相关政府部门、业内专家、创投机构、服务机构、头部行业企业共同参与，为长城沿线地区提供政策指导、理念与路径输出、资源与合作对接。

《长城国家文化公园建设推动区域经济发展专题论坛论文集》收录了本次论坛主题报告、论坛发言，充分体现了会议的学术成果。论坛的成功举办，助力长城国家文化公园建设推动区域经济发展和社会文化建设，国家文化公园领导小组办公室对此给予了高度的评价，并以《长城国家文化公园建设推动区域经济发展论坛在京举办》为题，专门编发了一期《工作简报》。国家文化公园领导小组办公室认为，此次论坛“为推动长城国家文化公园建设和推动区域经济发展，为加强顶层设计、工作协同和信息共享等提供了重要智力支持”。

我作为国家社科基金这个社科学术社团主题学术活动项目的负责人，刚接到这个任务的时候感到压力很大。长城国家文化公园建设是一个新事物，推动长城区域经济发展又是一项操作性很强的硬任务。感谢主办、承办单位领导和同志们的支持，感谢专家学者的积极参与，保障了论坛的成功举办。长城国家文化公园建设推动区域经济发展的研究工作还要做下去，论文集的出版将在更大范围扩大论坛成果的分享与交流，将围绕长城国家文化公园建设推动区域经济发展这一主题，促进开展新的更深入的研究工作。

目 录
CONTENTS

在长城国家文化公园建设推动区域经济发展论坛上的讲话

袁安升（中国长城学会副会长兼秘书长）

尊敬的各位专家、各位来宾，新闻界的朋友们，大家上午好！

在中秋和国庆佳节到来之际，我们相聚在雄伟壮丽的八达岭长城，共同探讨长城文化与长城国家文化公园建设，很有意义。受许嘉璐会长的委托，我谨代表中国长城学会，对研讨会的召开表示热烈祝贺！向对峰会给予大力支持，付出艰辛努力的北京市文物局、延庆区政府、《文明》杂志社、八达岭特区办事处，表示衷心感谢！向矢志不渝，长期坚守在长城保护、研究、宣传一线的各位专家学者、各位同人，表示崇高的敬意！

习近平主席指出，长城是中华民族的代表性符号，是中华文明的重要象征。凝聚着中华民族自强不息的奋斗精神和众志成城、坚韧不屈的爱国情怀。许嘉璐会长要求，新时代长城研究要契合时代精神和要求，服务于长城保护总体规划和长城文化公园建设工作。这次研讨会，围绕“长城国家文化公园建设与推动区域经济发展”这个主题，为长城国家文化公园建设把脉开方、献计献策。把准了时代脉搏，顺应了实践呼唤，回应了重大关切，彰显了长城文化研究的价值，对于提升长城研究的历史地位，促进长城文化与新时代国家战略深度融合，必将产生积极意义。希望与会的专家学者，围绕这次会议主题，集思广益、深入探讨，力争多出一些好的、大的理论成果和制度成果，切实在资政育人、助力政府决策的方向发挥作用。希望长城研究的同人们，遵照习近平主席在科学家座谈会上提出的“四个面向”的指示精神，进一步提高长城研究的质量效益，力争在重筑民族精神、凝聚人民意志方面有所建树，在弘扬中华文明、增强文化自信方面有所贡献，在挖掘长城内涵、服务国家战略方面有所作为。

最后，预祝研讨会圆满成功！

第一章

保护管理篇

长城国家文化公园建设之区域文旅发展新战略

董耀会 *

2019 年 7 月 24 日，中央深改委第九次会议审议通过了《长城、大运河、长征国家文化公园建设方案》，国家建长城文化公园是一项重大的文化工程。2019 年 9 月 30 日，中共中央办公厅、国务院办公厅印发了《长城、大运河、长征国家文化公园建设方案》（以下简称《方案》）。

国家建长城文化公园既是国家文化战略，同时也是以文旅、农旅融合为导向的区域发展之新战略。长城国家文化公园建设的背景是发掘好、利用好丰富的长城文化、长城文物和相关文化资源。我们既要了解中央的指导思想、基本原则和主要目标，还要了解长城国家文化公园建设的国家规划、管理机制和国家重点工程安排等。这样在推动长城文旅发展的过程中就可以对国家文化公园建设的时间表、路线图有一个明确的把握。

为什么说长城国家文化公园建设是以文旅、农旅融合为导向的区域发展之新战略？《方案》中明确提出的四大主体功能区，第三项是文旅融合区；第四项的传统利用区，也是农旅融合的业态；五大工程的第四项，也是文旅融合工程。

一、长城国家文化公园建设的指导思想

中央关于长城等国家文化公园建设的指导思想是什么？我们应该如何认识和把握国家文化公园建设的指导思想？关于指导思想，《方案》里提得非常明确，就是要强调全面贯彻党的十九大精神，以长城、大运河、长征沿线一系列的主题明确、内涵清晰、影响突出的文物和文化资源作为主干，生动地呈现中华文化的独特创造价值理念和鲜明特色，促进我们科学保护、世代传承、合理利用，积极拓展思路、创新方法、完善机制，做大做强中华文化的这一重要标志。笔者认为这就是国家文化公园建设的指导思想，学习中央文件首先要理解这一点。

---

* 董耀会，中国长城学会副会长，河北地质大学长城研究院院长，燕山大学中国长城文化研究与传播中心主任、教授，《中国长城志》总主编。

中央为了加强对国家文化公园建设的领导，专门成立了长城、大运河、长征三大文化公园建设的领导小组。领导小组负责全面的工作，领导小组下面设办公室负责具体工作。其中，长征文化公园建设是中宣部和文旅部两家部委牵头，大运河是由国家发改委和文旅部牵头，长城文化公园是文旅部和国家发改委两个部委联合牵头。其实，也就是大运河国家文化公园以国家发改委为主，长城国家文化公园以文旅部为主负责。目前，长城国家文化公园各省的规划编制工作都已经完成，有的好一些有的差一些。河北省的最好，内蒙古自治区的最差，就简单的几页纸，现在正在由北京建筑大学汤羽扬教授主持重做。总的来说，各项工作的开展都还比较顺利。

《方案》首先是强调一定要处理好长城传承保护与合理利用之间的关系。保护和利用这两个方面既要兼顾，又要有所侧重。兼顾和侧重是原则话，好说不好做。长城国家文化公园的四大类主体功能区，第一项就是管控保护区，实施的五大工程，第一项也是保护工程。保护工程肯定是动作最快的，现在国家已经开始安排重大修缮保护项目。

长城国家文化公园既要严防不恰当开发和过度商业化，又要鼓励各级政府和企业对长城文化旅游资源进行开发。不但要开发，还要培育一批有竞争力的长城文旅企业。为什么强调利用、强调开发？就是说要让文物说话，让历史活化，让文化能走入人们的生活。推动中华优秀传统文化不能只靠说，而要走出一条创造性转化、创新型发展的路子，才能把传承和发展先进文化等一系列中央精神落到实处。

二、长城国家文化公园建设的基本原则

长城国家文化公园建设的基本原则是什么？基本原则一共有 5 个，其中第一个原则就是保护优先，强化传承。这是国家文化公园建设的核心任务。长城国家文化公园建设过程中必须要落实保护第一的原则，严格落实保护为主、抢救第一、合理利用、加强管理的文物工作方针，这是《文物保护法》规定的。长城国家文化公园建设就是要真实、完整地保护传承文物和非物质文化遗产，突出活化传承和合理利用，与人民群众精神文化生活要深度融合、开放共享，在保护的基础上，强化对中华民族优秀文化的传承。

第二个原则是文化引领，彰显特色。《方案》明确写道：坚持社会主义先进文化发展方向，深入地挖掘文物和文化资源的精神内涵，充分体现出中华民族伟大的创造精神、伟大的奋斗精神、伟大的团结精神、伟大的梦想精神，焕发新时代风采。长城国家文化公园建设首先要能够充分地体现中华民族的创造精神，我们祖先在当时的条件下，修建万里长城以维护长城内外的和平为目的，就是中华民族创造精神的体现。长城国家文化公园建设要在这方面进行深入的挖掘和展示。

第三个原则是总体设计，统筹规划。中央要求：建设要坚持规划先行，突出顶层设计，统筹考虑资源条件、人文历史区位特点、公众需求，注重跨地区、跨部门协调，与法律法规制度规范要有效衔接，发挥文物和文化资源综合效应。长城国家文化公园建设正在做建设保护规划，国家文旅部在做全国的建设保护规划，各个相关省份也都在做相应的建设保护规划，这些工作都是在落实《方案》中规划先行、突出顶层设计的要求。

第四个原则是积极稳妥，改革创新。中央要求：突出问题意识，强化全球视野、中国高度、时

代眼光，破除制约性和深层次矛盾，既着眼长远又立足当前，既尽力而为又量力而行，务求符合基层的实际，得到群众认可，经得起时间检验，打造民族性、世界性兼容的文化名片。我们要深入思考和认识，如何强化全球视野？什么是中国高度？什么是时代眼光？怎么做才能经得起时间检验？长城国家文化公园建设是一项历史使命，落到我们这一代人的头上是我们的荣幸，我们怎么做才能不辜负这个使命？

第五个原则是因地制宜，分类指导。中央要求：要充分考虑地域广泛性和文化多样性、资源差异性，实行差别化的政策措施，有主有次，分级管理以地方为主，最大限度调动各方积极性，实现共建共赢。除了春秋战国一些诸侯国相互防御的长城之外，中国历代长城都是修建在北方农牧交错地带，从东北、华北到西北，长城沿线各省份的自然和人文差异较大，强调因地制宜、分类指导就要采取差别化对待，不能一刀切，更不能一哄而上。

三、长城国家文化公园建设的主要目标

《方案》里对国家文化公园建设主要目标，也作出了明确的规定。长城国家文化公园建设的时间目标很明确，计划用 4 年左右时间，到 2023 年年底基本完成。河北省是长城国家文化公园建设的试点省，要求在 2021 年年底基本完成。实际上从 2020 年开始，河北也就只有两年的时间。什么是基本完成？长城沿线文物和文化资源保护传承利用、协调推进局面要初步形成。要创建权责明确、运营高效、监督规范的管理模式，形成一批可复制推广的成果和成功经验，为全面推进国家文化公园建设创造良好的条件。

长城国家文化公园建设的范围目标和历史目标也规定得非常清晰。长城涉及北京、天津、河北、山西、内蒙古、辽宁、吉林、黑龙江、山东、河南、陕西、甘肃、青海、宁夏、新疆 15 个省（自治区、直辖市），这些地方要全包括在长城国家文化公园建设的范围内。关于历史朝代，长城国家文化公园不仅要有明长城，《方案》还要求包括战国、秦、汉长城，北魏、北齐、隋、唐、五代、宋、西夏、辽、金等具备长城特征的防御体系。

明确了时间目标、建设地域范围和历史朝代范围目标，我们再了解一下建设内容的主要目标。《方案》要求国家文化公园建设主体功能区的建设安排，结合国土空间规划分为四大主体功能区。并且，强调这四类主体功能区，要根据各地文物和文化资源的整体布局、资源差异以及周边人居环境自然条件、配套设施等情况进行规划设计。我前面讲过了，第一个主体功能区是管控保护区。管控保护区是就长城及相关文物本体保护而设置的，应该是和长城保护规划确定的文物保护单位的保护范围相一致，或是只能比文物保护单位的保护范围更大而不能更小。管控保护区的范围不仅对长城文物的本体进行保护，还要对长城所在地的周边环境实施严格保护和管控。

第二个主体功能区是主题展示区，包括核心展示园、集中展示带、特色展示点等展示空间。核心展示园是对人们开放的空间，是供人们参观、游览的地方，所以要求地理位置和交通条件都要相对便利。各地在安排核心展示园的时候，首先要选择开放的游览景区。因为这些景区的地理位置都很好，交通也相对便利。核心展示园应是国家级的文物和文化资源的重点地段，在这个基础上再考虑要有游览的便利、地理位置的便利、交通的便利等条件。这一点很重要，国家文化公园说到底还

是一种公园的属性，公园就是让人们来玩儿的。一个进不来出不去的地方，人们怎么来玩儿啊？

在主题展示区里核心展示园是核心。现在有一种很不好的现象，把核心展示园建设简单地理解成盖博物馆。博物馆好建，地上长房子容易，房子里长什么？有了核心展示园，再安排集中展示带。长城作为线性文化遗产，集中展示带也非常重要。要把长城文化带上相应的省、市、县级文物资源，汇集成文化载体密集的文化展示带，将这条线上与长城相关的文物资源串联起来，形成一条长城历史文化的集中展示带。主题展示区再下面一个层级是特色展示点，主要是一些有特殊文化意义或者是体验价值，但是布局又较为分散的长城相关文物点。特色展示点或是体量不够大，或是远离核心展示园和集中展示带的区域，但却有特殊的文化意义，所以可以规划为特色展示点。

第三个主体功能区是文旅融合区。文旅融合区主要是利用长城文物和文化资源的外溢辐射效应，推动长城区域的经济发展。这是长城国家文化公园建设文旅深度融合发展的主体功能区。文旅融合是要作出业态，不是重新粉刷一下农村的墙壁、建几个或改造几个厕所、设几个游客服务中心或修建几个游客停车场。发展文旅融合不是仅仅做这些面子活。文旅融合是要推动旅游产业的发展，要作出文旅项目、文旅产品，要发展文旅产业。

第四个主体功能区是传统利用区。城乡居民传统的生活、生产区域，通过合理保存传统的文化生态，适度发展文化旅游，发展特色生态产业。在这个区域，要适当控制大规模的生产经营活动，要逐步疏导那些不符合国家文化公园建设规划要求的设施和项目撤出这个地区。传统利用区不应该是我们今天建设内容，而是一代代的人在这个地区从事生产、生活形成的特色传统的一个区域。对传统利用区也是首先要保护这里的特色，同时要适度地发展文化旅游、特色生态产业。

可以说长城国家文化公园建设，要坚持保护优先、强化传承，文化引领、彰显特色，总体设计、统筹规划，积极稳妥、改革创新，因地制宜、分类指导的原则，主要的目标任务是管控保护、主题展示、文旅融合、传统利用四大类的主体功能区建设。《方案》部署的各项建设任务是否落到了实处，也主要是看四大主体功能区建设是否很好地完成。

四、长城国家文化公园建设的管理体制问题

这是规划解决长城国家文化公园怎么建的问题。那么长城国家文化公园由谁来建？《方案》也作出了明确规定，就是要充分发挥地方党委和政府的主体作用。长城国家文化公园的建设要完善相应的管理体制，这个管理体制是怎样的？这就是要构建中央统筹、省负总责、分级管理和分段负责的工作机制。

这样的安排，体现的是责任分工的制度。“中央统筹”就是中央各部委，像中央宣传部、国家文旅部、国家发改委等部门都属于统筹的领导机构。“省负总责”就是有长城的各个省的省委、省政府对自己省内的长城国家文化公园建设负总责。“分级管理和分段负责”就是要求各市县基层党委、政府，负责按照顶层设计的要求做好具体的组织实施工作。国家在政策、资金等方面为长城国家文化公园建设创造条件，长城沿线各省省委和省政府承担主体责任，负责加强资源整合和统筹协调，各基层政府抓好落实。

《方案》要求做好长城国家文化公园建设，首要任务是要加强组织领导。这一点很重要，没有

强有力的组织领导，就不会有强有力的政策保障。组织领导从上到下都要加强，中央已经成立了国家文化公园建设工作领导小组，中宣部黄部长是领导小组组长。中央宣传部、国家发展改革委、文化和旅游部、国家文物局等相关的中央和国家部委，也分别成立了长城、大运河、长征国家文化公园建设领导小组和办公室。在各部委的统筹领导下，还要分别设立三大国家文化公园建设专家咨询委员会，为这项工作的开展提供决策参谋和政策咨询。

长城国家文化公园建设领导小组办公室是负责具体工作的。长城国家文化公园建设是由国家文旅部和发改委两个部委联合牵头，领导小组办公室设在国家文旅部，中宣部宣教局的常勃局长任办公室主任，办公室的具体工作由国家文旅部的资源开发司负责，资源司的领导作为长城国家文化公园领导小组办公室的专职副主任负责具体工作，负责对长城国家文化公园建设工作的协调和统筹。实际上就是由国家文旅部负责。现在国家文旅部已经成立专班，国家层面上的领导机构已经建立起来并开展工作。

长城沿线各省也相应成立了领导机构，有些地级市也成立了领导机构。比如，我的家乡秦皇岛就已经成立了长城国家文化公园建设领导小组，市委书记和市长是领导小组组长。甘肃省的临洮县也成立了领导小组，县委书记是领导小组组长。这些基层党委和政府的重视让我很感动，如果他们的工作能抓实了，长城国家文化公园一定能建设好。

国家文化公园建设的管理体制，就是要形成从中央到地方齐抓共管的局面，协调推进工作才能做实、做好。强化各级政府的主体责任，这是非常严肃认真的问题。推进长城国家文化公园建设是落实中央的战略决策部署，所有能参与这个国家战略的人都是幸运者。我们这些长期从事长城保护和研究工作的人，更应该感到自己的责任重大。长城事业本来就是我们的使命，我们能为长城国家文化公园建设贡献一份力量是我们的荣幸。

五、长城国家文化公园建设的规划编制

长城国家文化公园建设，要推动长城的保护、传承、利用三个方面的协调发展。这个理念必须要树立起来，既要保护又不是死保。这个理念是《方案》明确要求的。《长城保护条例》也要进行修订，通过修订完善《长城保护条例》并制订一系列配套的规章制度，通过编制《长城国家文化公园建设保护规划》，指导全国的长城国家文化公园建设工作。有长城的相关省份，已经对辖区内的长城文物和文化资源进行了系统的梳理，基本完成了编制省内规划工作。国家文旅部安排各省编制的规划，定义为向国家规划提出的建议。中央有关部门，根据各省的建议再抓紧制订全国的《长城国家文化公园建设保护规划》。

目前，规划制订工作已经部署。我多次参加了《长城国家文化公园（河北段）建设保护规划》的论证，规划由中科院地理所的席建超教授主持，组建了由省内外专家学者组成的工作团队，这项工作已经完成。

长城国家文化公园的建设保护规划，要对有长城的 15 个省（自治区、直辖市）的规划建议进行梳理，按照多规合一的要求，结合国家的国土空间规划开展编制工作。长城国家文化公园建设保护规划完成之后，15 个省（自治区、直辖市）要在已经完成的前期规划建议的基础上进行修订完善，

制定出本省的《长城国家文化公园建设保护规划》。中央要求做好顶层设计，要求规划先行，规划是开展实施长城文化遗产和文化资源保护、传承、利用工作的基础。

国家的规划完成之后还要广泛地征求各省和各部委的意见，征求意见后再进一步修改完善，最后经国家文化公园建设领导小组审议后报中央批准实施。国家文旅部除了要做长城国家文化公园建设保护规划，还要做长城国家文化公园的文旅融合发展专项规划。我们这些年一直在研究长城文化和长城旅游，正在筹备成立中国旅游协会长城分会，这个规划国家文旅部委托我主持编修，规划稿已经通过评审，正在征求各相关部委和长城沿线各省的意见。

六、长城国家文化公园建设的国家重点工程问题

长城国家文化公园建设首先要集中力量，实施一批标志性的工程。没有重点工程作为支撑，也就谈不上建设任务完成或完不成。《方案》除明确规定了重点建设管控保护、主题展示、文旅融合、传统利用四大主体功能区之外，还明确规定了要建设五大工程。设计安排的这五大工程，就是标志性的工程。其中包括：保护传承工程、文化研究挖掘工程、环境配套工程、文旅融合工程、数字再现工程。这五大工程都是长城国家文化公园建设的基础工程。

五大工程第一项，保护传承工程。首先要针对长城保护实施重大修缮保护项目。长城保护传承工程要坚持最小干预的原则，要对有损毁可能的长城文物遗址遗存进行抢救性保护，这也是保护优先的基本原则。长城保护要做预防性的、主动性的保护，通过保护措施排除文物本体的病害，使其延年益寿。要把长城倒塌的风险控制住，这就是预防性的、主动性的保护措施。长城的保护除了一些点的保护，今后还要考虑集中连片保护的问题。保护除了加大抢险加固，还要防范不恰当的开发和过度的商业化，这方面也要加大政府的管控力度。

五大工程第二项，文化研究挖掘工程。这项工程也非常重要，长城国家文化公园是爱国主义教育基地，建了不少的博物馆、纪念馆、陈列馆、展览馆等展示场馆，我们为这些场馆和基地提供什么样的文化供给？教育培训基地、社会实践基地，都属于推进长城保护传承工程的建设，都需要有具体内容的支撑，这就要求我们要加强对长城历史文化的研究、对地域文化的挖掘。具体的任务，研究机构要作出规划和安排。长城国家文化公园要因地制宜开展宣传教育活动，需要让长城文化融入群众的生活之中。

五大工程第三项，环境配套工程。这项工程是要修复不同程度遭到破坏的国土空间，空间环境既要利用大自然生态系统的自然修复能力，也要有主动的干预。比如水土流失的治理，就应该属于污染防治项目。保护传承工程还包括环境保护配套工程，这一点要格外注意。既要加强环境保护，还要维护好人文风貌。环境配套工程还包括改善交通，国家的顶层规划就包括长城旅游公路规划。要打通断头路，要较大幅度地改善旅游公路的条件。

五大工程第四项，文旅融合工程。严禁过度开发和过度的商业化，不是不作开发利用。文旅融合工程是对长城及相关的优质文化旅游资源进行一体化的开发利用，要打造一批国内长城文旅融合发展示范区，培育一批有竞争力的长城文旅企业，没有好的企业文化，旅游产品规划得再好也没有用。好的产品是好的企业做出来的，长城周边以塞上风光为特色发展生态文化产品，要靠有竞争力

的长城文旅企业来投资运营。

长城国家文化公园建设中的文旅融合产品设计也很重要。《方案》明确规定了鼓励发展深度文化体验游和中小学研学旅行，这就是在讲文化旅游产品。开发长城文化旅游，培育长城文化旅游商品，目的是扩大文化消费的供给。要在长城沿线推出连线成片的参观游览经典线路，满足旅游市场的消费需要。

五大工程第五项，数字再现工程。要加强数字基础设施建设，数字的基础设施建设是实现主题展示的重要手段。四大功能区，要实现无线网络的全部覆盖，实现第5代移动通信网络的全覆盖。当然，利用现有的技术条件、设施和数字资源做好数字再现工程也很重要。建设长城国家文化公园的官方网站和数字云平台，河北省已经在着手安排。长城国家文化公园官方网站的建设，不是建起来就完了。要不断地丰富和完善，要不断地补充内容，要真正地做到对长城文物和文化资源进行数字化展示。中央要求，数字再现工程是要打造永不落幕的网上空间。要依托国家数据共享交换平台体系，建设完善长城文物和文化资源数字化管理平台。

长城国家文化公园建设现在是在顶层设计阶段，是制订规划阶段，下一步一定是项目实施和推进阶段。在国家层级的顶层设计和省级的规划完成之后，要进行研究论证的将是一些长城国家文化公园建设的项目。国家要形成长城文化公园建设的国家级项目库，各省也要形成长城国家文化公园建设的省级项目库。这些项目的建设，将会得到包括国家发改委、国家开发银行的支持。《方案》提出，在国家文化公园建设过程中国家将在政策、资金等方面为地方创造条件。这些政策和资金等方面的支持，将主要体现在长城国家文化公园的建设项目中。

重新审视长城国家文化公园的时代价值

连玉明*

2020年8月28日至9月4日，我参加了由全国政协副主席刘奇葆率队的文化文史和学习委员会调研组，围绕“推进长城国家文化公园建设”主题，在山西、河北两省开展监督性调研。这次调研不仅增强了委员履职的责任担当，而且把握了建言资政与凝聚共识双向发力的方法论。通过对山西、河北5市13县（区）的实地调研和座谈交流，我也更加深刻地认识到建设长城国家文化公园的时代价值。

一、长城重在彰显国家文化

长城是人类历史上宏伟壮丽的建筑奇迹和无与伦比的人文景观，是中华民族的精神象征，是世界认识中国最直观的“金名片”，是中国文化和世界文化交流互鉴的有效载体，是全人类共同的文化财富。长城彰显的不只是区域性文化或地域性文化，而是一种国家文化。这是建设长城国家文化公园必须明确的首要问题。

随全国政协调研的一大收获是改变了我对长城主要发挥防御功能的传统认知。从朔州应县佛宫寺释迦塔的建造，到大同左云摩天岭长城马市楼，再到张家口的张库大道，都是我国历史上农耕文明与游牧文明冲突和融合的印证，折射出长城内外商贸往来、文化互鉴、民族交融、中外交流的历史痕迹，这种交往、交流、交融的本质就是文化融合。从这个意义上讲，文化融合正是长城精神的文化内核，也是推动构建人类命运共同体的文化价值。因此，建设长城国家文化公园必须站在保护全人类共同的文化财富和推动构建人类命运共同体的高度，强化长城遗产保护，挖掘长城文化内涵，向世界讲好长城故事和中国故事，提升中国文化的国际影响力。

---

* 连玉明，第十三届全国政协委员、提案委员会委员，北京市朝阳区政协副主席，北京国际城市发展研究院院长。

二、在把握国家公园本质属性中强化长城保护

建设长城国家文化公园不能简单地理解为传统意义上的长城保护。从国家公园的属性看，它至少具有两大鲜明特征：一是必须具有国家公园自然状况的天然性和原始性，它强调天然景观；二是必须具有国家公园景观资源的稀缺性和独特性，它强调典型性和不可替代。这两大特征为我们建设长城国家文化公园提供了方向和坐标。

从长城普查情况看，历代长城总长度为21196.18千米，包括10053段墙体，1762段壕堑，烽火台、敌台、马面、城楼、水关、铺房等单体建筑29507座，关隘、城堡2210座，挡马墙、品字窖、壕沟等相关设施189处，涉及15省（自治区、直辖市）108个设区市及404个县域，从战国到明代历史跨度长，遗存遗迹遗址点多面广，用传统保护的理念或简单保护的方式，显然不能适应长城国家文化公园建设的要求。

全国政协副主席刘奇葆在调研中反复强调“规划引领、守好底线，政府主导、社会参与，分类施策、精准保护，适度修复、多元展示，挖掘内涵、融合发展”，这五句话四十个字，特别强调了保护第一的重要性，既明确了保护什么，也指出了怎么样保护，既是对国家公园鲜明特征的系统诠释，也是长城国家文化公园规划建设必须遵循的基本原则。

三、长城国家文化公园是一项具有世界意义的国家工程

长城国家文化公园建设重在“国家”二字，具有国家属性，属于国家行为。必须立足人类文明和世界遗产的高度，跳出文物看长城，跳出旅游看长城，跳出长城看长城。只有把握国家文化、国家公园、国家工程中这个“国家”的主题词，才能更加全面、准确、深刻地把握长城国家文化公园建设的时代价值。

既然是国家工程，那么就必须由国家来主导。无论是长城保护，还是公园建设，都必须由国家统筹资源，统一规划，也包括建立健全国家财政的投入机制，不能“国家牌，地方造”。要加快国家层面对长城国家文化公园建设的单项立法，并形成与之配套的政策体系，特别是打通部门之间的利益藩篱和信息孤岛，实现资源共享、成果共用、信息互通、权责互联。在国家统筹和统一规划的框架下，鼓励和保障地方创新和社会参与，紧扣主旋律，唱好“地方戏”。

四、加快制订长城国家文化公园建设“负面清单”

长城国家文化公园总体规划首先要明确禁止性规定和限制性规定，尤其要明确哪些东西不能搞。

一是不能一哄而上，不能因地方政绩冲动搞成形象工程，更不能因政府的短期行为而牺牲长远利益。长城博物馆建设要统筹谋划、统一规划、专业策划，不要“村村点火，户户冒烟”。数字长城再现工程要统一平台、统一标准，共享数据、共享资源，同步规划、同步建设，不能重复建设，不能“各吹各的号，各唱各的调”。

二是不能见物不见人。在交通不便、人员稀少的偏僻地带和一般保护区内，要控制建筑物改建、

翻建、添建和复建，让长城遗存遗迹遗址尽可能保持原貌和自然状况。对长城脚下的传统村落不搞大拆大建，更不搞搬迁重建。既要有长城景色，又要有乡村底色。在保护原生态、留下原住民、保留原住房、尊重原产权、使用原材料中见人见物见精神。

三是不能过度商业化，不能让长城文化成为所谓旅游开发的牺牲品。

我的建议是坚持“三少三多”：一是少搞一些博物馆，多建一些遗址公园；二是少搞一些旅游景区，多建一些美丽乡村；三是少搞一些建筑复建，多建一些数字再现。

五、把“长城脚下的美丽乡村”纳入总体规划战略布局之中

长城国家文化公园建设不仅要有长度，而且要有宽度和厚度。长城沿线、长城内外、长城脚下的传统村落是建设长城国家文化公园得天独厚、不可多得的天然资源。建设长城国家文化公园不仅要强化对长城遗存、遗址、遗迹的普查、研究、规划、建设、保护、利用，更重要的是要把“长城脚下的美丽乡村”作为长城国家文化公园的重要组成部分纳入总体规划战略布局之中。把长城脚下的传统村落找出来、保下来、串起来，促进传统村落、长城文化、公园建设、脱贫攻坚、乡村振兴、旅游发展、城乡融合相结合，让长城文化传承有载体，让长城公园建设有功能。让长城国家文化公园建设惠及于民，让人民群众在长城的保护、传承和建设中共享发展成果。

“长城脚下的美丽乡村”是长城国家文化公园建设的亮点和品牌，也是对游人最具吸引力的地方。旅居于“长城人家”，既能品味长城意蕴，又可感知时代变化。每一个长城人家的故事都承载着一段历史沧桑和时代变迁，每一个长城故事的背后都闪耀着文化的灵光和精神的不朽。

六、牵手冬奥会，打响长城牌

北京 2022 年冬奥会是我国重大标志性活动之一，是展现国家形象、促进国家发展、振奋民族精神的重要契机，是继北京 2008 年奥运会之后，北京携手张家口举办的又一次国际体育盛会。冬奥会的最大功能，就是激活中国文化与世界文化交流互鉴，让世界更加相知相融。而最具中华优秀文化特征的就是长城文化。建设长城国家文化公园要紧紧抓住这一重大契机，深度挖掘长城文化遗产的时代价值，牵手冬奥会，打响长城牌。

一是让长城国家文化公园建设把京张协同办冬奥这一重大标志性活动的整个过程“串起来”，把散落在京张大地、长城内外的一颗颗珍珠，把散落在中华大地的文化瑰宝和文化遗产，串成一条条价值连城的项链展现在世界面前。

二是以长城国家文化公园建设为主抓手，让长城文化这张中华民族的“金名片”在北京 2022 年冬奥会、冬残奥会这个世界舞台上“亮起来”。要加快集中实施一批文旅融合标志性工程，依托长城沿线丰富的人文和自然资源建设国家北方步道，开展以长城周边塞外风光为特色的生态文化旅游，推动从三亿中国人上冰雪到三亿外国人登长城。

三是加快规划建设“长城脚下的美丽乡村”，让“长城脚下的美丽乡村”随着“长城脚下的冬奥会”的举办“火起来”。对传统村落植入冬奥元素，谋划和打造一批冬奥特色小镇、冬奥特色民

宿，推动京张两地古老长城传统村落变成一座座美丽的、永不落幕的冬奥文化博物馆，让冬奥友人、世界游客走进来、住下来、讲出来，在长城文化旅游的融合中倾听长城故事，感知中国文化，打开世界认识中国的新窗口。

（本文刊发于《中国政协》2020 年第 17 期）

长城国家文化公园北京段建设对策研究

彭 勇*

中共中央办公厅、国务院办公厅印发了《长城、大运河、长征国家文化公园建设方案》（以下简称《方案》），《方案》明确提出三大国家文化公园将在2023年年底基本完成建设任务。就长城国家文化公园的建设而言，北京段长城是全国现存长城知名度最高，保护、开发状况最好的精华部分。北京作为首都，是首善之区，同时也是世界闻名的历史文化名城，应为全国国家文化公园的建设作出表率。有鉴于此，本文将深挖长城文化精神，结合北京市实际与工作现状，提出对策建议。

一、长城北京段文化特征再思考

针对长城的文化内涵，习近平总书记鞭辟入里，指出“长城凝聚了中华民族自强不息的奋斗精神和众志成城、坚韧不屈的爱国情怀，已经成为中华民族的代表性符号和中华文明的重要象征”。就北京段长城的历史史实和具体状况来看，有以下三个方面的文化特征值得进一步思考。

其一，长城北京段体现了中华民族多元一体格局的文化特质。在近代以前的传统社会中，可以将长城北京段作为一个整体板块来综合考察。长城的历史不仅仅是中原王朝与北方游牧民族的冲突与战争史，其更是农耕与游牧文明类型下多民族交流与整合的象征。明清时期长城的修筑、防御、交流、和平与整合等的整体历史需要完整呈现，考察明清长城的命运，可以更清楚地体现出北京地区的长城其实质是两大文明类型的秩序线，是多民族共同塑造的产物。

其二，长城北京段凝练了中外友好往来、和衷共济的历史史实。新中国成立后，外国政要来华访问，长城北京段中的八达岭、慕田峪成为必访之地，长城由此步入外交舞台，同时也书写下了中外友好往来的历史画卷，“长城外交”的美誉不胫而走。1954年10月，印度总理尼赫鲁访华期间在周恩来总理的陪同下游览八达岭长城，这成为“长城外交”的滥觞。此后，世界各国部长级以上外交人物来华访问，几乎都到访北京段长城。1972年，美国总统尼克松访华，他游览八达岭长城

* 彭勇，中央民族大学历史文化学院教授。

时说：“只有一个伟大的民族，才能建造出这样一座伟大的长城。这是地球的标志，也应该是人类和平的标志。”长城成了中美关系正常化、打破世界冷战格局的重要象征，成了世界各国人民瞩目的外交舞台，也成了中华民族和世界各民族友好往来的纽带。

其三，长城北京段彰显了中国威武不屈、保卫和平的国家形象。近代以来，随着西方帝国主义者的入侵，中国逐步沦为半殖民地半封建社会。在苦难的近代史中，长城成了无数中华儿女捍卫疆土、保卫和平的精神象征。1933 年，长城抗战爆发，中国军民在华北长城沿线同日本侵略者浴血奋战，此役使得“血肉筑长城”成为中国人反抗日寇的坚强口号。“把我们的血肉筑成我们新的长城”“万里长城万里长，长城外面是故乡”等抗战歌曲均以长城为意象，而保卫北平才能保卫华北，保卫华北才能保卫全中国，这又突显出长城北京段真切凝结了中华儿女真挚的爱国之情。时至今日，长城依旧是中国人保家卫国的标志形象。

二、北京市长城文化公园建设现状

2016 年 8 月，国家发展改革委同意北京进行长城国家公园试点建设，选址于延庆区八达岭长城区域。2018 年 9 月，延庆区完成《延庆区长城文化带建设五年发展规划》的编制，其中打造的“一园”即北京长城国家公园。相对于长城文化带沿线省市，北京长城国家公园建设时间早、资源密集、基础较好、开发成熟、经验丰富，但同样也存在分散建设、保护不全面、文旅产品特点不突出等问题。长城文化公园建设的现状如下：

一是延庆八达岭长城公园建设试点先行，对今后的工作具有重要的借鉴作用。八达岭长城是全国长城中知名度最高、开发最早、打造最完善的区段之一。在《北京长城国家公园体制试点区试点实施方案》中，提出“保护自然文化遗产”“坚持彰显中华文明”“实现文化遗产和自然生态系统保护相互促进的新模式”等理念。同时，北京长城国家公园体制试点区管理委员会筹建办公室设立并集中办公，作为试点区指挥建设部门，延庆区已全面摸清辖域范围内长城的分布、特点以及保存现状，为长城保护利用提供了翔实的基础数据支持。

二是长城国家公园建设呈现分散建设、点状保护的现状，各区、各部门对长城的打造未有效地实现协同合作与资源共享。长城北京段地跨延庆、怀柔、密云、平谷、昌平、门头沟等区，以现在开发程度较高的延庆八达岭、怀柔慕田峪、密云司马台长城为例，三者分属三个区，长城文化挖掘与旅游开发的横向联系较少，未能有效地以点带面，实现长城文化带的全面协同开发，“开发孤岛”的困境仍然凸显。此外，即使是单段长城，也多受制于多个部门管辖的“九龙治水”困境中，如八达岭长城，就隶属于北京市文物局和延庆区文旅局、八达岭特区三个部门。政区与部门的重叠管理，使得长城文化带残破断裂，未能实现资源与政策的合力。

三是长城的保护与文化挖掘力度冷热不均，存在重明长城、重要区域和长城本体，轻早期长城、次要区域和附属景观的状况。长城是一条线状的文化遗产带，也是不同时期修建的，呈现地理位置叠加分异的多重文化景观。北京市域范围内的长城主要修建于汉晋、北朝和明清时期，不同时代所修筑的长城地理位置有所差异，修筑方式和留存遗物也差别甚大。就目前保护与开发情况而论，已经得到重点保护与开发的长城景点大部分都是明代修筑的砖砌长城，而早期石垒长城或其他破坏较严重区域的长城未能得到充分的开发。这些地段被戏称为“野长城”。以箭扣长城为例，旅游部门尚未对其进行主动开发，而登长城的游客却络绎不绝，由此引发的登山遇险事件屡次发生。

四是长城文旅产品单一，未突出北京特色，旅客吸引力与黏合度不高。当前，北京市长城旅游接待形式相对单一，虽有古北水镇这一优势景区，但司马台长城也并非主角。其他区段更是长期停留在浅层次的观光游览上，尚未充分突显出长城北京段的特点，也没有系统展示长城全貌及其历史、经济、军事、文化和民族关系的深厚内涵。不少游客抱怨长城旅游的形式过于单一，游长城就是爬楼梯，这使得长城景区往往只能吸引初次来京的游客，而曾经前往长城游览的游客就很少会再次观光，甚至会向亲朋好友建议不必前往长城，费时费力还无趣。显而易见，目前长城对游客的吸引力不高，也无法促进再次消费。

三、推进长城文化公园建设的对策建议

借此习近平总书记在全国民族团结进步表彰大会上的讲话发表和《方案》公布之际，针对北京地区长城保护开发及国家文化公园的建设工作，提出若干建议。

一是强化北京地区长城文化基础文献整理与研究工作。目前，北京地区长城资源的调查工作已经完成，长城资料依托《中国长城志》（文献卷）进行了辑录，但从摸清家底的角度考虑，还远远不够，像明代北京地区的长城资料就极其丰富，辑录部分不到十分之一。建议专门立项课题，对北京地区的长城文献资源进行系统整理和出版。

二是加强北京地区长城文化的宣传和知识的普及工作。建议由历史学、地理学、文化保护、文博考古、资源环境、旅游管理等领域共同参与长城文化带建设的专家，对社区、中小学进行长城文化的宣传、教育和普及工作，组织专家编纂科普读物，在媒体上设专栏撰写系列文章，通过社区讲堂宣讲知识等形式，让长城文化走入北京市民之中。

三是加强长城北京段及其文化意涵的认识工作。北京长城的历史演进过程揭示出，在中华民族多元一体格局的影响下，长城从国家层面去理解，就是国家制度设计和地方治理方案的选择和体现，从而形成了长城这一条承袭数千年而不变的国家安全、稳定的保障线；从农耕与游牧民族关系上讲，它是文明冲突与秩序的缓冲线；从长城地带的居民角度讲，长城就是家园。推而广之，长城是中华民族共有的精神家园，它是世界文化遗产，也是人类命运共同体中共有的精神文化家园。

四是整合现有各区长城资源与开发基础，协同打造北京段长城文化公园。在国家公园建设层面，建议组建长城文化公园建设小组，作为主管和协调部门，由市、区两级政府和相关部门副职领导担任小组成员，共同讨论并形成具体的建设方案。在旅游开发层面，建议组建北京长城文化旅游集团，由市国资委牵头，在市、区两级政府及相关部门的支持下，专业评价机构对市属各长城景区经营权进行赋值并换算股份，吸纳民间资金，由统一的长城文化旅游集团进行旅游管理。

五是突出北京特色，加强新型旅游产品的开发，提供优质的旅游服务。长城国家文化公园的打造，要注重长城沿线丰富的自然与文化遗产，如密云区将对古北口进行长城文化体验区打造，从长城沿线古村落、乡村民宿入手，深度挖掘历史文化底蕴，同时提升乡村酒店品质，提供与古北水镇

产生区别化的服务。建议各区要针对本地长城沿线实际状况，加强对长城周边文物遗产、自然生态景观以及村落、家族等文化的挖掘。村落宜，则打造村落文化；山林宜，则利用山林资源。总而言之，要突显本地特色，方能吸引更多的游客。

国家文化公园建设背景下的长城保护利用之“三变”

——以八达岭为例 *

邬东璠 陈美霞 **

摘要： 随着《长城、大运河、长征国家文化公园建设方案》的公布与实施推动，长城的保护利用也应在文化传承的使命下探索三个层面的转变：第一要转变认识，看到长城文化与长城文物的不同、长城国家文化公园与长城景区的不同；第二要基于新的认识转变发展理念，从封闭保护到开放传承、从局部思维到全局思维、从文字逻辑到空间逻辑、从建设导向到内容导向；第三则要相应地转变建设策略，传播中从独立分散走向整体系统，公共服务中不仅可达还要易达，旅游产品开发中注重文化和旅游的化学融合。

关键词： 长城；国家文化公园；遗产保护；文化传承

作为伟大的世界遗产和中华文明的标志，中国长城的保护利用经历了如下三个历史性的时间节点：

其一，1961 年 3 月 4 日，八达岭、山海关、嘉峪关被列入第一批国家级文物保护单位，从此开启了中国长城作为文物被加以保护的篇章；

其二，1987 年，“万里长城”被列入世界文化遗产名录，长城的突出普世价值得到了国际认可，长城保护开始与国际接轨；

其三，2019 年 7 月 24 日，中共中央总书记、国家主席、中央军委主席习近平主持召开中央全面深化改革委员会会议，审议通过了《长城、大运河、长征国家文化公园建设方案》（以下简称《方案》），并在 12 月由中共中央办公厅、国务院办公厅印发。这一新举措标志着新时代长城保护开

---

* 国家社会科学基金项目（编号：20STB033，19ZDA193）资助。

** 邬东璠，博士，清华大学建筑学院副教授、文旅研究中心主任、景观学系副主任；陈美霞，硕士，清华大学建筑学院文旅研究中心主任助理、规划设计负责人。

启了又一新征程，从束之高阁的“文物”走向公益共享的“公园”，从“重保护”走向“强传承”，从局限性的物质本体走向辐射性的文化空间。长城将借由文旅融合的途径，从抽象的形象符号切实进入公众的生活，成为真正发挥强有力 IP 价值的民族标志。

在当前国家文化公园建设的新背景下，对长城保护利用也应从认识层面、发展理念层面和建设策略层面做出探索性的转变。

一、“变”认识

1. 从长城文物到长城文化

国家文化公园是“国家推进实施的重大文化工程，通过整合具有突出意义、重要影响、重大主题的文物和文化资源，实施公园化管理运营，实现保护传承利用、文化教育、公共服务、旅游观光、休闲娱乐、科学研究功能，形成具有特定开放空间的公共文化载体。”[①] 从《方案》对国家文化公园的定义中，可以看出“文化”的分量：重大文化工程、文物和文化资源、公共文化载体，都是对长城国家文化公园的共享性、公共服务性和超乎文物之外的丰富内涵性的彰显。

那么长城文化都应该包括哪些内容呢？

（1）长城文物以及长城沿线多元的物质与非物质文化内容

作为中华文明的标志，长城沿线所展现出来的丰富多元的地方文化都应是长城文化的一部分，即除了长城文物之外，其他文物、非物质文化遗产、历史线路等都应该属于长城文化的重要组成部分，遑论长城修建之后受到长城直接影响的周边文化，即使是长城修建之前的古人类遗址，也象征了中华文明源远流长，也应该是中华文明标志的内涵组成。

如果以长城文化为标识来代言中华文明的话，那么这些远古文明也当属其外延组成。例如，从八达岭所在的延庆区来看，作为长城文化主干资源的长城文物十分丰富，包括长城墙体、敌台、烽火台、砖瓦窑等，而与之同在一个空间区域中的其他文物资源也相当富集，包括古遗址、古墓葬、古建筑、石窟寺及石刻、近现代史迹及代表性建筑等，它们见证了该地区少数民族和游牧民族文化的兴衰过往。近现代的革命文物和遗址遗迹也是延庆长城区域不可或缺的文化构成因子。而以国家、市、区不同级别非物质文化遗产为代表的反映当地人生产生活智慧的民风民俗，也应作为活态遗产而成为构成长城文化的重要组成部分。更进一步讲，除了上述有物质载体或传承人载体的文化之外，还有类似历史线路的无载体文化的存在：延庆的长城沿线区域就有从春秋到清代不同时期的商路驿道，体现了该区域丰富多彩贸易活动的历史过程。

（2）长城所依托的自然山水环境也是文化景观的重要内容

任何文化都和特定的自然地理条件紧密结合着，这是文化景观的核心要义，也是长城作为一个中华文明标志所具有的重要特征。除了前述物质与非物质文化的内容外，长城作为宏大的文化景观遗产，其所处的自然环境也是构成长城文化不可分割的组成部分。且不说很多长城就是直接利用山险而成就的，即便修建了明确墙体的部分，如果不是借由山水形势也无法发挥踞险而守的建设智慧，

① 引自《长城、大运河、长征国家文化公园建设方案》。

更无法形成长城墙体蜿蜒起伏的壮观景象。因此，这些人化的自然也是长城文化中不可或缺的重要组成部分。

同时，中国自古以来就将国家疆域与山水审美融合在一起看待，自然要素本身就常常被赋予国家标志性的文化意义。譬如“五岳四渎”既是对国家地理的概括，也同样是文人墨客歌咏的对象，所谓“大好河山”便是一语双关。长城作为游牧民族与农耕民族的地理分界，横跨多种自然地理区域，人工构筑物与自然地貌相因相借，共同构成了军事政治与边塞山水审美一体的标志性文化符号。

2. 从长城景区到长城国家文化公园

八达岭长城景区于 1958 年正式对游人开放，是我国开放最早的长城地段。据不完全统计，迄今为止长城沿线的景区已有近百处之多，但从游客接待情况来看，长城景区的星星之火没能很好地燎原，多年来始终只有屈指可数的几个长城景区能够在旅游方面发展突出。以八达岭特区现有的三个景区为例：八达岭长城关城开发景区面积约 19.5 公顷，总长度 3741 米，游客量约 1000 万人次 / 年；水关长城景区面积约 7.5 公顷，总长度 1038 米，游客量约 100 万人次 / 年；古长城景区面积约 3.1 公顷，总长度 1026 米，游客量约 10 万人次 / 年。同样区位的三个景区游客量数据差异如此悬殊，全国长城景区在旅游业上的生存状态可见一斑。

景区的模式使长城通过旅游进入了公众视野，但也局限了公众对长城的整体认知，各地景区呈现出管理主体多元、管理水平参差不齐、景区解说教育缺失或雷同等问题，公众对长城的认知也因此而呈现碎片化、“盲人摸象”的局面。景区模式对周边辐射带动也甚少，这是过去中国景区发展的普遍状况，也是当下旅游业态转型升级所要破解的难题之一。

此次国家文化公园重点建设“管控保护、主题展示、文旅融合、传统利用”四大主体功能区，已不仅限于传统的观光资源，而是将景区与周边的文化、旅游、社区等资源整合考量，实现互相带动、综合发展。国家文化公园实施公园化管理运营，将长城视为城乡共享的文化资源，具有公益性，导向更为公共的管理运营方式，将推动多主体景区的资源整合，大大提高长城文化载体的完整性。

二、“变”理念

1. 从封闭保护到开放传承

根据《长城保护总体规划》，2005—2017 年，中央财政拨付文物保护专项资金 23 亿元；在册的长城保护员超过 3000 人。长城的修缮、开放都有严格的程序，《长城保护条例》对未开放长城段亦有严格的禁止有组织进入的要求。长城被作为物质遗产的保护体系已经相对完善并在持续向好的运转中，然而长城文化的公众认知乃至传承仍是非常薄弱的。

国人对长城是敬仰的，但同时也是只远观而不近玩的，长城符号作为国家标志的严肃性、长城实体作为国家文物的不可触碰性，都使长城蒙上了一层“板着面孔”的距离感。国人对长城的认识，大多还停留在观察的层面，真正深度“进入”长城的世界并理解长城对于中国文化的巨大价值，都还只是少数学者的“专利”。对于普罗大众而言，长城就是八达岭、就是秦始皇修的、就是“不到长城非好汉”……

《中华人民共和国文物保护法》确立了“保护为主、抢救第一、合理利用、加强管理”的文物工作方针，也就是惯称的“十六字方针”。此次《方案》中以“保护优先，强化传承”作为建设原则第一条，其中除再次强调以十六字方针来实现保护优先外，还强调要“突出活化传承和合理利用，与人民群众精神文化生活深度融合、开放共享”。可见，保护不再是封闭起来不让人碰，而是要千方百计融入生活，以开放的姿态更好地促进传承。只有开放才能让人们更多地接触长城、认识并逐渐理解长城文化，进而在行动上保护和传承长城文化。

当然，开放的前提是不违背保护的底线，同时，开放管理也必然较之封闭管理更为复杂，这将是“公园”两个字带来的新挑战。因此，开放的方式就要突破原来单一的景区模式，找到更多不对长城本体产生影响而又能近距离“接触”长城的新模式。长城并非必须修复了才能开放，也并非一定要让人登上城墙，完全可以采用伴行步道来帮助人们接近长城，采用摄影家的站点引导人们欣赏长城之美。

2. 从局部思维到全局思维

国家文化公园设置四大主体功能区，即管控保护区、主题展示区、文旅融合区和传统利用区，所涉及的空间范围从长城文物本体到周边的文旅空间乃至生活空间，打破了传统长城景区单点独立的发展模式，其目标锁定在以强大的长城文化带动周边区域的联动发展模式，而最终周边区域的文化都将是长城文化的重要组成部分，继而形成更为看得见、摸得着且贴近当代生活的新的长城文化。

从文旅发展的当前态势来看，国家文化公园的模式同样符合当下旅游产业多元化转型的大趋势。在景区模式已经日臻成熟的当下，一方面景区自身从粗放发展向内涵式发展转化；另一方面景区也越来越多地在探索如何辐射周边区域，从单点发展到网络化发展，依托周边村镇形成休闲度假的新业态。正是由于这种时代需求，才使得“全域旅游”这一并不成熟的新概念迅速风靡全中国，被各地政府争相实践。长城国家文化公园四大主体功能区的布局模式正是与“全域旅游”理念相契合的发展思路，打破了局部单点的思维方式，探索从全局性、系统性的视角解决长城文化在更大空间尺度上发挥引擎作用的问题。换个角度看，长城资源在一定区域范围内具有相对的同质性，以景区的模式发展必然带来同质竞争的问题，因此从局部走向全局、联动地域文化探索多元产品形态也是必然的路径。

这种全局性思维不仅着眼于空间的全局性，同时也体现了文旅融合新视野下产业发展的全局性，提倡文化事业、文化产业、旅游产业三位一体，推动文化旅游与人们的衣食住行相融合，统筹利用公共文化服务体系，将传统上服务于当地人的博物馆、图书馆、文化馆、影剧院、休闲街区、城市公园等设施，都作为开放的文化服务场所与游客共享，实现社会的公共服务与旅游的公共服务协同一体、全局统筹。

八达岭所在的北京市延庆区正在探索从局部发展到全局统筹发展的新路径，基于全域旅游的视野，尝试以网络化空间模式布局“长城文创产业园”，带动全域文旅融合发展，以文化创意撬动传统文旅资源的多元转化，以多部门协同促进社会事业与文旅产业的融合发展。

3. 从文字逻辑到空间逻辑

政府上传下达的工作文件通常都是以文字为主，这种习惯也极大影响了文旅系统的管理和评价逻辑。文旅资源入库和项目评价均以文字性的清单为依据，而不关心这些资源项目的空间区位及其集聚状态，由此造成很多地方单从数字看有大量高级资源或者景区，但其空间离散度极高且各自为政，难以形成强有力的区域带动性，也无法适应当代休闲度假市场的需求。在“上车睡觉下车拍照”的观光旅游时代，景区分散不是问题，然而当下，休闲度假的人群更需要人性尺度的度假目的地，要求旅游产品和要素的相对集聚，以及更为系统性、关联性的包价式服务，以此来提高旅游体验并进一步转化升华为异质的生活体验。

国家文化公园的重要功能之一就是在旅游的舞台上让文化唱戏，那么就要符合当下旅游产业发展的规律，迎合新时代人民群众对美好生活的追求。因此只看数量和文字描述而不关心空间状态的时代已经一去不复返，政府的工作逻辑必须要从“案头儿”转向“地头儿”，将产业发展与空间布局密切结合才能打造符合新时代要求的国家文化公园。

4. 从建设导向到内容导向

改革开放以来，中国的基建水平迅速发展，政府卖地盖房已经成为一种惯性，因此当不让卖地、没有新房子可盖却有一堆老房子亟待改善的时候，就出现了转型的挑战。旅游业也是如此，景区时代只要修步道、建设施、吸引人们进去看风景即可，但当人们不再满足于眼观，而需要更多参与和体验，需要更多获得感的时候，“建设”的意义就发生了重大改变——不再是盖房，而是要考虑怎么运营这些房子；怎么创新房子里的内容；怎么提高服务意识、转换市场思维，去做主动供给的事情。

传统的“招商引资”都喜欢招大投资商、做几千万乃至几亿级的大项目，殊不知大投入也是潜在的大破坏。当一个老村被整体毁灭并重新建设成新度假村的时候，它所负载的文脉也随着文化空间的消失戛然而止。作新的总是要比改旧的容易，但历史的车轮已经到了必须面对存量空间更新问题的时候，或者说存量空间已经积压到了不允许再增加新空间的时候，这时所要招的“商”就应该变成“内容转化商”和“运营服务商”，政府要做的是为这些小“商”们搭好平台、提供政策。未来文旅项目的核心竞争力将是内容和品牌。

国家文化公园这一新概念的提出恰逢上述时代背景，而强化文化传承的重任也正是在强调内容的重要性。因此，建设长城国家文化公园所要关注的“内容”，既包括传统的道路、游客中心等基础设施，又包括数字化新基建；既要充分利用好现有的博物馆等文化设施，又要将遗址公园等户外空间广泛地纳入“展示与阐释”长城文化的载体范围中；既要考虑做什么样的文旅产品，又要落实谁有能力、有意愿长期去运营这些产品……延庆区当下即是想以“长城文创产业园”之“名”做全域文化创意发展之“实”，文化创意的潜台词就是内容的生产转化以及人才生态网络的建立。

三、“变”策略

1. 传播上从独立分散到整体系统

传播是国家文化公园在发挥文化传承作用中所不容忽视的手段。如今传播的媒介趋于多元化且技术发展迅速，工具不再是传播的障碍，传播内容的系统化反而是新工具所带来的新挑战。人们越来越习惯于碎片式的信息获取方式，而长城的巨大体量和复杂现状无疑进一步加大了信息系统化的时空障碍。

目前各个景区在阐释与展示工作中各自为政，要么直接陷入地方性内容的细节阐释，要么就是局限于宏观的大文化，区域性、外部关联性的内容匮乏。此外，同一区域的不同景点阐释的内容难免雷同，相互也不会主动进行联动。面对长城这样一个分散管理的大型世界遗产，文化阐释的整体性、系统性是保护遗产完整性的重要手段。在文化阐释的过程中，长城沿线各个点段如何协同、整合、相互关联，是必须回答的问题。然而在现有的体制机制下，要想回答好这个问题困难重重。当前长城沿线的管理主体复杂多样。以八达岭段长城为例，其包含八达岭景区和八达岭林场两部分，涉及1个市属事业单位和4个区属单位（见图1）；而扩大到八达岭长城所在区域来看，则还涉及铁路、军队、社会企事业及组织机构等更多样的利益相关者（见图2）。要想使如此多元化的管理主体都

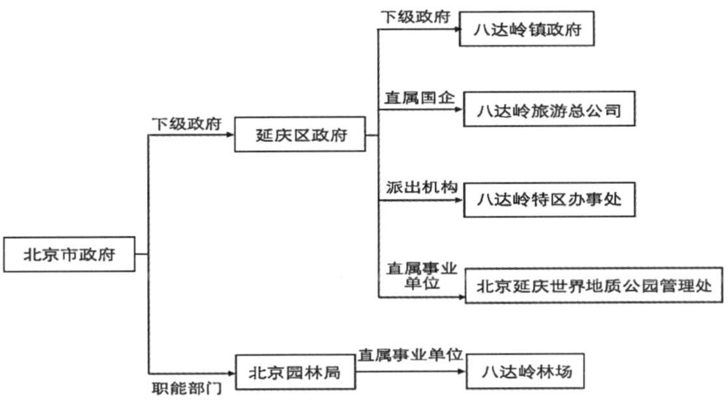

图1　八达岭长城相关管理主体

图2　八达岭长城所在区域涉及的利益相关者

愿意参与到长城文化的阐释中并能够在系统框架下协同作战，必然需要一个强有力的规划引导并辅以政策激励。

自上而下整体的长城文化阐释主题框架对于长城文化的完整传承十分重要，是对长城国家文化公园文旅融合发展具有主题性、方向性指导意义的关键工具，也是文旅发展过程中避免同质竞争、使长城整体 IP 更为强大的重要路径。从框架制订的角度，英国哈德良长城的阐释框架值得我们学习和借鉴；从框架实施的角度，则需要多部门联动，既要有管理红线的约束，又要有政策的支持和激励。

2. 公共服务上从可达到易达

从“景区”到“公园”，在公共服务角度的最大改变就应该是从“可达”到“易达”。原来作为大多数游客只去看一次的景区，可达就够用，但如果作为民众要经常去休闲的公园，则有一定服务半径的要求，且需要很方便就能到达。对于国家文化公园这一特殊的“公园”而言，则不能仅局限于空间上的服务半径，而是应该着眼于如何提高易达性。

（1）从修风景路到提升交通服务

易达性首先是交通的易达。在当代中国，修路和盖房一样容易，中国速度充分体现在建设工程中。随着旅游发展，各地也越来越重视风景路，在传统的公路沿线更多考虑驿站、停靠点、观景点的设置，让行路不再枯燥，交旅融合也打开了消费性服务业在“路”上的窗口。但交通服务远不止于帮助游客解决路上的吃饭购物需求，更应该从细节入手帮助游客解决交通中的难点，譬如：长城的线性特征使徒步出入口距离很远，需要代驾送车的服务；随身行李需要托运或寄存服务；长城沿线高铁、飞机枢纽城镇需要便捷的连锁租还车服务；骑行路需要驿站补给和休息服务；针对户外俱乐部、摄影家、学生研学团、党建团队等特殊群体的相关特殊服务；等等。

（2）从信息搜索到信息主动推送

易达性的第二个层面是信息的易达。随着互联网技术的发展，搜索引擎已不再守株待兔地等待客户搜索，由 AI 介入的旅游信息推送越来越多，OTA 根据客户的访问轨迹智能推荐信息已是司空见惯。然而，大多数长城景区连在地的信息服务都还没有做好，遑论主动推送。长城景区都在北方，旅游受季节性影响很大，同时景区管理者多数是政府背景，服务意识跟不上。官网更新慢、找不到地图、游客中心关门、牌示不清晰、解说内容匮乏无趣等一系列基础性的信息服务问题都还大量存在着。虽然很多景区已开始使用二维码链接多媒体解说，也出现了个别景区使用电子地图辅助讲解，但尚未发现根据游客年龄、知识背景、喜好等画像特征主动向游客推送内容的实例。

3. 文旅产品上从物理融合到化学融合

（1）提高符号化水平，加强内容化融合

文化和旅游融合并不是新做法，从文物作为旅游景区开放之时，此融合的探索已经开始。但传统上的文旅融合往往只是一种物理性融合，常见的是将文化符号化。比如，长城垛口作为最常用的符号，盖房修墙都使用这一要素，虽然强化了其出镜率，但也造成了混淆修复文物与新建建筑的问题，因此，这并非高明的设计手段。当然，随着艺术学视野越来越多介入国家文化公园的建设，符号化的设计将有质的提升。

与此同时，随着文旅产业的升级，除了更高明的符号化手段外，内容化也将成为新的方向，而且是更加有使命意义的方向。如何将长城文化中鲜活的人物事件、丰富而有温度的生活情境融入旅游产品中，是长城文化深度融入旅游的需求。

（2）认知更多元载体，融合更广泛存量

传统的景区中往往通过雕塑、演艺、参与体验活动等将文化演绎出来，而在新的国家文化公园场景下，整个旅游过程中的吃住行游购娱等产业要素，乃至城镇社会生活的方方面面，都应该是长城文化的载体。小到公共交通工具的造型可以主题化，大到建设富于长城文化的主题酒店、城市广场或公园，乃至古城镇的格局恢复和生长，都是彰显文化内涵的可设计载体。从建筑景观到装饰装修都可以从长城文化中找到某个时空片段、场景故事作为主题，从餐饮接待到商业服务，都可以将非遗、演艺、传统习俗等充分融合创新。

特别值得一说的是，在“长城文化”和“全局发展”的新视野下，长城沿线的城镇是历经几百甚至上千年的文化载体，所沉淀下来的文化痕迹无法被新的旅游项目替代，因此这些载体最应该在文旅融合中予以优化并发挥文化传承的作用。这就意味着像社区营造、城市有机更新等在大城市也才刚刚兴起的做法，应该更快地进入国家文化公园沿线的城镇建设视野中。

传承草原文明　发挥工作职能
推动内蒙古长城国家文化公园试点建设

赵少英 *

内蒙古地域辽阔，文化遗产丰富，境内分布不可移动文物2.1万处，岩画总量多达10万余幅。长城作为最重要和最具特色的遗产，分布总长度占全国总长度的三分之一，达7570千米。可以说，内蒙古境内的长城是中原农耕政权与北方游牧民族交往与演变的一线见证者，其经历了农牧文明经济、政治、文化的对立统一和融合发展全过程，具有极其突出的历史、艺术和科研价值。

随着中央办公厅、国务院办公厅印发《长城、大运河、长征国家文化公园建设方案》，文旅部、文物局组织开展长城国家文化公园试点建设，为内蒙古长城遗产价值展示利用、长城遗产服务社会提供了契机。下面从几个方面，介绍一下内蒙古长城国家文化公园试点建设已开展的工作及下一步思路和想法。

一、内蒙古长城资源概况

内蒙古自治区作为长城资源大省，境内长城历经战国赵、战国燕、战国秦、秦代、西汉、东汉、北魏、北宋、西夏、金代、明代9个历史时期11个政权，分布于全区12个盟市、76个旗县（市、区），在全国范围内具有长度最长、时代最多、分布范围最广等特点。

自然地理学上一般以400毫米降水量线作为半干旱区和半湿润区的分界线。在我国境内，这一条降水量线大体处于北纬39°～42°之间，是农业区与牧业区的自然分界线，实际上形成了一个条形的生态学分界带。在历史上，这条生态学分界带同时又是一条文化分界带，是中国历史上农耕文化与游牧文化的分界带，分界带的标志是农耕民族修筑的抵御北方游牧民族的长城。历代长城的修筑，往往会随着中原王朝与北方游牧政权之间势力的消长而南北移动，移动的范围超出了北纬

* 赵少英，内蒙古自治区长城保护工作中心主任。

39°～42°之间的生态学分界带，大多数在北纬38°～44°之间，内蒙古地区由此形成了祖国北方独具特色的长城历史文化带。

内蒙古长城东起大兴安岭北部，西达阿拉善地区，横跨7个自然气候区，整个分布范围东西长约2000千米、南北宽约1500千米。随着水分条件的变化，长城所经地区呈现出由湿润—半湿润—半干旱—干旱的变化，自然植被也相应呈现森林—森林草原—草原—荒漠的交替，总体上呈现为3种具有鲜明特征和显著差异的地理气候环境：赤峰市、锡林郭勒盟以东的东部区属于湿润地区和半湿润地区，大兴安岭呈东北—西南走向分布其间，该区域以金界壕为主；乌兰察布市西至乌海市属于半干旱地区，阴山山脉呈东西走向横亘其中，该区域以战国赵北长城、秦汉长城、北魏长城和明长城为主，是多个时期密集建造长城的区域；西部阿拉善盟为干旱地区，以汉代和西夏时期的烽燧为主。

二、内蒙古旅游资源分布与长城资源衔接状况

内蒙古地处祖国北部边疆，是具有独特的自然风光、民族风俗、边疆风情的旅游胜地，旅游资源主要由草原、古迹、沙漠、湖泊、森林、民俗构成。呼伦贝尔大草原、腾格里沙漠、“塞外西湖”哈素海、阿斯哈图石林等均是旅游景区，森林景观主要分布在大兴安岭，五塔寺、昭君墓、美岱召、成吉思汗陵园、辽上京、居延大遗址分布于长城沿线。

草原丝绸之路东段最为重要的起点位于内蒙古长城沿线，是青铜时代以来沟通欧亚大陆最为主要的商贸大动脉，是四大丝绸之路中起始最早、发挥作用最多的一条通道。其主体线路是由中原地区向北越过古阴山（今大青山）、燕山一带的长城沿线，西北穿越蒙古高原、南俄草原、中西亚北部，直达地中海北陆的欧洲地区。内蒙古长城沿线一些城址、关隘是草原丝绸之路上的重要遗存，包括：汉代麻池古城（包头市九原区）、北魏盛乐古都（和林格尔县古城子城址）、怀朔镇故城（固阳县白灵淖尔城址）、唐中受降城故址（包头市高新区敖陶窑子城址）、辽上京（巴林左旗辽上京遗址）、元上都（正蓝旗元上都遗址）、集宁路（察右前旗集宁路古城遗址）、天德军（呼和浩特丰州古城遗址）、应昌路（克什克腾旗应昌路故城址）、净州路（四子王旗城卜子城址）、德宁路（达茂旗敖伦苏木城址）、哈喇浩特（额济纳旗黑城遗址）等，它们共同创造了辉煌的草原丝绸之路文化。清代以至民国，草原丝绸之路又以“万里茶道”的形式出现在历史长河之中。万里茶道从中国福建崇安（现武夷山市）起，经江西入河南北上，清咸丰之后转为湖南、湖北交界地带（湖南的安化，湖北赤壁、临湘）起，途经河南、山西、河北、内蒙古，穿过蒙古国，进入俄罗斯后折向西行，最终止于波罗的海沿岸。明长城沿线的杀虎口、张家口等长城关口是“万里茶道”的重要通道，多伦、包头等内蒙古长城地带的一批草原城市成为茶叶贸易的中转站，达茂草原上的汉长城及沿线烽燧成为万里茶道上指示商旅西行进入新疆的重要地标。在内蒙古，长城文化带与草原丝绸之路文化带交汇、重叠，各类旅游资源沿长城走向分布，构成了独具特色的人文和自然景观带，为建设长城国家文化公园创造了条件、提供了支撑。

三、内蒙古长城国家文化公园建设计划

按照《长城国家文化公园建设保护规划》到2023年年底基本完成长城国家文化公园的试点建设任务的要求，内蒙古自治区先期组织开展了调研和部分点段勘察工作，同时启动了自治区级规划大纲的编制工作。

在综合考量长城历史价值、保存状况及长城所在地区位、交通等因素的基础上，以呼和浩特市清水河县北堡明长城、乌拉特后旗汉长城南线为试点，开展了地形图测绘、长城本体测绘、病害详细勘察、前期地勘等工作，编制了《清水河县北堡明长城前期勘察与抢险修缮项目总体方案》《清水河县北堡明长城抢险加固工程勘察报告》《清水河县北堡明长城抢险加固工程修缮方案》《汉长城南线一朝鲁库伦古城遗址、西尼乌素8号烽火台及西尼乌素长城18—21段一期安防工程设计方案》《清水河县北堡明长城和乌拉特后旗汉长城南线基础文物信息采集项目技术报告书》。同时结合总体规划要求和展示环境、展示条件，以秦、汉、明长城为重点，初步编写了《内蒙古自治区长城修缮与利用发展规划提纲》，计划按年度、分类型、分时代地开展长城点段规划编制工作，为全区长城规划、修缮工作提供业务指导。

自治区联合编制规划方，组织开展了全区重要区域、重要点段调研，经过认真研究和探讨，下一步重点将围绕《长城保护总体规划》中明确提出的秦汉长城和明长城以及体量较大的金界壕，初步计划打造6个长城主题展示区，形成8条集中展示带、10个核心展示园和若干个特色展示点的整体展示利用格局。拟打造的6个长城主题展示区分别为：阿拉善高原居延汉塞主题展示区、河套乌拉特秦汉长城主题展示区、大青山战国—秦汉长城主题展示区、大兴安岭南端金界壕岭南线主题展示区、呼伦贝尔—科尔沁草原金界壕主题展示区、内蒙古明长城主题展示区。每个主题展示区根据自身情况包含至少一处核心展示园、一条集中展示带和若干特色展示点。主题展示区外围联合若干其他景区、自然资源等形成文旅融合区，少量长城周边历史悠久的村镇为传统利用区。计划在2023年年初步完成1～2个长城国家文化公园试点打造的基础上，分三期规划，逐步推广试点建设经验。按时间节点，分批次打造以各个时代为主题、各具特色的长城国家文化公园，争取在2035年前在全部12个盟市均打造独具特色的长城公园或展示点。规划重点方面，明长城遗址呼和浩特市清水河县小元峁段、板申沟—口子上段、和林格尔县黑土崖段至圣山段保存较好，是自治区明长城段打造的重点。包头市固阳县，巴彦淖尔市乌拉特前旗、中旗、后旗，是秦汉长城分布的精华段落，是自治区秦汉长城打造的重点。金界壕南北主线和支线景点段落分布于呼伦贝尔市、兴安盟、通辽市、赤峰市等地，是自治区金界壕打造的重点。

在此特别推介一下分布于自治区的秦汉长城，特别是乌拉特地区的南北线秦汉长城，保存较好、极具特色，多为青灰色的石片交错叠压而成，墙身坚实，壁石整齐，数十里一气相连，基宽一般为4米左右，高度约2～4米，巴彦淖尔市乌拉特前旗广申隆段、乌拉特中旗东希日朝鲁段1—10段和同和太24—26段、汉乌拉特后旗西尼乌素长城18—21段，是下一步秦汉长城段打造的重点。特别是乌拉特中旗拟规划的长城文化遗址公园，沿线分布烽燧14座，有山险墙1段，有保存较好的原始墙体近5千米，2013—2015年进行过墙体抢险修缮，修缮长度为4.9千米。鉴于此段长城涵盖面积较大，与周边的文化遗存、人文景观、旅游中心较为邻近，拟规划公园南面3～5千米与冰臼

地质遗迹公园、红色革命遗址、乌镇民俗村相邻，西南 15 千米有牧羊海湿地公园，北 5 ～ 8 千米与同和太草牧场、乌拉特奇石林、呼仁敖包岩画相连接，西北与温根塔拉草原民情旅游中心和温根峡谷旅游点相邻，东面 10 千米与德岭山水库、匈奴古城贯通，辐射面积达 220 多平方千米，文旅结合保护利用的操作空间较大，文化传承意义很大。

没有高度的文化自信，就没有文化的繁荣兴盛。长城作为我国最大的线性文化遗产，既是中华文明的传播载体，也是文化自信的展示平台。内蒙古自治区作为长城分布的主要区域，下一步，将着力做好规划引领，积极争取各类规划项目切实落地，全面加快推进长城国家文化公园的后续各项工作的开展。

关于加强金长城系统性保护与利用工作的几点思考

齐齐哈尔市人大常委会

中国长城是人类文明的标志，也是中华民族的代表性符号和中华文明的重要象征。金长城又称金界壕或金界壕边堡，是中国长城的重要组成部分，被誉为“中国第二长城”。为深入贯彻落实党的十九届五中全会精神，推动长城、大运河、长征、黄河等国家文化公园建设，加强金长城系统性保护与利用工作意义重大。

一、加强金长城系统性保护与利用的重要性和必要性

习近平总书记强调：“要做好长城文化价值发掘和文物遗产传承保护工作，弘扬民族精神，为实现中华民族伟大复兴的中国梦凝聚起磅礴力量。”推动新时代文物和文化资源保护传承利用意义重大，加强金长城系统性保护与利用势在必行，既是我们的职责使命，也是落实中央的战略部署的必然要求。

（一）加强金长城系统性保护与利用是打造国家文化战略高地的重要举措

建设国家文化公园，是以习近平同志为核心的党中央推动新时代文物和文化资源保护传承利用的战略决策，是“十四五”时期国家深入推进的重大文化工程。其中，长城国家文化公园建设范围为15个省（自治区、直辖市），包括黑龙江省的金长城，并且将其与明长城并列作了重点强调。2001年，金界壕遗址被列为全国重点文物保护单位；2012年，国家发布长城资源认定结果，金界壕被纳入中国长城体系；2019年，金界壕被纳入长城国家文化公园建设范围；2020年，金界壕遗址（碾子山段）被纳入第一批国家级长城重要点段名单，金长城（金界壕）核心展示园项目被列入长城国家文化公园重大工程建设方案。由此可见，加强金长城系统性保护与利用，已经上升为落实中央文化建设战略的高度，成为传承发展中华优秀传统文化、弘扬文化精神、坚定文化自信的实际行动。金长城（黑龙江段）全部分布在齐齐哈尔境内，加强金长城系统性保护与利用，不仅可以更

加充分地挖掘金长城文化资源、拓展内涵，而且有利于向世界推介黑龙江、讲好中国故事，进一步提升中国文化的国际影响力。

（二）加强金长城系统性保护与利用具有重大的历史文化价值

金长城为构建北方农耕、游牧交错地带的社会秩序而修筑。金长城承载着多民族交融的文化记忆，在研究中国古代北方民族关系史、中国古代北方疆域史、女真人社会发展史、金源文化产生与发展等诸多历史问题方面，具有重要的史料价值，促使金代成为中华民族发展历程中不可或缺的组成部分。同时，金长城也是长城防御体系的重要发展阶段，上承接秦汉长城，下为明长城的修建提供了宝贵经验。

（三）加强金长城系统性保护与利用是推动区域经济发展的有力抓手

中央提出建设国家文化公园的核心目标之一，就是推动区域经济社会可持续发展，重点利用文物和文化资源外溢辐射效应，建设文化旅游深度融合发展示范区。金长城沿线主要是农林牧交错地带，且多为经济发展贫困地区，第三产业占比不高，特别是旅游产业发展滞后。但是这个地区环境优美、自然生态保护较好，历史悠久、文化底蕴深厚，具有将“绿水青山”转化为“金山银山”的资源条件。在构建新发展格局的大背景下，抢抓长城国家文化公园建设的历史机遇，实现习近平总书记提出的“两山”理论，推动金长城区域文化旅游产业融合发展，助力巩固拓展脱贫攻坚成果与乡村振兴有效衔接，拉动经济社会高质量发展已经成为我们需要重点思考和解决的课题。

二、加强金长城系统性保护与利用存在的困难和问题

近年来，国家和省市县区聚焦金长城保护传承，在资源研究梳理、保护立法、综合利用、文旅融合等方面进行了有益探索，但工作中仍存在一些困难和问题。

（一）金长城称谓需正名

金长城虽然被国家认定为长城，但目前在所有官方文件中仍沿用“金界壕”或“金界壕边堡”。名不正则言不顺，国家文化部门做《长城保护条例》宣传时，就有群众提出“我们这也不是长城啊”的问题。这些都严重影响了社会各界对金长城重要性的认知，阻碍了金长城保护与利用工作的开展，特别是不利于提高金长城沿线民众的保护意识。

（二）保护水平有待提高

目前，金长城（黑龙江段）保护主要采取划定保护范围、建设控制地带、实施保护项目等措施，但安全防护以人员日常巡查为主，安防、技防设施建设相对薄弱，围栏安全防范能力尚未达到国家相关标准及防范要求。同时，金长城保护区划范围内水土流失、风沙侵蚀造成自然损坏，地类混杂、界定不清导致落界困难，存在土地使用不当、村民生产破坏、违规种植农作物、生活垃圾污染等现象，给保护与利用工作带来了诸多困难。

（三）专项资金存在缺口

2020 年，国家公布的 23 个长城国家文化公园重点工程，黑龙江省仅有一项，却不是黑龙江省最有代表性的齐齐哈尔金长城。金长城沿线多以传统农业种植为主，三次产业结构不合理，经济发展落后，加之金长城（金界壕）核心展示园项目尚未实施，地方政府融资不畅，撬动民间资本难度

较大，致使金长城系统性保护与利用工作资金尚存缺口。

（四）综合利用程度不高

齐齐哈尔市碾子山区于2007年建成国内首个以长城命名的主题公园——金长城遗址公园，但由于对历史价值、文化价值、景观价值和精神内涵挖掘不够，富有地域风情、文化特色的文创产品较少，造成金长城整体利用程度较低。据统计，近3年金长城遗址公园累计接待游客60万人次，一定程度上促进了文化与旅游产业融合发展，但缺失博物馆等金长城文化主题展示设施，无法充分发挥爱国主义教育和拉动区域经济发展的作用。

（五）管理机制不够顺畅

历史上金长城由东北路、西北路与西南路等组成，中国境内今天横跨黑龙江省、内蒙古自治区和河北省，全长4010.48千米。金长城（黑龙江段）是黑龙江省与内蒙古自治区的分界线，总长200.266千米，沿线省市县区均自行对本域内的部分进行管理，工作沟通协调机制尚未建立，一定程度上影响了金长城系统性保护与利用工作。

三、加强金长城系统性保护与利用的意见和建议

为贯彻落实好习近平总书记关于加强历史文化遗产保护工作的重要指示精神，坚持国家站位、突出国家标准，进一步推动长城国家文化公园建设，切实抓好金长城系统性保护与利用工作，提出如下建议：

（一）在国家发布的文件中统一“金长城”称谓

建议国家文物局正式使用“金长城”概念，代替以前使用的“金界壕”或“金界壕边堡”等，从国家层面解决金长城称谓混乱问题，以利于金长城科教宣传工作，更好地推动金长城系统性保护与利用。

（二）设立金长城（黑龙江段）保护试点

在坚持保护第一、传承优先的前提下，建议国家把黑龙江段作为金长城保护试点区域，重点推进金长城（碾子山段）国家文物保护利用示范区建设，加大政策倾斜力度，增加专项经费投入，加强围栏、监控等保护设施建设，在一定区域内适当种植树木，实现长城从本体保护向本体和环境风貌共同保护转变。

（三）支持黑龙江省实施金长城（金界壕）核心展示园项目建设

中央全面深化改革委员会第九次会议审议通过《长城、大运河、长征国家文化公园建设方案》之后，黑龙江省委、省政府高度重视，迅速组织落实，编制了《长城国家文化公园（黑龙江段）建设保护规划暨重大项目策划》《可行性研究报告》《修建性详细规划》，鉴于已经被纳入45个长城国家文化公园重大工程之中，建议支持黑龙江省尽快实施金长城（金界壕）核心展示园项目建设，力争到2023年年底与国家同步完成建设任务。

（四）支持发展“长城+”特色文化产业链

“长城+”的建设在于带动长城文化产业链的形成，建议国家对金长城保护突出活化传承和合理利用，促进优质文化旅游资源一体化开发，在打造金长城文化旅游长廊、建设特色文化小镇等方

面给予政策、资金扶持，以旅游驱动沿线经济社会发展，让陈列在广阔大地上的珍贵遗产“活起来”，为区域经济高质量发展注入活力。

（五）建立金长城系统性保护与利用工作联动机制

在坚持文物属地化管理原则的前提下，建议从国家层面强化顶层设计，建立健全工作机制，由国家文化和旅游部牵头，发展改革委、农业农村部、自然资源部等部门组成综合办事机构，加强金长城系统性保护与利用的工作统筹协调。建立省际轮值主席制度，定期组织召开联席会议，研究相关政策、措施，解决重点矛盾、问题，促进金长城系统性保护与利用的工作协同和信息共享。

长城沿线非物质文化遗产保护传承利用协同发展探究

张巍伟　张雪芳*

摘要：长城沿线蕴藏着丰厚的非物质文化遗产资源，历经千年依旧活在当下，叙说着历史、传承着技艺、传播着文化、诠释着长城精神。沿线各地区应以长城国家文化公园建设重大文化工程为契机和平台，加强团结统一、协同联动，形成合力，通过推动长城非遗资源挖掘和内涵阐释、非遗与旅游融合发展、长城非遗创意产品产业化延伸、非遗带动长城文化生态保护、长城沿线非遗展示展演品牌活动打造等重要举措，聚力弘扬长城精神、民族精神，为实现中华民族伟大复兴的中国梦凝聚磅礴力量。

关键词：长城；非遗；协同；保护；利用

习近平总书记强调，要作好长城文化价值发掘和文物遗产传承保护，弘扬民族精神。长城沿线非物质文化遗产是长城沿线各地区人民世代相传、活在当下的生产生活实践，是长城历史的现实写照，是长城记忆的生动体现。建立协同发展机制，对长城沿线各地区统一思想、凝心聚力、加强非物质文化遗产的传承和传播，具有重要意义。

一、协同发展的必要性

我国的万里长城，是中华民族勤劳和智慧的结晶，是中华民族抵制外侵、捍卫和平的标志，是具有珍贵历史文化价值的世界文化遗产，是中国各民族相互融合的历史见证，是中华民族精神生生不息的根脉。长城精神蕴含了团结统一、众志成城的爱国精神，坚韧不拔、自强不息的民族精神，守望和平、开放包容的时代精神。推动长城沿线非物质文化遗产的创造性转化、创新性发展，将有助于传承中华文明、弘扬民族精神，为实现中华民族伟大复兴的中国梦凝聚磅礴力量。

党中央、国务院高度重视长城文化保护传承利用工作，2019 年 7 月，习近平总书记主持召开

* 张巍伟，河北省文化和旅游厅一级主任科员；张雪芳，河北省文化和旅游厅非遗处处长。

中央深改委第九次会议，审议通过了《长城、大运河、长征国家文化公园建设方案》。

长城国家文化公园建设，是传承弘扬长城精神、展示国家形象、彰显文化自信的重大载体；是保护长城建筑遗产，延续长城文化景观的重大国家工程；是服务国家需求，带动集中连片贫困区可持续发展的重要路径。建设长城国家文化公园的目的是打造国家文化战略高地，形成一批具有特定开放性空间的长城文化载体，应以此为有利契机，加强顶层设计、统筹谋划、区域联动、多措并举，全面推进长城沿线非物质文化遗产的保护传承发展利用。

二、协同发展的可行性

（一）长城沿线非遗资源丰厚，研究价值高

长城非遗资源指各族人民在长城周边生产生活所产生的那些非物质形态的，有艺术价值、历史价值的文化形态，指人们在以长城为场域的社会历史实践过程中所创造的各种精神文化资源及生产生活技艺。[1]

据统计，长城沿线 15 省（自治区、直辖市）共包含国家级非遗项目 1341 项，占全国国家级项目总量的 43%。其中，北京市 103 项、天津市 35 项、河北省 149 项、山西省 168 项、内蒙古自治区 89 项、辽宁省 67 项、吉林省 44 项、黑龙江省 34 项、山东省 173 项、河南省 113 项、陕西省 79 项、甘肃省 68 项、青海省 73 项、宁夏回族自治区 18 项、新疆维吾尔自治区 128 项（截至 2020 年数据），蕴含了丰富的长城非遗资源。

修城者和守城者在长城周边繁衍生息，形成了诸多与长城相关的非遗资源，包括长城文学资源、艺术资源、民俗资源等。具体包括：

1. 民间文学类非遗

主要指围绕长城形成的边塞通道、关城防御、军屯戍边、王朝更迭、民族抗战、人口迁移等多元文化，挖掘其所承载的重大事件、重点人物、重要故事。这类文化资源往往形成神话、传说等民间文学类非物质文化遗产，同时也是其他类别非遗技艺（如传统美术、传统戏剧类）表现形式的精神内涵和创作源泉。如孟姜女传说，于 2006 年 5 月，经国务院批准被列入第一批国家级非物质文化遗产名录，本身即是民间文学类的非遗项目，其精神内涵被采用后，成为评剧《孟姜女》的创作题材，同时也是诸如剪纸、刻画类非遗产品的创作文化内核。

2. 传统戏剧类非遗

长城题材的戏曲非常丰富且流传广泛。与长城有关的戏剧有 120 多种，超过现有全国戏剧剧种总数的 1/3，且分布全国各地，如甘肃的陇戏、山西的秦腔、陕西的梆子、河北的评剧、北京的京剧，还有地方特色的花鼓、秧歌等都有长城题材的作品。著名作品有《杨家将》《山海关》《孟姜女》，其文学价值或是表现了慷慨雄浑、保家卫国的英雄豪情，或是表现了民众疾苦、反抗暴政的悲愤情景。[2] 传统戏剧是广大群众最容易接受的表达形式之一，能够充分地展现出长城所蕴含的深厚历史和精神品质。

3. 传统技艺类非遗

长城雕塑多以民间吉祥图案为题材，如金山岭的麒麟影壁等。调研发现，蔚县剪纸、抚宁剪纸

都有以长城为主题形象的大型作品。除此之外，诸如版画、刺绣、陶瓷、古法琉璃等项目都有以长城为题材的作品创作，如明万历时期《新刻全像易鞋记》就有“天下第一关”和“居庸关”的2幅版画插图；挂毯、壁毯制作等大幅手工技艺也都包含长城图案的应用，有的还作为国礼赠送联合国组织或外国元首。长城雄奇壮美，其形象被融入各手工技艺类非遗项目中，同时也造就了一大批长城元素的非遗创意产品和旅游商品。这些作品或是展现长城精神风貌，或是传播长城和平精神，在传承了非遗技艺的同时也陶冶了情操。

4. 美食类非遗

长城沿线的饮食文化不仅具有农耕饮食文化特点，还具有游牧民族特色。通过深度发掘食物背后与长城相关的历史故事，能够有效地吸引游客深层次认识长城。如明朝戚继光抗击倭寇期间，为解决士兵们长年吃住在关堡、敌楼饭菜单一匮乏的问题，发明了棋子烧饼，用面和馅，加上一点芝麻、少量食盐做成棋子块状，放在炉火上烘烤，经过烘烤的烧饼耐保存，携带方便。长城地区是一个农耕与游牧两种经济类型既冲突又共存的地区，农耕民族饮食文化也受到游牧民族饮食文化的影响。蒙古族名菜烤全羊和羊汤现在在长城沿线地区广泛流传，如抚宁董家口烤全羊、平泉巴沟羊汤等都独具特色。[3]

5. 民俗类非遗

民俗是长期以来社区或群体形成的生活状态、村规民约、乡风习俗等。如嘉峪关是明长城的最西端，丝绸之路的重要关隘，不仅是军事防御重地，也是东西方贸易的关口，中原与西域相互流通、交换形成了“茶马互市”“关市”等。再如由于长城具备传递军情的重要作用，历代长城沿线都对燃放烟火具有十分严格的制度要求。

（二）长城沿线非遗保护基础良好，发展潜力大

以河北省为例，省内长城时间跨度大、地域面积广、形态种类多、文化价值高，涉及河北省内秦皇岛、唐山、承德、张家口、保定、廊坊、石家庄、邢台、邯郸、雄安新区9市1区59个县。经初步统计，59个县域内共包含国家级非遗项目46项、省级非遗项目237项，蕴藏着深厚的文化内涵。

1. 非遗背后的故事讲得好——“保护”到位

河北长城气势雄伟、建筑精美、关隘众多、遗存丰富、故事动人，集中彰显了长城文化的精髓。比如秦皇岛市传统技艺类非遗项目椊椤叶饼制作技艺，相传明万历十二年（1584年），大部队在城子峪关防守，烧饭的师傅记错了人数少了一个士兵的碗筷，那个士兵便掰了两片大椊椤叶用来盛饭，结果发现他的饭清香，比别人的都好吃，后来大家都用椊椤叶来蒸熟食品吃，无不交口称赞。再如传统体育类非遗项目山海关镇关武术，因山海关是军事重镇，明清守关的将士退役留守在山海关后，将习武的习惯也留在了山海关，戚继光还曾在此创建过“戚家刀”。习武者可以强身健体，随时为国家召唤征战做准备，还可以考取武状元，或做武教头以招收学生谋生。对长城非遗资源的挖掘、整理是开展非遗保护工作的首要环节，只有阐述好背后的故事、讲明白长城文化的内涵，才能有针对性地开展传承和传播。

2. 非遗与旅游融合得好——“传播”到位

非遗与旅游融合的途径有很多，非遗的十大门类项目可以与旅游要素“食住行游购娱”自由组合出多种融合的方式。以民俗类非遗项目孟姜女庙庙会进景区为例，每年农历四月十八，山海关孟姜女庙景区都会举办一场以“灵气福祉·爱情圣地”为主题的盛大的传统活动——孟姜女庙庙会，通过组织祈福活动（走“福”路、敲“福”钟、敬“福”香、写“福”字、跨“福”桥等）、民俗展演（财神送财、月老赐婚、捉拿杞梁、抛绣球）、非遗展示（吹糖人、捏面人、画糖画、立体剪纸、葫芦烙画）等多项内容，丰富了景区的文化内涵，也加强了对国家级非遗项目孟姜女的传说的展示和传播。

3. 非遗产业发展带动得好——“发展”到位

非物质文化遗产尤其是传统工艺联系千家万户、遍布城镇村庄，与人民群众生产生活密切相关。许多非遗项目不只停留在需要保护和传承的阶段，而是成为助力乡村振兴的重要抓手。比如保定市的曲阳县历史悠久，拥有曲阳石雕、定瓷烧制技艺2项国家级非遗项目，1995年被国务院正式命名为“中国雕刻之乡”。其中，曲阳石雕非遗技艺共涵盖了11个乡镇，拥有注册企业2800余家、家庭作坊6500余家、规模以上雕刻企业41家，从业人员达12万人，年产值150亿元，已经成为当地的富民产业，探索出一条非遗项目带动产业化发展、村民脱贫致富的路子，是非遗助力乡村振兴的典范。再如，秦皇岛市青龙满族自治县满族黏饽饽制作技艺，2016年以来建立起“公司+贫困户”的利益联结机制，吸纳扶贫整合入股资金4000余万元，累计派发红利600多万元。4年来通过直接吸收就业、订单采购生产原料、技术培训扶持、教育资助等多种方式进行有规划地帮扶，直接带动龙王庙、祖山、官场等乡镇4万余贫困人口脱贫，非遗产业发展势头强劲。

（三）长城沿线统一活动品牌传播初试水，市场反响好

2020年8月，由文旅部非遗司业务指导，河北省文化和旅游厅、秦皇岛市政府共同在山海关主办了“长城脚下话非遗”活动。来自全省的300余个非遗项目现场参与，包括传统手工艺精品展、传统美食品味体验、传统戏剧曲艺展演等。4天时间，活动期间每天晚上9点夜场展销才结束，广大游客和群众参与热情高涨。山海关古城接待参观非遗展览游客9.03万人次，项目销售总额近600万元，旅游总收入达到9600万元。

因疫情防控的原因，长城沿线15个省（自治区、直辖市）文旅部门代表还以视频会议形式，共同参与了线上交流对话活动。这是第一次以非遗为主线将长城沿线各地区拢在一起集中“话非遗”，凝聚了区域协作推动非遗保护事业的共识和力量。交流对话活动由文旅部非遗司、长城沿线各省及河北省内各市文旅部门、中国长城学会等专家学者共同参与。从弘扬长城文化精神、加强长城沿线文化生态整体性保护、对长城沿线非遗资源社会功能和价值研究等方面展开交流探讨。各位专家分别从不同的角度展开了论述，纷纷表示这个课题很有意义，要进一步深入研究，希望建立常态化的研讨交流模式。新华社、中国旅游报、河北日报、河北新闻网等近20家主要媒体对以上系列活动给予了宣传报道。

2020年“长城脚下话非遗”活动是长城沿线15个省（自治区、直辖市）共同叫响的一个标志品牌，经过首届初试水，得到了政府、专家、传承人、媒体各界的一致好评，经过逐年的培育和打造，有望成为长城非遗的品牌IP，将“物质”与“非物质”生动地结合在一起。

三、存在的问题和不足

（一）缺乏顶层设计

悠悠历史，长城沿线积淀了类型众多、特色鲜明、内涵丰富、价值独特的非物质文化遗产，凝结着长城文化的精华，是推进长城文化带建设的重要文化资源和强大精神力量。长城沿线15省（自治区、直辖市）的长城非遗资源特征不同、对长城非遗保护工作的重视程度不同，各地区目前处在小、散、弱的状态，还没有形成完善的顶层设计、健全的协作机制，不能有效地形成合力，进而开展长城非遗的系统性、整体性保护。

（二）缺乏理论研究

如何通过加强长城沿线的非遗保护传承发展利用，弘扬长城精神、民族精神，为实现中华民族伟大复兴的中国梦凝聚起磅礴力量，是一个新的课题。目前还没有设立专门的课题、组建专门的智库机构去研究推进相关工作。研究长城的不少、研究沿线非遗的不多；专门研究非遗的不少，专门研究长城非遗精神价值的不多。沿线各省区市都应该根据本地特点，加强对本地区长城非遗保护传承发展利用的研究分析。

（三）缺乏务实举措

融入长城国家文化公园建设是加强长城沿线非物质文化遗产保护传承利用的重要举措和关键环节。长城国家文化公园建设，是弘扬长城精神、展示国家形象、彰显文化自信的重大载体和重大国家工程。应该充分利用长城国家文化公园建设的契机，谋划具体举措，加入传承保护、研究发掘、环境配套、文旅融合、数字再现“五大工程”实施，加入管控保护区、主题展示区、文旅融合区、传统利用区“四区”建设，充分借力长城国家文化公园品牌，促进对长城沿线非遗的保护传承发展利用。

（四）缺乏制度保障

要统筹谋划整体发展，就要有健全的组织机构和制度建设。目前各省区市缺乏统一的组织机构，没有明确的领导机构，无法开展日常的组织和传达工作；没有明确的工作目标，无法有效有序地推动工作开展；没有明确的工作计划，无法将举措落地实施；没有明确的制度保障，无法将工作顺利推进。

四、建议意见

（一）建立长城沿线非遗保护传承利用协同发展机制

为进一步贯彻落实习近平总书记关于做好长城文化价值发掘和文物遗产传承保护工作，弘扬民族精神的重要指示精神，将长城沿线非遗的系统性、整体性保护落到实处，沿线15省（自治区、直辖市）应建立非遗保护传承利用协同机制，统筹协调重要事项，开展联合行动，推进各项工作。应该通过协同机制，夯实合作基础，确保协同效率；通过联合行动，推动项目落地，促进共同发展。应对工作规则、工作要求、工作内容、工作计划等都作出详细的规定，同时成立领导小组，并建立秘书处负责日常运转和组织协调具体工作。河北作为长城国家文化公园建设的试点省份，有扎实的前期工作基础，建议主动承担秘书处职能。

（二）加强长城沿线非遗保护传承利用的理论研究

应当加强理论研究，积极挖掘和阐释长城沿线非遗蕴含的文化内涵、文化价值、文化韵味和民族精神，深层次挖掘非遗资源产生的原因及背后的历史。建立长城沿线非遗保护传承利用智库，借助各方智慧、加强智力支撑、动员集合各方力量研究长城沿线非遗保护传承发展利用的各项课题。搭建非遗研究交流平台，组织召开长城非物质文化遗产保护传承利用研讨（沙龙）或对话活动，定期由 15 个省（自治区、直辖市）轮流承办。邀请相关研究者、管理者、传承人等参加，每期围绕活动主题开展深入研讨。探索实施长城非遗保护传承利用成果出版工程，分区域、分类别做好调查、记录、编辑和出版工作，将最具历史性、代表性、创新性、发展性的非遗项目传承发展情况真实的记录留存下来。

（三）充分发挥非遗在长城国家文化公园建设“五大工程”中的重要作用

1. 持续加强长城沿线非遗资源的文旅融合应用

在旅游者越来越注重文化体验的当下，将非遗技艺转化为具体的场景、故事、体验项目，更能引发游客的文化共鸣。应针对不同的非遗项目，选择不同的旅游开发方式。目前国家级非物质文化遗产共十类，各具特点且表现形式各不相同，其与旅游融合的切入点也不应相同，要深究细研找到能与非遗项目核心吸引力相融合的旅游要素（食住行游购娱）。例如，非遗美食类的可融入旅游要素“食”，驴肉火烧、羊汤、棋子烧饼等非遗项目可以用于团餐或自驾游的用餐打卡地；非遗手工艺品可融入旅游要素“住”，剪纸刻画类的非遗产品可作为酒店或民宿房间的装饰品、瓷器陶器类的非遗产品可作为房间的茶具或洗漱用具；非遗创意产品可融入旅游要素“购”，将一些非遗元素结合好的、质量有保障、精巧易于携带的非遗创意产品融入旅游购物店或景区文创产品店。

有的非遗项目本身则可以直接作为旅游目的地，融入旅游要素“游”的环节，比如衡水内画艺术博物馆、武强年画博物馆等博物馆类目的地；第什里风筝小镇、昌黎葡萄小镇等特色小镇类目的地；陈文增定瓷艺术馆等艺术馆、体验馆、展览馆类目的地；赞皇原村土布文化产业园等生产性保护基地类目的地等，都可以作为团体游、自驾游或者高端定制游的游览点和体验地。有的诸如民俗类非遗项目则适合直接进入景区活态展演，以秦皇岛市山海关为例，在 2019 年冬季旅游淡季大力发展“非遗 + 旅游”新业态，将民俗“冷”资源转化为文旅融合“热”产业。“山海关古城年博会”汇聚北方地区年文化特色，展现山海关独有的“闯关东”地缘文化和长城沿线非遗民俗，让游客感受到长城文化的精粹和山海关浓厚的非遗文化底蕴，是民俗与旅游结合的典范。

2. 持续加强对长城沿线非遗活动品牌的培育打造

在 2020 年“长城脚下话非遗”活动影响力的基础上，乘势而上，持续培育打造好这个长城沿线各地凝聚共识的活动品牌。一是 2021 年起长城沿线 15 省（自治区、直辖市）要充分融入长城脚下见匠心、长城脚下亮手艺、长城脚下品美食、长城脚下唱大戏等现场活动板块中；二是拓宽传播路径，加入部分新媒体传播内容；三是加入“行走长城非遗旅游线路”板块，在当年活动的主办地省份，精选 2 条涵盖长城本体、长城沿线代表性非遗项目、特色民宿、传统村落等构成的精品线路，邀请参与活动的政府部门、专家学者、媒体记者共同行走，通过实践增加对长城沿线非遗的认知了解，并进行话题传播；四是丰富长城脚下论传承——长城文化传承与非遗保护交流对话活动。组织沿线

15个省（自治区、直辖市）非遗主管部门代表、专家学者、媒体记者参与“话非遗”沙龙，与会代表根据不同的社会角色、结合实地调研情况，开展主题交流；五是每年由当地的传统工艺工作站设计制作一款长城题材的非遗创意产品，在活动期间作为与会代表的伴手礼，在长城沿线15个省（自治区、直辖市）广泛宣传。

3. 持续加强长城主题的非遗作品征集及非遗创意旅游商品开发

习近平总书记在2020年教育文化卫生体育领域专家代表座谈会上指出：“衡量文化产业发展质量和水平，最重要的不是看经济效益，而是看能不能提供更多既能满足人民文化需求、又能增强人民精神力量的文化产品。要坚持把社会效益放在首位、社会效益和经济效益相统一，深化文化体制改革，完善文化产业规划和政策，不断扩大优质文化产品供给。”下一步建议从两个方面推进工作：一方面是面向广大传承人群体开展能体现长城形象、文化内涵、历史渊源、人物故事、当代价值等的长城主题非遗作品（影像图片）征集。传统美术、传统技艺、曲艺等10个非遗门类均可参与，旨在弘扬长城精神、传播非遗技艺、增加社会效益。另一方面是面向企业的非遗创意旅游商品开发，非遗创意旅游商品与非遗产品不同，需要完全市场化，依靠现代市场策划者和现代设计师采用非遗元素或内涵，使用新形态、新材质、新工艺创作。同时打造长城非遗品牌，对长城文化进行新的表达，比如长城主题文创产品——“山海关长城茶砖”，按照山海关老龙头长城墙体内发现的带有“永固”字样城砖同比例缩小制作，配套一本手工制作宣纸印刷线装书——《万里长城•山海关•长城茶砖》。既有实用价值，又具收藏价值，深受消费者喜爱。

4. 持续加强长城非遗旅游精品线路培育

河北长城资源保存完整、建筑雄伟、文化丰富。河北现存长城3699.64千米，其中保存、观赏价值较高的明长城2615.86千米。国家批准的景区27处，省内金山岭、山海关、板厂峪等都是中国长城的杰出代表。长城沿线蕴含着丰富的红色文化、绿色生态、历史文化等特色资源，其中不少关口还是历史上重要的民族贸易榷场，张家口许多长城关、堡也是草原丝绸之路的重要节点。以长城为纽带，选择文化内涵丰厚的非遗项目的展示基地、传播基地、体验基地、生产性保护基地、展览馆等，串联沿线世界遗产、自然生态、红色文化等旅游资源，精心培育打造一批能落地、可实施的长城非遗旅游精品线路，并向海内外游客推广。

沿线各省区市长城资源也都各具特色，八达岭、慕田峪、金山岭、九门口、镇北台、嘉峪关等长城重要点段已成为长城旅游代表性景区。协同机制建立以后，还应探索培育跨省域的长城非遗旅游线路，满足徒步、摄影、绘画、非遗、研学等爱好者的不同需求。

5. 持续加强对长城文化生态的保护和利用

长城沿线成千上万的关隘、城堡都演变成了村镇，城市也已经是历史文化名城，比如宣化古城就是明长城九镇宣府镇的总兵驻地，榆林古城是榆林镇的总兵驻地，银川古城是宁夏镇总兵的驻地，张掖古城是甘肃镇总兵的驻地。这些长城沿线的古城古镇古村及文化遗址遗迹都是长城的重要组成部分。沿线保存下来的各级非物质文化遗产，都是需要保护的文化生态，因保护不力，导致非遗项目濒危，传统文化生态逐渐走向消亡，实际上也是对长城的一种破坏。[4]

文化生态保护与实现乡村文化振兴相辅相成，长城文化生态保护和发展的重心在长城沿线的乡镇。非遗是根植于民间、根植于村落的文化遗产，是乡土文化的重要组成部分，促进非遗资源在长城沿线村落的保护传承发展利用，恰如其分。近年来，通过支持以传统工艺为主的非遗项目，有计划、有组织地建设非遗扶贫工坊，实现贫困人口就地就业和居家就业，成为非遗助力脱贫攻坚的生动实践。在 2020 年实现全面建成小康社会目标任务后，将非遗扶贫就业工坊升级为非遗工坊，发挥其就业增收致富与促进文化传承的独特作用，助力乡村振兴。通过对带头传承人的培养，对非遗工坊非遗品牌的培育，可以形成具有知识产权的产品系列和产业链，提升市场竞争力。

五、结语

长城沿线非物质文化遗产承载着长城精神，长城精神承载着民族精神，民族精神是中华民族屹立于世界民族之林的血脉和脊梁。通过沿线各地区协同合作，更加完整地表达和传播长城精神；通过沿线非遗资源的挖掘整理，更加全面地补充和记录长城精神；通过非遗与旅游的融合，更加充分地展示和演绎长城精神；通过非遗创意产品的开发和利用，更加生动地阐释和理解长城精神。精神已立、民族自强，长城传播、非遗担当。

参考文献

[1] 漆子扬 . 关于明长城资源研究的缺点与不足及开展明长城非物质文化资源调查的几点设想 .

[2] 彭东航 . 长城艺术与河北文化创意产业发展策略 [C]// 河北省人民政府参事室，河北省文史研究馆，河北地质大学长城研究院 . 河北长城文化遗产保护与利用研究 . 北京：光明日报出版社，2019：332.

[3] 张明月 . 长城沿线特色饮食文化及旅游发展策略 [C]// 河北省人民政府参事室，河北省文史研究馆，河北地质大学长城研究院 . 河北长城文化遗产保护与利用研究 . 北京：光明日报出版社，2019：313.

[4] 董耀会 . 长城国家文化公园建设的几点思考 [C]// 河北省人民政府参事室，河北省文史研究馆，河北地质大学长城研究院 . 河北长城文化遗产保护与利用研究 . 北京：光明日报出版社，2019：202.

山丹长城国家文化公园建设要处理好的五个关系

董耀会*

2019年11月，中办、国办印发了《长城、大运河、长征国家文化公园建设方案》，甘肃省按照国家方案制定了《长城国家文化公园甘肃省保护规划》，明确提出了“三园、三段、八点一线”的空间布局。山丹县抢抓机遇，被纳入“三段”之一，打造山丹长城风景道示范段，迎来了历史上前所未有的发展机遇。山丹县正在抓紧制定《山丹长城国家文化公园建设保护规划》，体现了基层县委和政府对长城国家文化公园建设工作的重视。

国家文化和旅游部委托我主持编制长城国家文化公园《长城文化和旅游融合发展专项规划》，常在长城沿线各地进行调研、督导，发现很多地方虽然有积极性，但并不知道应该怎么做。这是一个很大的问题。中央的要求是明确的，如果做具体工作时并不清楚该怎么做，就很难完成任务。

山丹县已经着手制订具有前瞻性的县级长城国家文化公园建设保护规划，规划的编制如何突破传统资源利用模式，挖掘能够代表山丹文化特质的文化旅游资源，还需要做更细致的工作。

山丹汉明长城，位于312国道2642千米处，距县城20千米，距今已有两千多年的历史，在山丹县境内绵延近200千米，被专家誉为“露天长城博物馆”，是目前国内保存最完整的一段古长城，为国家重点文物保护单位。汉、明长城虽建于不同年代，但走向、长度却完全相同。汉长城在北侧，明长城在其里，两者相距10～80米之间，平行延伸。像这样不同历史年代修筑而同时并行且至今留存较为完整的长城段在国内很少有。但从20世纪80年代至今，由于风雨侵蚀和人为破坏等因素，县境内明长城完整的墙体由原来的88千米减少到53千米，仅仅30多年的时间，35千米的墙体就消失或变成豁口。近些年，修缮了一些长城段落，但还有很多的地段尚未修缮，处于随时都有可能倒塌的状态。

随着人们对历史文化的重视，长城的保护与发展问题越来越受到关注。在国家提出建设长城、大运河、长征国家文化公园的大背景下，山丹县委、县政府提出山丹汉明长城融入国家文化公园体

* 董耀会，中国长城学会副会长，河北地质大学长城研究院院长，燕山大学中国长城文化研究与传播中心主任、教授，《中国长城志》总主编。

系，并做好保护及带动区域经济发展工作，这种负责任的精神和敬业的工作态度很让人感动。

应县委、县政府邀请，我先后前往山丹县清泉镇汉明长城城区保护段、东乐镇汉明长城小寨保护段、老军乡硖口古城、金山子烽燧及陈户镇汉明长城新河驿和长城陈列馆等地深入考察。期间，围绕长城文化价值的认识及当前长城保护与开发利用的实际情况，作了题为《长城的历史价值与新时代意义》的专题讲座。随后，又召开了有关部门负责人参加的专题座谈会，并就山丹长城国家文化公园建设保护规划，提出了如下的意见和建议：

一、要正确处理好长城保护与建设的关系，向国家和省的长城保护建设规划定位看齐

中央要求长城国家文化公园建设项目结合国土空间规划，坚持保护第一、传承优先，对各类文物本体及环境实施严格保护与管控，合理保存传统文化生态，适度发展文化旅游、特色生态产业，适当控制生产经营活动，逐步疏导不符合建设规划要求的设施、项目等。山丹县坚持规划先行、突出顶层设计的做法是正确的。规划要统筹考虑资源条件、人文历史、区位特点、公众需求，在规划定位的层面要与国家和省保持一致，要做到既着眼长远又立足当前，既尽力而为又量力而行。

山丹长城国家文化公园的规划编制，既要规划好长城的保护，也要规划好长城文化公园的建设。规划既要有发展的新思路，做出一个有前瞻性的专项发展规划，又要务求符合基层实际。我们做的事，要得到群众认可，要经得起时间检验，只有这样才能把山丹长城国家文化公园打造成民族性和世界性兼容的文化名片。

二、要正确处理好山丹长城与军马场、祁连山、焉支山的关系，推动区域资源协调发展

长城国家文化公园建设，要以长城建筑及其历史文化为核心吸引物，但不能片面地理解为必须要紧扣长城建筑的本体做文章。在打造国家文化战略高地的同时，推动区域发展需要结合地域文化。以保护为前提，抓住本区域最大的特色，与之结合起来做文章。规划一定要结合山丹军马场、祁连山、焉支山，处理好这些资源与长城的关系。

军马文化是山丹的特色，山丹军马场是从汉武帝打通丝绸之路之时开始屯兵养马。长城是古代众多民族南来北往、繁衍迁徙和沟通交流的重要廊道和秩序屏障。农耕和游牧民族以茶易马或以马换茶为中心内容的贸易往来被称为茶马互市，可见在农牧贸易交流过程中马对双方都很重要。战国时期，赵武灵王为了方便行军打仗，进行胡服骑射改革，开辟了农耕军队作战形式革新的先例。这也是农耕地区向游牧地区学习的具有典范意义的事件，胡服骑射也是战国时期变法改革之后的一个重要变化，改变了长城沿线秦、赵、燕三个游牧部族交汇地区军事力量的强弱，也变成他们拓展农牧地区生存空间的重要手段。

祁连山、焉支山跟古代游牧民族的联系也是十分密切的。匈奴被霍去病大败祁连山下后，感叹道：亡我祁连山，使我六畜不蕃息；失我胭脂山，令我妇女无颜色。山丹军马场、祁连山、焉支山，

都是山丹汉明长城文化的重要组成部分，历史上就有着不可分割的联系。今天在推动区域发展和资源整合的背景下，去做长城国家文化公园的建设，就更应该把这些地域文化紧密地有机联系起来。

三、要处理好整体规划和单项建设项目的关系，做好项目储备和申报争取

做好长城国家文化公园的建设项目支撑是关键，在整体的规划上，要对项目有深度的思考和合理的安排。文化和旅游部报给国家发改委的第一批长城国家文化公园重点项目共 23 个，总投资为 138.63 亿，分别是河北省作为试点省有 6 个项目、北京市 2 个、甘肃省 3 个、其他 12 个省各 1 个项目。从这个项目清单上的项目数量，就可以感受到甘肃长城在全国长城中的地位。甘肃省仅次于试点省河北，比北京市还多 1 个项目。

河北省作为长城资源大省，承担了第一批长城国家文化公园建设试点任务，将于 2021 年建成，其他省于 2023 年建成，总的规划是在 2035 年完成。最近国家也明确了“十四五”文化旅游领域中央预算内投资重点支持方向，在建设任务栏目中第一项就是长城国家文化公园。支持内容为建设标志性的博物馆，国家文化和自然遗产保护利用设施，旅游基础设施和公共服务设施。山丹要抓住机遇，认真储备大项目和好项目与中央预算内的投资重点支持对接。

“十四五”文化旅游领域中央预算内投资重点支持的建设任务项目遴选标准，国家规定要具体参照《2020 年文化旅游提升工程第二批中央预算内投资项目遴选标准》。希望山丹既要做好顶层设计，又要做好项目储备和申报工作。山丹长城国家文化公园建设，要通过布局避免同质化恶性竞争，要塑造总体的品牌形象，突出山丹长城的地方特色，推动长城沿线各旅游板块之间的统筹协调发展。只有通过重点项目的布局，发挥重点项目的引领作用，山丹长城国家文化公园的建设才能有规模、见效益。

四、要处理好长城的物质形态和精神形态的关系，深入研究挖掘长城的物质文化和精神文化遗产

长城国家文化公园建设方案在审议时，习近平总书记提出了物质的长城、文化的长城和精神的长城，这是国家打造国家文化战略高地的一个核心思想。中国的万里长城，作为人类历史上最伟大的工程之一，早已载入世界文化遗产名录。但是，中华民族“长城文化”的精神内涵，长期以来并未得到完整而全面的阐释。长城国家文化公园建设，就是要通过整合具有突出意义、重要影响、重大主题的文物和文化资源，实施公园化管理运营，实现保护传承利用、文化教育、公共服务、旅游观光、休闲娱乐、科学研究功能，形成具有特定开放空间的公共文化载体，集中打造中华文化重要标志。

长城国家文化公园要以文化为魂，要充分体现文化的指引和带动作用，但也要有其独特的吸引力才行。一个文化景观不光要好看，还要好玩，才能吸引更多的人。长城国家文化公园建设要解决“文化不好玩，旅游没文化”的问题。此前我参加河北省长城国家文化公园建设督导调研，在张家口了解到当地要把张库大道的故事做成石雕长廊。我就提出来，有多少人会站到石雕前面，从头到尾把几十米石雕长廊全部看完并理解里面的故事？我们要把文化传播做好，就要注重把文化转化为

有形的可以体验的文化项目。想要让人们通过自觉的体验来感受长城文化的魅力，首先，我们要对长城文化体验项目的规划和安排做好创意和提升。再者，做旅游要重视文化元素和文化品质。如司马台长城下建的古北水镇，仅仅是把乌镇的水乡文化简单地搬到了长城脚下，以长城为背景，却与长城文化、边塞文化基本上没有关联。因此，做好山丹长城国家文化公园建设一定要做出文化品质，处理好文化遗产与物质形态的长城和精神文化的长城的关系。

五、要处理好长城与路易·艾黎文化的关系，实现历史文化遗产与红色文化资源的有机结合

长城国家文化公园对应的是主题明确、内容清新、影响突出的文物和文化资源。山丹是新西兰伟大的国际共产主义战士、著名社会活动家路易·艾黎的第二故乡，山丹“工合”事业的发展与路易·艾黎有着深厚的渊源。路易·艾黎红色文化主题、内容、影响都与中央的要求高度契合，山丹建设长城国家文化公园就必须将路易·艾黎独特的红色文化与长城文化有机结合起来，做出很好的文化呈现，让游客去参与和感受。

总之，长城国家文化公园建设为山丹提供了一个不可多得的历史机遇，规划编制应该以长城文化资源保护和传承为根本，在保护的基础上与旅游产业发展融合，与旅游市场的社会需求相对接，通过创意性的产品开发，赋予长城文化资源新的发展活力。此外，要让人们在旅游的体验中更好地感受长城的历史文化，还需要再做一些深入的研究，充分运用数字化等新的体验方式和新的艺术表现形式，使长城文化和路易·艾黎故事的体验吸引力更强。

除了要处理好上述“五个关系”，还要做到下面三点：做好文化挖掘，把长城故事讲好；扎扎实实地保护长城遗址遗存，把长城保护做真；做好长城文旅融合项目，把长城旅游做实。

相信山丹长城国家文化公园建设一定能取得成效，山丹长城文化保护传承的能力和水平一定能得到全面提升，山丹经济社会发展和文化内涵的利用一定能得到全面增长。

浅谈定西长城资源及保护的现状与对策

张克仁 *

摘要： 定西境内保存有秦昭王长城和秦始皇长城两大丰富的长城文物资源，较为完整的墙体达到数十千米，长城文物点也有上百处。而定西长城保护的现状有喜有忧，如何在保护中“活化”这些宝贵的长城资源，使之在利用和文旅融合中体现文物的真正价值，从而使长城文物能够得到长久保护和传承，需要我们找到可行和精准的对策。

关键词： 定西；长城；资源；现状；对策

定西是战国秦长城和秦长城两大长城的西起首地，境内有丰富的长城文物资源，如何在做好保护工作的前提下，利用和传承好祖先留给我们的珍贵遗产，使之融入民族文化的基因中，这是我们必须要面对和研究的重大课题。本文从定西长城文物资源、定西长城文物保护现状、定西长城文物保护对策三个方面进行初步探讨。

一、定西长城文物资源

（一）战国秦长城（秦昭王长城）资源

战国秦长城，又称秦昭王长城。秦国修筑长城的背景，司马迁在《史记·匈奴列传》中说的很明确，秦昭王三十五年（前 272 年）“诈而杀义渠戎王于甘泉”“遂起兵伐残义渠”后，在原义渠的地盘设北地、上郡，然后修筑长城，将陇西、北地、上郡城镇村庄和大片良田沃土围圈起来，“以拒胡”。

秦昭王长城以陇西郡郡治狄道北 15 千米处（今甘肃临洮县新添镇三十里墩村望儿嘴）为西起首，开始东行 3 千米后转向东南行，进入渭源后又转向东行，直至通渭县榜罗镇四罗坪拐弯向东北而去，横跨甘肃、宁夏、陕西、内蒙古四省区，依次经过临洮、渭源、陇西、通渭、静宁、西吉、原州、

* 张克仁，甘肃省定西市文物局文博副研究馆员。

彭阳、镇原、环县、华池、吴起、志丹、靖边、横山、榆阳、神木、准格尔旗。

定西战国秦长城文物实存遗迹 123 千米，墙体 30.5 千米，壕堑 35 千米，关堡、烽火台、敌台等遗存 155 座（处）。战国秦长城是中国最古老的长城之一，又是西端起点，堪称长城之源。

定西市境内的长城首起临洮县城北新添镇三十里墩南坪望儿嘴，沿东浴沟北岸向东行 3 千米，然后转向东南延伸，至渭源境内复向东横贯陇西县境内的北部、东部，到达通渭县境内转向东北行，进入静宁县，全长约 228.2 千米，实存遗迹约 123.2 千米。临洮县境内全长 47 千米，实存遗迹约 15 千米。其中保存较好的临洮郑家坪到水泉湾一段约 1750 米，墙体保存较为完整，高 2 ～ 3 米、宽 4 ～ 8 米，夯土层清晰，层厚 0.10 米左右；渭源县境内全长约 39.7 千米，实存遗迹约 26.2 千米；陇西县境内全长 57.41 千米，实存遗迹约 29 千米，其中从陇西县德兴乡到柯寨乡的胡家墩堡子北面直到福星乡“长城梁”约有 25 千米的地段保存较完好，高 3.5 米、宽 5 米，夯层 0.08 ～ 0.14 米；通渭县境内全长约 88.5 千米，实存遗迹约 53 千米。定西战国秦长城多段都有壕堑，尤以长城翻越山脊处或有烽燧处最为明显。长城沿线多有瓦砾及部分灰陶器残片暴露，瓦片品种繁多、形制不一，其内侧饰涡纹、麻点纹，外饰绳纹，也有一些里外皆素面。

定西秦昭王长城具体有四段，分别是：

临洮段：秦昭王长城从新添镇三十里墩望儿嘴起首，向东行 3 千米后，向东南延伸，经过新添、峡口、八里铺、龙门、窑店 5 个乡镇，全长 43 千米，除 9 千米保存较好的墙体外，尚有防御建筑遗存 33 座（处），其中关堡 1 座，敌台 10 座，烽火台 16 座，壕堑 6 条。

渭源段：秦昭王长城自临洮窑店镇夹槽梁进入渭源，经过庆坪、清源、北寨 3 个乡镇，全长 39.2 千米。除 8.8 千米墙体保存较好外，尚有防御建筑遗存 62 座（处），其中关堡 5 座，敌台 50 座，烽火台 3 座，障墙 4 处。

陇西段：秦昭王长城从渭源北寨镇野狐湾进入陇西县境内，先是曲折东行，后转向东南延伸，经德兴、柯寨、福星、云田、渭阳、和平 6 个乡镇，全长 57.5 千米。除 5.5 千米墙体保存较好外，尚有防御建筑遗存 24 座（处），其中关堡 7 座，敌台 4 座，烽火台 4 座，障墙 9 处。

通渭段：秦昭王长城自陇西和平乡干瞭屲山进入通渭县，一直向东北方向行进，经过榜罗镇、第三铺乡、马营镇、北城铺乡、寺子川乡 5 个乡镇，全长 88.5 千米。除 6.2 千米墙体保存较好外，尚有防御建筑遗存 36 座（处），其中关堡 1 座，敌台 20 座，烽火台 7 座，障墙 6 处，壕堑 2 条。

战国秦长城从陇西县进入通渭榜罗，翻山越岭，便来到了张川村许堡社，在一个叫缪家川（古名瓦瓮驿）的地方，下梁过沟再上梁，北向而去，就在沟的北侧山麓台地上，从长城墙体两边横向东西分布上千米的烧瓦窑址及厚厚的文化层。有几处窑址尚可看到窑壁和烧结土。文化层厚 1.5 ～ 2.5 米不等，包含物有瓦片、骨头、炭屑、红烧土块等，地表暴露有丰富的灰、红色绳纹、凸弦纹的残筒瓦和板瓦。

（二）秦长城（秦始皇长城）资源

岷县是秦长城的西起首，目前发现墙体 2 千米，壕沟 30 千米，烽燧 10 处，已有 12 处秦长城遗址被列为县级文物保护单位。

重点遗址有 23 处，分别是：大沟寨遗址、大沟寨十八盘古道遗址、五台山遗址、前寨子遗址、后寨子遗址、阳巅沟梁单面石砌墙体遗址、阳巅沟梁双面石砌墙体遗址、阳巅沟梁烽燧遗址、骆驼巷牌嘴烽燧遗址、骆驼巷湫神庙遗址、骆驼巷洮河岸边烽燧遗址、铁关门遗址、骆驼巷遗址、折家山墩上烽燧遗址、后沟梁城障遗址、后沟梁石砌墙体遗址、八卦楞山嘴烽燧遗址、钉塞跑马巷遗址、关上村熟羊城及壕堑遗址、坪上村铁城高庙壕堑—卓坪古城壕遗址、上川村—总寨村—秦关村遗址、岭峰村亭障遗址、岭峰村烽燧遗址。

二、定西长城文物保护现状

管护现状：2006 年 6 月，战国秦长城被国务院公布为第六批全国重点文物保护单位，在定西境内共经过临洮、渭源、陇西、通渭四县。

战国秦长城起首遗址现已断断续续，周围的历史环境未有大的变化。黄土墙体夯层坚硬均匀。长城沿线的烽燧，大部分修筑在山顶上，居高临下，视野开阔，其遗迹多呈半圆形墩台；长城基部深入地表 1 米以上，宽 5 ～ 14 米，自上而下逐层内收，宽度递减，横断面呈梯形；大部分墙体及附属物为黄土夯筑，部分为红砂土夯筑而成，总体说还是比较坚固。但墙体、敌台、关堡、壕堑、障墙等由于年代久远，以及风吹、日晒、雨蚀等自然因素和工农业生产、生活等人为因素造成战国秦长城遗址墙体等损毁。

管护措施：（1）成立保护小组，加强舆论宣传。定西市长城沿线县、乡（镇）、村组织各级文博人员，乡镇文化站专干、村社干部及附近村民成立文物保护小组，专门负责各遗址安全工作，并逐步完成了对长城遗迹的“四有”等工作，初步形成了乡、村、社三级保护网络。各保护小组充分利用节庆日、宣传日开展各种宣传活动，通过散发传单、悬挂横幅等方式宣传长城保护。（2）划定保护范围和建设控制地带。定西市县文物主管部门依照《中华人民共和国文物保护法》《长城保护条例》《甘肃省长城保护条例》等法规政策，划定长城沿线墙体及遗迹两边各 50 米为保护范围，100 ～ 500 米为建设控制地带，严禁在保护范围和建设控制地带内进行各种人为建设活动，并在长城沿线竖立文物保护标志牌和保护界桩以示保护。（3）完善管护制度，加大巡查和检查力度。做到日巡查和月检查紧密结合的双查制。（4）近年来，陆续实施了对重点段落和遗址进行界桩和铁丝网保护。

存在的问题：近年来，定西市虽然采取了一系列的长城保护措施，但依然存在很多问题。一是大部分长城残存遗址未得到有效保护，风化、雨蚀、坍塌、开垦种地、建设道路、修建房屋、取土他用而形成的破坏时有发生；二是长城保护范围内，地表多为耕地，群众在修整梯田、放牧耕作、拓展道路等生产生活中对长城造成损毁；三是因长城在定西市境内达 228 千米，线长面广，保护压力大。同时，专职保护员少，无交通工具，保护经费有限，这与长城长线路、大面积的保护形成了巨大的反差。

三、定西长城文物保护对策

1. 以“退耕还林（草）”为主要措施，对可见墙体或墙基的遗址段设置隔离网和保护界桩，并实施墙体两侧退耕还林（草）各 50 米。

2. 增加专职文保人员，配备专用车辆。定西市的野外文物管理工作主要由博物馆负责，各馆工作人员既要开展博物馆免费开放等日常工作，又肩负着各级野外文物保护单位的管理重任，人员紧缺，因此建议给各县博物馆增配 2 名专职长城遗址文保员。

3. 设立长城保护管理所，统一指导协调全市长城保护管理工作。战国秦长城在定西贯穿四县，秦长城起首于岷县，穿越县境大部，市内长城总长约 228 千米，实存遗迹约 123 千米，墙体约 30.5 千米，实存长城遗址点 155 座（处），量大面宽，保护难度大。设立长城保护管理所，以便于集中人力、财力、物力，从而更为有效地对长城实施保护和管理。

4. 全面保护定西段长城文物和文化遗产及周边自然环境，深入挖掘长城定西段文化价值、景观价值和精神内涵，在加强对长城本体及环境实施严格保护和管控的基础上，适度开发文化旅游和特色生态产业旅游项目。统筹谋划建设长城旅游公路、长城步道等文化旅游基础设施和公共服务体系。串联整合全市最美长城点段的公路、山峦小径等，打造集登山健行、徒步运动、户外游憩、乡村休闲等于一体的“长城文化体验之旅”主题线路，推动“长城文化保护带”向“长城保护与文旅产业展示带”转型，活化长城文化遗产。

5. 逐步创造条件建立长城遗址博物馆，对战国秦长城和秦长城遗址沿线出土的文物整理展出，并用最新技术手段和形式，对长城走向、现状进行直观展示，彰显其历史文化价值。

6. 制定《定西市长城保护条例》实施细则，以便文物管理部门更细致、更准确、更有针对性地开展日常管护工作。

7. 实施战国秦长城主题文化公园、长城驿站及专题博物馆等项目，倾力打造临洮战国秦长城文化综合示范区，唱响“长城之源 陇右屏障”形象品牌。该项目拟定于临洮县新添镇南坪村，规划展示面积约 170 亩，主要展示战国秦长城遗址为起首段长城。分三部分对遗址区进行整体保护：

（1）战国秦长城遗址展示：挖掘秦长城历史、艺术、社会文化内涵，完善道路等基础设施，对局部遗址加固保护，进行秦长城原址、原貌主题展示。

（2）文化景观展示：此展示工程以战国秦长城为主题，展示秦长城文化雕塑，结合当地花木种植特色和传统文化，改善遗址周边环境状况，提升展示利用水平。

（3）文化活动互动展示：临洮享有“中国民间艺术之乡”的美誉，非物质文化遗产、民俗文化丰富多彩。此展示工程以秦长城为主题，结合当地非遗、民俗特色，在相应节日期间，举办各式非遗、民俗活动，促进文化遗产与自然遗产、物质文化遗产与非物质文化遗产的融合利用。

8. 实施岷县秦长城主题公园建设项目。建设秦长城遗址主题公园，依托秦长城等文化遗存，规划建设秦长城文化展示中心。加强遗址保护、景观打造等，完善相关基础配套设施，建设主题教育基地。以秦文化为轴，展示岷县作为秦长城西起首的悠久历史，在保护的基础上，开发野营、度假、休闲娱乐等旅游项目，促进文旅融合，丰富文旅资源。

第二章 研究发掘篇

试论学术研究在长城国家文化公园建设中的价值和作用

李鸿宾 *

一、长城国家文化公园建设的意涵

作为一项由政府主导的文化性建设项目，“长城国家文化公园”应当属于中国经济经过改革开放40多年取得突出成绩基础之上的一个新的举措。长城本身是历史文化遗存，将它作为文化公园这一对象加以发展和强化，是经济建设与文化遗产相结合的一个案例，体现的是弘扬文化传统的思想意识，目的是加强中国当下的文化建设。进而，这个公园的最终目标，是汇聚中国的经济实力、文化遗存等诸多内容于一体，彰显在21世纪20年代这个时代中国整体发展传统与现代的结合。

就各个国家发展的脉络和路径而言，将自己过去的传统加以选择并与今日国家建设相结合的这种模式，固然是一个不错的选项。与此不同的，还有打破传统另辟蹊径的建设道路，以及其他我们没有来得及归类的各种措置。不过，传统作为一个要素，在今日国家的建设中摆放在什么位置，成为各个国家发展道路中的重要考量，这一点应当没有疑义。以中国为例，20世纪初结束帝制之后，选择了共和建国的模式，它强调的是主权在民，国家建设的目标是维护民众的利益。“共和”的本意就是大众，它直接与“君主”对应。共和政治取代君主政权，意味着国家的建设发生了质变，由此形成的建国模式，在思想文化上是与传统的对立而非衔接，即与传统决裂，这在20世纪50年代以后中国发展中得到了鲜明的体现。在这种思想支配下，传统文化是以批判和淘汰的对象被看待的，长城的实体在那个时候不被重视甚至遭到破坏，就毫不奇怪了。揆诸当下，这座被废弃了的遗存却成为我们当今的宝贝而备受宠爱，是它变了吗？显然不是，是我们变了。我们最终选择了将传统文化与当下建设相互结合的道路，传统作为养料而非废料，成为中国文明化道路发展的一个参与因素而发挥作用，这才是决定“长城”角色变换与否的关键要害。至于中国自1949年至今如何建设，以及如何转轨、今后又朝向何方发展，这非本篇小文所能承载，亦不属关注的对象，但长城价值、

---

* 李鸿宾，中央民族大学历史文化学院教授。

作用与国家建设道路的选择之密切关系，我们通过上面的简述已经明显地体悟到了。

将传统文化作为资源纳入今日国家建设的案例，在当今世界约200个国家和地区中，实际上是一个很普遍的现象，其中以欧洲尤其西欧国家为典型，随后是美国和日本等。欧洲国家的古今并峙尤其数百年前的相貌，对任何步入其中的人都能产生强烈的刺激。意大利、英国这些就不用说了，当你走入捷克布拉格之后，给人的感觉就是回到了中世纪。然而古貌背后展现的“现代”也如影随形，现代化的舒适与享受，遍及各地。古今混通，构成了欧洲国家发展道路的一个明显特征，但更重要的是其内在精神与文化的古今沿承。从古希腊、古罗马的早期文明，经过中世纪基督教文化的洗练，文艺复兴、启蒙运动、工业革命引发的现代化建设，这前后断裂背后隐藏的是古今的扬弃性衔接和继承。美国建国道路虽然晚近，但它的文化脉络却承袭于欧洲的古老传统，它的思想和精神品质也渊源有自。日本从学习中国到兰学的转轨，通过“脱亚入欧”的震荡，延续到今天的，仍旧是东西的兼纳而混为一体。

这些大小案例都诠释了古今兼纳建设国家道路的成功。与此对应的则是古今断裂的选项，则多以失败收场，至少在当今的国家发展中以毁弃自身传统而另辟蹊径的成功案例，我们还没有找到。如此说来，中国当下将传统（至少其中有效的部分）作为资源以古今兼纳的方式予以发展，应该说具有合理性，也有可行性，其发展前景的广阔，不言而喻。在这种情况下，我们再来考量长城文化公园的建设，它具有的意义、所发挥的作用，就十分明显了。

二、长城的学术研究及其作用

通过上面的简单讨论，我们已经明白了长城国家文化公园的价值和它的重要性，但这只是一个整体的、大致的看法，现在的问题则是，我们透过公园建设面对的这座分布在中国北方的长城遗痕，如何更加精准地定位呢？这实际上也是对文化公园本身的意义进行考量。项目设计与招标、工程布局与安排、人员配置与调动等这些自有专家学者予以把握，我这里只就学术研究与长城文化公园之关联做点解说。

学术研究对精准理解长城文化公园的意涵并发挥其建设性作用，这本身不是问题。我想说的是，有关长城的学术研究，是我们理解这个作用发挥的前提。我从以下两个角度加以说明：

第一，学术研究是认识长城真相的最佳途径。

学术研究的本质是追求真相，历史研究追求的是特定的历史真相。“真相”就是曾经发生过的那些事物、出现的人物。就唯物主义史观而言，这些都属于真实的范畴，通过一定手段的介入，是可以获得真相的。至于史学其他领域对“真相”存在着不同的解释，那是另一回事，我们的讨论即建基于真相可求这一点之上，于是，对真相揭示的主要表现，就是学术研究的方法和手段了。

从文献出发，利用一切可以利用的传世文本和地下出土发掘的材料，以及遗存至今的物质实态等，是史学研究的主要依托，否则就谈不上研究。以长城为例，我们研究的目的，旨在搞清楚长城这一事实，从它修建的目的，建造者（直接、间接）的动机，修筑的时间和场所，工程的建筑和功能，效果、作用和价值，攻防双方的状况，长城在不同时代人们心目中的地位、角色，等等，对这些问题的讨论不会引起人们太大的纠结，为什么？因为历史事实或现象都是具体的、发生过的，譬如秦始皇下令修筑万里长城，谁最早策划，谁向皇帝提议，谁负责修筑，哪些人参与，等等，即使我们今天找不到具体线索，但它的真实性是毫无疑义的。这些一加一等于二的工作，就是历史学的基本工作，也是长城学术研究的基础。就认识长城的真相而言，我们目前还找不到比它更重要的方法。

第二，学术研究是认识长城国家文化公园建设理念的精准把握。

从认识论的角度讲，一加一等于二的工作相对简单，它建立在历史事实“唯一”索解的基础上，就像一个人只有一次生命那样，毋需置疑。明长城修建的第一个倡议者，在明朝的历史中一定会有一个具体的人，这也无可置疑，即使资料再短缺，我们至今仍不明了，但这个判断是没有问题的。搞清楚这样的事实，在方法论上并非复杂，比较有难度或者有无限挖掘深度的，是我们对它的看法和评论，即认识的程度。

认识论看似简单，实则复杂，它与人的领悟能力成正比，人的认识是无限的，所以认识走向深（高）度也是一个无限的过程。还以长城为例。人们看得明白的首先是它的外表：高大抑或低矮、质量高乘还是因陋就简……这都是人们轻易做得到的。但这背后隐藏的国家、民族、群体、文化、环境、战略和不同场景人们思考做事的习惯，尤其是长城的意涵，却是需要对之有深入了解，或研究到一定程度上才可祈求，通过对它们的再阐释，长城的意涵还可以得到升华。这表明，认识的程度（层次）取决于人们对它的倾注，这个倾注建立在专业研究的基础之上，直白地说，只有具备深入研究条件的人才能走向高度的认识。以“长城的意涵”为例，我们可以看到认识的深入和它的难度所在。

首先，对那些修筑长城的汉朝人和明朝人而言，修筑它的目的就是防备匈奴和蒙古各部势力的袭扰。因为这些草原的游牧人依托政权要从中原那里索取衣食等必需品，贵族首领则奢望汉地的精美器物，当交换的渠道因种种缘故被锁闭之时，采用骑兵南下掠夺就成为他们必要的选择，长城工程的防御作用对防守的一方就成为必要的举动。可是在唐、清这类兼跨农耕草原王朝的眼中，长城就没有什么作用，因为它的防御对象已成为自己的属民了。这种基于现场的考察，就是最基本的，也是原初的认识，它是我们今人体悟长城的逻辑起点。

其次，防御是来自长城修筑方的想法，与此对应的是长城防御对象一方的认识。他们眼中的长城，不是保护工程，而是他们奢望难以实现的障碍（我这是从整体角度粗略地涉及，至于长城真是修筑者一方的防御性行为还是进攻性行动，要具体问题具体分析）。他们要破除的恰恰就是这个阻碍，这同样是历史真相。这说明，长城本身就是多面向的产物，我们的认识也应该是多角度的，单从一个角度观察，会失之于片面。

最后，是长城实际功能丧失之后产生的象征意义，也就是作为历史遗存时人们形成的看法。譬如抗战时期的长城就演变成为保卫国家和民族的象征，这是从历史上它防御的功能这个角度升华出来的，它的目的是团结中华民族，共同抗击日寇的侵略。显然，它面对的是现实，而非历史，这个认识就是象征、衍化出来的。改革开放以后，长城又一度有“封闭”、与黄土为伍的衰落象征，这同样是人们的观念在它身上的折射。今日作为优秀传统文化遗存以象征中国历史文化的悠久，同样是人们观念的再升华。

如此看，对长城产生种种看法，是随着人们生活的场景和时代的变迁而变化的，从它初始的概念出发，长城的意象就随着包括我们在内的后人不断地添枝加叶而丰富起来，但这丝毫不能成为我们随意解释甚至曲解它的理由。从初始观念衍生新的意涵，虽然我们有这种主观能动性，但如何升华长城的意义，需要后人认真地思考，理性对待。譬如有的学者在涉及长城的功能时，将它表述为“防御少数民族侵袭的有效手段”。仔细追究起来，这从事实和逻辑角度都讲不通。我们看到大量进攻一方的事件，并不是那些少数民族，而是由政权（府）组织起来的类似军队的势力，它是有领导、有目标和计划的组织行动，并非“乌合之众”无目的的行为；长城的防守一方，同样不是盲目的群体活动，而是军队有目的的调动。围绕长城展开的攻防，都出自政权有目标的策划，跟民众、民族之间没有必然的关系，或者说不发生直接对应。上述说法之所以出现，是没有搞清楚事件的性质，做出的判断自然与事实不合，由此形成的观念也是成问题的。

与此对应的另一个判断，就是将长城防御的对象视作野蛮的、落后的、文明低下的，秉持彼此不对等的观念。过去因处在争战中防守的那一方，有如此想法，其片面性也很明显，并非持平之论，它反映的是对草原游牧社会的孤陋寡闻。我们今天如果继续秉持这种理念看待长城，那么长城显然就是农耕家园的堡垒，与防护者相对一方的人群和民族，都应属于贬低和痛斥的对象。这种以自我为中心的观念实质是漠视人类社会文明的进步和由此而形塑的现代理念。现代理念下的人类文明，既有我们熟悉的耕作式的定居社会形态，也有游牧的草原形式，它们构成了工业革命之前人类社会的两大主体，延续数千年，塑造了文明的多样性。自我为中心的思想和观念虽然出现在过去各个地方，但它的局限和偏狭，并不因为特殊强调而丧失，在现代理性熏染之下的当今社会，人们秉持超越自我中心限度的理念，以客观、公正的态度看待每个民族、每个地区和每个国家，历史的真实相貌才能呈现出来。这是当今人类应当担负的责任和承载的使命，在这种观念下考察长城，围绕它发生的双方或多方的关系，才能更清晰地表现出来，长城多面性的相貌也就完整地展现出来。可见，思想观念的开阔、理性的深化，是我们的认识走向深入的必由之路。

三、学术研究在长城国家文化公园建设中的价值

显然，学术研究是长城真实面貌得以呈现的重要方法和手段，离开它，长城可能真的如同胡适所说，就像一个任人打扮的小姑娘那样。在没有学术操守、不受学术道德制约的情况下，历史就会随着操作者的主观意图而改变，在这些人的眼里，长城的真实不再重要，而他们要表达的意图超越一切，结果就是历史被他们当作宣泄自己的情绪的工具而滥用。这样的例子不胜枚举。有鉴于历史被操弄的教训，我们今天的长城国家文化公园项目，就要吸取教训，依托于长城的学术研究，本着实事求是的精神，将长城衍化发展中蕴藏的中华文明的多样化、民族与族群关系衍化的特质、多样化呈现的兼纳和包容、长城演进中的复杂多变与主旨精神的衔接、长城内外文化要素的多元、长城与中华民族成长的历程等众多内涵，与今日国家、民族的整体发展相互交织、有机对接，进而为国家当下与未来的发展形塑成屹立世界东方，并与其他文明共处的模式提供充足的养料。倘若如此，这个公园才能发挥它真正的作用，也能承担起不负众望的使命。

这就是我对学术研究作用于长城国家文化公园建设的几点看法，仅供参考。

简释《中国长城志》分卷在构建长城学中的作用

仲　敏　黄秀环　李　纯　黎　雪*

摘要：本文以《中国长城志》为例，通过对其分卷设立的研究，对《中国长城志》的学术成果进行系统考量，以确立《中国长城志》在使长城学成为显学中的作用。

关键词：长城；长城学；中国长城志；显学

习近平总书记指出："当今世界，人们提起中国，就会想起万里长城；提起中华文明，也会想起万里长城。长城、长江、黄河等都是中华民族的重要象征，是中华民族精神的重要标志。我们一定要重视历史文化保护传承，保护好中华民族精神生生不息的根脉。"建立长城国家文化公园，对坚定文化自信，彰显中华优秀传统文化的持久影响力具有重要意义。《中国长城志》的出版，为坚定文化自信提供了理论基础，为长城国家文化公园的建立提供了参照坐标，为保护长城、合理开发长城提供了可靠依据，为研究长城，构建长城学提供了翔实范本。

《中国长城志》是由凤凰出版传媒集团投资，与中国长城学会合作组织长城专家学者共同纂修的大型志体学术著作。全志共2500万字，分为《总述•大事记》《图志》《环境•经济•民族》《军事》《建筑》《边镇•堡寨•关隘》《遗址遗存》《文学艺术》《文献》《人物》10卷12册。该志以建立长城学为己任，通过《中国长城志》的研究和出版，使长城学渐成显学。

纵观《中国长城志》，不难发现，该志不是简单的各种资料汇编，而是通过对长城资料的研究、总结、提炼而成，是长城研究的集大成。其成书过程成为长城学基础研究的标志，其成果成为长城学学术研究的制高点。

长城学是一门综合性的学科。"学术研究涉及历史、地理、民族、军事、经济、文献、文物、建筑、

* 仲敏，江苏凤凰科学技术出版社书稿加工部主任，副编审，《中国长城志》责任编辑之一；黄秀环，江苏凤凰科学技术出版社长城出版中心原副主任，编辑，《中国长城志》责任编辑之一；李纯，江苏凤凰科学技术出版社长城出版中心主任，《中国长城志》编辑部主任，编审；黎雪，凤凰出版传媒集团原副总经理，《中国长城志》总策划，编审。

测量、艺术和现代的地图学、遥感、信息技术众多学科”①。根据长城学研究的历史传统和现实意义，《中国长城志》编纂委员会深入研究了长城学的分支学科，进行整合贯通，设置了《中国长城志》的各册分卷，有关内容已另文叙述，不再赘述。②本文将从以下几个方面重点介绍《中国长城志》各分卷在建立长城学中所取得的成果。

一、《总述》：初步建立了长城学的基本体系

《总述》是《中国长城志》的卷首之篇，概括全志各分卷所记述内容，界定长城定义、长城区域等，探讨历代长城修筑的时代背景，梳理长城修建的历史脉络，阐述长城在历史上发挥的作用。“是《中国长城志》整体篇章的一个总领，在全志中具有极其重要的地位”③。

1. 提出长城学的基础概念

《总述》把长城放在人类文明进程基础上，以建立长城学理论体系为己任，对长城进行总体评述。重要的是，《总述》对长城和长城区域进行了界定，为全志各卷的阐述确定了基调，即《中国长城志》中所说的长城是按此标准来阐述，其他的长的墙不在全志的讨论之列。同时为使读者进一步理解长城，《总述》还对历史上的长城称谓进行总结，即《中国长城志》所云长城包含的内容。

2. 梳理长城修筑史

作为志体的学术专著，《中国长城志》按照方志“事以类聚”的要求将长城学分支学科分卷而述，把历代长城的相关内容分而述之，读者很难形成历代长城整体概念。《总述》把历代长城的修建背景与修筑史以历史沿革的形式分别阐述，突出了历史时代特征，如春秋战国突出“兼并与开疆”，秦汉突出“农耕与游牧的分界线”，北朝至金突出“多元与融合”，明清突出“防御与封禁的转变”，进而勾画出历代长城的整体形象，弥补分卷不足。

3. 考评长城的历史价值

《总述》按照建立长城学科体系目标，对长城的历史价值进行了考评。为与分卷详细讨论不同，《总述》选择影响最为广泛的政治、经济与军事上的作用，择其要点阐述了长城在建立大一统、调整农牧经济利益和军事防御系统中的作用，重点突出、观点鲜明。

由此勾画了一个完整而简洁的学科体系，更为详细的内容，在其他分卷中详细阐述。

二、《大事记》：梳理了长城学研究客体的历史脉络

《大事记》完整记录长城修建之始至今发生的大事，尤以明代的最为翔实，为研究长城提供索引帮助。

---

① 许嘉璐：《中国长城志》序，江苏凤凰科学技术出版社，2016年。

② 仲敏、李纯、黎雪：《长城学正逐步成为显学》。

③ 《中国长城志》编辑部：《中国长城志》篇目设置//《中国长城志》编纂工作手册，江苏凤凰科学技术出版社。

1. 客观记录长城学研究客体

《大事记》“以长城区域为限，编年纪事，扼要记述长城出现以来的相关历史事件，主要通过记述时间、事件的关系，纵向反映长城的历史作用和历史变迁。”[①]因此，《大事记》不同于其他方志记事方式，不作简而化之的概括，尽可能地忠实原有资料，客观记录，甚至详细记录，为后人进一步研究提供依据。所记之事，大多摘编于古籍文献，在记录上“文中语言亦保持原文风格”[②]。时间跨度较长者，适当归并，既保证记事完整性，又可以减少按天日记录的烦琐。

2. 突出时代特征

《大事记》以“选取对长城及长城内外政治、经济、军事、文化等有相当影响的事件”[③]为总原则，但根据不同时代的特征，所录大事各有侧重点。比如，明以前部分突出长城本体或重大政治、军事事件；明代长城修筑、维护成为常态，其间与长城相关的军事、经济最为丰富，因此该部分在围绕长城本体做文章的同时，“与边防密切相关形成制度的事件，如烧荒、摆边、摆站、摆堡、马场、互市、入贡、哨瞭、烽燧等，则视其规模、影响及与全局的关系而收录”[④]。因此收录大事，虽丰富，但又不面面俱到。

三、《图志·古代舆图》：提供了研究长城学的古代图影资料

《图志·古代舆图》第一次发布了与长城相关的古代舆图，尤其是明代长城的专题舆图画面丰富，内容丰满。这些舆图既是珍贵的文物，也是极有价值的第一手资料，可以与传世刊刻本长城文字史料相互印证，确立了古代舆图研究在建立长城学中的坚实地位。

1. 门类完整

《图志·古代舆图》按照长城在中国古代舆图上出现的时代先后和图面表现的内容，分为两个部分：其一展示历代疆域舆图中标识的长城，阐释标识长城的舆图的真实含义；其二展现传世的明清时期绘制的专题性长城舆图，分析长城舆图的类型，解读长城舆图的内容。[⑤]

长城古代舆图包括展现明代边墙的长城图，描述长城战守形势的舆图，显示长城修筑工程的施工图等门类，《图志·古代舆图》几乎涵盖了长城古代舆图的所有门类，因收录分工的原因，将古籍墨刻图归类于《文献》卷以与文本文献相对应，彩色舆图与墨刻图相照应，各负其责。

2. 资料珍贵

长城古代舆图主要分散收藏于中国第一历史档案馆、中国国家博物馆、中国国家图书馆、辽宁省博物馆、首都图书馆、中国科学院文献情报中心、台北“故宫博物院”，以及日本京都大学图书馆、意大利地理学会、梵蒂冈人类学博物馆。除图名目相似，原为一式两份者，或同一内容但因编绘时代不同而有版别之区者外，为尽可能涵盖所有类别的长城古代舆图，长城出版中心在主编的指导下，

① 贾辉铭：《中国长城志·总述·大事记》编纂说明，江苏凤凰科学技术出版社，2016 年。

② 贾辉铭：《中国长城志·总述·大事记》编纂说明，江苏凤凰科学技术出版社，2016 年。

③ 贾辉铭：《中国长城志·总述·大事记》编纂说明，江苏凤凰科学技术出版社，2016 年。

④ 贾辉铭：《中国长城志·总述·大事记》编纂说明，江苏凤凰科学技术出版社，2016 年。

⑤ 李孝聪：《中国长城志·图志·古代舆图》综述，江苏凤凰科学技术出版社，2016 年。

与台北“故宫博物院”、中国国家图书馆、中国科学院文献情报中心、辽宁省博物馆，以及意大利地理学会、梵蒂冈人类学博物馆取得了联系，获得了各收藏机构的地图使用权，第一次将分散于各处的长城舆图集中对外发布。正如李孝聪教授在《中国长城志》出版座谈会上谈称的那样，《图志·古代舆图》中的90%的古代舆图均是读者没有看过的，是“集海内长城图之精粹”[①]。

3. 编排合理

为保证质量，真正为长城研究者提供服务，在编排上，重点做到了以下几点。

（1）展现完整的长城信息。对每幅舆图进行性状描写，内容包括“舆图绘制的年代、性状、尺寸，绘制手法，收藏地”[②]等，便于无法见到舆图原件的研究者了解整体状况。此外，古代舆图存在的讹错，主编参照其他版本进行了考订；舆图中失缺内容，主编通过研究进行了补充，并用规范的学术符号进行标注，便于使用者识别参考；主编利用所掌握的资料对书中介绍的长城关节点加注了经纬度；补充了第三次长城普查成果，使《图志·古代舆图》成为研究长城的必备工具书。

（2）展现主编研究的最新成果。主编在展现完整清晰舆图基础上，对每幅舆图进行解读，内容包括“舆图覆盖的地域、绘制的历史背景、解读舆图表现的长城及其相关内容”[③]，阐述了主编研究的最新成果，特别是舆图与历史、文献、长城状况的考量，可供研究者参考，拓展研究思路。

（3）字迹清楚。以往出版的古代舆图，虽然能大致看清楚舆图的内容，但因占据的篇幅较小，舆图上的字迹大都模糊不清，不能给后续研究者提供完整信息。《图志·古代舆图》不但保证了舆图中的长城走向等图形清晰、图说清楚，还加注繁体字录文与之对应，“凡古舆图上与长城相关的图文、贴签、序跋均全文著录”[④]，学者可以通过该卷直接从事进一步研究工作。

四、《图志·现代地图》：绘制了长城的精准地图，界定了历代长城的当代分布

《图志·现代地图》反映的是长城当下的现状，在《图志》中占有极其重要的地位。《图志·现代地图》与《图志·古代舆图》相互对应，互为参照，客观地表述长城走向、遗址遗存的现状，为研究长城的变迁、为保护长城提供精准形象依据。这是现代测绘手段、田野调查与文献学研究的共同成果。

1. 精准反映长城现状的最新成果

《图志·现代地图》把最新的第三次文物普查中长城调查的研究成果在现代测绘地图上反映出来，集中展示了长城的存留现状。董耀会在《中国长城志》出版座谈会上特别指出，《图志·现代地图》“把今天的长城文化、长城的遗址遗存落到今天的行政地图上，这是国家文物局和国家测绘局做长城资源调查最新的成果”[⑤]。

① 李孝聪：在《中国长城志》出版座谈会上的讲话，2017年。

② 李孝聪：《中国长城志·图志·古代舆图》编纂说明，江苏凤凰科学技术出版社，2016年。

③ 李孝聪：《中国长城志·图志·古代舆图》编纂说明，江苏凤凰科学技术出版社，2016年。

④ 李孝聪：《中国长城志·图志·古代舆图》编纂说明，江苏凤凰科学技术出版社，2016年。

⑤ 董耀会：在《中国长城志》出版座谈会上的发言，2017年。

2. 编绘合理到位

全卷分为序图和分图两个部分。序图是把中华人民共和国境内的历代长城遗址遗存集中精准地反映到行政区划和地形测绘图上，一张图幅上完整地展现了历代长城的全部情况。

分图以省级行政区划为单位，反映历代长城的公布情况。明代长城的遗址遗存在历代长城中存留最丰富、工程量最大、保护最好，是中国长城的代表，因此在市级区划图中完整表现。所有长城资源均以国家文物局公布的分布于15个省（自治区、直辖市）的长城资源为准。[①] 因长城历时久远，且不少地段的长城为多个朝代长城相互叠压，要在现代地图上准确展现非常不容易，此次运用长城测量数据，并结合文献记载，使现代长城测绘地图的发布成为可能。

3. 治学科学严谨

该卷虽然以长城调查资料为依据，在编绘过程中曾经出现多次反复，比如相邻省份长城的处理、长城地名的重名、资料走向与实际不符等，都给绘制工作带来了不小的麻烦，后经长城专家与长城调查一线专家的共同努力下，进行精准定位，保证了绘制的科学性。

五、《环境 • 经济 • 民族》：勾画了长城修筑的自然与人文环境，建立了长城学的环境学、经济学和民族学

该卷将长城与自然、经济、民族等学科有机融合，用学科视角解读长城，梳理长城，解构长城与环境、经济和民族之间的相互关系，形成了长城自然环境学、长城经济学和长城民族学的基础架构。

1. 长城学立言的根本

与《中国长城志》的《建筑》《边镇 • 堡寨 • 关隘》《遗址遗存》等其他分卷不同，《环境 • 经济 • 民族》似乎游离于长城，与长城学研究客体不相关，但该卷重点交代长城所处的自然环境、经济特征和人文背景，即“长城修建在一个什么样的地理环境下，建在一个什么样的环境空间，在这个空间里有一些什么样的人生活，在这样的社会中有什么经济类型，由于长城的修建，生活在其中的不同族群对环境造成了什么样的影响”[②]。因此，该卷是长城学的基础，解决为什么建筑长城的问题，“同时也是对其他各专门卷志作整体性、结构性的铺垫和诠释”[③]。

2. 多维度诠释长城本体

与其他分卷或军事，或建筑的单一维度不同，该卷考量长城维度是多方位的。作为人工建筑，最常见的维度是考量利用长城的族群民族，同时按照人的生存方式和生存的自然空间的逻辑关系来考察人与长城、自然与长城、经济活动与长城的关系，形成多维度、多视角，但又相互关联的综合系统。卷中“生态环境方面聚焦于长城区域南北的气候、地貌和植被的纵向差异，以及长城沿线各区域东西之间的横向差异，经济类型方面关注南北农耕、游牧之生产方式和生活方式的差别，民族方面突出民族群体的分布、政权建设及其活动的特点”[④]，三个维度个性鲜明、重点突出、主旨明确，

① 陈军：《中国长城志 • 图志 • 现代地图》编纂说明，江苏凤凰科学技术出版社，2016 年。

② 《中国长城志》编辑部：《中国长城志》篇目设置 //《中国长城志》编纂工作手册，江苏凤凰科学技术出版社。

③ 李鸿宾、马保春：《中国长城志 • 环境 • 经济 • 民族》编纂说明，江苏凤凰科学技术出版社，2016 年。

④ 李鸿宾、马保春：《中国长城志 • 环境 • 经济 • 民族》编纂说明，江苏凤凰科学技术出版社，2016 年。

均围绕长城这个主题。

六、《建筑》：编绘了长城的实测图例，建立了长城学研究的建筑学分支

《建筑》卷以建筑学专业描述的方法，以文字与图示语言，对长城建筑各类构成要素从布局、功能、营建等方面进行描述，明确历朝历代长城建筑的特征，即以建筑类型为线索，提纲挈领地梳理长城各种建筑类型的历史发展脉络，对其选址、布局、功能、结构、材料、建造方法分别阐述，并通过大量实例加以形象描绘。[①]

1. 资料与实地测量的完美融合

长城历史悠久，地域广阔，建筑类型繁复，测绘资料稀缺，数据不完整。《建筑》卷汇集整理了保存在各文保所、长城保护单位，以及作者自身的长城实测图，同时，“尽力与各地方文物管理部门沟通，并开展了部分现场工作，以充实完善实例部分的图纸信息”[②]，保证了全面反映长城建筑的整体状况。

2. 汇集了长城经典建筑

《建筑》从建筑学的角度对长城建筑类型进行了科学界定。认为长城建筑是“以泥土、石头、植物为墙体基本材料，并衍生出土坯、土石、土草、砖石、砖草等多种材料变体和组合，涵盖夯筑、版筑、堆筑、坯筑等建构方式，呈现为高大、连续的建筑体态”[③]。细分长城建筑类型“既包括通过对所在地形条件的灵活运用及稍作加工形成的建（构）筑物，如山险墙、劈山墙、壕堑、拦马墙、品字窖、绊马桩等，也包括为顺应山、川、江、河的起伏与走向修建的连续高墙，以及与其组合的敌台敌楼、关城隘口、烽火台烟墩，还包括在交通要道或重点地段为建立基础通信网络和屯兵系统而建造的关城、敌台、烽火台、各级城堡等相关建筑物”[④]。因此，根据建筑的功能将长城建筑分为边墙、关隘、敌台、烽火台、城堡五个建筑单元来阐述。

3. 从建筑学的角度全方位完整地解读长城建筑

长城建筑类型多样，包括墙体、敌台、烽火台、镇城、卫城、堡城、关隘等类别，每一类都有众多形制。为了体现长城建筑特点，该卷在建筑实例上，既有突出系统性的综合建筑实例测绘图，又有突出各类建筑自身特点的单体实例测绘图，既有面的系统融合，又有点的深入详解，可以说这是从建筑角度对长城的全面解读。

（1）在还原建筑本体中解读长城建筑。以往的长城图书大都从历史、人文的角度介绍，或者考订长城历史沿革，或者辨析长城地理走向，或者介绍长城的历史作用等，往往忽视长城建筑本身。《建筑》以长城建筑本体为介入点，用建筑语言展示长城建筑之美，表现长城建筑设计之精妙，体现长城建筑的效用。

---

① 汤羽扬：《中国长城志·建筑》编纂说明，江苏凤凰科学技术出版社，2016 年。

② 汤羽扬：《中国长城志·建筑》编纂说明，江苏凤凰科学技术出版社，2016 年。

③ 汤羽扬：《中国长城志·建筑》综述，江苏凤凰科学技术出版社，2016 年。

④ 汤羽扬：《中国长城志·建筑》编纂说明，江苏凤凰科学技术出版社，2016 年。

（2）选择最具代表性的建筑解读长城。长城是世界上体量最为庞大的建筑实体，总长度 2 万多千米，横贯中国 15 个省（自治区、直辖市），完整表现长城建筑细节几乎是天方夜谭，因此该卷精选最能代表长城建筑特色的关键点进行整体介绍，在《综合实例》中，“选取鸡鹿塞、山海关、九门口、黄崖关、司马台、金山岭、慕田峪、八达岭、紫荆关、镇北台 10 处长城重要关口，通过文字、总平面图，以及各单体建筑的平、立、剖面图，对长城建筑特点进行综合性的图文表达”；《分项实例》“分别收集了边墙、关隘、敌台、烽火台、城堡五个方面的 25 处重要建筑实例，通过平、立、剖面图对各建筑要素构筑特征进行了图文表达”①。

（3）用专业语言解读长城建筑。以往的长城建筑图书大多以照片形式直观地再现长城建筑，未刻画长城建筑的细节。该卷立足长城建筑本身，就单体建筑而言，利用长城实地测量获得的精准数据，绘制三视图解读建筑，同时配以大量的照片，既有长城建筑外观的展现，又有实测图的准确解构。《建筑》“按照建筑制图要求，对全部收集到的图纸进行了重新绘制，部分还做了修正，尽量补充了综合实例中的长城总体布局图、总平面图，选择了能够清晰表达单体部分的平、立、剖面图，以及部分节点大样图，并标注了尺寸”②。

七、《边镇·堡寨·关隘》：完整记录了长城相关设施保存情况，实地踏察与文献研究有机融合

与《建筑》相关联的是《边镇·堡寨·关隘》。这一卷最初策划方案是的《建筑》第二卷，对《建筑》进行补充。“之所以把它从《建筑》分出来，主要是为了保证《建筑卷》更纯粹，能够完全从建筑学角度解析长城。”③所不同的是《边镇·堡寨·关隘》从历史的角度展示的长城建筑的“单体细胞”，具有纵深感。

1. 文献与调研的产物

研究长城的方法主要是从文献和实地勘察出发，《边镇·堡寨·关隘》是很好的注脚。该卷由天津大学建筑学院主持纂修。之前，主编带领写作团队走遍了明长城的聚落，获得了大量一手资料，在此基础上写作团队与文献参照，“内容是在参考大量历史典籍和今人研究成果的基础上，结合作者的实地调查和研究编纂而成”④，形成了该卷的整体格局。

2. 以点带面，突出重点

作为《建筑》的补充，《边镇·堡寨·关隘》在《建筑》点面结合介绍长城建筑的基础上，以点带面，突出了长城各个重要关节点，即镇城、堡寨和关城的介绍。在每个关节点的介绍中，又与《建筑》卷单纯的建筑学阐述有所不同，从聚落广义建筑的概念出发，突出介绍其平面布局和聚落内部的经典个体建筑，并把重点放在历史沿革、城池防守等方面，使之与《建筑》卷相互关联照应，构成长城建筑的全部内容。

① 汤羽扬：《中国长城志·建筑》编纂说明，江苏凤凰科学技术出版社，2016 年。

② 汤羽扬：《中国长城志·建筑》编纂说明，江苏凤凰科学技术出版社，2016 年。

③ 《中国长城志》编辑部：《中国长城志》篇目设置 //《中国长城志》编纂工作手册，江苏凤凰科学技术出版社。

④ 张玉坤：《中国长城志·边镇·堡寨·关隘》编纂说明，江苏凤凰科学技术出版社，2016 年。

八、《遗址遗存》：记录了长城普查成果，提供了长城学研究客体的分布状况

《遗址遗存》与《建筑》《边镇·堡寨·关隘》共同构成了长城主体的主要内容，是《中国长城》重点部分，三卷的总体量约占全志的二分之一。《建筑》《边镇·堡寨·关隘》突出的是长城建筑本身，而《遗址遗存》以长城走向为纽带，重点放在长城遗址遗存上，展现“考古与多学科对长城的综合性研究成果”①。

1. 展现历年长城调查的成果

《遗址遗存》通过“对长城考古中出土的各种文物和发现的遗址遗存的记述，对长城现状的调查、修复及保护等资料的广泛收集、整理，较全面地展示长城考古的重要发现”②。1949 年后，国家文物局多次组织全国性文物调查，均涉及长城调查，特别是从2008年开始的第三次文物普查工作，对长城遗址和文物遗存进行了全面调查，这些最新的调查成果均在《遗址遗存》中得到了很好表现，纂修人员整理汇编历次调查的数据，“记述长城本体的结构、形制、长度，相关建筑及设施的结构、布局、面积，现存的具体状况、损毁程度等，亦兼及一些遗址考古发掘出土或地表散落的遗物”③，较为完整地记录长城现状，为进一步研究长城打好基础。

2. 编修人员与一线调查人员智慧的结晶

该卷由参与长城调查的一线专家和纂修人员通力合作完成。纂修人员“综合考虑资料的权威性、典型性、代表性”“遵循用新不用旧、采详不采略的原则”④综合整理收录数据，但因为数据庞杂，书稿完成之后，长城出版中心又和纂修人员带着初稿走访了长城沿线，邀请参与长城调查的专家进行审核，与调查的原始数据核对、确认，保证该卷收录的数据准确，而且是最新的。

九、《军事》：解读了长城军事价值，建立了长城学的军事学分支

长城作为一个军事工事，从军事学的角度诠释长城是《中国长城志》设立《军事》分卷的出发点，这有别于以往大多从历史角度解读长城，还原了长城作为军事设施的原本。

作为一个用于战争的设施，最初修筑长城是为军事服务的。该卷从构建长城学的军事学分支体系出发，“反映出长城作为军事工程所体现出来的本质特征”⑤，按照军事学科体系要求，从军事防御体系、驻军与军事指挥体系、武器装备及攻防战术、后勤保障体系（军事屯田）、军事交通体系以及军事战例等，阐述了在冷兵器时代修筑长城的使用价值、作用。这种价值、作用也有别一般长城著作重在社会影响谈价值、作用的角度，完全从军事学视角切入，如“遏制骑兵骚扰和抢掠的主要障碍”“消耗、迟滞大兵团骑兵进攻的主阵地”“对敌采取攻势行动的依托”等。

---

① 《中国长城志》编辑部：《中国长城志》篇目设置 //《中国长城志》编纂工作手册，江苏凤凰科学技术出版社。

② 张柏、黄景略、朱启新等：《中国长城志·遗址遗存》编纂说明，江苏凤凰科学技术出版社，2016 年。

③ 张柏、黄景略、朱启新等：《中国长城志·遗址遗存》编纂说明，江苏凤凰科学技术出版社，2016 年。

④ 张柏、黄景略、朱启新等：《中国长城志·遗址遗存》编纂说明，江苏凤凰科学技术出版社，2016 年。

⑤ 《中国长城志》编辑部：《中国长城志》篇目设置 //《中国长城志》编纂工作手册，江苏凤凰科学技术出版社。

十、《文献》：整理了长城古代文献，建立了长城学研究的基础“数据库”

《文献》第一次整理点校了长城古代文献，包括正史尤其是明代部分，绝大多数材料出自未经整理的第一手文献，包括历朝奏章疏议、石文碑刻等。在构建长城学文献学分支学科上有所突破。

1. 内容上突出明代的当朝文献

《中国长城志·文献》“所辑录的文献，主要是围绕着作为军事防御体系的长城墙体，以及与其关系的疏密程度不一的各方面内容依次展开”①，主要包括长城墙体修筑、修缮等，堡寨、关隘、山险、林障的设置、修筑，军事驻防、屯田、马政、驿递等文献资料，此外，长城内外周边区域发生的攻防战争、政治决策，不同民族间的政治、军事、经济、文化等各个方面的交往事件、交往关系等文献资料也有所涉及。

明清时代与长城相关的文献浩如烟海，《文献》选择了明清两代与长城关系最直接、最具代表性的文献。其中明代文献均为时人所撰当朝文献。“本卷明清，尤其是明代，绝大部分的材料出自未经整理的文献”“将大量的材料从原始文献中辑录、标点出来”。②

2. 将文献学与传统方志中的艺文志融会贯通

《中国长城志·文献》的纂辑具有很大的启发和指导意义，形成了构建长城学新的分支学科体系，将传统的史学观与方志学的艺文志融会贯通，即该卷内容，突破了传统志书中艺文志不以存史为目的的史学局限，扩大了文献的收录范围，既包括对历史事实的陈述，也包括历史上人们对有关问题的奏疏和评议。③将文艺性的诗文等作品剔出另置《中国长城志·文学艺术》，而专注于与认识历史具有更直接关系的文献的辑录。④

3. 突出文献实用价值，更注重通过文献解读长城的历史观

《文献》不完全等同于传统文献学的文献“整理研究”，重视文献的整理，同时重视文献的利用，或是说更重视利用。这种利用体现在两个方面。

其一，为研究长城学提供基础性的文献。《文献》汇编了历史上重要的长城史料，通过“历代文本寻绎长城不同时期的沿革概貌，以及不同时代相关长城的政治、军事、经济、文化、民族、风俗等多方面不同史实”⑤，是以检索有关长城历史文献的资料大全或工具书为目的，这是最根本的。

其二，通过文献的纂辑，解读长城的历史价值。《文献》辑录相关文献的重心，主要是以体现长城价值观之历史性的文献为主体，旨在通过文献反映长城在不同历史阶段与其所属文化体系的整体关系，以及各代不同时期有关长城观念的变异。同时，更主要是通过文献，展现一个2000年间不同时代对于长城曾经有过的解读与意义建构，展现长城不同时代的不同意义世界，进而为今天的研究者提供一个对于长城的历史文化，以及长城的意义之认识的完全敞开的理解和解释空间。⑥

---

① 向燕南：《中国长城志·文献》编纂说明，江苏凤凰科学技术出版社，2016年。

② 向燕南：《中国长城志·文献》综述，江苏凤凰科学技术出版社，2016年。

③ 向燕南：《中国长城志·文献》综述，江苏凤凰科学技术出版社，2016年。

④ 向燕南：《中国长城志·文献》综述，江苏凤凰科学技术出版社，2016年。

⑤ 向燕南：《中国长城志·文献》综述，江苏凤凰科学技术出版社，2016年。

⑥ 向燕南：《中国长城志·文献》综述，江苏凤凰科学技术出版社，2016年。

十一、《文学艺术》：整理了长城的文学与艺术作品，建立了长城学的文学与艺术分支

长城的文学与艺术是由长城衍生出来的，是以长城为主题的情感宣泄。文学艺术是一个比较宽泛的领域，包括了诗歌、散文（含赋、铭、记、颂等），以及民间传说与小说等文学形式，绘画、雕塑、音乐、戏剧、舞蹈等艺术形式。① 因此，《文学艺术》所涉及的门类是《中国长城志》中最为广泛的。古往今来，有关长城主题的文艺作品不可胜数，但该卷的纂修者以极大的热情，收集整理了涉及长城文学艺术各门类的作品，虽无法穷尽，但“有影响力、有代表性的作品”②，名家名篇均有涉及，是长城文学作品的集大成。

该卷在集录长城文艺作品的基础上，用文学艺术的学术体系进行概括总结，摘其要者加以评述，归纳出文学艺术门类的特点、表现手法、历史流变、表现风格等，为进一步研究、探索长城文学艺术门类提供了信服的理论依据。

十二、《人物》：汇聚了长城的历史人物，为长城学分支学科研究提供补充

《中国长城志》的《人物》与《环境•经济•民族》中的《民族》既关联又有不同之处，所涉及均为与长城相关的主体，但《民族》是与长城相关的族群，是群体，而《人物》却是个体。《民族》更宽泛，《人物》更具体。《民族》与《人物》点面结合，共同构成了长城主体的丰富多样性。

《人物》作为方志的传体，以传、传略、表的形式，“把不同朝代与长城相关的历史人物按一定体例要求展示出来”③，“旨在通过人物的活动、事迹展示有关长城及长城沿线地域的历史文化”④，所录人物“重点记述其在北方长城及长城区域内的事迹，并不记述人物之全部经历，其与长城无关的只作极简单之介绍”⑤。

《人物》的丰富性在于所涉及人物的多样化，“凡参与长城之规划、建造、修葺、使用、保护及研究、记述等，包括在政治、经济、民族、建筑、军事、文化、艺术等各个方面有代表性的人物”⑥，均收录其中，几乎涉及所有门类，为长城学各分支学科提供了必要补充。

第九届、第十届全国人民代表大会常务委员会副委员长、中国长城学会会长许嘉璐高度评价《中国长城志》出版工程，指出：“《中国长城志》的出版，是在一个伟大国家的一个伟大时代，所做的一件伟大事业。”“每一卷本、每一章节，都应像长城上的一块砖，有助于中外读者认识长城、

① 孙志升、苏君礼：《中国长城志•文学艺术》综述，江苏凤凰科学技术出版社，2016 年。

② 孙志升、苏君礼：《中国长城志•文学艺术》编纂说明，江苏凤凰科学技术出版社，2016 年。

③ 《中国长城志》编辑部：《中国长城志》篇目设置 // 中国长城志编纂工作手册，江苏凤凰科学技术出版社。

④ 毛佩琦：《中国长城志•人物》编纂说明，江苏凤凰科学技术出版社，2016 年。

⑤ 毛佩琦：《中国长城志•人物》编纂说明，江苏凤凰科学技术出版社，2016 年。

⑥ 毛佩琦：《中国长城志•人物》编纂说明，江苏凤凰科学技术出版社，2016 年。

感知中华文明，成为世界探知中华文明历史轨迹的重要平台，为研究长城、保护长城，为传承民族文化、促进文明进步、构建和谐社会作出应有的贡献！”[①]

① 《中国长城志》编撰委员会：《中国长城志》编纂始末，江苏凤凰科学技术出版社，2016年。

长城区域社会基本特征论纲 *

翟　禹 **

摘要：本文以一个新概念——“长城区域社会”，来对有关问题进行一些学理上的总结和认识，从边疆的基本概念和使用内涵来对长城区域社会进行分析，将边疆视角作为长城研究的宏大背景。这个独特的长城区域社会，迥异于农耕文化区和游牧文化区，是介于两者之间的一个综合性的复杂文化地带。长城区域社会具有一些独特的基本特征，例如长期的军事对峙、模糊的政治边界、复杂的族群构成、独特的社会文化和丰富的历史文化遗产。

关键词：长城；军事；族群；农牧文化；遗产

关于“长城区域社会”的概念，主要是指以长城墙体及其相关防御体系为核心的东西横亘在游牧文化区和农耕文化区之间的条状地带。赵现海先生提出过“长城社会史”研究范式，并在此基础上开展了大量深入地研究，成果颇丰。①本文对长城区域社会的基本特征进行系统梳理和论述，主要有长期的军事对峙、模糊的政治边界、复杂的族群构成、独特的社会文化和丰富的历史遗产五个方面。

一、长期的军事对峙

《长城百科全书》写道：“长城，中国古代巨型军事工程体系，由绵延伸展的一道或多道城墙，

* 本文属国家社会科学基金西部项目“明蒙关系视野下的宣大山西三镇长城防御体系研究”（编号 18XZS048）。

** 翟禹，内蒙古社会科学院历史研究所副所长，副研究员。

① 中国社会科学院历史研究所的赵现海博士长期从事明代长城研究，成果丰富，近些年先后出版了两部专著，其中《明代九边长城军镇史——中国边疆假说视野下的长城制度史研究》（社会科学文献出版社 2012 年）一书是在作者提出的“中国边疆假说”理论框架之下展开的，书中提出的“长城制度史”研究模式与“核心边疆”等理论，对宣府、大同、山西三镇长城乃至明代长城防御体系（“九边”）的研究均有很大启发。赵现海博士另一部著作《明长城时代的开启——长城社会史视野下榆林长城修筑研究》（兰州大学出版社 2014 年）以九边军镇中的榆林、延绥等镇的长城防御工事的修筑为个案，探讨了明长城的地理、政治、军事和文化等多方面内容，并提出“长城社会史”研究模式，对本专题的研究亦有很大启发。

一重或多重关堡，以及各种战斗设施、生活设施、报警烽堠、道路网络等组成。是一条以城墙为线，以关隘为支撑点，纵深梯次相贯，点线结合的巨型军事工程体系。”① 可见长城并非仅仅是一道墙体，而是以墙体及相关设施组成的一整套防御体系，包括长城墙体及墙体上附属设施（敌台、马面、城楼）、墙体外设施，包括烽火台、挡马墙、壕沟、居住址以及关隘、城堡等。长城是战争的产物，但它终归保护了大多数人民安居乐业的生活，没有了蒙古军队的袭扰，长城以南的人民能够安心耕作，而有了长城之后，明军也不再时时出兵北伐，长城以外的蒙古人也能安心放牧。因此，我们既要从战争视角去理解作为军事防御工事的长城的出现，还要从和平与安定的视角去对其加以认知，更要从人类重要的历史文化遗产的角度去认识它，这会对于我们今天认识和挖掘长城的历史文化价值有非常大的启发。

但是，如果单纯地从军事防御角度认识长城的作用，也会出现偏颇。金朝为了防御蒙古高原上逐渐兴起的蒙古诸部，在其北边修建了蔚为壮观的金界壕，但是如此构筑复杂、高大雄伟的墙体真的能够从军事上阻挡蒙古人的南下进攻吗？真实答案是不能。因为在金朝末年，成吉思汗建立了大蒙古国，在很短的时间内统一了漠北蒙古高原，之后就派兵南下攻金，经过几十年的战争，蒙古成功地灭掉了金朝，越过界壕南下的趋势是不可阻挡的。值得一提的是，为金朝世代戍守界壕的一个部落——汪古部，在蒙古攻金的关键阶段，毅然决然地放弃为金朝戍守界壕，转而投靠了蒙古，并作为先导，带领蒙古大军跨过界壕，长驱而入金朝的腹地，直接加速了金朝的灭亡。可见，推动历史进程向前发展的绝不是什么军事防御工程，而是活生生的人，是人心向背、大势所趋的历史潮流。

二、模糊的政治边界

中国古代传统王朝政权，与现代意义上的现代民族国家有着本质的区别。现代意义上的“边界”是一个相当广泛的概念，从国际法和国际关系学理论角度来说，边界特指国界，也就是一个拥有完全主权的现代国家与其他周边国家之间的界限，“国家边界的作用在于确定各国之间的领土范围，它是一条划分一国领土与他国领土或与国家管辖范围之外区域的界线”②。

长城仅仅是修建者对抗外来军事进攻的防御工事，经过历代的发展，其作为军事防御功能逐渐复杂，成为一条综合性的军事防御体系，但这绝不能说长城就是中国古代王朝政权与其他政权的政治边界，因为前已述及，“政治边界”“边界”的概念是近现代以来才出现的，是现代国家的政治话语，用在传统王朝是极其不合适的。军事是政治的延伸，那么长城在传统王朝政权中意味着什么呢？如果从广义的政治文化来说，传统王朝修建的长城可以说是代表那个王朝政权的政治宣言，是其文化边疆，即使长城在一段时期内可能会充当一个军事性边界或者政治象征性边界，它也从来都不是固定不变的，一旦王朝的实力增强，王朝的政治掌控和军事力量一定会越过长城这个之前的边界，而继续向北推进。

总之，对于长城与边界的关系，应该从中国古代独特的边疆意识和政治文化传统去理解，不能

---

① 中国长城学会：《长城百科全书·总论》，吉林人民出版社，1994 年，第 3 页。

② 王铁崖：《国际法》，法律出版社，1995 年，第 243 页。

用今天的现代国际关系话语中的边界去简单的比附。

三、复杂的族群构成

长城地带的民族众多，总体来说，长城以南以汉族为主，长城以北以北方草原游牧民族为主，但也并非一概而论，因为修筑长城的王朝政权中，有不少都是非汉民族，例如北魏、北齐是由鲜卑民族建立的政权，修建金界壕的金朝政权是东北的女真族所建。这就说明，长城并非中原汉族王朝的专利、特产，而是一种按照中原王朝治理模式所建立的政权用来防御游牧民族展开军事进攻的大型防御工程，无论其规模有多宏大、构筑有多复杂，它始终是一个体现不同民族之间战争与和平的交融互动关系的历史见证，在这个“长城区域社会”中，不同的民族和人群先后上演着一幕幕战争与和平、交融与交往、贸易往来和文化交流的历史场景。

四、独特的社会文化

城堡中生活的居民按照自己日常生产生活的需求和对存在于观念中的神灵世界的理解与认知建立了供奉各种神祇的祠庙，上述的诸多碑刻和田野调查所获信息典型地反映了中国古代民间信仰的悠久传统。晋蒙长城地带地处边境，乃战争多发之地，加之地瘠民贫，人民生活较为艰苦，文化教育水平较中原富庶之地要低，所以人们往往就会将对生活的希望寄托于神灵。于是，各个城堡内便广修祠庙以使当地军民祈福消灾，而且不论什么神灵，“凡有功德于民者皆祀之，文庙、道统所垂与学，并建崇圣、名宦、乡贤、忠义、节孝、文昌、魁星诸祠以类相附，载入学校，风、云、雷、雨、山川、社稷、城隍祀典所载，祈报在焉”。[①] 人们往往相信大自然的各种自然现象如风雨雷电和自然万物如山川大地等均有与人类似的意识或情感，是一种不为人知的神秘力量。人类在与大自然发生各种关联之时，往往希望这些自然万物和现象能够按照自己的意愿去运行，从而有利于人的生存，于是就开始对它们进行祭祀以祈求得到神灵们的庇护和恩泽。中国民间信仰具有多神性，具有较强的吸收能力，对各种来源的祀神都能够兼容并蓄。

对位于晋蒙长城地带城堡的祠庙和祀神等民间信仰现象进行探讨是认识长城地带历史文化和社会变迁的一个重要方面。明代修筑的万里长城在明与北元——蒙古对峙格局中作为双方的军事分界线，将农耕文化区和游牧文化区分割开来，而在明代中后期，这种格局逐渐趋于稳定，与此同时明代在长城沿线修筑了大量不同层级的防御性堡寨聚落，这些堡寨由最初单纯的军事防御驻居功能逐渐发展成为军民共存、和战兼备的综合型聚落。堡寨里面日常除驻守大量军队士兵以外，还有众多随军家属和屯田民众在此生活，蒙古方面常常有一些牧民越过长城墙体，与堡寨内的兵民进行民间交易，这在明代文献中多有记载，明朝政府曾一度禁止长城沿线的这种走私贸易，但各族人民的交往是历史的趋势，也是边疆社会生活必不可少的方式，因此实际上无法禁止。

通过长期的演变，以长城为主线，在北部边疆形成了一个独特的“长城地带”，有学者将对这

① ［清］刘士铭：《朔平府志·卷四·祠祀》，雍正十一年刻本。

个地域进行的研究称之为“长城社会史”[1]，这一条状地带就是自古以来的农牧文化交错地带的核心，明代以前这条农牧文化交错带随着南北地缘政治格局形势的变化和自然气候的变迁时而向南、时而向北变动，直到明与北元时期才基本固定下来，其中固然有自然气候的因素，但更主要的社会原因是明朝与北元——蒙古诸部的对峙局面的形成和明朝修筑的万里长城的出现，最终将这条地带作为口内口外分界线的功能固定下来。

清代时期，长城内外虽然实现大一统，但已经开始有了口内、口外和边内、边外、塞外等称呼的区别，这意味着生活在长城内外的民众已经开始将最初作为军事防御线的长城视作一条政治、文化上的区域分界线，由此开始“内蒙古”的区域概念逐渐形成。现在内蒙古中西部地区仍然以长城为与相邻省区的分界线，正是延续了明清以来的历史文化传统，而晋蒙交界长城地带的民间社会状况最为典型。因此，探讨晋蒙长城地带城堡的庙宇及祀神，从微观视角来说对于认识“内蒙古”这一概念和内蒙古区域历史文化面貌的形成具有典型意义，值得日后进一步深入探讨。同时，晋蒙长城地带所遗留的诸多民间信仰文化，是晋蒙文化圈得以形成的最重要的要素之一。

五、丰富的历史遗产

“厚今薄古、立足当代”是我们从事历史学、文化学研究的一个重要的原则和理念。认识历史是为了更好地服务当代，面向未来，而这种理念与汉代史学家司马迁所提倡的“通古今之变，成一家之言”是相通的。长城是古代的军事前沿阵地，一般来说都是军事禁区，几乎很少有大规模人居聚落存在于长城地带。但是，自长城的军事功能废弃之后，在这里居住的居民也渐渐多了起来。

清末以来国力衰微，时局动荡，大批民众加入了“走西口”和“闯关东”的队伍中来，很多人就在长城脚下安了家，长城成了他们的依靠和遮风挡雨的家。他们扒下城砖垒砌院墙，甚至直接在墙体上开窑建屋。时过境迁之后到了今天，社会生产和经济条件发生了变化，这些原本开凿于长城墙体之上和半山坡的一排排的窑洞，逐渐遭到废弃。例如晋蒙交界地带位于今内蒙古和林格尔县与山西省右玉县交界地带的“十三边”，还保留着长城墙体的“边墙”的称呼，是非常典型的在长城墙体废弃之后又再次废弃的长城村落，诸如此类的村落非常之多，不胜枚举。因为人类改造自然的能力逐渐强大，多数村民都搬迁至附近的平地上，或山脚下，这一带往往水源充足、交通便利、出入方便。多少代人曾因为长城的庇佑，让他们在风雨中活了下来，但是时至今日，与繁华的大城市相比，这些长城沿线的山村仍是交通不便、生活贫瘠之地。尽管这些废弃的山村成了废墟，在原本是废墟的长城墙体所建的新家，如今再次成为废墟。它们和长城一样，是岁月留给人间的痕迹，记载着这一带的历史变迁。

中国传统村落，最初称古村落，是指村落形成较早，拥有较丰富的文化与自然资源，具有一定历史、文化、科学、艺术、经济、社会价值，应予以保护的村落。传统村落的定义中，其主要特征是传承农耕文明，“是农耕文明的最佳见证”[2]。传统村落的本义是基于传统农业生产方式基础之

① 赵现海：《榆林明长城考察记》，《中国长城博物馆》，2010 年第 1 期。

② 周建明：《中国传统村落：保护与发展》，中国建筑工业出版社，2014 年，第 1 页。

上的人类社会聚落形态，但是在中国广袤的地域内，农业生产仅仅是其中的一种主要的生产方式，却不是唯一的。我们认为，中国传统农业凝聚着乡土社会中人与环境和谐共生的智慧，但是在北方草原地带还存在着游牧、狩猎生产方式，同样体现着人与自然和谐共生的智慧。内蒙古地区的传统村落具有显著特征，即农牧文化交融而成，从而形成了独特的村落景观，而在长城沿线的传统村落就具有农牧兼容的文化和生产方式特色。

基于知识图谱的长城文献研究可视化分析

方志强 *

摘要：2019 年，习近平总书记主持召开中央全面深化改革委员会第九次会议，审议通过了《长城、大运河、长征国家文化公园建设方案》，长城国家文化公园的建设将长城资源开发与保护提高到了国家战略层面。本文以中国知网数据库（CNKI）中 CSSCI、核心期刊文献为检索源，应用 CiteSpace 可视化软件绘制长城研究知识图谱，总结概况长城文献研究现状、研究热点与研究趋势等方面内容，找出长城文献研究的特点与不足，为今后我国长城文献研究提供参考。通过长城研究文献的计量分析，得出五条长城文献研究现状，并从开展长城国家文化公园建设路径、管理机制、意义及困境研究，长城旅游资源开发研究，长城资源开发与保护关系研究，对长城历史意义和文化内涵的宣传研究四个方面进行了展望。

关键字：长城文献；长城旅游资源；CiteSpace；知识图谱

1 引言

享有世界文化遗产之誉的万里长城，是中华民族的文化根脉和精神家园。据 2012 年国家文物局对长城资源调查和认定成果，历代长城总长度为 21196.18 千米，分布于北京、天津、河北等 15 个省（自治区、直辖市）404 个县（市、区），各类长城资源遗存总数 43721 处，是典型的线性文化遗产。2019 年 1 月，经国务院同意，文化和旅游部、国家文物局联合印发《长城保护总体规划》，明确了长城保护的重点是秦汉长城和明长城，提出原址保护、原状保护的总体策略 [1]。2019 年 7 月，习近平总书记主持召开中央全面深化改革委员会第九次会议，审议通过了《长城、大运河、长征国家文化公园建设方案》，方案指出建设长城国家文化公园，对坚定文化自信，彰显中华优秀传统文化的持久影响力具有重要意义。应坚持保护第一、传承优先，对长城及环境实施严格的保护和管控，合理保存传统文化生态 [2]。目前，长城文献研究主要集中在历史考证、生态环境、军事防御、旅游

* 方志强，燕山大学出版社编辑，燕山大学中国长城文化研究与传播中心研究员。

资源等方面。其中，被引频次比较高的文献包括余同元 1995 年发表的《明后期长城沿线的民族贸易市场》，被引 74 次，是长城文献研究中被引频次最多的一篇，文章研究了秦、汉以来，中国北方游牧民族和农业民族以长城为界的贸易市场[3]。李登科、郭铌等人 2007 年发表的《陕北长城沿线风沙区植被指数变化及其与气候的关系》，被引 60 次，文章对陕北长城沿线风沙区植被覆盖的气候因子及历史演变的关系进行了分析[4]。朱大渭在 2006 年发表的《北朝历代建置长城及其军事战略地位》被引 23 次，指明了长城的整个军事防御体系及其重要的战略地位[5]。王硕、曾克峰等人 2013 年发表的《黄金周风景名胜区旅游客流量与网络关注度相关性分析——以庐山、华山、八达岭长城风景名胜区为例》，被引 71 次，以 2012 年“十一”黄金周客流量及游客网络关注度数据为研究对象，采用 OSL 方法构建分析长城风景名胜区客流量与网络关注度的变化特征模型[6]。

笔者通过检索发现没有利用知识图谱对长城研究进行文献计量分析的文章，本文采用 CiteSpace 可视化分析软件，通过实时、动态、多元的引文分析，以科学知识图谱的方式将长城文献之间的关系、规律和分布情况进行了可视化图谱展现。将有助于总结长城文献研究现状，分析研究不足，并为接下来的长城保护与开发研究提供参考。

本文以中国知网（CNKI）数据库中学术期刊为文献数据来源，在“期刊”专业检索中设定检索条件为“TI=（‘长城’-‘绿色’）AND TI=（‘长城’-‘电影’）AND TI=（‘长城’-‘汽车’）AND TI=（‘长城’-‘站’）AND TI=（‘长城’-‘钢铁’）AND TI=（‘长城’-‘感冒片’）AND SU=（‘长城’-‘国际心脏病学会议’）AND SU=（‘长城’-‘润滑油’）AND SU=（‘长城’-‘卡夫卡’）AND SU=（‘长城’-‘二胡’）”，来源类别为“核心期刊、CSSCI”，检索时间不限，共检索出 1083 篇文献，时间分布为 1992—2020 年，剔除会议、长城系、《长城》影片、长城公司、长城品牌等与长城文化不相关的文献后，最终检索得到 348 篇文献，检索日期为 2020 年 7 月 20 日。

2 长城文献研究现状分析

2.1 长城研究受关注程度分析

文献发文数量可以表示出某一研究领域的受关注程度，逐年发文数量能表示该研究领域的变化趋势[7]。通过对 348 篇文献进行折线图绘制，得到长城文献研究年度发文数量分布图，如图 1 所示。从图 1 可以看出，一是长城文献研究年发文数量并不多，2012 年后基本在 20 ～ 30 篇之间，最多的是 2017 年 30 篇。二是长城文献研究最早出现在 1992 年，研究内容以长城历史考证为主。如 1992 年的《秦长城起首地——“临洮”考》，发表在《西北师大学报（社会科学版）》。还有发表在《文博》期刊的《甘肃永靖县境内秦长城质疑》，都是对长城历史的考证研究。三是长城文献研究的小高峰出现在 2007 年和 2017 年，这一趋势与 2006 年 12 月实施的《长城保护条例》和 2017 年正式颁布的《建立国家公园体制总体方案》有关[8]。而 2019 年至今的长城文献研究数量较稳定，《长城、大运河、长征国家文化公园建设方案》对长城文献研究的促进作用还未体现出来。

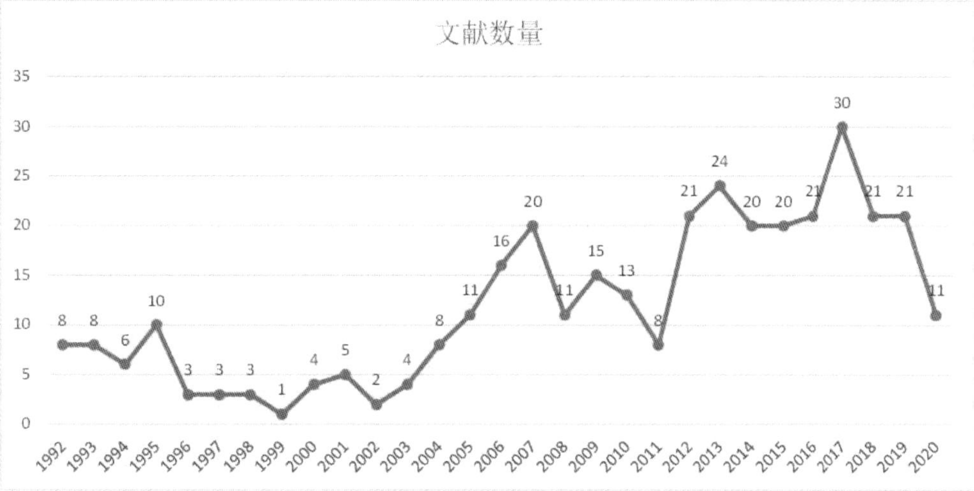

图 1　长城文献研究年度发文数量分布图

2.2 核心研究机构分析

发文机构来源分析，是通过机构发文数量的统计来说明核心研究机构及研究机构间的合作情况[9]。如图 2 所示，图谱中的发文机构字体越大代表发文数量越多，但机构与机构之间连线较少，说明在长城研究中机构间合作不够紧密。其次，通过统计发文机构的发文数量，能探究长城文献研究的核心机构。搜索发文数量≥ 4 次的研究机构，共得到 11 家研究机构，其中西北大学文化遗产学院发文 20 篇，天津大学建筑学院发文 17 篇，中国社会科学院历史研究所发文 11 篇，西北大学历史学院发文 5 篇等，表明这些机构在长城研究领域做了较多工作，取得了一定的学术成果。

可以看出，一方面，长城研究较多地集中在文化遗产、建筑、历史等学科，而经济、环境等学科的研究机构相对较少。另一方面，长城研究机构与长城的线性文化遗产的线性特征相吻合，研究机构所在省份都拥有长城文化遗产，地域所拥有的历史文化资源决定了研究机构的研究取向。

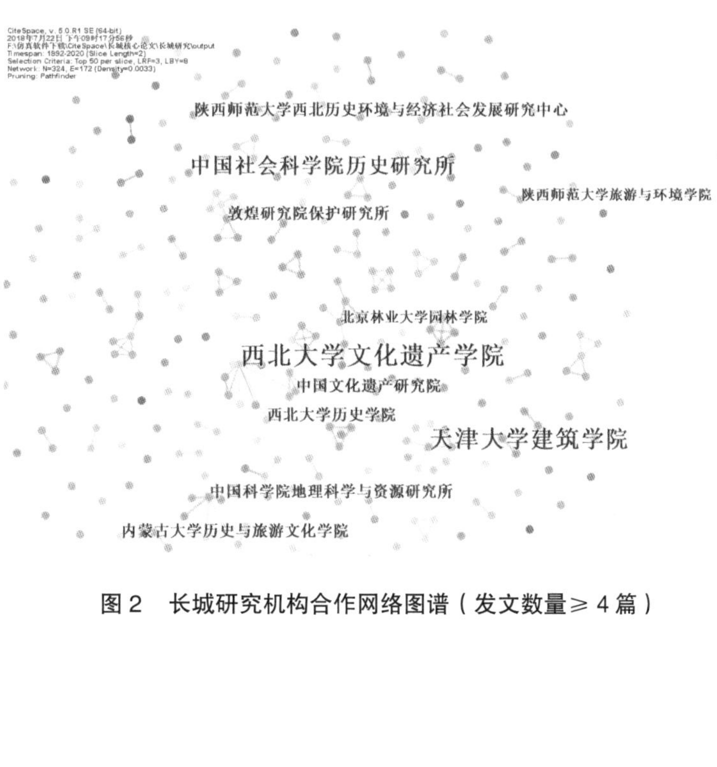

图 2　长城研究机构合作网络图谱（发文数量≥ 4 篇）

2.3 核心研究作者分析

长城文献研究的核心作者能在很大程度上影响长城研究的发展速度[10]。如图 3 所示，作者合作网络图中可以看出在长城研究中大多数作者之间的合作较少，多数是作者进行的独立研究，还有一部分是两人之间的小规模合作。通过 CiteSpace 统计出高产核心作者，以普赖斯（Price）公式作为核心作者的量化标准，N_m 是最高产作者发文量，N_i 是入选核心作者发文量的最低标准，如公式（1）所示。

$$N_i = 0.749\sqrt{N_m} \tag{1}$$

在长城文献研究中，张玉坤为最高产作者，发文 13 篇。通过计算，入选核心作者的最低发文数量 N_i=2.70≈3 篇。文献发文梳理≥ 3 篇的作者共 30 位，为便于统计表 2 仅显示≥ 4 篇的作者共 9 位。可以发现，发文数量最多的作者是张玉坤，其次是王绍东 5 篇、李严 5 篇、赵现海 5 篇，这些核心作者由于对长城进行了一定的研究，还处于研究的上升阶段，发文还有较大上升空间。如作者张旭是天津大学建筑学院教师，研究从 2010 年持续到 2018 年，其 13 篇文献对明长城的军事防御系统进行了多方面的研究，研究从定性到定量，从空间布局、防御体系到价值评估不断深入，是长城军事防御研究最高产的作者。

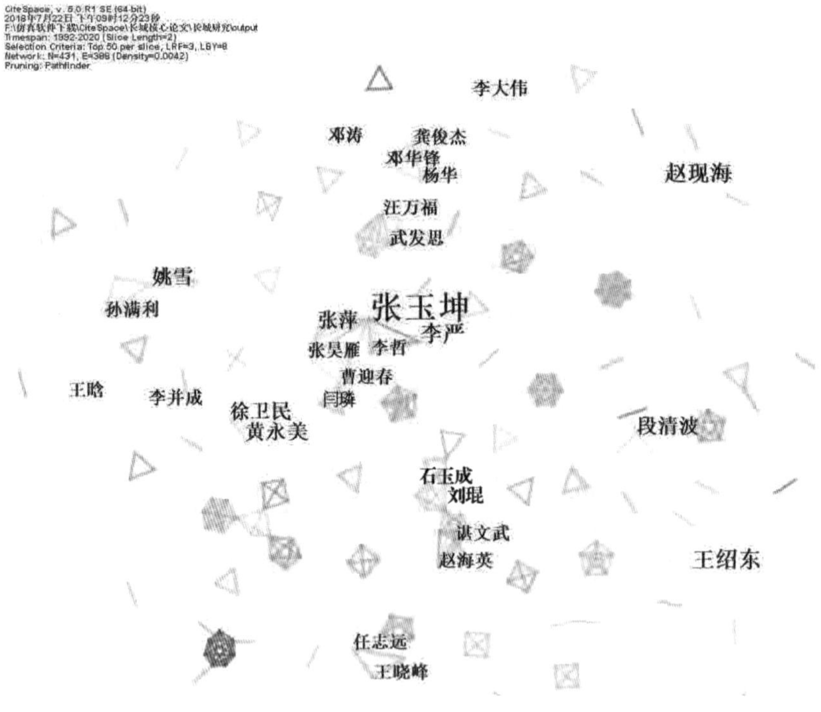

图 3　长城文献研究作者合作网络图谱（发文数量≥ 3 篇）

3 研究热点分析

3.1 关键词共现分析

关键词共现网络图可以反映某一领域当前和过去的研究热点，从而展示出该领域研究的前沿及衍进动态。如图 4 所示，关键词的共现关系用节点间的连线来表示，共现的时间和关联的强度，分别用线条的颜色和粗细程度表示，节点的大小代表关键词出现的频次的多少，节点越大相应的被引频次也就越高，说明该领域受关注的程度越高，也越容易成为研究热点 [11]。从图 4 可以看出，目前的研究热点集中在明长城、万里长城、长城沿线、军事聚落、古长城等话题。

图 4 长城文献研究关键词共现图谱

3.2 关键词聚类分析

聚类视图是用于体现不同研究领域的知识结构 [12]。如图 5 所示，聚类编号、名称分别是：#0 明长城、#1 长城沿线、#2 万里长城、#3 聚落形态、#4 长城遗迹、#5 古长城、#6 大同镇、#7 封禁政策、#8 长城文化。

根据长城文献研究高频关键词聚类结果分析，可以发现长城文献研究的内容主要有以下几个方面：一是长城历史考证研究，这些研究主要集中在对明长城、秦汉长城、金长城、古长城的历史考证研究上。如王婷婷、邵晶分析宇文恺的建筑理论，对其修筑长城的历史进行考证 [13]。魏坚、孟燕云考察了北魏长城的起止位置、长度、分布走向、军事作用等问题，说明北魏长城防线随国力的增强不断北移 [14]。二是军事防御、封禁政策视角，研究长城的军事防御功能体系。如邓涛阐述了清朝内外统一过程中长城的融合纽带作用 [15]，徐凌玉、张玉坤从定性和定量的角度对明长城进行整体的价值认定和评估指标体系构建 [16]。三是生态环境保护研究，对长城沿线气候变化等进行的研究，如胡平平、汤羽扬研究长城和长城所在区域自然地理环境的历史关联性 [17]。

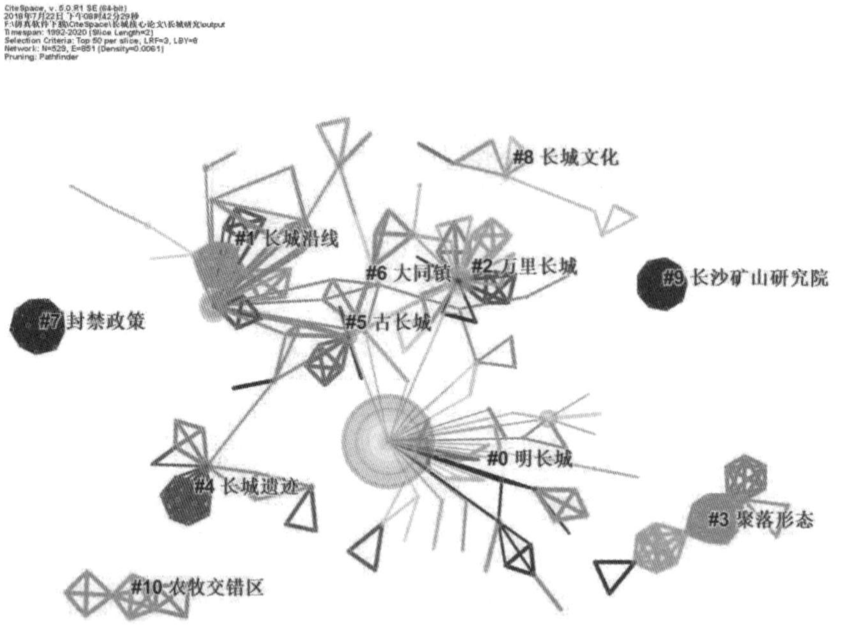

图 5 长城文献研究关键词聚类知识图谱

4 研究趋势分析

突现词是在较短时间内出现频次变化较大的词[18]，通过突现词图谱能对长城文献研究进行前沿分析。从图 6 可以发现，长城文献研究前沿呈现出从万里长城、长城遗迹的整体研究，到不同时期长城的具体研究。从突现强度来看，“明长城（2011—2020 年）”“军事聚落（2012—2018 年）”的突变强度最大，分别是 7.1171 和 2.6344，是长城文献研究的前沿方面。突现词“清前期（2018—2020 年）”的出现是因为作者邓涛，在 2018 和 2019 年从军事防御视角写了 3 篇有关清前期长城的研究文献，使得该词成为当时的研究前沿。

Keywords	Year	Strength	Begin	End	1992 — 2020
万里长城	1992	2.4039	**1992**	2000	
长城遗迹	1992	1.7119	**1994**	2007	
长城沿线	1992	1.8984	**1994**	2006	
旅游开发	1992	1.7736	**2008**	2009	
明长城	1992	7.1171	**2011**	2020	
军事聚落	1992	2.6344	**2012**	2018	
齐长城	1992	1.8667	**2013**	2017	
清前期	1992	1.8021	**2018**	2020	

图 6 长城文献研究突现词图谱

5 结论与展望

5.1 结论

笔者通过 CiteSpace 可视化分析方法对中国知网（CNKI）数据库学术期刊中核心期刊关于长城研究的文献进行了分析，了解到虽然长城受到国家层面高度重视，但对学术研究的促进作用不强。①从发文数量来看，长城文献研究数量较少。基本可以划定出萌芽期（1992 至 2006 年）、成长期（2007 年至今），2007 年至今的年发文数量基本在 20 至 30 篇之间，其研究还未体现出快速发展现象。结合国家相关政策的出台，虽然长城文献研究的研究热度与政策呈现正向关系，但受政策影响较小，而主要是受核心作者发文数量的影响。②从论文的发文机构来看，主要集中在文化遗产、历史、建筑学领域的研究机构，缺少经济类研究机构。这与长城旅游资源开发难度大，旅游资源开发受传统观念制约有关。③从发文作者来看，科研人员主要集中于高校和科研机构，其他领域的研究人员分布较为分散，需要加强团队合作，形成高水平的科研队伍[19]。④从研究热点来看，长城文献研究主要集中在历史、地理、古建筑保护等领域，人文科学、工程科技、基础科学研究较多，经济与管理科学研究较少，这与长城文献发文机构类型相吻合。⑤从研究前沿来看，明长城、军事聚落是近年长城文献研究的前沿领域。这与明长城是中国历史上工程最大、城防御体系和结构最为完整有关。

5.2 展望

面对长城文献研究的现状及特点，笔者认为今后有关长城文献的研究可以从以下几个方面作更深入的探讨。

一是开展长城国家文化公园建设路径、管理机制、意义及困境研究。目前，关于长城国家文化公园的研究文献仅 3 篇，分别是闫瑶瑶、郑群明的《长城国家公园旅游形象感知研究——基于内容分析法和 IPA 法》，运用 IPA 模型和内容分析法，从游客视角探索长城国家公园的旅游形象感知[20]；黄涛、刘晶岚等人的《旅游地文化氛围对游客文明行为意向的影响——以长城国家公园试点为例》，通过理论模型构建，体现旅游地文化氛围对游客文明行为意向的影响[21]；苏珊、姚爱静等人的《国家公园自然资源保护分区研究——以北京长城国家公园体制试点区为例》，构建国家公园自然资源保护分区指标体系[22]。2016 年 8 月，国家发改委同意《北京长城国家公园体制试点区试点实施方案》，2017 年 9 月正式颁布了《建立国家公园体制总体方案》，该方案颁布已近 3 年，但有关长城国家公园建设的文献研究每年仅一篇。国家公园体制是党的十八届三中全会提出的重点改革任务之一，是我国生态文明制度建设的重要内容。长城国家文化公园建设不是一地、一时的问题，涉及长城沿线多地，肯定会遇到意想不到的梗阻，因此其建设路径、管理体制需要预设、优化与创新。

二是加强长城旅游资源开发的研究。长城旅游资源开发的研究文献，有田家莉、张叶青的《论文化遗产多元旅游的开发——以喜峰口长城旅游发展为例》，分析了喜峰口长城旅游区发展现状，探寻文化遗产多元旅游开发新思路、新方法[23]；牛亚菲、宋涛等人的《基于要素叠加的旅游景区经济影响域空间分异——以八达岭长城景区为例》，探索在空间尺度上评估旅游景区对周边地区经济影响的程度和范围的定量分析方法，分析了八达岭长城旅游区的辐射影响范围[24]；较有特色的是孔旭红、辛儒的《河北省长城公路沿线旅游资源系统开发研究》，赋予了长城系列旅游新的契机，站在旅游交通线路组织的视角，设计了相关的旅游产品[25]。长城旅游资源开发研究在知识图谱中较少体现，如在关键词聚类图谱、突现词图谱中均未有旅游资源开发类词汇。可以看出长城旅游资源开发的研究没有跟上长城国家文化公园的建设步伐。长城旅游资源开发存在以下问题：长城旅游产品形式单一，经营雷同；民俗风情文化特色不足，旅游项目趣味性低；缺乏对长城文化内涵的深入挖掘，文旅产业开发深度不足。

三是加强长城资源开发与保护关系的研究。资源的开发与保护始终是一对矛盾体，彼此依存又相互促进。处理好长城旅游资源开发与保护的关系，是长城国家文化公园建设的先决条件。长城旅游资源开发和保护主要存在以下问题：缺乏科学的应用和管理体系，保护和利用的法律法规还不够健全，缺乏长城保护专项经费落实政策等。

四是加强对长城历史意义和文化内涵的宣传研究。面对长城保护的公共意识和责任感缺乏问题，亟须开展有效宣传方式的研究。长城旅游并不是简单的资源开发与利用，应该契合国家文化公园建设的主导思想，成为国家品牌及民族自信彰显的途径与措施，深挖周边旅游产品及文化，深入挖掘推广长城文化及长城精神是长城旅游资源开发研究的使命。因此，应以长城国家文化公园建设为契机，扩大长城文化内涵宣传的深度和广度，使长城形象和长城保护深入公众，同时扩大长城文化内涵的国际影响力，使长城成为中国文化输出的重要符号。

参考文献

[1] 长城保护总体规划 [EB/OL].（2019-01-24）[2020-07-23]. http://www.gov.cn/xinwen/2019-01/24/content_5360925.htm.

[2] 长城、大运河、长征国家文化公园建设方案 [EB/OL].（2019-12-05）[2020-07-23]. http://www.gov.cn/zhengce/2019-12/05/content_5458839.htm?trs=1.

[3] 余同元 . 明后期长城沿线的民族贸易市场 [J]. 历史研究，1995（5）：55-70.

[4] 李登科，郭铌，何慧娟 . 陕北长城沿线风沙区植被指数变化及其与气候的关系 [J]. 生态学报，2007（11）：4620-4629.

[5] 朱大渭 . 北朝历代建置长城及其军事战略地位 [J]. 中国史研究，2006（2）：51-66.

[6] 王硕，曾克峰，童洁，等 . 黄金周风景名胜区旅游客流量与网络关注度相关性分析——以庐山、华山、八达岭长城风景名胜区为例 [J]. 经济地理，2013，33（11）：182-186.

[7] 陈悦，陈超美，刘则渊，等 . CiteSpace 知识图谱的方法论功能 [J]. 科学学研究，2015，33（2）：242-253.

[8] 建立国家公园体制总体方案 [EB/OL].（2017-09-26）[2020-07-23] http：//www.gov.cn/zhengce/2017-09/26/content_5227713.htm.

[9] 赵以霞，王鑫，金昆，等 . 国内大数据环境下学习分析技术研究路径及趋势分析 [J]. 现代教育技术，2019，29（8）：34-40.

[10] 柯清超 . 大数据与智慧教育 [J]. 中国教育信息化，2013（24）：8-11.

[11] 邱均平，沈恝谌，宋艳辉 . 近十年国内外计量经济学研究进展与趋势——基于 CiteSpace 的可视化对比研究 [J]. 现代情报，2019，39（2）：26-37.

[12] 高颖 . 中国哲学学科研究热点和趋势的 CiteSpace 知识图谱分析 [J]. 中国哲学史，2018（1）：16-22.

[13] 王婷婷，邵晶 . 隋代建筑学家宇文恺修建长城考证 [J]. 兰台世界，2014（24）：88-89.

[14] 魏坚，孟燕云 . 北魏长城考辨 [J]. 文物，2019（7）：66-73.

[15] 邓涛 . 延续与变革——清前期长城的军事和非军事功能 [J]. 中央民族大学学报（哲学社会科学版），2019，46（6）：66-74.

[16] 徐凌玉，张玉坤，李严 . 明长城防御体系文化遗产价值评估研究 [J]. 北京联合大学学报（人文社会科学版），2018，16（4）：90-99.

[17] 胡平平，汤羽扬 . 长城自然地理环境的历史特征及保护规划初探 [J]. 北京建筑工程学院学报， 2007（3）：40-44.

[18] 张洪，孙雨茜，司家慧. 基于知识图谱法的国际生态旅游研究分析 [J]. 自然资源学报，2017，32（2）：342-352.

[19] 王文婷，任文文 . 高校图书馆智库研究的文献计量与可视化分析 [J]. 内蒙古科技与经济，2018（15）：121-124.

[20] 闫瑶瑶，郑群明 . 长城国家公园旅游形象感知研究——基于内容分析法和 IPA 法 [J]. 林业经济，2020，42（1）：44-50.

[21] 黄涛，刘晶岚，张琼锐 . 旅游地文化氛围对游客文明行为意向的影响——以长城国家公园试点为例 [J]. 浙江大学学报（理学版），2018，45（4）：497-505.

[22] 苏珊，姚爱静，赵庆磊，等 . 国家公园自然资源保护分区研究——以北京长城国家公园体制试点区为例 [J]. 生态学报，2019，39（22）：8319-8326.

[23] 田家莉，张叶青 . 论文化遗产多元旅游的开发——以喜峰口长城旅游发展为例 [J]. 人民论坛，2013（14）：172-173.

[24] 牛亚菲，宋涛，刘春凤，等 . 基于要素叠加的旅游景区经济影响域空间分异——以八达岭长城景区为例 [J]. 地理科学进展，2010，29（2）：225-231.

[25] 孔旭红，辛儒 . 河北省长城公路沿线旅游资源系统开发研究 [J]. 商业研究，2008（4）：148-151.

长城学术研究中长城艺术的保护对于长城国家文化公园建设的重要性

张明弘 *

摘要：长城艺术是长城沿线各种社会形态所产生的文化载体，边城艺术是长城艺术的代表，通过长城国家文化公园的整体建设保护边城艺术，将艺术形式引入到长城文创产品的开发中，为长城文化注入生命力。

关键词：长城国家文化公园；长城艺术；边城艺术；艺术衍生品

一、长城国家文化公园的资源

长城是中国古代史上最伟大的军事防御工程。长城资源主要分布在河北、北京、天津、山西、陕西、甘肃、内蒙古、黑龙江、吉林、辽宁、山东、河南、青海、宁夏、新疆 15 个省（自治区、直辖市），横跨燕山山脉、阴山山脉、太行山山脉、贺兰山山脉、祁连山山脉、天山山脉等，贯穿中国东西五千余千米。长城沿线地理风貌多样，自然资源丰富，巍峨山川、广袤草原、大漠沙海、雪山溪涧，长城依山就势而建，雄奇的长城边关下山河辽阔，天地高远。

作为军事防御系统，长城已经完成了它的使命，戍卫的边墙也变成了内墙。但是两千年来长城所积淀的文化，却持续不断地影响着周边的人们。经过两千多年的历史沿革，长城形成了丰富的历史文化沉积带，长城两侧的千余座历史边城构成了世界上最长的历史文化沉积带，其丰富的文化艺术遗迹蕴含着长城文化带的深刻灵魂。

长城是典型的线性文化遗产，是我国现存规模最大的文化遗产，在北方地区广泛分布。长城的遗产类型很丰富，在梳理长城资源时应采取更广阔的视角。长城国家文化公园工程的推进不能仅是局限于长城本体的建筑层面，更要通过深入挖掘长城承载的历史信息、人文内涵，进一步促进长城

---

* 张明弘，北京科技大学国际学院副教授。

文化和长城精神的传承。以长城文化带为核心对地域文化资源进行系统研究，有助于对沿线丰富的文化遗存进行调研考察、梳理保护，制订相关文化线路。

二、长城艺术的概念

人们通常认为长城是一道墙，其实并不尽然。

长城有两条线：一条明线，是众所周知的长城；另一条暗线，则是蕴含着人文、历史、建筑等文化沉积的边城。从某种角度上看，长城艺术是长城沿线各种社会形态所产生的文化载体，艺术形式多种多样，它与民风民俗、生活形态等因素共同构成了一种相对完整的文化表达形式，在现实社会生活中各个方面鲜活的存在。长城艺术是一部活着的长城文化史，是不可复制的文化资源，是中华文明的见证。

作为长城文化的一种美的表现形式，长城艺术包括边墙艺术、烽燧艺术、边城艺术，是可以看得到、听得到、摸得到的实实在在的审美物质载体。边城艺术是长城沿线军事制度下驻兵区域内艺术的总称，作为聚集在长城周边人群的主要生活场所，是长城人文历史的重要承载者，是长城文化的代表。

边城艺术包括建筑艺术和人文艺术。边城建筑艺术又分为城墙城门艺术、民宅艺术、庙宇祠堂艺术、官邸艺术。现存的边城建筑艺术，其经典存在于建筑上的砖雕、木雕、石雕、壁画等。边城人文艺术包括剪纸、版画、面塑、泥塑等，是鲜活的中国传统艺术的表现形式。

文化的传承依赖于铭刻着历史的一件件实物，沿长城分布的艺术形式是长城文化的重要见证，作为承载长城文化的重要载体，它们的重要价值需要通过国家文化公园这个平台充分展示出来。对沿长城分布的不同艺术形式的发掘、保护、展示，是长城和公众之间的文化切入点，对传承优秀的传统文化、提升人民群众的文化自信有显著意义。

三、长城艺术的保护

长城国家文化公园不是一个单纯的项目工程，而是以长城为主线，将沿线的风土人情、历史故事、人文内涵、生态景观等开发整合，在尊重与保护的基础上，展现丰富厚重的文化底蕴。目前依托长城建设的景区数量很多，相较于内涵可以更多元化的长城景区，建设长城国家文化公园意义深远。长城国家文化公园更加强调和彰显长城文化和长城精神，使人们认识到长城绝不仅仅是军事防御工程。

在长城国家文化公园项目的推进过程中，我们对濒临消亡的艺术进行发掘、保护、展示并且继承，既可以梳理长城文化发展的脉络，又极大地丰富了长城国家文化公园的文化建构。

1. 建筑艺术的保护

随着长城文化主题公园的提出，以及对于传统历史遗迹的越来越重视，相关部门对于一些古边城的墙体、城门、重点民宅逐渐展开修缮，但由于对艺术考古即美学理论和艺术理论的缺失，造成大量具有较高艺术价值的艺术品文物遭到破坏，这种损失是很让人痛心疾首的。

2014年6月，“寻根·长城”团队从明长城东端辽宁鸭绿江西岸的丹东虎山段出发，向西横贯山海关，经河北、北京、天津、内蒙古、山西、陕西、宁夏，穿过河西走廊中部，历时6年有余，途经9省（直辖市、自治区），行程7万多千米。在进行“寻根·长城”项目的行走过程中，我们发现这种出于修缮目的而造成文物破坏的事情并不罕见。

2014年8月，团队走至辽宁小河口段长城，发现在修缮长城的过程中有大量古石雕被遗弃和掩埋在山间。2015年山西杀虎口旅游景区的建设，拆毁所有具有历史记忆的百年古宅，连带着精美的砖雕、石雕等一一丢弃，以“拆旧换新”的方式复建了杀虎口。这种修复方式下，长城沿线的建筑、壁画、砖雕、石雕等艺术品遭到了极大的破坏。基于种种所见，“寻根·长城”团队一直致力于长城沿线艺术的信息采集工作，我们实地行走、实地调研，近距离地去感受长城和挖掘长城艺术，用采集到的数据资料展现它们的现状，用图像和影像的方式留住它们的灿烂丽影。

面对长城艺术不断消失的状况，应采取正确的长城艺术保护方法，在修缮长城文物时，贯彻“原状保护、局部加固、重点修缮”的基本思路，尽量保持艺术品原样。对于毁损严重，在修缮的工程中不能重复使用的砖雕、石雕、木雕等采取集中保护的方式，以备后用。

1935年梁思成先生在《曲阜孔庙的建筑及修葺计划》一书中提出古迹“修旧如旧”的原则，这对长城沿线建筑艺术的修缮保护具有重要的启示作用。“修旧如旧”是保护古建遗址的基本前提，但是“旧”不是长城建筑艺术的底色，而是所承载的历史文化信息的显露，是我们祖先智慧、文化和精神的体现与传承。

之所以采用“以保护为前提”的修缮方式，是因为长城文化是随着不同时期复杂的社会形态的演变，在特定的地理环境和特殊的文化背景之下，经历人文与自然的融合，在漫长岁月中积淀而成。边城艺术是长城艺术的代表，通过长城国家文化公园的整体建设，尽可能地保护边城，保护边城艺术，才能吸引更多的长城旅游者，留住原住边民，让长城艺术流传下去。

长城艺术凝聚了中华民族的伟大智慧，深度挖掘长城及沿线各类艺术和文化资源所承载、伴生、积淀、蕴含的文化价值，通过对每一段长城具有地域特色的艺术的展示，更好地打造具有鲜明主题、独特价值、丰富内涵、创造理念的国际性影响力的美丽长城。

2. 人文艺术的保护

长城人文艺术有着丰富地域特色和文化传承发展的鲜明表象与内涵。然而，在大规模的现代化进程中，很多民间传统的人文艺术被认为是缺乏具体的使用价值和商业价值，面临着消亡的命运。现代人们大部分将其当作传统的装饰方式来看待，忽略了它们所承载着的中国传统文化的因循，作为中国传统文化的重要组成部分，长城人文艺术应得到重视、保护和更好地传承。

长城人文艺术的传承与保护要因艺制宜，目前国家已经设立了较为系统的非物质文化遗产保护基金，对其采取国家力度的保护与传承。

民间最悠久的传承方式是言传身教式的直接传承，技能熟练、技艺高超的工匠师傅受限于文化水平，无法用文字的方式对所掌握的技艺进行有效地记录延续，长期以来只能采取口述与示范的方式将技艺代代相传。另一反面，在长期发展的过程中，匠人师傅们凭借着智慧将积攒的技艺与经验总结成简练、清晰的口诀，口耳相传，使民间的技艺得以延续。

但是随着时代的发展，长城人文艺术的传承面临即将失传的困境，将这些民间艺人和非遗工艺纳入长城国家文化公园的体系中来，使长城国家文化公园内容上更加多元。对于掌握这种技艺的传人，采取设立“非遗传承人”的方式对其进行保护，并鼓励更多的年轻人学习掌握并将其传承下去。组织青年人去体验、学习，培养对长城人文艺术的兴趣与尊重。把老的东西传承下去，既是掌握这种技艺的老手艺人、匠人的责任与义务，也是现在青年人的责任与义务。

把老的技艺传承下去，不能仅仅停留在喊一句口号上。一方面，对老的技艺要有一份清醒的认知，只有这样，才能真的继承并发扬这些宝贵的传统。一些老的技艺，分得很细。以木匠为例，过去的木工有粗木工和细木工之分，起梁、造架是由粗木工负责，细木工则是在此基础上负责门窗部分，还有木雕装饰的内容。粗细分工不同，表示每一项技艺的实现都有多道工序。如果细查细木工的工作箱或者工具袋，里面仅是雕刻刀就有几十把。石刻匠人也分粗细，采石匠上山采切大小长短不一的原石，雕刻匠在山下将原石仔细打磨雕刻成石造像、石版画，他们用高超的技艺在岁月中留下痕迹。这就要求我们在做技艺传承的工作时，绝不能马马虎虎的一把抓，真正做到大处着眼、小处着手。

另一方面，在长城人文艺术的保护与传承中不能一味地固守成规。随着社会的发展，科技的进步，出现了很多新的材料和新的技术。将先进合理的新材料、新技术和新的时代文化特征引入文化艺术中传承保护下去，加上新老两代人的技艺交接和传承，双重的新老结合以实现更好地保护、发展与传承。这样既可以丰富长城国家文化公园的文化内容，又可以通过科学规范的管理方式，达到创造经济价值和社会价值的目的。

以剪纸艺术为例，吕胜中先生的“小红人”系列的原型来源于中国的民间剪纸。当民间的剪纸与当代艺术理念碰撞与结合，“小红人”走出了民间炕头和窗棂，走上了国际舞台，有了更大的容量和能量，剪纸艺术被赋予了全新的活力和含义。长城人文艺术不只有剪纸，还有版画、砖雕、木雕等各种形式，时代发展不应更不能抛弃它们，作为具有自身发展脉络的地域文化显现，是传统文化的承载者，又是当代文化发展的不竭源泉。

中华民族的文化精神，在民间传统文化工艺上的体现极为明显。正因为如此，不同的地域才有不同的面貌特色，每一地的人文艺术及其匠人艺术家都是一张自带地域属性的文化名片，正是它们的存在与发展才帮助一座城镇或一个村庄摆脱千城一面或千村一面的处境。以地域特色打造一地的文化名片，可以增加长城国家文化公园的吸引力。

四、长城国家文化公园是文旅融合的重要载体

长城艺术所承载的深厚文化价值和精神内涵，对于把长城国家文化公园打造成展示中华文明的长城国家文旅风景廊道起到了极大推动作用。文创和旅游代表着一种共存共生、融合发展的关系。长城文创产品的开发将成为提高长城国家文化公园的软实力，提升长城国家文化公园文化和人气的有效方式。

合理利用是对长城艺术最好的保护，长城艺术是长城文化也是中华民族灿烂文明的重要见证。将艺术形式合理有效地引入长城文创产品的开发中，为文创产品开发提供丰富的资料储备，将极大地提升长城文创产业的发展。实施这种综合保护利用的方式，符合当前艺术文化保护与利用的规律。

长城文创目前在摸索阶段，而长城沿线的具有本土特色的艺术形式为长城文创开发提供了丰富

的创作资料和创作灵感。充分发挥长城艺术的价值，将长城艺术与长城文创有机结合起来，增进传统长城文化艺术与当下文创开发的互通互鉴，既肯定了长城艺术所具有的历史属性，也为长城文化注入了难得的现实生命力。

截至目前，“寻根·长城”团队已储备长城艺术的图片资料30余万张。在长城北线的行走调研途中，团队采访了370多个古边城，收集了近万GB大小的长城图文视频素材，自制独立短片31个。系统地疏理了长城沿线古边堡中木雕、砖雕、石雕、剪纸、庙宇壁画等艺术形式在长城沿线不同地区的风格特征和演变。“寻根·长城”项目还在持续进行中，预计距离明长城的行走调研结束还需3年时间，这将为我们收集到更丰富翔实的长城资料。依托团队不断收集掌握到第一手长城资料，长城艺术数据库已在筹备建立中，为更多喜欢长城艺术的个人和单位提供服务，为长城艺术乃至长城文化的发掘、保护和传承贡献我们的一份力量。

五、结语

历朝历代修筑长城大多是为军事服务的，2000多年来作为军事防御体系的长城巍峨矗立，成为中华民族的伟大精神象征。长城内外农耕文化和草原文化在冲突碰撞中逐渐形成了一种属于长城的文化体系，长城本体又是这种文化的物化形态，它带给我们独特的美感和众多的艺术形式。充分挖掘和体现长城的文化价值、精神内涵、象征意义，将使长城国家文化公园成为优秀传统文化的展示平台。

国家文化公园是以文化资源为支撑、侧重文化主题性的公园，传播国家优秀文化，保护利用文化遗产，满足国民精神文化需求。长城艺术作为长城文化遗产中非常重要的组成部分，对其中蕴含的历史、文化、审美等进行深入全面的挖掘与研究，不仅极大地充实了长城文化，使其更加立体、多样、生动，还对传统民族文化有极大的传承作用，将其引入到长城国家文化公园的建设中，更能彰显中华传统文化的持久影响力和强大感召力，坚定国人的文化自信。

参考文献

[1] 长城、大运河、长征国家文化公园建设方案 [EB/OL].（2019-12-05）[2020-07-23]. http://www.gov.cn/zhengce/2019-12/05/content_5458839.htm?trs=1.

[2] 曹象明，周典，于洋. 长城沿线城堡保护与发展策略探析——以山西省平型关关堡为例 [J]. 华中建筑，2012（4）：189-192.

[3] 段友文，张鑫. 多元文化视野下边关古镇保护模式研究——以山西右玉县右卫镇为例 [J]. 西北民族研究，2013（4）：1-24.

[4] 王蒙徽. 梁思成的文物建筑和古城保护思想初探 [J]. 华中建筑，1992（7）：22-26.

[5] 张槿，胡境轩. 基于文化遗产视野中的民间美术研究 [J]. 艺术教育，2015（3）：81.

固阳秦长城的资源价值

吴春龙 *

摘要：历史上固阳是我国重要的军事战略要塞，秦长城及沿线的障城、烽火台等遗址，都是浩大的军事防御工程，在历史上起着重要的作用，至今保存相对完整。本文浅述在文物保护的前提下，如何充分利用秦长城文物资源，推动长城国家文化公园建设。

关键词：固阳秦长城；岩画；旅游开发

长城是中华民族精神和文明的象征，是中国也是世界上修建时间最长、工程最大的一项古代防御工程。

据调查数据显示，我国有历代长城总长度 2.1 万多千米，而内蒙古境内就有 8 个不同历史时期的长城，总长度 7570 多千米，是全国保存古长城遗址最多的地区。中国历史上有 4 条万里长城，分别是秦长城、汉长城、金长城和明长城，前三者都在包头留下了清晰的身影，特别是我国第一条万里长城——秦长城，目前保存最完好的段落分别在巴彦淖尔市和包头市境内。

一、包头市固阳县在历史上的战略地位

固阳县位于阴山山脉大青山北麓，内蒙古自治区中部，包头市北部。属包头市辖县。全县总面积 5025 平方千米。东与呼和浩特市的武川县交界，南与土右旗、石拐区、九原区相邻，西同巴彦淖尔市乌拉特前旗、中旗接壤，北与达茂旗相连。东西长约 80 千米，南北宽约 66 千米。县城金山镇距内蒙古自治区首府呼和浩特市 210 千米，在距包头市区正北 53 千米处。县境内秦汉长城横亘东西，包括北魏六镇之首的怀朔镇在内，有内蒙古西部最大的高山草甸草原春坤山，有野生动物繁多的原始森林马鞍山、百彦沟林场。历史上有从固阳县怀朔镇走出去的北齐高祖神武帝高欢。晚清近代以来，固阳县由历史上的游牧民族驻牧地演变为一个移民城镇，居民多出自晋、陕、蒙、冀四

* 吴春龙，包头市固阳县文化馆文博副研究馆员。

省区，浓郁的西口文化保留了完整的中原民俗民情。

固阳历史悠久，山川险要，由东向西延绵起伏的大青山是天然的隔墙。穿越大青山的昆都仑河是黄河一级支流，昆都仑河谷就是“稒阳道”。“稒”一作“固”（见《辞海》第1754页）。“稒阳”是古县名，战国魏固阳邑，魏惠王十九年（前351年）筑，西汉置稒阳县、稒阳城。在今内蒙古自治区固阳附近。

“稒阳道”在当时是唯一能使辎重和众兵穿行大青山南北的豁口，这里是北方的少数民族南下通往中原最便捷的交通要道之一。其交通地理位置和战略地位十分重要。笔者认为，“固阳”因巩固、稳固之意而得名。“稒阳道”就是通往咸阳的道路，如同现今的京包线、京包公路一样。“稒阳道”就是“秦直道”，笔者认为秦直道的终点站应为固阳秦始皇长城的脚下。固阳的地理位置在陕西咸阳的正北，也是关中的北大门，是一个军事战略要塞。固阳现在是包头市直辖的县，这个地名就是沿用秦代的稒阳城名而来的[①]。固阳自古为兵家必争之地，是“固关要道”。战国、秦、汉各代都曾在这里修筑边塞，移民屯边，留下了绵延的长城遗迹和古城遗址。

二、秦始皇长城的建筑起因与发现

秦始皇长城始建于2200多年前的秦朝，秦始皇长城西起临洮，东至辽东，绵延万余里，是中国历史上第一条具有真正意义的“万里长城”，这也是“万里长城”名字的由来。修筑万里长城，是为了国家的安全，对保障中原地区的人民生产和生活的安宁、防御北方少数民族的入侵起到了重要作用。

秦始皇在开拓疆土、巩固边防上很有建树。秦始皇统一全国（六国）后，为加强统治和巩固北方，保卫都城咸阳和关中大地的安全，派大将蒙恬和太子扶苏率兵三十万北逐匈奴，将燕、赵、秦等国的长城连接了起来，并加以增修扩建。秦长城多数地段是连接春秋战国长城而成，少数地段是秦代扩建修筑。包头境内的这段秦长城是秦代所筑长城段落。

据《史记·秦始皇本纪》载：三十三年（前214年），“又使蒙恬渡河取高阙（高阙指黄河北岸的狼山）、陶山、北假（地名）中，筑亭障（亭障即长城）以逐戎人（戎人指匈奴人）。”从文献可知，整体的固阳秦长城呈东西走向，其中有一段横贯于固阳县中部。这段新筑长城沿阴山山脉西段狼山东行，自西向东走向。从乌拉特前旗小佘太镇永新村东北，入固阳境内穿越固阳县中部，蜿蜒曲折于色尔腾山北坡上，经武川县庙沟乡黄家村出大青山，在呼和浩特市北郊红山口东侧坡根底村与战国赵长城相接。

包头位于关中的正北方，也是关中的北大门，地理位置十分重要。秦九原是秦王朝的门户，秦王朝十分重视这一地段的军事防御，尤其包头秦始皇长城这道防线，在当时所有长城中处于最为重要的地位。这道防线直接关系秦王朝的生死存亡。确保了都城咸阳的安全和边郡人民的经济生活。

秦始皇长城比建于大青山南麓的赵长城向北移了几十千米，在攻守地势上，居高临下，远比赵长城有利。秦长城主要是为防止北方游牧民族匈奴的骑兵从稒阳道越过阴山山脉的大青山，并轻而

① 吴春龙：《固阳秦始皇长城对发展旅游经济的作用》，《中国长城博物馆》，2007年第3期，第59页。

易举地攻打咸阳。修筑了长城，骑兵就不容易过来了，这应是筑秦始皇长城的原因，并一直沿用到西汉。

在20世纪90年代中期，中国长城学会副会长罗哲文先生来到包头市正北的阴山深处。在固阳县城正北10千米处，一条宛若游龙的长城横亘在群山之中。罗老考察了这段鲜为人知并保存较好的长城，确认该长城是公元前214年秦始皇派大将蒙恬率军30万北抗匈奴而筑。后来汉武帝又进行过修复，故又称秦汉长城。包头市固阳县境内的这段秦长城，在1996年被国务院列入为第四批全国重点文物保护单位。

秦始皇长城修筑于色尔腾山峦的北坡（阴面）上，其修筑是就地取材。地势较缓地带采用土石混筑。碰到比较险峻的地段，直接利用山险作为长城的一部分。沟谷地段为夯筑土墙。在石料丰富的山地一般为石筑城墙，全部用石块错缝干垒砌筑，石筑墙基宽度不一，一般在2～3米之间，最宽处不超过4米，残高也因地势和倒塌程度不同而异，一般残高1米左右。有一段保存较好的城墙，底部基宽约4米，顶宽约2.2米，内壁高约2.5米①，外壁最高处4米以上。外高内低，上面较平。许多地段残基与地表齐平。秦始皇长城沿线根据地势的不同，在长城墙体沿线发现有水口、台阶、护坡等附属设施。城墙下部还设置专门的排水孔道，宽度一般40厘米左右。从残存较多的地段来看，城墙横断面呈梯形，上窄下宽。秦始皇长城充分利用了自然地形差，倚山就险，因地取势。东西走向，向北防御，形成易守难攻之势，见证了古人在建筑方面的聪明智慧。

长城沿线内侧的高地上或最高的山头上筑有烽燧（烽火台），个别建在长城的外侧，以相互呼应为宜。为便于登高望远，烽燧与长城主体分离，一般与长城保持20～50米距离，远的可达100米以上。相邻烽燧之间的平均间距为500米左右，根据地形的不同也会有相应的变化②。烽火台现多数已呈土丘状，保存较好的烽火台基址是用石块错缝垒砌，呈方形或长方形遗迹。烽燧附近有的有建筑基地，可能就是“亭”。另外，在长城沿线的最高的山头上或烽台遗址上常见有石头垒砌的圆形锥状物，有大有小，是蒙古人的“脑包”（也称“敖包”，为蒙古民族在放牧行路时识别方向、地域之用）。

据调查，在这段秦始皇长城内外，长城沿线重要的山谷隘口和交通要冲地段，修筑了障城。在长城内侧共发现障址5座，城址1座。长城外侧发现大型石砌建筑城址和土筑障址各一③。障城一般修筑在长城的内侧，有的利用长城作为障城的北墙。与长城相倚的有长发城障城、三分子障城。也有的距长城较远。在防御工事上辅助设备齐全，采取如此密集的重点防御，在秦长城遗迹中是少有的。它们可能就是秦汉时代驻军的营盘，或屯垦百姓的城邑。从烽火台周围和7座障城遗址中，常可找到战国、秦至西汉初年的陶片。

另外，在延绵万里的秦长城，只有包头市境内的秦始皇长城上有岩画。1990年，包头市文物管理处对秦汉长城做了专题调查。从色尔腾山中的此老兔沟至阿贵沟，在天面此老段有长约3千米的石筑长城墙体上，调查发现长城岩画106幅。其内侧壁上分布凿刻有岩画，有的地段已坍塌；有

① 张海斌：《固阳秦长城》，内蒙古大学出版社，2007年，第14页。

② 张海斌：《固阳秦长城》，内蒙古大学出版社，2007年，第37页。

③ 张海斌：《固阳秦长城》，内蒙古大学出版社，2007年，第42页。

的地段石头开裂、风化；有的地段相当集中，上下相叠，成片分布；有的地段间隔较远。岩画题材广泛，内容丰富，有北山羊、放牧、骆驼、舞者、骑者、马、毛驴、蛇、兔、飞鸟等动物图案形象。现存有岩画的都是黑色石头。岩画以北山羊形象出现最多，出现率为70%[①]。2003年10月，笔者去长城写生画画，在秦长城内侧又发现了一幅岩画。至此，目前已发现的岩画总计107幅[②]。笔者认为这些岩画为当时守城的士兵记录生活凿刻上去的。

秦始皇长城现保存较好最原始的是天盛成段，2020年11月26日，固阳秦长城天盛成段纳入第一批国家级长城重要点段名单，和康兔沟至天面此老的这段长城一样也是石筑长城。

三、对秦长城的保护利用要加以重视

北京延庆八达岭明代长城开发利用最早，作为长城旅游资源，为国家和当地创造出了巨大的社会效益和经济价值。长城的研究与保护重视程度及保护资金投入也都走在全国前列。八达岭长城的科学保护与利用，走上了良性发展的道路，是固阳秦长城保护利用可资借鉴的样本。

固阳县加固修缮了部分长城段落，还曾举办了秦长城学术研讨会、秦长城文化艺术节、秦长城摄影作品赛等相关活动，制作了《包头长城》《阴山烽烟》等宣传片，出版了《固阳秦长城》等研究性书籍和宣传秦长城岩画的画册。如今包头市和固阳县都对固阳秦长城的保护开发特别重视，邀请国内知名专家学者谋划开发利用，宣传固阳秦长城。

秦始皇长城内外的一年四季，景色宜人，特别在夏季走进此老兔沟（秦始皇长城以南）内，如入人间仙境，这里巨石林立、山花烂漫、鸟语花香。色尔腾山美如画卷，可称包头的后花园。

在红石板沟西看秦始皇长城，它像一条巨龙，蜿蜒盘行于群山万壑之中，不见其首尾。这里地势群山起伏、沟幽谷深。春秋之季，山谷里有潺潺流水，山坡上有漫山遍野的山樱桃花、山杏花等争芳斗艳、姹紫嫣红，相互映衬、分外迷人。

包（头）白（云鄂博）公路经康兔沟从秦始皇长城脚下通过，便捷的交通为发展包头旅游业提供了保障。游客可以很方便地购买农副土特产，品尝沿途驿站的美食。

当地政府应该充分发挥固阳县秦长城及春坤山、马鞍山、怀朔古城等景点的教育、旅游观光价值，打造“长城要塞”“高山草原”等文化旅游品牌，促进经济社会的可持续发展。

① 张海斌、李虹、姜涛：《固阳县天面此老长城岩画》，《内蒙古文物考古》包头专辑，2000年第1期，第107页。

② 吴春龙：《浅谈秦始皇长城上的岩画》，《万里长城》，2008年第3期，第52页。

秦皇岛境内明长城相关地名研究*

王海立　郝佳昕　曾　琴**

摘要：长城是秦皇岛境内现存体量最大、分布范围最广的文化遗产和重要的旅游资源。秦皇岛境内长城东起山海关老龙头入海石城，西至青龙城子岭口，关系众多卫城、关隘、驿站、敌台、烽火台、城堡、自然村落。地名作为地域文化的载体，与地域内的政治、经济、文化、军事等多方面都有着密切的关系。纵观秦皇岛境内明长城沿线所经地地名，其中大量命名方式与长城防御的专有名称相关，记录着长城的地理、军事等多方面因素。明长城周边也有许多地名反映出秦皇岛地域历史文化特征。本文以秦皇岛境内明长城相关地名为研究对象，从语言学及文化学视角探讨其反映出的命名理据，进而探讨长城历史文化。

关键词：秦皇岛；明长城；地名

长城是秦皇岛境内现存体量最大、分布范围最广的文化遗产和重要的旅游资源。秦皇岛地处要塞，境内明长城为保卫京师的重要屏障，是明代九边防卫最重要的一环，起着不可或缺的防御作用。前人对秦皇岛境内明长城的军事设置、防御体系、考古价值、旅游资源等多方面已进行详尽的论述，但对明长城周边地名的研究较少涉及。“地名是人们对具有特定方位、地域范围的地理实体和地理区域所赋予的专有名称，具有指代性（指位与指类）和社会性。”[1] 地名也是一个地区文化的载体，与当地的政治、经济、文化、军事有着密切的关系。本文把秦皇岛境内明长城相关地名作为特殊语料，从语言学及文化学视角探讨其反映出的地理特征、军事设置等命名理据，进而探讨长城历史文化。

一、秦皇岛境内明长城沿线地名词语分析

参考沈朝阳主编的《秦皇岛长城》[2] 中“长城线上的关、营、堡”部分的内容，本文梳理了现

* 国家社科基金重大招标项目：地名用字搜集整理、形音义研究与基础信息平台建设（18ZDA294）。

** 王海立，燕山大学汉语言文字学专业硕士研究生；郝佳昕，燕山大学汉语国际教育专业硕士研究生；曾琴，燕山大学汉语言文字学专业硕士研究生。

秦皇岛境内明长城经过的地名，统计出秦皇岛境内明长城沿线的关、营、城、堡地名共49个，统计结果如下表：

表1　秦皇岛境内明长城沿线的关、营、城、堡地名

地　区	地　名	数　量
山海关区	城：南海口关城、山海关城、角山关城、三道关城、宁海城、威远城、东罗城	7
抚宁区	关：九门口关、夕阳口关（原名西阳峪）、董家口关、义院口关、箭杆岭口关、界岭口关、青山口关、黄土岭关、大毛山关、城子峪关 堡：庙山口堡、水门寺堡、拿子峪堡、花场峪堡、细谷（峪）堡、柳观峪堡、孤石峪堡、温泉峪堡、猩猩峪堡、罗汉洞堡、乾涧儿堡（今干涧村）、板场峪堡 城：刘城子城、杜城子城、破城子城、驻操营城、平山营城、台头营城（今为台营镇）、驸马寨城、梁家湾城、东胜寨城、麻姑营城 营：石门寨营	33
卢龙县	城：梧桐峪城、水峪城、破城子城、燕河营城、佛儿峪城（今为东风村）、桃林营城、刘家营城 关：刘家口关、桃林口关	9
合计		49

（一）地名词语构造

地名词汇系统主要由通名和专名两部分组成。通名指的是地名中用来区分地理实体性质类别的词，一般分为两类。一类为自然地理实体名，如山、河、江、湖、沟等；一类为人文地理实体名，如村、屯、庄、集、店等。专名则用于表明同类型地名中反映个体属性的部分，如地名宁海城、威远城、东罗城中三者的通名为“城”，但各自的专名为“宁海”“威远”“东罗”。地名中的专名又叫作名，通名又叫作称，这便是通常所说的地理名称。[3]通名和专名作为地名学上的两个重要概念，是地名中必不可少的要素。

早期人类活动范围小，并无多少需要记录的位置，因此地名中并无专名和通名之分，大多用带偏旁的单音词来表示地理类别，如洛、郑等。随着生产力的发展，人类活动的地域范围扩大，为了区别地理实体性质的不同，出现了通名。这时候的大多数通名为具有概括性的单音词，如江、河等，并逐渐形成了“专名指位，通名指类”的地名结构模式。[4]

地名词语的结构具层级性。“专名＋通名”是地名词语的基本结构，随着地名结构的不断产生、复杂性逐渐增强，后起的地名在这一基本结构上再进行通名的叠加，形成“专名＋通名$_1$＋通名$_2$”“专名＋通名$_1$＋通名$_2$＋通名$_3$”等结构。专名和通名在一定条件下可以互相转化。专名可以转化为通名，如江和河，最开始被用来专指长江和黄河，后来被用作指河流的通名。通名也可以转化为专名，在叠加通名的地名结构中，与专名位置相近、结合紧密的通名开始出现专名化的倾向，比如杭州市、石家庄市、芜湖市等地名中，原本的通名“州”“庄”“湖”已经专名化，成为专名的一部分。

（二）秦皇岛境内明长城沿线地名词语构造

秦皇岛境内明长城沿线地名中，最常见结构为“专名＋通名$_1$＋通名$_2$”，如大毛山关、董家口关、燕河营城等。此外，存在“专名＋通名”式的基本结构地名，如威远城、宁海城等。还出现了包含三个通名的“专名＋通名$_1$＋通名$_2$＋通名$_3$”式地名结构，如南海口关城。“专名＋通名$_1$＋通名$_2$”

式地名中，通名$_1$与专名联系紧密，出现专名化趋势，如驻操营、董家口等地名都已专名化。“专名＋通名$_1$+ 通名$_2$+ 通名$_3$”式中，通名与专名层层组合，如地名“南海口关城”的组成方式为：专名与通名$_1$组合，结合为“南海口”；其整体再与通名$_2$组合，结合为“南海口关”；最后的整体再与通名$_3$组合，结合为“南海口关城”。地名的层级性特点方便我们对秦皇岛境内明长城沿线地名作进一步分析。

1. 通名

在秦皇岛境内明长城沿线地名词语中，除佛儿峪城变为东风村、乾涧儿堡变为干涧村、台头营城变为台营镇外，其他地名的变化主要表现在通名的变化上，大多数地名的通名由关、城、堡变为村、乡、镇。由与明长城军事制度有关的通名变为今行政区域通名，原来与军事制度有关的通名随着时代的变迁，所具有的通名意义渐趋消失。

明长城沿线所经地名词语共有 49 个，所含通名有口、关、城、峪、堡、营、寨、湾共 8 个。由于不少地名为“专名＋通名$_1$+ 通名$_2$”或“专名＋通名$_1$+ 通名$_2$+ 通名$_3$”式的叠加通名地名结构，我们将每个地名结构中的所有通名都包含在内，最终统计 49 个地名中共含有通名 87 个，具体数据如下表：

表 2　秦皇岛境内明长城沿线 49 地名通名统计表

序号	通名用字	数量	比例（%）
1	口	11	12.64
2	关	16	18.39
3	城	24	27.59
4	峪	11	12.64
5	堡	12	13.79
6	营	8	9.20
7	寨	3	3.45
8	湾	1	1.15
合计		87	100

由统计结果可知，秦皇岛境内明长城沿线地名通名可分为两类，即地理特征类通名和军事设置类通名。地理特征类通名“湾”和“峪”占地名通名总量的约 13.79%，军事设置类通名“口、关、城、堡、营、寨”这 6 个地名通名占地名通名总量的约 86.21%。这是明长城的防御及军事制度在地名中的反映。

2. 专名

专名，在地名学上，指的是地名的具体名称，即用来区分各个地理实体的词。分析地名词语结构主要是分析专名词语内部的组织构成方式。研究分析专名词语的内部组织构成方式，可以为地名词语的创造提供结构范例，有利于实现地名命名的标准化、规范化。汉语词语从结构上可以分为单纯词和合成词。其中合成词有主谓结构、述宾结构、偏正结构、并列结构、后补结构以及数量结构等。秦皇岛境内明长城周边地名词语的专名中，既有单纯词又有合成词。合成词的内部结构可分为主谓结构、偏正结构、联合结构、数量结构等。本文对秦皇岛境内地名词语结构的分析为除去“口、关、城、峪、堡、营、寨、湾”和行政区域划分等通名的 49 个专名分析。具体数据如下表：

表3 秦皇岛境内明长城沿线49个地名专名统计表

专名词语结构分类	专名内部结构	数量	比例（%）
单纯词	单音词：水	1	2.04
	叠音词：猩猩	1	2.04
合成词	偏正：南海、宁海、东罗、角山、庙山、夕阳、黄土、大毛山、董家、板场、义院、花场、细谷、柳观、孤石、温泉、平山、石门、梁家、箭杆岭、界岭、罗汉洞、台头、青山、麻姑、桃林、燕河、刘家、宋杖子、新城沟、驸马、水门寺、东胜	33	67.35
	联合：山海、梧桐、驻操	3	6.12
	主谓：威远	1	2.04
	数量：三道、九门	2	4.08
	附加：寺儿、乾涧儿、佛儿、破城子、拿子、城子、杜城子、刘城子	8	16.33
合计		49	100

由统计数据可知，秦皇岛境内明长城沿线地名专名合成词专名较多，尤以偏正式占比较大，单纯词专名最少。这是由于随着社会和经济的发展，人口逐渐增多，单纯词难以满足人们的交际需要，复音词和合成词开始大量出现，这同样也反映在地名中，使得地名命名渐趋复杂。

二、秦皇岛境内明长城沿线地名命名理据

（一）以地理特征命名

地理特征作为地名的命名理据源远流长。最早可以追溯到甲骨文时代。[5] 殷商的疆域处在黄河中下游地区，区域内山川、河流、丘陵、平原具备，自然产生了许多带有地理特征的地名。如：

山。《甲骨文合集》：“往三山”“拜雨于山”。《说文解字》：“山，宣也，谓能宣散气、生万物也，有石而高，象形。”

丘。《邺中片羽》：“王其田骰，至于丘北”。《说文解字》：“丘，土之高也，非人所为也。”

应劭最早提出了因山名县的地名命名原则，在《汉书集解》《地理风俗记》中有多处山水地名的释名。如，江夏郡，应劭注：“沔水自江别至南郡华容为夏水，过郡人江，故曰江夏”；涿郡，应劭注：“其南有涿水，盖氏焉”；常山郡井陉县，应劭注：“井陉山在南”；南郡夷陵县，《水经》引应劭注：“夷山在西北，盖因山以名县也。”《释名》中，有《释地》《释山》《释水》《释丘》等多篇内容对以山水等地理特征的地名进行归纳解释。这说明，秦汉时以地理特征作为地名命名理据已非常普遍。

秦皇岛境内明长城全长223.1千米，东起山海关老龙头入海石城，西至青龙城子岭口，经山海关区、抚宁区、卢龙县、青龙满族自治县。秦境内明长城主要依燕山山脉而建，由山海关入海，山海特征融合在长城沿线及周边许多地名中，这是秦皇岛明长城地名的独特之处。在秦皇岛明长城沿线，反映山脉特征的地名有角山关、黄土岭、大毛山、箭杆岭、界岭口、青山口、庙山口等。此外，还有大量带“峪”的地名。如寺儿峪、城子峪、板场峪、拿子峪、花场峪、细谷（峪）、柳观峪、

孤石峪、温泉峪、猩猩峪、梧桐峪、水峪、佛儿峪等。“峪”有山谷和山两个义项。《集韵》：“谷，《尔雅》：‘水注谿曰谷。’或从山。”《玉篇》：“峪，山也。”以“峪”作为通名的地名与山谷地形有密切关系。明长城沿线体现临海特征的地名有南海口关、宁海城、山海关城等。

（二）以军事设置命名

长城作为一项伟大的军事防御工程，在古代军事防御方面起了重要作用。明王朝为加强长城的防御作用，抵御入侵，将长城沿线区域划分为九大防御区。先后设置辽东、宣府、大同、延绥、宁夏、甘肃、蓟州、山西、固原九镇。蓟州镇，又称蓟镇，与辽东、昌平、真保三镇和山海、紫荆、居庸三关，合称“四镇三关”，是万里长城中最重要的一镇。

秦皇岛境内长城属蓟镇长城范围。蓟镇长城最初建于明初。由于北部鞑靼势力兴起，不断把矛头指向京师和蓟镇，并于嘉靖二十九年（1550年）酿成“庚戌之变”。为确保京师安全，明朝政府开始加紧修筑蓟镇长城。隆庆三年（1569年），戚继光被任命为总兵官，镇守蓟州镇。戚继光到任蓟镇后，巡察塞上，奏议建设敌台。[6]由于蓟镇长城重要的军事地位和一系列军事制度的施行，在长城周边许多地名中都表现出军事设置的要素，主要体现在地名的通名部分，如镇、关、口、营、寨、堡等。

镇：《说文解字》：“镇，博压也。”《广雅》：“镇，安也。”古代在边塞设镇，派重兵驻守。“镇”作为地名，取其镇压安定之意。据《明史》记载，“蓟之称镇，自二十七年始”。即嘉靖二十七年（1548年），朝廷最初设立蓟镇。

关：要塞；关口。《孟子》：“古之为关也，将以御暴。”《广雅》：“关，塞也。”清代顾祖禹《读史方舆纪要·蓟州》：“其边墙皆依山凑筑，大道为关，小道为口。”可见，“关”自古以来就有边防要塞的含义。早在明朝洪武年间，蓟州境内就已建立长城防务。《明史》载：洪武六年（1373年），“从淮安侯华云龙言，自永平、蓟州、密云迤西二千余里，关隘百二十有九，皆置戍守。”长城防务的建立使长城沿线出现大量含有“关”的地名，如南海口关、山海关、角山关、三道关等。

口：进出的通道。《说苑》：“口者，关也。”“口”后也特指长城的关口。《文献通考》：“庆丰司主事一人，分掌牛羊草牧及口外牧场孳息之事。”我们通常用口内口外来称长城内外。秦境内明长城周边含“口”的地名有九门口、庙山口、夕阳口、董家口、义院口、青山口、桃林口、刘家口等。

营：军营。《字汇》：“营，军垒为营。”秦境内明长城周边含“营”的地名有驻操营、台头营（今台营镇）、麻姑营、燕河营、桃林营、刘家营等。

寨：营垒。《玉篇》：“寨，军宿处。”秦境内明长城周边含“寨”的地名有石门寨、驸马寨、关东胜寨等。

堡：小城，指军事上的防御建筑。《广韵》：“垛，保障，小城。”秦境内明长城周边含“堡”的地名有水门寺堡、板场峪堡、拿子峪堡、花场峪堡、细谷（峪）堡、柳观峪堡、孤石峪堡、温泉峪堡、猩猩峪堡、城乾涧儿堡等。这些地名中，“堡”往往作为通名在已含有通名的完整地名上叠加，随着长城军事功能的消失，“堡”也会被改换，现在多改变为“村”。

除通名外，秦境内明长城周边许多地名专名也体现军事设置特征，地名中含有军事要素或包含平定边防的愿景。如驻操、破城子、宁海、威远等。

三、秦皇岛境内明长城周边地名反映的地域文化

明长城所经沿线地名主要以地理特征和军事设置为命名理据，长城作为体量巨大的军事防御工程，其影响也必定辐射周边地名。在秦皇岛境内区县中，可以见到大量受长城影响的地名，它们或直接以长城命名，如长城村；或反映军事特征，如重峪口村；或由守城将士所起，如半壁山村。随着时代的发展，长城逐渐失去了它原有的军事防御作用，但长城象征着中华民族的古老文明，体现着中国古代劳动人民的聪明才智，它蕴含的历史人文资源也极为丰富。

（一）地名反映满汉民族融合

古时长城作为防御入侵的屏障，其内是中原汉民族，其外是北方少数民族。随着民族交流与融合的加强，长城周边地区成为汉民族和北方少数民族的主要交融之地。不同民族、不同地区的相互接触交流，引起语言和文化的相互碰撞和融合，这种碰撞融合在地名中也有所反映。

青龙满族自治县地名中，有不少以“杖子”作为通名的地名。经调查统计，以“杖子”作为通名命名的地名共 79 个，约占全县地名的 20%。这些地名的命名方式多为“姓氏＋杖子”来命名，如苏杖子、吴杖子、曾杖子等，还有以规模、所处方位、数量＋杖子命名的，如大杖子、北杖子、二道杖子等。

“杖子”古称“障子”，是用树木在房屋周围围起的栅栏。清入主中原后，根据康熙敕谕和户部的议复，随皇帝入关的镶白旗和正蓝旗的满族功臣，出冷口关（今河北迁安境内）跑马圈地，开拓荒野，建设庄园。当时这里属荒凉之地，野兽很多。为了保护人畜不被虎豹狼熊等野兽袭击，在这里开荒的满人便砍来树木在房院周围夹起栅栏，当地方言叫作“障子”。为把这些障子区分出来，便根据庄主姓氏、庄院规模、所处地形或所处方位来命名。后“障子”简化为“杖子”沿用至今。[7]

（二）地名反映义乌兵移民历史

明长城地名除反映民族融合外，也反映出义乌兵移民的历史。隆庆二年至万历五年，明朝廷曾先后 5 次招募南兵戍边，总人数多达 15000 名，且其中义乌籍南兵居多。他们在蓟镇边境修筑和驻守长城，训练边军，制造火器，抵抗外敌。除部分退伍回乡的士兵，他们大多在当地繁衍生息，融入当地生活圈，繁衍一代又一代义乌兵后裔并形成长城脚下的义乌兵后裔村。[8] 在秦皇岛抚宁区董家口、大毛山、破城子一带长城上分布有 7 座敌楼，分别是：耿家楼、孙家楼、王家楼、虞家楼、陈家楼、董家楼和吴家楼。这些都是由最早在这里生活的义乌兵所命名。在驻操营镇的龚家楼村，当地人口口相传，祖上是金华府义乌县人，因为戍守长城才移民到此。义乌兵后裔以姓氏命名他们聚居的村落或修筑的敌楼，反映的正是他们对自己先祖的纪念。

董家口现存一段风格独特的长城，此段长城条石均刻满了狮子绣球、花卉、祥云、彩带等充满女性色彩的花纹图案，展现出一种精致的阴柔之美，被专家称为“女性长城”。当地也流传着“媳妇楼”的传说。这是由于义乌兵随戚继光到北方后，修筑长城工程浩大，守边任务艰巨，兵士长期难以回到家乡，于是朝廷推行“徙民实边”政策来稳固军心。“徙民实边”政策允许身处异地的兵士家属到边地随军生活，于是，义乌兵的家眷们就移民到蓟镇长城一带，并在此安居。移民女眷的到来也将这独特的移民信息镌刻在长城之上。

（三）地名反映长城民间文化符号

秦皇岛境内明长城历史悠久，积淀着丰厚的文化内涵。在官方史书的记载中，长城多作为军事屏障或国力强盛的一种展示。而在民间，长城符号有着更为鲜活具体的内涵。长城是劳动人民的血汗凝结成的伟大的建筑奇迹，劳动人民表达对这一成就自豪之情时，也更能体会其修筑的艰辛。这种复杂的情感多表现为民间故事、神话传说，流传广泛。其中，有些故事传说影响力较大，凝固在长城周边的地名之中。

中国四大著名民间传说之一“孟姜女哭长城”讲述了孟姜女为寻夫婿哭倒长城的故事。这个故事以曲折传奇的情节表现出修筑长城给劳动人民带来的苦难与艰辛，在民间有着强大的生命力。“孟姜女哭长城”的故事传播广泛，与此相关的古迹众多，如陕西省铜川有孟姜女庙、姜女石洞，湖南省澧县嘉山（又名孟姜女山）上有孟姜女庙、孟姜女祠、望夫石台，河南省杞县也有孟姜女庙。“孟姜女哭长城”的传说也凝固成长城的一个重要民间文化符号，在秦皇岛明长城周边的地名中得以体现，如山海关区的孟姜镇、望夫石村等。山海关是孟姜女故事流传深远的核心地区之一，也是广为流传的孟姜女故事的主要蓝本之地。这个蓝本遵照民间故事的流传发展方式不断完善，具备独特的完整性、艺术性和人民性。山海关地区是名副其实的“中国孟姜女文化之乡”。

通过以上的分析，秦皇岛境内明长城地名特点主要为以下三个方面：第一，明长城沿线地名体现出秦皇岛长城把山、海、关、城连为一体的独特之处，既反映地理特征，又反映军事设置；第二，明长城周边地名记录着满汉民族交融和义乌兵移民的历史事实；第三，明长城周边地名反映出劳动人民对长城的情感，凝固成长城的民间文化符号。早期人类为了满足生产生活以及人际交往的需要，为某一地理实体选取代号，以便识别，于是就有了地名。地名是人类社会历史发展的产物，与不同时代自然、社会、文化各种现象都有着非常密切的关系。长城历经时代变迁、涉及广阔范围，必然对周边的地名产生重要的影响，而长城沿线及周边的地名也将长城周边自然环境与社会环境的方方面面贮藏其中。秦皇岛境内明长城沿线及周边地名记录着长城及其军事聚落的地理、军事因素，表现着明长城周边的历史文化特征，构成了独具地方特色的地名文化，也是挖掘万里长城整体历史文化的重要资源。

参考文献

[1] 范今朝，邹吕辉 . 地名通名的发展演变与当代城市地区地名通名的特点 [J]. 中国地名，2015（2）：29-31.

[2] 沈朝阳 . 秦皇岛长城 [M]. 北京：方志出版社，2002.

[3] 刘盛佳 . 地名通名和通名系统的初步研究 [J]. 华中师院学报（自然科学版），1981（3）：121-126.

[4] 王际桐 . 中国汉语地名通名的规范 [J]. 中国地名，2002（3）：20-23.

[5] 华林甫 . 中国地名学源流 [M]. 北京：人民出版社，2010.

[6] 董耀会，吴德玉，张元华 . 明长城考实 [M]. 南京：江苏凤凰科学技术出版社，2019.

[7] 余吉玲 . 京畿之地的八旗后裔——河北青龙满族自治县满族来源研究 [J]. 黑龙江史志，2014（17）：173-175.

[8] 吴潮海 . 长城有约——义乌与长城的历史对话 [M]. 上海：上海人民出版社，2013.

第三章

传承交流篇

从神秘奇观转向世界视野中的中华文明共同价值

——读董耀会《长城：追问与共鸣》

陈 玉*

在民族复兴的发展进程中，面对全球“百年未有之大变局”，中国建构国家形象的战略需求日益迫切。而在世界民众对中国国家形象的认知框架中，长城是最为稳定的元素之一。那么，以长城为主题的出版物对于世界认知中国具有何种共同价值？今天我们该如何讲述长城的故事才能产生跨文化的共鸣？知名长城研究者董耀会的著作《长城：追问与共鸣》以其独立思考后的结论对此给予了回答，引发我们的讨论。

一、囿于“东方奇观”框架的中国长城出版物

所谓认知框架，托德·吉特林认为，是“在存在着什么、发生了什么和有什么意义这些问题上进行选择、强调和表现时所使用的准则”，他认为，认知框架的形成，媒介从中起着重要作用，“媒介框架是一种持续不变的认知、解释和陈述框式，也是选择、强调和遗漏的稳定不变的范式”①。图书出版物是选择性地承载认知内容、形成认知框架的重要媒介。作者首先决定着图书框架的形成，他们自身主要通过内容主题和表达形态两个层面来理解框架，即确定说什么、怎么说。作者对主题的呈现，反映作者对某一主题的态度与倾向，直接影响着读者受众的选择性接触和选择性理解。受众群体虽然受到自身接受特征及所处社会文化的影响，但作者设置的框架对认知的作用往往也是显著的。

目前，长城在海外民众的认知中始终作为“审美奇观”存在，这与中国的文化形象首先呈现为

* 陈玉，博士，燕山大学艺术与设计学院教授，燕山大学出版社社长，燕山大学中国长城文化研究与传播中心常务副主任。

① Todd Gitlin，The Whole World is Watching:Mass Media in the Making and Unmaking of the New Left, University of California Press,2003,PP.6-7.

东方古老的神秘文明相一致。有研究表明，在 Twitter、YouTube 和短视频网站 Tik Tok 等海外代表性社交媒体平台上，每个海外观众在面对中国文化时，都以面对一种“他者”神秘文化的态度去观看、去惊叹、去审视，长城与中国美食、中国功夫、民俗、汉字、网络文学作品等一样，作为中国元素，代表遥远的东方文化和中国形象引起读者们的兴趣。① 不应否认的是，在被观看的过程中，长城尽管富于魅力，但其形象的意义并不明朗，这与塑造真实的中国、与海外民众形成价值交流和呼应还有相当的距离。

这种状况仍在延续，其成因之一，在于它没有脱离西方文化霸权长期建构的背景。正如爱德华·萨义德 20 世纪 60—90 年代对后殖民时代的“东方学”“东方主义”进行文化研究所揭示批判的那样，东方是被西方话语权力建构起来的地理空间和认知对象，按照西方所认识的方式而存在。② 毋庸置疑，就是这种已经落后于世界历史进程的陈腐认识模式，今天仍然支配着相当一部分西方受众的头脑，在他们看来，被展览、不说话的东方文明越是壮丽辉煌，越能印证西方文明统治性的优越和对东方施加权威的合理性。以往对长城的认知框架无疑是被“他塑”的，然而历史走到今天，如果我们仍然仅仅局限于展示其作为历史记忆的东方奇迹，显然不但无法传播当代中国形象，为民族复兴提供来自历史根脉的养分，也满足不了那些渴望了解真实中国的海外民众的深层兴趣。

其成因之二，与长期程式化的中国文化自我对外传播方式有关。相当多的以长城为主题的出版物，仅仅满足于展现、再现它的辉煌，延续着奇观化的主题选取和讲述方式，例如，类似“长城是人类社会现存最宏伟的文化遗产，是世界七大奇迹之一”等宏大叙事是最常见的主题，还有类似“万里长城是中华民族古代文明的结晶，是中华民族精神和文化的象征”等主题，往往浅尝辄止，尽皆语焉不详，恰恰对于近年西方读者提出的长城无用论、长城是历史上最愚蠢的建筑等不同观点，却鲜见有出版物给出深入而具说服力的价值评说。

据不完全统计，新中国成立后的前 60 年，出版长城题材图书大约 370 种，近十年出版不下 200 种，因此总品种为 600 左右，③ 数量不可谓不多。对已经出版的图书进行大致分类：第一类是大众化的长城历史、科普等简介类图书；第二类是视觉化、图像化呈现的长城绘画、摄影等作品；第三类是工具化的资料性著作、年鉴、辞典、百科全书、志书等；第四类是学术研究性著作，涉及长城的历史沿革、不同地区长城考究、遗址考察、考古研究、军事防御、民族关系及学术论文集等，比例较小。

进入“文化走出去”工程的我国长城出版物，面向国外众多读者的多是第一类和第二类，不少选题品种得到国家重大项目支持和出版单位的重视，有些还与数字技术融合，阅读形式方面精美且多有创新，但综观其主题内容的创作，仍然沿用传统的东方审美奇观化思维，集中于古代中国人的勤劳智慧，古代中华帝国的攻伐故事，长城在地理上和历史上“点”的讲述，对于建构长城作为国家文化形象元素的认知框架，不免缺乏创造性的意义阐释。

① 常江、田浩：《2018 年中国国际文化形象研究报告》，张昆、张明新主编：《中国国家形象传播报告（2019）》，社会科学文献出版社，2020 年，第 84 页。

② [美] 爱德华·W. 萨义德：《东方学》，王宇根译，三联书店，1999 年，第 40 页。

③ 徐丽丽：《建国以来长城主题图书的出版研究》，北京印刷学院硕士学位论文，2010 年。

二、立足当代世界解读长城的文明价值

将长城的文化意涵从“他塑”转向“自塑”，从东方的神秘象征转向站在世界视野重新认识它的共同价值，在当下有着重要的现实意义。一个时期以来，全球化共识受到极大冲击，国与国、民族与民族、地方与地方之间文化趋同与差异、作用与反作用，越来越成为一个辩证的过程。我们应当看到，趋同，不意味着忽略各自的文化认同，差异，也不再意味着彼此的对立或隔阂，而是成为相互交流与理解的起点。全球化程度越是加深，人们越是应当警觉那些认为文化自成一体的极端保守倾向，而要在丰富文化的重叠交汇之中，保留独特性的同时发现相互的依赖性，开展文明对话和互鉴，共生共荣。

《长城：追问与共鸣》对长城的认识，最有价值之处就在于着眼于人类社会的共识，冲破了长城奇观化的被观赏状态，凸显出长城文明价值的普遍互通属性。

董耀会在书中从社会整体观出发，将书的主题确定为，长城之所以伟大、恒久，是因为它在与中华民族生存发展紧相伴随的过程中，回答了人类文明史上必须共同面对的三个基本问题：生死存亡、构建文明发展秩序、文明发展和延续。

中华民族的祖先为什么持续两千多年不断地修建和使用长城？正是因为长城的存在与解决人类面临的这三个基本问题始终息息相关。

论著首先揭示，生死存亡是人类从远古到今天乃至到未来，必须要面对的第一大基本问题。长城作为防御体系，首先是要解决农耕民族的生存问题，同时也事关游牧民族的生存，不能解决生死存亡，一切都无从谈起，这一点对农耕民族和游牧民族都一样。长城内外不同族群的利益有大小之分、轻重之别，不论是长远利益、全局利益还是潜在利益，努力争取利益的最大化是所有利益主体的诉求。各种利益与生死存亡相比，毫无疑问都处于次要的位置，对长城以南的农耕民族如此，对长城以北的游牧民族亦然。不同利益主体之间，有序化的交流与发展，总体上符合双方的长远利益。

继而，构建文明发展秩序，是人类从远古到今天乃至到未来，必须要面对的第二个基本问题。人类有合作发展、寻求双赢或多赢的愿望，也有为了追求利益而互相排斥、对抗甚至争斗的事实。在适宜人类生活的环境中，人类相互联系、相互制约并建立起各种法规制度，构建起有目的地进行文明发展的社会秩序。每一个国家、民族都有不同的文化传统，在不同的历史时期不同的文化背景下，其构建秩序的方式也有很大的不同。长城的存在，调整了农耕和游牧两个民族之间的冲突，减少了双方发生战争的次数，在那个时代部分地解决了不同文明的冲突问题。

在这里，董耀会引述了斯塔夫里阿诺斯在《全球通史：从史前史到21世纪》中讲长城防御作用时的论述，“游牧民族的入侵还常常是一系列爆炸反应的最终结果，攻不破中国长城，或者遇上障碍物如在蒙古形成的富有侵略性的部落联盟，往往使游牧民族转而西进。接二连三的入侵犹如不断向西的一连串冲击波，最终使游牧民涌过奥克劳斯河、多瑙河或莱茵河。”他认为，匈奴人与蒙古人等西进，虽有着各自特殊的原因，但长城强大的防御使其不能轻易南下，转而西征也是一个原因。

论著还论证提出，长城的存在对中华文明的发展和延续提供了保障。长城自产生之始就伴随着中国文明的发展，与统一的、多民族国家的形成和发展几乎同步，人们世世代代劳动、生息、繁衍在这片辽阔的土地上，保持着绵延不断的历史记载，形成了独特的文化脉络和体系，从这个意义上

说，长城也是中国文化的根脉。从民族存续时间的长短、该民族所创造的文化的传承质量来看，长城又堪称人类文明的标志。

论著对长城蕴涵的文化观念的解读颇有见地，其一，体现在对长城存续所彰显的统一观的认识。长城的产生和发展与中国文化对统一的追求有直接的关系，中国具有悠久的国家统一的历史，追求统一是中国历史发展的大方向，这一点长城是最好的证明，在一定程度上达到了统一，就可以减少冲突及战争，有利于民族融合、社会管理。中国是传统的农业大国、粮食的生产大国和消费大国，稳定和安全的需要尤其迫切，这就是中国古代两千多年来持续修建和使用长城的社会基础。其二是长城防御功能所彰显的和平观。修建长城与征伐相比，前者的社会作用更积极。对战争进行有效控制，也是长城防御体系产生的文化基础，中华文明不主张崇尚武力，主张“非战”“非攻”，讲“和为贵”，奉行与人为善、以邻为伴的行为准则，还强调和而不同。正是在这种文化背景下，在传统文化思想广泛认同的基础上，古代王朝政权才会不断地修建长城。修建长城为的是不打仗，至少是为了减少打仗。古人以其智慧建造的长城，最终的目的是防御，通过防御最大限度地化解战争。几千年来，长城是永备防御工程，反映了中国人希望实现永久和平的愿望。

董耀会早在20世纪80年代血气方刚的年纪，曾完成与伙伴一同历时508天从山海关徒步走到嘉峪关考察明长城的壮举，从那时至今，30多年投身专职的长城保护和研究，历任中国长城学会的秘书长、常务副会长等，出版了《明长城考实》等10余部专业著作，担任12卷本《中国长城志》的总主编，是一个不折不扣一生只做一件事的人，在他专注于走长城、读长城的生涯中，对长城文明价值的思考和理解不断加深。

1998年和2002年，董耀会按照外交部的安排，曾先后担任克林顿、布什两位美国总统游览长城时的讲解专家。当美国总统面对长城这一人类最伟大的古代防御工程时，提出了一个大多数人都想知道答案的问题，为什么要耗费这么大的人力和物力来修筑长城？董先生当时这样回答：要建立起农耕与游牧交错地带的秩序才会修长城，中国人修长城是为了和平，因为修建长城的人不可能背着长城去打仗。

这段已成往事的对话意味深长，反映出国际社会、海外民众对中国长城的文明价值很不了解，并且他们从特定的社会文化导致的预存立场出发，也很难达成理解。

在人类文明史上，中国长城本身是一个极为特殊的文化现象，人们对它的认识仍在不断深入。时至今日，为了建构中国文化形象、提升中华文化的国际影响力，在人类文化和精神价值的维度，立足当代世界对长城做出恰如其分的评价，使它以更具普遍性的意义符号，产生价值共鸣，这是国人不应回避的使命。在这方面，《长城：追问与共鸣》就像它的作者所说的那样，努力去做了一番既符合历史、又符合时代精神的重新解释，因为它不仅关注了长城是怎样的，还尽力回答了长城的“为什么”，从这个意义上来说，这是一本为那些真想了解长城、并通过了解长城而增进对中华文化理解的人而写的书。

三、形成整体性的长城价值传播

世界遗产委员会这样评价长城：“约公元前220年，一统天下的秦始皇，将修建于早些时候的一些断续的防御工事连接成一个完整的防御系统，用以抵抗来自北方的侵略。在明代（1368—1644年），又继续加以修筑，使长城成为世界上最长的军事设施。它在文化艺术上的价值，足以与其在历史和战略上的重要性相媲美。”

《长城：追问与共鸣》提出，从这段评价可知，列入《世界遗产名录》的绝不仅仅是明长城或长城的某一段、某一个点，而是整体，包括秦始皇长城，也包括秦之前早期的秦、赵、燕长城，与此同时期的其他战国长城也应该包括在内。很多人去过长城，或是去过八达岭长城、山海关长城等某一个点，然后，就以为那是中国的长城，其实，绝非如此。因此，我们对长城的体量和历史必须加以整体性的把握。

为从整体上体现长城的国家文化标识意义，2019年中央全面深化改革委员会审议通过了《长城、大运河、长征国家文化公园建设方案》，做出了顶层设计，从国土空间规划的宏观布局层面展开规划建设，开启了前所未有的长城系统性保护、利用。

因此当前一个时期，就长城主题的出版物来讲，首先，从长城体量的长和历史的长两个坐标来设置内容主题，有助于整体推进长城的价值传播，表达的空间余地更大。同时，笔者认为，出版界关注长城国家文化公园规划建设中的带、段、点、区域的实体保护、传承固然重要，对长城精神和文化价值加以提炼，具体有效地为长城国家文化公园提供精神文化内涵，使其融入当代、面向世界，更加值得关注。另外，长城具有跨文化的属性，它能够形成很强的认同感、适应力，是塑造我国文化形象不可替代的载体，借助公共外交的力量，率先在国内外社交平台，特别是国内外青年网络社群中达成对长城价值的认同十分重要，有利于长城出版物的主题借助民间场域的融媒体传播，润物无声地讲述长城与中国的故事。

这一切的前提，有赖于我们不再是站在中国看中国，而是站在全球未来走向的高度看待中国本身的发展和影响。我们自身转变对长城文明价值的呈现视角、表达方式，使其深入人心，正是这样一种转向。从这个意义上讲，《长城：追问与共鸣》洞见良多，弥足珍贵，颇堪引发更多读者的共鸣。

我们为什么建长城国家文化公园

赵 琛*

摘要：无论走到世界的哪个角落，人们总是把中国和万里长城联系在一起。谈到中华文明，也总是少不了万里长城的话题。在人们心中，长城是中华民族、中华文化的代表性符号和象征，是中华民族精神的重要标志。那么我们为什么要建设长城国家文化公园？长城文化作为中华文化的核心内容之一，更是文化强国的重要组成部分。在世界百年未有之大变局背景之下，长城研究要服务于国家的发展战略，赋予长城文化新的时代内涵。因此要将长城国家文化公园建设成为中华民族共同的精神家园。

关键词：中国；长城；中华民族；文化精神；国家文化公园

一、引言

传统的认知方式认为长城是军事设施、防御工具，在深入研究的过程中，我们认真学习了习近平主席提出的“牢固树立中华民族共同体意识”的指示，开始了对长城学更深层次的研究。

我和团队付出近30年的心血研究长城学。目前开展的数字长城工程展现了中国从周朝至新中国不同历史时期的长城资源，是对历朝历代长城的宏观介绍，也是国内首次利用全新的多媒体技术手段记录中国境内可以找寻到的长城资源。

在研究明长城数字化时，团队中的蒙古族学生对长城文化还不甚了解。就以“中秋节”为例，有位蒙古族学生曾问我这样一个问题：明长城直面蒙古，沿线士兵都拿着攻城或守城的武器，那么“八月十五杀鞑子”是不是针对我们而建立的纪念性节日？我说不是，那是民间传说。因为中华民族崇拜天文，祭祀月亮，从周朝就开始有了这个节日。没有明长城的时候，就有中秋节。因此，建立长城数字化的同时，也是一个不断发现和纠错的过程。

长城虽然是中华民族都熟知的概念性名词，但是长城学却一直是小众在研究。这次习近平总书

---

* 赵琛，中国长城研究院院长，东北大学教授。

记提出要“积极培育中华民族共同体意识”，激发了中国长城研究院在长城学研究中新的使命。大学的使命是培养人，无论是在校内还是校外，积极培育中华民族共同体意识都将是研究院最重要的责任。

二、如何建设国家文化公园

今天的主题是如何建设国家文化公园，那么应该如何理解公园呢？

公园一般可分为城市公园、森林公园、主题公园、专类园等。主要意义是保护自然生态和动植物多样性，大多不具备国家文化上的意义，也不能解释国家共识的形成原因。

公园在城市规划中是绿地。《公园设计规范》中定义：“公园是供公众游览、观赏、休憩、开展科学文化及锻炼身体等活动，有较完善的设施和良好的绿化环境的公共绿地。”具有改善城市生态、防火、避难等作用。

国家公园是“自然保护区”，是国土空间最具刚性的生态保护红线。2013年提出建立中国国家公园的设想。目前建成的国家公园主要是保护区，以保护国家、国际生物地理或生态资源为主，使其自然进化并最少地受人类社会的影响。如三江源、东北虎保护基地、大熊猫保护基地、神农架等。

国家文化公园是文明高地。2017年5月，中共中央办公厅、国务院办公厅印发的《国家“十三五”时期文化发展改革规划纲要》中明确规划建设一批国家文化公园，形成中华文化的重要标识。2019年12月5日，中共中央办公厅、国务院办公厅印发《长城、大运河、长征国家文化公园建设方案》。

在中国的版图上，长城贯穿东西万里，大运河绵延南北千里，将其作为国家文化公园，能揭示中华民族形成的起源和中国文化形成的原因。长征纳入国家文化公园体系，是为了体现中华民族坚韧不拔和不屈不挠的精神，清晰地展示新中国诞生的历程。

三、长城呈现的中华民族的血缘关系、礼制关系与信仰关系

历史朝代更迭变迁，长城呈现了中华民族的血缘关系、礼制关系与信仰关系。

1. 血缘关系：长城加速汉文化的形成

长城的修建保住了中华传统文明，保护了中华民族精英血脉繁衍生息，在这伟大的墙里面才有了我们，才有了这中华民族生生不息地屹立于世界之林的文明。

长城使中华文化得以延续，汉民族的形成与长城修建息息相关。秦统一中国后废弃了魏长城、赵南长城、楚长城和齐长城，并在短短15年间连接了赵北长城、燕长城。之后汉承秦制。汉朝建立，但今天的汉民族并未在汉朝这个朝代完全形成。其实汉族并不是汉族人自称，而是匈奴、突厥等兄弟民族对长城之内汉人的一种称谓。“长墙”里面的中央政府最终形成了中心文化、先进文化，也就是汉文化。中华汉文化、汉字为什么能够延续，长城起了重大作用。乾隆皇帝虽是满族，但他掌握汉文化的书法和诗词能力在中国所有帝王中是首屈一指的。

长城见证了汉族文化的形成，兄弟民族改汉姓，在中国很普遍。据《史记》所载，西汉初年汉高祖刘邦实行和亲政策，以皇室女嫁匈奴单于冒顿为妻。当时匈奴习俗，贵者皆从母姓，冒顿子孙

遂姓刘氏。当时，匈奴贵族有很大一部分在归顺汉朝后被赐姓为刘，经过长期融合，现在已很难分清楚具体哪个刘姓是匈奴人了。又如，后来清代的爱新觉罗氏，许多改为肇、赵、金等姓。

长城是汉族形成的物证。明朝政府从江南移民来守长城，守城者只能在长城以内分田。随着战势分久必合而再次统一后，长城内外开始通婚，形成了长城内外皆是家乡的局面。

万里长城万里长，长城外面是家乡。辽宁段长城就是一个最好的例证：明朝戚继光率三千义乌兵来守长城，然后是建村、建城、守城。当时的每个敌楼都是用家族姓氏命名的，有张家楼、李家楼等。明朝以后，与长城有关的大规模迁徙现象还有走西口、闯关东，由此在东北产生一个名词——关里家。到了清代，康熙皇帝允许守城将士、军户迁到长城外定居，长城南北可以通婚。所以说长城从某种角度呈现了一种血缘关系，是民族大融合的见证。

兄弟民族共修长城才形成了统一的多民族国家——中国。中国这一多民族国家的形成和发展，经过了漫长的岁月。而这些入主中原的各民族统治王朝为了保卫统治的安全和人民生产生活的安定，也都相继修筑了长城。在修筑长城的历史上，兄弟民族统治的朝代远远超过了汉族统治的朝代。

我们以前对长城的认识是站在汉族皇帝的角度看待长城。长城内外这种称呼是从汉族帝王的视角来看待问题，根据现在中华民族共同体意识，不能称长城内外，只能称长城南北、长城东西。

2. 礼制关系：长城是民族规矩的体现

长城是国家秩序的体现，是兄弟之间的院墙，由历代王朝中各族人民共同修建而成。长城保障着兄弟民族之间在关口里交易，保障着国家秩序不乱。随着朝代的更迭，我们对长城的认识也不断发生变化。

战国长城是东周列国修筑的长城，都在周朝天子的版图上，应视为修的是同族兄弟的院墙。秦长城是在战国时期秦、赵、燕三国长城的基础上修建的。汉长城是把秦长城的燕国部分、赵国的部分连接起来，又修建从内蒙古到甘肃敦煌，一直到新疆这一段长城。明长城是放弃了对汉长城西北大部分的管辖，西起嘉峪关东到辽宁虎山，以北齐、北魏、秦、汉、隋时期的长城作为基础，并且修建南方长城。清长城沿用了明长城的基础，拆掉了辽宁境内的长城，在新疆沿用了汉、唐军事设施，新建了长城。

历代王朝政府为什么反复修筑长城？是因为中国是一个墙和门的国度。认为长城只是人造军事设施，这种看法未免太单一。我们认为长城应该理解成兄弟之间的院墙。中国历朝历代政府都知道改朝换代的时候没有攻不破的城，但是为什么历代统治者耗尽财力号召人民反复修这堵墙？因为我们修的是“规矩”。

史学界曾认为唐代、清代强盛不用修长城。现代中国四大史学家之一的吕思勉书中也出现过“两汉、北魏、唐朝不修长城”的论点，这些论点曾一度影响很大。

然而研究实践证实汉长城是存在的，唐代、清代也都修建过长城。其中，汉代修建了肩水金关、玉门关、阳关等长城，并向新疆继续延伸修建……下面就讲两处汉、唐时期长城遗址的实证：

汉唐长城高昌故城烽燧遗址。高昌故城历经西汉高昌壁、高昌郡、高昌国，唐代西州和高昌回鹘等时期，时间跨度长达 1400 年左右。高昌故城奠基于西汉时期（前 1 世纪），是西汉王朝在车师前国境内的屯田部队所建。汉、魏、晋历代均派有戊己校尉于此城管理屯田，故又被称为“戊己校尉城”。唐贞观十四年（640 年），吏部尚书侯君集带兵统一了高昌（高昌故城），在此置西州，下辖高昌、交河、柳中、蒲昌、天山 5 县。高昌故城北距火焰山木头沟约 6.5 千米，按照规律沟口定有烽燧，结果找到悬崖上一处烽燧，无人机飞起发现了圆形军营，阿图什原有一处现无存，所以，这处显得格外珍贵。

唐代建安西都护府（今交河故城遗址）。交河故城是世界上最大、最古老、保存得最完好的生土建筑城市，也是我国保存两千多年最完整的都市遗迹。唐西域最高军政机构安西都护府最早就设在交河故城。我们发现了交河故城与长城之间的关系，盐山烽燧守住交河故城东南方向的山口，二二一团烽燧守住西南方向山口。

国家明确了兄弟民族具有长城特征的防御体系都归纳到长城概念中。

长城国家文化公园，包括战国、秦、汉长城，北魏、北齐、隋、唐、五代、宋、西夏、辽具备长城特征的防御体系，金界壕，明长城。其中涉及北京、天津、河北、山西、内蒙古、辽宁、吉林、黑龙江、山东、河南、陕西、甘肃、青海、宁夏、新疆 15 个省（自治区、直辖市）。

北魏大规模修筑长城。《魏书·太宗本纪》载，“泰常八年（423 年）正月丙辰，蠕蠕（柔然）犯塞。二月戊辰，筑长城于长川以南。起自赤城，西至五原，延袤二千余里，备设戍卫”。据《魏书·世祖本纪》载，“太平真君七年六月丙戌，发司、幽、定、冀四州十万人，筑畿上塞围，起上谷，西至河，广袤皆千里”。

南北朝修筑长城，山海关、黄崖关、山西吕梁均有遗迹。公元 6 世纪的南北朝时期，山海关便开始了长城的兴建。北齐天保四年（553 年）由西河总秦戍（今山西临汾西北）起，沿燕山山脉筑长城三千里，从这里入海。现山海关境内里峪、老边沿、长寿山石门岭上的长城，都是北朝长城遗迹。北齐长城主要有两条防御线：一为北方的外边，即今山西西北至河北山海关；二为内边的重城，西起山西偏关，东至北京昌平。高洋在 556 年构筑的长城，西起河西总秦戍，东到渤海，长 1500 余千米，是南北朝所建长城之最。

隋文帝筑长城史书共记载了 5 次，在辽宁、山西、陕西、内蒙古、宁夏都修筑过长城。隋朝先后 7 次于北部和西北部边境修筑长城，东迄紫河（今内蒙古和林格尔境内），中经朔方（今陕西横山西北）、灵武（今宁夏灵武西南）之境，西至榆谷（今青海西宁西）。纵观隋代各次所修长城，主要走向及位置，大致为由今宁夏灵武经陕西横山、绥德，越黄河后经山西离石北、岚县境抵居庸关，再经密云、蓟县、卢龙至秦皇岛海边。

金长城也称金界壕，地上所能看到的长度约 5500 千米，以走向而言可分为岭北线、北线和南线。金长城又称兀术长城，在《金史》中，对金长城这项工程记载有界壕、壕堑、壕堑、壕垒、垣垒、垒堑、壕障、壕墙、界墙、边堡十余种称谓。始建于金太宗天会年间，从 1123 年开始修建，直到 1198 年前后才最终成形，是规模宏大的古代军事防御工程。王国维在写《金界壕考》一文中已注意到这条史料，并称：“《元史·速不台传》并谓之长城。”明朝在修《元史》时，将《金史》中称为界壕的军事防御工程称为长城。清代光绪年间任黑龙江舆图局总纂的屠寄，应大清会典编撰委员会之约，主修《黑龙江舆图》。在《黑龙江舆图》中，对金界壕的走向、位置，进行了详细标注。

宋代长城地区大部分被辽控制。宋、辽交界处就在华北大平原上，无险可守，所以宋王朝不再修筑土石长城，转而自保定以北至海河口一线连接水网，修建了一条其深度既无法行船又无法徒涉的“水长城”，并在沿线建筑了一批城堡来预警、守卫。

清沿用历朝长城是国家秩序的需要。清代有过康熙的“不修边墙”令，且颇为有名，但实际上，清代修筑长城的规模也是相当大的，且地域跨度之大，是空前绝后的，其修筑范围基本包括了淮河以北所有省份，包括蒙古和汉人交界的长城，黄河以北尤为密集。清朝顺治时期，曾修筑大境门等著名长城关口。

别迭里烽燧的“心”是汉代的，“皮”是唐代的。2014年，《新疆维吾尔自治区长城资源调查报告》中，认为别迭里烽燧是唐代烽燧，根据对汉唐两代建构烽燧的特点进行对比，我认为别迭里烽燧可能是汉代修建。

长城考古很难，边疆长城考古更难！只要烽燧驿站水源未干，历代中央政府就会反复新建、扩建和使用长城，汉、唐、宋、明、清等一直层累性建设并沿用的意义，已远大于文物鉴定固定在某个年代的意义。只有将长城看作是一个层累性建设并使用的整体，我们才能更深刻地理解长城对于中华民族的价值和意义。

长城历朝历代都在修，是中华各兄弟民族共同创造的产物。万里长城自构筑的那天起，就成为中华民族大一统的象征，2000多年来，任何人都没有能从认识上割裂万里长城，因而也就无法割裂中华民族。长城对中国人来说，是意志、勇气和力量的标志，象征着中华民族的伟大意志和力量。

长城是我们56个民族融合成国族的墙，长城是凝结了中华民族众多历史文化的墙，长城是生发中华民族自信的理论依据的墙。

3. 信仰关系：长城是民族自信的载体

新疆长城是中华文明张开的臂膀，是伸向西域的文明手腕，是保护丝绸之路畅通、维护世界和平的设施。中国长城研究院对全新疆的长城资源进行再调查，新疆长城在“三普”时国家就已经认可，但只是根据普查员上报的消息，报什么写什么，没有进一步核查。由于普查员的知识结构、交通工具、拍摄设备等有限，漏报、误报现象普遍存在。目前，已经在新疆新发现29处汉代长城资源遗址。

新疆长城西起点是中国长城研究院又一重大新发现。20世纪90年代末认为别迭里烽燧是长城最西端。2019年1月16日15时40分，中国长城研究院在中国最西端的乌恰县发现汉、唐烽燧遗址，结束了没有汉唐长城资源的历史。乌恰县烽燧比江尕勒烽燧还偏西约5.55千米，比别迭里烽燧偏西约394.65千米。2019年1月18日13时40分，中国长城研究院在别迭里河的南岸阿合奇县东侧山顶发现第三次文物普查没有发现的长城资源，墙以山为险，烽燧哨所遗址清晰可见……新发现江尕勒烽燧比别迭里烽燧经度偏西3° 30′ 20″，向西偏约389.1千米。

各兄弟民族守长城供关公，攻长城供孟姜女形成民俗。长城关内守城的大多信奉儒释道三教，有关帝庙宣传忠义，还有孔庙和魁星楼宣传友好和平。长城关外则是攻城者，修的孟姜女庙，意欲哭倒长城，打破藩篱。清入关前，供奉孟姜女庙；而入关后，将关公封为关帝。

新疆长城自古以来保护佛教文化进入中原开枝散叶。以丝绸之路为起点的“一带一路”，开启了中西经济文化交流史上最灿烂的艺术之门，是中华各民族一同构建人类文明繁荣发展共同体的“世界合约”。

在新疆长城的庇护下，西方文明传入中华。各民族之间的分歧在历史的流转中逐渐融合，形成了相似的世俗观念和文化认同，这些文化是今天中华民族文化中的重要组成部分。

长城诗词、文学作品之多何止千万。

王之涣的“黄河远上白云间……春风不度玉门关”时代已远去，在新中国，春风已渡玉门关！在新疆，我们有新疆生产建设兵团，在共产党领导下，已成为一个民族自治区。

李白的“长风几万里，吹度玉门关”；王昌龄的“秦时明月汉时关，万里长征人未还”；王维的“劝君更尽一杯酒，西出阳关无故人”，现在西出阳关有故人。

古代的边塞诗人同边塞词人已经成了独树一帜的诗词流派。

毛泽东主席的“天高云淡，望断南飞雁，不到长城非好汉”“北国风光，千里冰封，万里雪飘。望长城内外，惟余莽莽；大河上下，顿失滔滔”。

时代发生变化，长城的文化艺术也在发生变化。新的时代，习近平总书记谈“中华民族共同体意识”，高屋建瓴，高瞻远瞩。

长城精神与长城文化结合的国家文化公园，有助于培育爱国情怀，凝聚国家共识，激发民族自信。我们何其幸运，我们并不是生活在一个和平的时代，只是幸运地出生在一个伟大的国家。

四、结语

修建长城国家文化公园，有助于牢固树立中华民族共同体意识。中华民族共同体是我国各族人民在长期历史发展中形成的政治上团结统一，文化上兼容并蓄，经济上相互依存，情感上相互亲近，你中有我、我中有你、谁也离不开谁的民族共同体，是建立在共同历史条件、共同价值追求、共同物质基础、共同身份认同、共有精神家园基础上的命运共同体。

长城是中华民族的精神标志，长城是中华民族的伟大象征，万里长城永不倒！

世界文明、国际和平与中国长城

彭运辉 *

摘要：长城 2500 多年的发展历史，蕴含了丰富的和平文化内容，从国际和平学的新视角对长城历史进行深入研究探索，阐述其和平文化特质，并从国家文化外交的高度探索长城外交的可行性以及具体策略。

关键词：长城；和平学；和平文化；长城外交

纵观长城 2500 多年的发展历史，以国际和平学的新视角进行审视和对比，可以发现长城和平文化拥有极为重要的当代价值和国际意义。

一、世界文明与国际和平

在世界四大文明中，中华文明是唯一延续至今的。中华文明的延续和长寿，与长城关系密切，更与长城内外政权关系密切。长城对战争具有非常显著的遏制作用，长城内外政权之间的冲突，通过密切的经贸往来可以得到有效地化解，从而促进双方社会经济的稳定与发展，保持和平状态。

从公元前 3200 年到公元 1964 年的 5164 年中，世界共发生的战争有 14500 余次，只有 329 年是和平状态。这些战争造成了约 36.4 亿人丧生。在中国，见诸史籍的战争从夏至明代共有 3300 余次，清代是 400 余次，近代数百次。中国战争达 4000 ～ 5000 次，约占世界历史战争总数的 1/3。

在古代欧亚大陆，匈奴与斯基泰分据欧亚东西两端，建立了强大的游牧政权，对南方的定居文明构成威胁。公元前 8 世纪起，斯基泰活跃于今高加索与黑海北方的草原地带和西亚地区，成为波斯帝国和希腊的对手。匈奴是公元前 3 世纪登上历史舞台，以今蒙古高原为根据地，与东亚的秦汉帝国对峙。此后，东方长城之外的许多游牧民族与农业民族的冲突、交流历程，构成了东方的历史发展脉络。在这个过程中，中华民族诞生于长城区域，成为独具特色的融合性的东方民族族群。

---

* 彭运辉，河北地质大学长城研究院副院长。

在世界范围内，给人类带来重大战争灾难的是“一战”和“二战”。“二战”是历史上死伤人数最多的战争，共有 5500 万～ 6000 万人死亡，1.3 亿人受伤，伤亡人数合计 1.9 亿人。“二战”后，国际和平学诞生，重点探索战争的起因和预防策略。世界各国成立许多和平研究机构，包括挪威、美、日等国。但是，西方民族与宗教的复杂性，使得预防战争成为一个难题。挪威的 J. 盖尔腾格等北欧学者首先突破以战争为中心课题的传统框架，代之以对一般暴力概念的研究。他们认为，避免敌对双方互施直接暴力的战争，只能获得消极的和平；要缔造积极的和平，必须更加重视消除结构性暴力。暴力的渊源存在于造成社会产品分配不公、社会价值分配不均的结构之中，最终都会以国家规模的形式爆发冲突和战争。因此，只有废除结构暴力，实现社会正义，才能赢得持久和平。文化暴力存在于宗教、法律、意识形态、语言、艺术中，并通过学校和媒体进行传送。文化暴力产生憎恨、恐惧和猜疑。宗教将人群分成不同种类，激进民族主义可导致战争。

长城有着 2500 多年的漫长历史，可以参考借鉴法国历史学家布罗代尔“长时段”理论，从新的视角、从百年乃至千年的历史中探讨长城的和平文化内涵。从这个角度出发，我们中国的长城研究可以尝试“长城和平学”或者“长城和平文化”的深入研究，梳理其中的东方和平文化内涵。同时，从国家智库研究的高度，结合人类命运共同体国家战略，探讨“长城外交”的可行性和具体策略。

二、中国长城：世界和平的纪念碑

中国长城可称为“世界和平的纪念碑”或“东方和平之盾”。利玛窦在《利玛窦中国札记》中对中国和平文化给予充分肯定：“虽然他们有装备精良的陆军和海军，很容易征服邻近的国家，但他们的皇上和人民却从未想过要发动侵略战争。他们很满足于自己已有的东西，没有征服的野心。在这方面，他们和欧洲人很不同，欧洲人常常不满足自己的政府，并贪求别人所有的东西。……我仔细研究了中国人长达四千多年的历史，我不得不承认我从未见到有这类似征服的记载，也没有听说过他们扩展国界。”古代中国的长城区域，内外政权共同运行和维护的是朝贡制度，又称宗藩体系。这是一种极为宽松的政治秩序，形式礼仪很强，是一种不计成本的政治性贸易。

古代中国王朝主导的朝贡制度，没有对周边区域进行实质统治或领土扩张。朝贡制度延续 2000 多年，时间跨度之长是古代其他世界强国无法比拟的，文化维系的体系生命力证明，比武力建立和维持的国际秩序更长久。朝贡有保守落后的缺陷，但拥有更多的历史价值及当代意义。第一，朝贡制度是一种差序包容的互系性的外交关系制度。一方面，上下有别、尊卑有序的差序关系保证体系的和谐与稳定；另一方面，对附属国怀柔、包容，不是西方强权维持的紧张国际关系，而是一种互系的、和平的国际关系。汉朝时期的治边政策在古代中国具有代表性意义，“来则惩而御之，去则备而守之。其慕义而贡献，则接之以礼让”（班固《汉书·传·匈奴传下》）。以威慑、防御为主，实现边境安全，即使发生冲突，一般也不采取惩罚和军事行动。汉武帝、唐太宗时期，虽然对外用兵，但并非以军事征服作为立国和对外关系之本，实施军事讨伐与惩罚之后，即班师撤兵，没有西方的殖民和霸权统治。在朝贡制度下，中原政权承担主要职责和义务，但不拥有政治、军事、经济、文化特权和霸权。西方的历史中，在强盛帝国出现的时期，必然是对外军事征服，从亚述帝国、罗马帝国到奥斯曼帝国，都是明显的对外征讨。第二，不征讨原则。朝贡制度下，中原王朝对周边保持朝贡关系的政权和国家，坚持不征讨原则。

从朝贡制度到中华人民共和国建国之后倡导并奉行的和平共处五项原则，以及当代中国和平发展战略、“一带一路”倡议，都蕴含着中国对外关系的和平友好传统，同时也是普世价值所体现的世界共同法律和道德价值观。朝贡制度蕴含的国际关系价值，可以为建构新时代中国特色外交关系理论提供历史借鉴。马来西亚前总理马哈蒂尔对中国有深刻而正确的理解：“千百年来，中国从来没有向海外拓展领土的野心。历史上，中国虽三度强盛，但从来没有占领过东南亚。当年郑和来到马六甲，并不是要占领马六甲，而是来同马来西亚的苏丹建立良好关系。”

三、新时代中国外交与民族区域自治制度

在中华人民共和国建国的初期，周边外交的开展与成功案例，证明新中国也秉持“和平外交”的理念，而非对抗和冲突。20世纪50年代，中缅边界条约最终签订，成为当时国际社会的一个友好双边条约范例。

同时，中华人民共和国成立初期确立了民族区域自治制度，这是西方所没有的对少数民族的优惠制度，是一种事实上“超平等”制度，一种各民族和睦共处的国家治理模式，具有中国特色。而在西方古典民族主义理论指导下，在理论和实践两个方面都对非主体民族排斥，为了实现“一族一国”单一民族国家目标，一国的国族必然对其他族群采取强硬措施，或者强行同化，或者予以驱逐。这样的民族间强硬对抗还会出现一个结果，即非国族的族群独立为一个新国家，建立新的国族国家。因此，“一族一国”理论的负面作用，以及引发种族冲突的弊端，成为西方民族学家无法否认、无法回避的理论难题。

很多西方国家尝试以法律形式维护“一国多族”模式的存在和稳定。一战结束后，“民族同化论”兴起。美国总统威尔逊等提倡“民族自决”，推动这种思想向全世界散播，对很多多民族国家产生影响。在这种思潮鼓动下，中国一些边疆地区开始遭到民族分裂势力和国际势力的蛊惑，出现分裂或分离倾向。1921年，中国共产党成立后，初期提出“民族自决”“民族联邦制”。抗日战争之后，逐渐提升转化为“民族自治”“民族区域自治”。民族区域自治制度，将民族事务和地方事务统一结合，“尊重差异、包容多样”。制度的最初确立，始于1947年成立的内蒙古自治区人民政府。这项制度的实施，完全尊重历史国情，是对历史政治智慧“因俗而治”“和而不同”的良好继承。

新中国成立后，费孝通提出比较成熟的民族理论观点。他认为不能将国家与文化、语言等同起来，国家和民族不能混淆。中国区域客观存在不同民族。国家追求政治统一的同时，重点不是消除各个民族的界限，而是重点消除政治不平等。1988年，费孝通在香港中文大学发言时阐述了“中华民族的多元一体格局”理论观点。2010年年初，为了更好地、正确地表述当代中国的民族关系现状和趋势，中央专门提出“民族交往交流交融”理念。2014年5月，第二次新疆工作座谈会召开，中央提出推动建立民族互嵌式社会结构和社区环境，通过推进建立民族互嵌式社会结构，打破民族结构与其他社会结构的重合，使不同民族成员更深入地与其他民族成员进行文化生活交流，更好地消除民族隔阂，实现民族交融。2014年，中央民族工作会议强调“加强各民族交往交流交融”，用“交融”代替“融合”，是民族关系研究和理论探讨的一个创新。

四、新时代长城外交的探索

长城作为中国的第一名片，被世界广泛关注。长城外交的提出和探索价值，可以视为国家文化外交的一种创新模式。在具体策略方面，可以借鉴熊猫外交、体育外交等成功模式，研究新的文化外交路径。同时，长城和平文化与和平学的结合，研究和宣传中国传统和平文化，可以在提升国家软实力方面发挥重要作用。

长城外交具有两个方面的智库价值：第一是对外，可以有力支撑国家的和平外交战略、人类命运共同体战略；第二是对内，可以更好地阐释民族区域自治制度，消除西方的误解，提高中华民族的认同感。长城外交的实践可以借鉴熊猫外交的经验。熊猫在中国对外交往中扮演“友谊大使”“亲善大使”角色，联合国开发计划署曾招募“熊猫使者”，推广联合国可持续发展项目。以熊猫为纽带的民间对外交流，在提高国家软实力方面发挥了重要作用。英国广播公司网站也曾作出“大熊猫为中国软实力加分”的判断。今后，长城外交也可以发挥与熊猫外交同样重要的作用。

长城外交的四种思路：走出去、请进来、全媒体、全民化。走出去，是通过各种类型的文化活动或文化机构，让长城和平文化走向世界；请进来，是开展国际友好交流活动，包括长城旅游等；全媒体，是通过图书音像、广播影视动漫、网络新媒体、文艺演出等多种方式全面宣传长城和平文化；全民化，是动员国内民众向国际友人和国际社会自觉地宣传长城和平文化，发挥民间外交的独特作用。

长城外交实践路径探索：第一，外交部、文化部联合举办国际长城文化活动。第二，组织媒体对外宣传长城和平文化。第三，设立长城研究机构，增设长城文化课程。在国外设立“长城和平文化研究中心”，与国际和平学研究机构合作。第四，举办长城国际和平论坛。第五，重视长城文创产品的开发。尝试在国外建设“长城和平公园”，用娱乐项目展示长城文化。

目前，国家推进的长城国家文化公园建设，具有重要的时代意义和价值。对内，有助于民族自信与民族认同，以及民族精神的弘扬。同时，可以发挥经济新发动机的作用。长城国家文化公园的建设，将推动长城文化经济带的健康持续发展，一些欠发达地区可以顺势而为，创造生态型新经济发展的历史机遇。对外，长城国家文化公园可以发挥世界和平文化体验地的作用，赋予长城中华名片新的内涵和亮点，作为中华文明的“博物馆”，塑造中华“和平公园”新形象，更好地推动东方和平大国品牌的构建和传播。

中国长城精神的当代思考与论证

曲家辉　于晓童*

摘要：在 2019 年 1 月发布的《长城保护总体规划》中，明确了中国长城最突出、最核心的价值在于它所承载的伟大精神，包括团结统一、众志成城的爱国精神；坚韧不拔、自强不息的民族精神；守望和平、开放包容的时代精神。本文试从中国长城发展的历史现实角度出发，借助一系列史实、案例，对长城所承载的精神进行深度思考，特别结合中国传统文化思想作系统论证，希望在刻画出长城现代精神全貌的同时，对我们深入认识伟大的中国长城、深远的中国文化，提供一份助力。

关键词：中国长城文化精神；当代性内涵

一、中国长城所具备的爱国精神

1. 保家卫国是中国长城爱国精神的直接体现

保家卫国作为中国长城的基本功能，也是我们认识长城爱国精神的最直观路径。

从历史的发展来看，因守卫、保护之需而营造并不断扩建的中国长城，在历代的保家卫国战争中，切实发挥了巨大作用。1920 年，孙中山在《建国方略》中提出："长城之有功于后世，实与大禹之治水等。由今观之，倘无长城之捍卫，则中国亡于北狄，不待宋明而在楚汉之时代矣。如是则中国民族必无汉唐之发展昌大而同化南方之种族也。及我民族同化力强固之后，虽一亡与蒙古，而蒙古为我所同化；再亡于满洲，而满洲亦为我所同化。其初能保存孳大此同化之力，不为北狄之侵凌夭折者，长城之功为不少也。"可以说，这段言论不仅对长城保家卫国的功能做了直接肯定，而且对其中的深层逻辑做了剖析，以致很多学者将其视作长城成为中华民族象征的最早例证。

事实上，即便仅从外在体量角度来看，我们同样可以自然地体会到中国长城那本性具足的爱国精神。何为保家卫国的能力？在今天，对国家起到护卫作用的是导弹、核武这样的"重器"，而在冷兵器时代，真正能够护卫国家的，一方面是万众一心的军队、人民，另一方面则需要足够规模的

* 曲家辉，鲁东大学文学院广播电视编导专业教研室主任；于晓童，鲁东大学文学院广播电视编导专业毕业生。

防御工事。在科技不发达的古代，中国长城是唯一一个体量堪与国家的规模相匹配、相契合的存在物，也是唯一能够与天下、江河、大地、民族这些具有浩大气象的概念相统一的防御体。所以，万里长城就自然地成了数千年封建王朝唯一能够仰赖守卫国土的庞大建筑，是曾经的“国之重器”。由此可见，“国之重器”才是今天我们称之为“建筑奇迹”的本来面目和重要内涵。时至今日，中国长城这个曾经承担了数千年保家卫国使命的大国重器的战争功能已然褪去，但褪去并非消失，而是转而内化为一种保家卫国的精神象征，也成为我们认识中国长城爱国精神的重要维度。

2. 众志成城是中国长城爱国精神的核心特征

中国长城的爱国精神，突出体现为保家卫国与众志成城两个特征。顾名思义，这其中的保家卫国，更侧重于功能形态；而众志成城中则明显渗透着精神的内容。若做进一步地解读，这“众志”所汇聚起的“一城”，又分明地显现出几个不同的含义，最典型的含义是：力合一处、团结一心、融合统一。

首先，中国长城的修建，是无数中国民众力合一处的产物。长城是一个极其耗费人力、物力的建筑体系。特别是在生产力并不发达的古代，长城是在动辄便数十万规模人力的点滴积累中一点点完成的。

团结一心，是解读中国长城众志成城的另一重要方面。这在长城用于抵抗外国侵略的过程中，表现最为突出。在抗日战争初期，中国思想界曾专门从长城的视角出发展开了重要讨论，对当时民众团结一心，抵御侵略起到了积极的作用。1933 年，在一篇名为《北上抗日一瞥》的文章中，有专门探讨了民众团结一心与长城保家卫国功能间的关系之论：“不图降至今日，随辽吉黑热之沦亡而沦于敌手，向之用以自卫者，今竟为敌用以制我，是险与不险，不在地而在运用之人；尤在有无为国牺牲与城存亡之决心耳。”当时人们认识到长城之险已不足以用以御敌之际，于是果断地强调要依赖民众的团结、依赖民众与长城的共荣共存，才能抵御侵略，获得胜利。我们不得不承认，隐匿于其中的共存、团结的思想是与长城的内在精神高度统一的。

融合统一，是我们深入解读长城爱国精神的重要方面，这一方面内容，突出地体现在长城促进多民族融合的过程中。从历史的发展中去审视，中国长城在中华民族的多民族融合中发挥了重要的作用。首先，长城的关隘保障了我国农耕文明与游牧文明相互依存，为两种文明互市、交流提供了场所，形成一种“你中有我、我中有你”的局面，是维护我们国家统一多民族国家的重要保障，也是构成中华民族的民族记忆、国家记忆和民族认同、国家认同的重要遗产。其次，从最早出现在长城脚下的边市贸易，到其后在对外交往中起到巨大作用的丝绸之路的形成，长城一直都在默默地扮演着交流、融合的桥梁和使节的形象。

至此，我们大概勾勒出了中国长城爱国精神的全貌。

二、中国长城所代表的民族精神

1. 坚韧不拔是长城所代表民族精神的基本特征

坚韧不拔是中国长城所表现出的最鲜明的民族精神特征。若对这一特征做进一步解构，可以发现其中所包含的更为细化的构成要素。最具典型性的内容在于三方面：吃苦耐劳、迎难而上、刚柔并济。我们常讲，中华民族是勤劳、勇敢、智慧的民族。而包含在“坚韧不拔”品格内在的这三个维度，能够恰如其分地与长城这三个品格相呼应：中华民族的勤劳对应吃苦耐劳、中华民族的勇敢对应迎难而上、中华民族的智慧对应刚柔并济。

中国长城是时间与空间交织出的存在个体也是直接载体，在这种特性背后所渗透着的是中华儿女骨子里所具有的吃苦耐劳的品质。这种品质则对应着中华民族在应对社会现实问题时所表现出的民族素养。我们常说，时间是最纯粹的“炼金石”。中国长城经过2000多年的持续建造，挺立千年直至今天，是中华民族品行最好的“炼金石”。一者，万里长城在修建过程中的困难是难以想象的，大部分的长城是在封建社会生产力不发达，施工技术极度落后的情况下完成的。所有的建筑都要纯粹依靠大量劳动力徒手完成。二者，万里长城工程量巨大而繁重，一块砖石的重量可达百斤甚至更巨。三者，万里长城并非完全修建于坦途之上，更多的是在崇山峻岭之间、悬崖峭壁之上。但就是在这样的困难之下，中国长城历经千年修建，终于完成了绵延万里的“奇迹”。在这种“奇迹”的背后，有看得见的亿万劳动力的辛劳付出，更有着看不见的中华民族吃苦耐劳的品格在贡献着内在的动力。

在面临困难之际，不仅不畏强难，反而迎难而上，是中华民族坚韧不拔品格的又一重要体现。这对应着的则是中华民族在面对现实问题时所秉持的民族态度。中国长城在建造过程中，总会遇到这样或那样的问题，除去修建需要大量劳动力之外，最典型地体现在建材和设计两方面。建材，指的是在长城的很多地段，根本没有可供使用的修筑材料，从都城运输材料成本又太高；设计，指的是在建造时，思考如何更好地适应战争环境，有效提升长城的御敌功能。毕竟，长城的首要功能在于战争防御。面对这些难以解决的困难，历代中华儿女们不仅没有放弃、妥协，而是选择迎难而上。没有材料，则就地取材、因材施艺，这才有了西北荒漠地带大量掺杂着红柳夯建起的土长城，也才有了峭壁间碎石垒砌的“看似不可能”建成的石长城，有了城墙、敌台、烽火台等一应俱全的砖石长城。

刚柔并济，是坚韧不拔的另一方面重要内容。对应的是中华民族在处理社会现实问题时的民族方法，深刻地体现出中华民族是充满智慧的人类族群。刚柔并济最直接的表现就是古人在处理问题时懂得变通、不偏激。万里长城那多元的面貌、不同的形态，不正是这种“刚柔并济”品质的最好体现吗？引申来看，中华民族这种源于骨子里的刚柔并济的品质与中国爱好和平的特性相一致。盛世之年，中华民族绝不会随意侵犯他国；当民族面临危亡之际，中国也绝对不会承诺放弃武力。不盲从、不偏激、不惹事、不怕事！这就是中华民族能够长久保持数千年的根本所在。

2. 自强不息是长城所代表民族精神的深层内涵

当我们要透过长城去审视、理解自强不息的民族精神时，可以重点从外在的形态与功能、内在的文化属性两个方面去展开探讨。

外在的形态与功能，是我们认识自强不息精神的直观路径。首先，中国长城延续千年的建筑过程与绵延万里的外在形态，能够以最直观的方式表现出一种自强不息的状态。关于这一方面，本文其他地方已有阐述，不再赘述。其次，长城以抵御外敌、抗击入侵为核心的功能，能够进一步凸显自强不息的精神。在维护我国长期和平、统一的历史上，长城不仅具有举足轻重的战略地位，还发挥了不可替代的重要作用。特别是抗日战争期间，面对侵略，中华儿女没有坐以待毙，而是发起爱国抗争。在这个过程中，长城抗战激发了全民族团结统一、众志成城的爱国精神，激励了坚韧不拔、自强不息的民族精神。作为中华民族的精神象征，长城与其代表的自强不息精神，已深深融入中华民族的血脉，成为今天实现中华民族伟大复兴中国梦的强大精神力量，对于中华民族的过去、现在和未来均具有重要意义和深远影响。

从内在的文化属性来审视，中国长城同样渗透出深厚的自强精神。这向我们透露，其一，正是因为君子看到“天行健”，才感悟到自强不息的处世思想。自强不息的精神是对“天道”的学习与模仿，也是对自然的尊重。其二，在中国古代，中华民族就已经开始传承自强不息的精神。这二者对应到长城之上，都有不同的体现。从对自然的学习与尊重角度来看中国长城的自强不息精神，长城作为古代军事防御体系，反映了我国古人因地制宜、尊重自然、利用自然、改造自然的规划思想。同时，长城也深刻地体现了我国古人自成体系，不断发展，日臻完善的砖石、夯土建筑营造技艺及建筑工程管理的完善体制，展现了我国古代军事防御体系的缜密设计与完备功能，是人类历史上伟大建筑奇迹的物质见证和人类创造精神的杰作。

早在中国长城诞生前的很长一段时间里，自强不息的精神就已经出现在了中华民族先民的思想里，甚至是文化基因中。中国长城的出现，其实就是这种自强不息精神的明证与实践。华夏土地孕育了中华儿女，中华儿女又塑造了横亘华夏土地的中国长城，这其中渗透着能量与气脉的转化，而促使其转化的，就是一种自强不息的品格！

三、中国长城表现出的时代精神

1. 守望和平是长城时代精神的基础特征

中国长城守望和平的精神特质与中国传统文化紧密契合。《说文解字》有载：“城，以盛民也。”《墨子・七患》则称：“城者，所以自守也。”可见，在中国传统思想中，“城”的建立初衷，就是为了家内的安定，为了城内的和平，甚至可以说中国长城就是带着“守望和平”的基因来到世间的。战争的基本形态有二：一者以侵略为根本目的发动的无道之战；二者为抵御侵略而发动的正义之战。中国长城产生于春秋时期，在这种时代背景下，各诸侯国选择以修建长城来互相防御，从此拉开了中国长城数千年的修建帷幕。以长城作为面对战争的重要手段和战略，这种行为本身就说明了中国先祖们面对战争的态度，即作为一种典型防御工事的中国长城向世人昭示出中国古人“不战而屈人之兵”的战略思想，这是一种具有深刻东方智慧的“求和之道”，亦为“合和之道”。

中国长城修筑年代跨越之长久，足以体现中华民族对于长久和平局面的向往和追求。中国长城的修筑始于春秋战国时代，秦统一天下后，连接并修缮了战国遗留下的部分长城，形成了横亘东西的万里长城。秦以后，汉、魏、晋、隋、唐，直到明代，都对长城进行了不同规模的修筑与完善，历代人们对于和平的愿望，真切落实在修长城这一具体的社会实践中。中国长城是中国古代由连续性墙体及配套的关隘、城堡、烽燧等构成的军事防御工程，也成了绵亘万里、点阵结合，纵深梯次的巨型坚固的防御体系。所谓“天子守城，百姓平安”，天子对于维护社稷的需求与百姓渴求安定的愿望在根本上是一致的，共同凝结在和平这一目标之上。正是天子的统一调配与百姓的勤劳苦作共同构筑了抵御外敌的时代长城，因此，每一位筑城的百姓都担当了和平的建设者与守护者。

今天，当我们站在21世纪的历史节点，回顾中国长城的发展史，同样可以看出长城在守望和平中发挥的巨大作用。在长城存在的2000多年里，战争期不过700年。正是在这战乱的700年里，长城义无反顾地担当起战斗堡垒的作用，为人民、为军队的武力反抗提供坚实的基础。与之相对，在700年之外更长的岁月中，中国长城更多地是扮演着巨大的精神象征角色，以此威慑各类扰乱和平的社会因素。长城以其庞大的体量、坚固的构造以及巧夺天工的设计，在精神层面构筑的防御意义更起到了防止战争的警醒作用。正如贾谊在《过秦论》中所述："乃使蒙恬北筑长城而守藩篱，却匈奴七百余里；胡人不敢南下而牧马，士不敢弯弓而报怨。"长城以其坚固庞大的威慑力及巧妙的地形优势起到了防止杀戮的作用，让众多侵略者望而却步，从而起到维护和平的作用。

2. 开放包容是长城时代精神延续的内在动力

从长城修建以来，中国获得了较长时间的和平，长城这个最具标志性的"止战"丰碑，出色地完成了维护和平的任务，然而，长城的功能远不止守望和平如此单一，在和平年代，他以开放包容的时代胸怀推动着中华民族走向世界。从建筑形态来看，中国长城就像是一条一字排开的长龙，沟通了沿线的经济文化交流；从结构设计来看，每一处关口都为城内外的贸易开放提供通路。在和平年代，长城生发出的"横纵"通路，更彰显其所代表的中华民族开放包容的时代品格。

从中国长城作为"横向"通路角度来看，在和平时期，历代王朝出于军事防御之需，对长城不断修筑、改进，客观上形成、带动了"长城轴心"经济带的发展。在修筑过程中，大量军队被征调到修筑一线，为解决军备给养，秦朝实行"徙民实边"的政策，将中原的文化与生活方式传播至沿线各地，同时也积极吸收其他民族的优秀传统，多民族之间交往日益密切。随着"徙民实边"政策的施行、互市贸易的发展，有效地开发了曾经的蛮夷之地，以长城为轴心的经济带发展不断壮大，中原地区的农耕文明不断得到传播，农耕民族与游牧民族之间也逐渐由割裂和战争逐步演变为互助、共处。《明史》记载"九边生齿日繁，守备日固，田野日辟，商贾日通，边民始知有生之乐"。由此来看，以长城沿线地带为轴心，真正做到了在军事防御基础上的经济开展与文化传播，使我国北方各民族之间的交流更为紧密。

汉代丝绸之路的"横"是开放包容的另一重要表现，丝绸之路的初衷也是为了和平，然而，在发展中却同"徙民实边"一样，更多地担当了开放交流的功能。汉武帝派遣张骞出使西域，顺着长城沿线将汉朝丰富的物品带到西域，同时也将汉文化一路传播至西域各国。汉朝也以其极大的包容胸怀吸收西域各国的文化，促进了彼此间的开放与交流。自长安到罗马的丝绸之路成为开放包容的重要起点，如《汉书·西域传赞》："自是之后，明珠、文甲、通犀、翠羽之珍盈于后宫，蒲梢、龙文、鱼目、汗血之马充于黄门，钜象、师子、猛犬、大雀之群食于外囿。殊方异物，四面而至。"贸易带来的域外文化与华夏文化相融、汇集，塑造了长城沿线的多元文化。

从中国长城作为"纵向"通路角度来看，战争的隔绝更增加了长城内外开放交流的迫切性。在休战期，长城又担当了开放交流的新角色。一些关口成为联系长城内外的唯一通道，在这里，长城作为物资交换地，见证了长城内外人民频繁、丰富的经济文化交流。来往于长城脚下的贸易不断发展壮大，从市民到官方，逐渐发展为更大范围的开放与交流，后来形成的大规模、多种类的互市贸易也是由此演变而来。最为繁盛之际出现了"烽火不惊，三军晏眠，边圉之民，室家相保，弄狎于野，商贾夜行"的民族团结和睦气象。

由长城脚下发源的贸易，逐渐成为区域之间，甚至国与国之间开放交流的最稳定的基础。经济的往来无疑会增进文化的交流，一年一度的互市让长城内外的人民有了更多的交流机会，并因为交流而产生了解。由此，长城内外的人民对不同的文化与生活方式有了更多的包容，也促进了农耕与游牧民族的融合。其中，尤为称赞的是赵武灵王“胡服骑射”的革故鼎新，主动将北方游牧民族的优秀文化推广到内地，促进了民族融合。

长城被赋予的和平共处的民族团结理念，以及包容开放的时代精神，形成了和而不同、互补融合的长城时代精神，为民族间深层交流、交往和融合提供了基础的保障。长城在不同时代承载了不同的功能，发挥了不同作用，深刻彰显了长城所代表的和平、包容的时代品格。

试论长城精神与中华民族共同体意识的关系

韩　松*

摘要：本文以长城所承载代表的长城精神为主题，就长城精神与中华民族共同体意识的关系问题进行总结论证，探讨请教于学界同人们。本人理解长城精神至少有三层含义：第一，长城精神是以爱国主义为主要内容特征的中华民族精神；第二，长城精神是以维护国家统一、政治稳定为主旋律的国家精神；第三，长城精神是以中华各民族文化交流、经济交往为主基调的和平相处的民间友好精神。当然，长城精神的内涵极其丰富，需要深入地挖掘。本人还认为，长城精神与中华民族共同体意识的形成有着密切相连的关系，长城精神对于中华民族共同体意识的逐步形成，不仅仅是有推动作用，而且是多民族国家走向统一目标的共同体国家的“重要的纽带和加速平台”。

关键词：长城精神；中华民族共同体意识；关系

“长城，穿越时空，历史沧桑，上下两千年，见证和伴随了中华民族的历史交替和荣辱变迁。在漫长的中国古代历史长河中，长城成了中华各民族不断碰撞、交流和融合的地带。在长城以北，主要是以畜牧业为主的游牧民族，长城以南，主要是以农耕民族为主，二者以长城为纽带，共同创造演绎了辉煌灿烂的中华文明。”①

同样，长城是承载着中华民族的民族精神和国家精神的。“只有读懂长城，我们才能更深刻地读懂中国。长城，是中华民族精神和文化的重要历史载体。”鲁迅先生说过：“唯有民魂是值得宝贵的，唯有他发扬起来，中国才有真进步。”②

2019 年，习近平总书记考察甘肃时指出：“长城凝聚了中华民族自强不息的奋斗精神和众志成城、坚韧不屈的爱国情怀，已经成为中华民族的代表性符号和中华文明的重要象征。”

---

* 韩松，中国海关管理干部学院副教授。

① 宋圭武：《研究长城文化，弘扬民族精神》，《光明日报》，2019 年 9 月 16 日。

② 宋圭武：《研究长城文化，弘扬民族精神》，《光明日报》，2019 年 9 月 16 日。

2019年，习近平总书记还特别结合爱国主义精神和爱国主义教育问题强调指出：“持续深化正确国家观、历史观、民族观、文化观、宗教观教育，把中华民族共同体意识教育纳入干部教育、青少年教育、社会教育，让中华民族共同体意识根植人们的心灵深处。”①

那么，长城精神与中华民族共同体意识又是什么关系呢？

我认为，按照习近平总书记的明确要求，研究搞清楚中华民族共同体意识的形成过程以及与长城精神的关联、思想内涵，对于我们立足现代中国、推进和完成中华民族伟大复兴的历史性任务，具有特别重要的价值意义。

在中华五千年文明发展的历史长河中，孕育了中华民族共同体意识。这就是以华夏文明为基础的，以黄河、长江两条“母亲河”为重要纽带和主要显著标识的以“农业文明核心区”为基本单元的，“多元一体”的统一多民族国家的共同文化。

中华民族共同体意识是如何形成的？这同样是一个值得认真探究的问题。中华民族共同体意识是如何从最初华夏中国的“核心文明区”向亚洲大陆东部通过“文明传递”而朝着周边四方各地区“放射性延展”出来的，答案可能是多样的。本文主要探究以长城为物质载体的“长城精神文化”在中华民族共同体意识形成过程中所体现、所发挥的独特性作用。

中华民族共同体意识是国家统一之基、民族团结之本、精神力量之魂。习近平总书记在中央第七次西藏工作座谈会上讲话强调：“要深刻认识到中华民族是命运共同体，促进各民族交往交流交融。”在第三次中央新疆工作座谈会上讲话强调：“要以铸牢中华民族共同体意识为主线，不断巩固各民族大团结。做好新时代民族工作，必须牢牢把握铸牢中华民族共同体意识这一主线，不断增进各民族成员对中华民族这一共有身份的认同，多谋长远之策，多行固本之举，把强化各民族的中华民族共同体意识、厚植对中华民族认同感作为一项根本性、战略性任务抓紧抓好。”②

一、长城精神及基本内涵解析

本人完全赞同董耀会先生有关长城问题的独到见解。他说：“（对）长城文化的核心价值，需要作出既符合历史，又符合时代精神的重新解释。”（《长城：追问与共鸣》361页）③ 我认为，明确回答长城精神是什么？至少有三层观点：

第一，长城精神是以爱国主义为主要内容特征的中华民族精神。董耀会先生作为从事长城问题研究几十年的著名长城学专家，在其新著《长城：追问与共鸣》中明确总结写道：“爱国是中华民族的优良传统，是中华民族精神所包含的内容中的核心价值观。历史上，长城内外的对立双方发动的民族战争，与当今中华民族大家庭的爱国主义精神并不冲突。”（343页）“经过半个多世纪，长城与救国、长城与爱国的表达，强化成亿万中国人心中的精神力量。”（346页）今天讲到长城，成为中华民族记忆和情感的一部分。“爱国的概念是超越民族、国家和文化的价值观。”（347页）

① 尔肯江·吐拉洪：《筑牢中华民族共同体意识》，《人民日报》，2020年11月3日第9版。

② 尔肯江·吐拉洪：《筑牢中华民族共同体意识》，《人民日报》，2020年11月3日第9版。

③ 以下括注页码文字全部出自董耀会：《长城：追问与共鸣》（燕山大学出版社2019年版），为免烦琐，只标注页码。

由此揭示出长城精神的真谛。

第二，长城精神是以维护国家统一、政治稳定为主旋律的国家精神。董耀会先生总结写道："长城文化蕴含了反对分裂、维护统一、崇尚和平的爱国主义精神和英雄主义情结。""主要表现为反对分裂，反抗政权内部对统治构成威胁的势力，保障社会安定，人民生活安宁。"（344页）他强调："在强大的侵略者面前，国土沦陷，哀鸿遍野。处于一盘散沙状态下的中国迫切需要号召力，使全体中国人在危机面前迅速凝聚成一个有力量的共同体。将长城由历史而联系到民族，进而联系到国家。""为危难中的中国、危难中的中华民族找到了精神支撑的形象，这就是长城。"（345—346页）这里突出了长城所代表的国家精神。

第三，长城精神是以中华各民族文化交流、经济交往为主基调的和平相处的民间友好精神。董耀会新著中总结道："攻守长城的各方都是中华民族的成员，农耕和游牧两种文化形态相互作用，共同促进了中华文化的大发展。在这个过程中，长城也成了中华民族文明传承的载体"。"长城的修建者之勤劳的信念来自对家的负责和坚信，发扬的是'愚公移山'精神。"（349页）长城所蕴含的精神决定了"长城是中华文化的根基，文化自信的基石"。（352页）

从上述董耀会先生关于长城精神价值的思想总结中，我感到对长城精神的内涵还可以做如下具体解析：

（一）热爱和平，保卫家园的和平秩序理念

本人认为，必须重新审视秦帝国蒙恬受命修筑长城军事工程的价值意义。排除其单纯军事用途的修筑动机和主要目的，可以从更加广阔的视角来认知检视。我们就能够发现，建立和稳定国家边疆，稳固边防、边塞秩序，从而实现保卫守护农耕家园、保卫和平的成果，即：农耕文化与游牧文化为特征的两种文明形态"相安无事、远离战争状态"能够共处的动机和目标，是不能被轻易地排除和否定掉的。一句话，保卫和平和国家边疆秩序、保卫家园的和平理念是从"大一统"的封建帝国开始，很早就事实存在的思想意识。

关于长城是和平的理念问题，董耀会先生总结可以为证。"要建立起农耕与游牧交错地带秩序才会修筑长城，中国人修长城是为了和平。"（351页）1998年和2002年，董耀会回答美国总统提问时说："建筑长城的人并不想打仗，只有渴望和平，不想打仗的民族，才会投入这么大的人力、物力建筑万里长城。"（351页）

（二）攻坚克难，勤劳顽强的持续奋斗精神

自秦汉以来的历朝历代，都高度重视修筑长城的重要作用。无论是汉代修筑向西的长城，还是南北朝时期（北魏已降的）胡族政权，不惜动员大量的人力、物力和财力，多次垒筑长城，除了祈求安全自保的政治本能之外，还体现出具有攻坚克难，争取国家统一、江山永固的奋斗精神的。不应该简单地用其政治失败的结果而否定其积极进取的精神状态。

董耀会先生总结强调："长城，中华民族精神的象征。勤劳和勇敢顽强是长城文化的特点，也是中华民族精神的主要内容。"（347页）"顽强是中国人性格和最本质特征。""明知不可为而为之"（同上），修建长城，充分体现出这样的顽强精神。"古人正是凭借着勤劳、不怕困难与自强的品行，修建了长城，并在长城发展历程中，凝聚了精神意志。"（348页）

（三）以战止战，攻守中争取和平的辩证平衡思想

探讨中华民族历史上内部发生的战争与和平问题，具有现实意义。战争与和平是时代的双重主题变奏曲。将两者分析讨论，总会有负面的结论出现。

一般而论，战争与和平是一体相生的，是“孪生”关系，两者实际密不可分。和平是人类的理想生活环境，是需要诸多前提条件的；战争则是和平政治的继续，是非正常状态下的政治。

合体而论，战争与和平，都是人类所要面临的现实环境。

修筑长城，形式上是为了战争的军事用途，但是，以战止战，攻守兼备，从来就是中国人的高级思维习惯，也是历史上中国人总结出来的思想智慧。因此，附体在长城建筑上的还有“反对和制止战争”的精神理念，这是我们主观认知长城作用时不可忽视的精神价值。纵观历史，我们发现，就动态发生战争的频率来说，我们历史上的战争是不少的。但是就静态的历史而论，长城内外的和平局面是长期的、持续的历史过程，战争相对于和平的时间长河，是非常有限的。因此推论，长城就是“以战止战”的伟大历史工程，客观上大大减少了战争灾难的发生概率。

董耀会先生认为，长城表明中国人是崇尚和平理念的民族。和而不同，这样的思想境界反映了中国传统文化的本质特征。“长城的和平精神也是一种超越敌对关系的精神。几千年来，长城是永备防御工程，反映了中国古人希望用这一永备工程实现永久和平的愿望。”（352页）

（四）开放包容，注重交往的开放交流精神

长城绝不是“大中国四合院”的围墙，更不是“闭关锁国、封闭自守”的思想符号。长城这一伟大建筑所代表的恰恰是“开放包容、互学互鉴”的开放精神。

早期中国内部“华夏为一体”正统的民族观，今天看来固然是有些视野狭隘，但是，实际上则是追求“四海八荒”的大中国理想。“九州中国”视野向外、积极进取的放射状发展，与闭境自守的闭合思想是格格不入的。相反，历史上中国的这种“同心圆”样式的从华夏文明核心区向着外部扩散式的文化发展，必须具有开放包容、坦诚接纳的气度和四海一家、天下归心的宽广胸襟。

我个人认为，秦帝国大规模地动用国力修筑长城，与战国时期修筑长城的动机和目的比较，已经发生了重大改变。基本上开始抛弃“筑长城而自保”的单纯军事防御观点，再加上“书同文、车同轨”及开修灵渠、开发岭南等有利于“大一统”改革措施的实施，初步展现出新兴帝国通过大型公共工程，稳定国家边塞秩序的战略性作为，形成并显现在统一的新国家内部，推进开放包容、注重彼此交往和接触交流的新思维。

（五）建立治理秩序，维护政治安定的积极作为思想

亚洲东方选择中央集权制度的国家，历来是追求“大一统”的国家目标的。追求统一，成为历朝历代有作为的政治家一生所奋斗的目标，“天下一统”也成为衡量他们功绩和贡献的最主要标准。

围绕着万里长城这样的伟大工程，历史上很多杰出的政治家（帝王明君），都是以追求建立稳固的边塞秩序，维护国家政治局面安定的积极思想而著称的。就以明代的永乐皇帝朱棣为例，他一生五次越过长城，打击北元蒙古势力，战略目标就是试图平定雄踞中国北方的蒙古游牧政权势力。虽然他没有达成最终目标，但其建立中国北方的边塞秩序，维护安定的积极思想和政治作为，还是对后世产生了深刻的历史影响。

（六）保家卫国，固守整体利益的统一意志

从秦始皇到清朝开国的几个代表性帝王，都是保卫国家，固守当时中国整体利益的统一意志的践行者和典型代表。从筑边墙建设长城，到越过边墙建设更加广泛的国家边防要塞，都揭示出一条重要的思想轨迹：为了巩固当时国家的疆域国土，不惜动用国家所能够调动的一切资源力量，投入到保卫国家，固守整体利益的大事上，体现统一意志。这也使统一的、大一统的封建王朝更具影响力，让中华民族的后继者更加看重和给予积极评价和肯定。董耀会先生特别指出：“鉴于长城在历史上曾经成功地保卫了农耕地区的安全，保卫了中原文明的延续和发展，长城逐渐与保家卫国的爱国情感紧密联系在一起。”（345 页）

（七）互利互惠往来，促进经济贸易和文化融合交流的思维习惯

从汉代推行的“和亲”政策到宋代开设榷场，从唐朝的“昭武九姓”胡汉通商一家亲的民族融合到明朝九个边镇允许开设“茶马互市”贸易，以长城为界的两种经济、两个文明形态之间的和平经济交往、贸易通商、文化交流，是各个朝代不断延续的时代主旋律。战争与民族之间的政治纷争虽然也是事实，但是与“和平友好交往”的主流思维相比较，则是“历史的瞬间”。无论从统治者角度，还是从最基层的民间视角看待问题的基本面，互利互惠往来以及促进贸易通商和文化融合交流，都是长城两边的人们主体性的思考方式和比较稳定的思维习惯。

长期的思维习惯反复积累积淀，“彼此一家人”的思想认同就有了坚实稳固的基础，中华大家庭和多民族共同体意识就逐渐生根而成为厚植文化基础的“精神纽带基因”。长城也就不再成为阻挡彼此和平往来与接触交流的高墙。

综上所述，思维上“穿越长城”比政治上利用长城“人为阻隔”的思想更高级，而且是占据上风的思想。而追寻贸易通商、经济往来、文化交流，又是历史上积极促进和联结多民族共同体意识形成的不竭的内生动力。

二、对中华民族多元一体的民族共同体意识形成的认知

我国著名学者费孝通先生很早就提出过，中华民族是多元一体构造的统一的多民族国家。我的理解，“中华民族多元一体格局”就是中华民族历史进程中最为显著的基本特征。那么。中华民族共同体意识形成的基本脉络又是怎样演变的呢？长城以及长城精神又是扮演着怎样的历史角色？

回顾中华民族多元一体格局的演化历程，中国长城是这个历史演化进程中，不可或缺的重要环节，有许多的历史事实可以为证。

长城的历史变迁充分表明：自秦汉两大帝国形成之后，中国长城作为地缘政治上北方中国的重要象征，成为中华民族地缘政治版图上最为重要的政治地理标识带。

雄踞中国北方的各个游牧民族，无论是强大的匈奴族，还是强劲的鲜卑族，包括镔铁一样坚韧的契丹族和女真族，特别是入主中原、执掌过中央政权的放马游牧铁骑的蒙古族和后金满族政权，纵横草原、胡马度阴山是可以做到的，但是越过长城放马纵横中原，则是十分艰难，努力方有可能的政治作为。

抛开历史成败来看，客观上，每一次跨越长城的历史举动，都意味着中华民族共同体意识被深

刻地强化一次，总体上是促进和有利于统一的多民族国家的发展和进步的。中国长城是起到了强化中华民族多元一体的多民族国家凝聚力和向心力的历史推动作用。所以说，长城精神文化是为中华民族共同体意识的最终形成奠基。因此得出如下结论：

第一，中华民族共同体意识形成是多元一体的统一多民族国家的精神同质化和精神多元汇流的最终结果。长城精神是中华民族共同体意识的重要基础和重要组成部分。长城精神也是中华民族共同体意识的重要精神标识。

第二，中华民族共同体意识有多个精神源头，具有典型的多元性特征。中华民族共同体意识在历史形成过程中，长城精神如同黄河精神、长江精神一样，是重要的精神源头之一。是中华民族共同体意识重要的基础、重要的内容和重要的精神标识。在中华民族共同体意识形成过程中，长城精神起到了桥梁纽带、互联互通和促进融合的独特历史作用。

第三，和谐共生是中华民族共同体意识主要精神象征的基本形态。中华各民族大家庭内部，从历史进程看，相互影响、交往、交流、交融，是中华民族共同体意识得以形成和发展的主要现实路径。进入现代中国，中华民族共同体意识已经成为维系中华民族共同体大家庭的软实力。

三、长城所承载代表的文化符号是中华民族主要精神象征

习近平总书记在考察甘肃省嘉峪关长城时指出："长城凝聚了中华民族自强不息的奋斗精神和众志成城、坚韧不屈的爱国情怀，已经成为中华民族的代表性符号和中华文明的重要象征。""我们一定要重视历史文化保护传承，保护好中华民族精神生生不息的根脉。"①

如何理解习近平总书记的这个重要论断？我的观点如下：

（一）伟大民族精神孕育了"龙的子孙"

中华民族是一个勤劳勇敢、热爱和平的东方民族。在追求国家统一、多民族友好相处的历史进程中孕育了磅礴向上、积极进取、团结奋斗的伟大民族精神。作为一个具有统一的、中央集权制度支撑的、多民族国家政治传统的国家，民族精神是国家发展进步的重要精神标识。除了孕育出闻名中外的黄河精神、长江精神为代表的"大河精神"之外，长城及其代表的顽强奋斗精神，就是中华民族最具活力和最具代表性的主要精神象征了。我们都是"长城龙的子孙"，长城精神成为历代中国人共同的信念和民族价值认同。这就奠定了中华民族共同体意识的深厚基础。

（二）长城在农耕文化和游牧文化两种不同文明交汇、交流及和谐共生的精神汇流中扮演着不可替代的"桥梁纽带"角色

从自然地理学视角看，长城是中国北方最为重要的地理分界线。但是，如果从地缘政治学的角度审视，长城又是中国北方最为重要的政治与历史人文界线。以中原核心文明区为代表的中国农耕文化与中国北方高原草原为基本特征的游牧文化，作为典型的两种文明形态，在长城这里发生碰撞交汇，结果导致了两种文明的相互学习、相互融合、相互影响的事实发生。其结果是，推进乃至加速了中华民族共同体意识的精神纽带的形成。历史上每一次大规模越过长城的事件，都反复强化了

① 尔肯江·吐拉洪：《筑牢中华民族共同体意识》，《人民日报》，2020年11月3日第9版。

这种历史汇流进程。

（三）长城凝聚着中华民族内部的各个族群不断展现出“自信穿越”历史时空隧道的一路向前、生生不息的历史创造精神

无论是中国北方雄起的匈奴、鲜卑、契丹、女真、蒙古等游牧文化及政权，还是黄河流域的农耕政治文明，都曾经代表过历史前进的方向。都曾经登上历史舞台，演绎着中华文明一路向前、自信穿越的历史故事，充分展现过既有辉煌灿烂又有悲欢离合的历史创造精神。越过长城的历史足迹就是最真实历史的写照。

四、长城精神与中华民族共同体意识的源流共生关系

从“华夏中国”到“长城中国”再到“北方中国”的多民族共同体意识的生长、孕育，直到成熟定型，是一个共同体内部发生的多元不同文明形态被反复融合、最终积淀而成的历史过程。

（一）“华夏中国”——多民族共同体意识的初步形成期

在历史长河中形成的华夏文明，是中华文明共同体意识的主体部分。主要是以黄河（包括长江区域）文明为核心主体并以“炎黄子孙”心理认同为特征的、以农业生产为物质基础的、以农耕文化为联系纽带的、以黄河母亲河孕育的中原文明核心区（陕西、河南、山东、河北等省）为基本区域的“多元一体”的共同体。

（二）“长城中国”——多民族共同体意识的发展形成期

在长城沿线地区主要是农耕与游牧相交相融的两种文明混合体，是中华文明共同体意识的次生主体部分。主要是以地理长城带沿线区域（横跨中国北方的西北、华北、东北南部地区）为基本区域，并以农耕文明和游牧文明在碰撞融合中相互交织作用的，以半农耕、半游牧经济为物质基础的，以部分北方华夏族和其他主要游牧民族反复融合、相互渗透、相互接纳、互动包容为特征的“多元一体”的共同体。

（三）“北方中国”——多民族共同体意识的扩张发展成熟期

在“北方中国”，以当今中国版图的北方，包括广袤的内蒙古高原、草原地区以及西北大漠戈壁、新疆大部分地区和东北三省丘陵、山脉、平原广大腹地为基本区域，以游牧文明和农耕半农耕文明共生共荣、一体两面为重要特征，以游牧经济和半农耕经济为主体（物质基础）的，以最终接纳中华文明文化的游牧民族为主要代表，各民族相互依存、融合相处的多民族群体“多元一体”的共同体。或者可以称呼其为半中华文明的“多元一体”共同体意识。

以这样的三种不同文明类型为特征的，多民族之间一体化的认同意识包含着各民族群体之间彼此的价值认同、情感认同和文化认同。是我们今天的中华民族“多元一体”的民族精神的历史形态和坚实可靠的共同思想文化基础。

基本结论：中华民族“多元一体”的民族共同体意识，与“长城中国”所凝聚的长城文化，有着最为紧密和直接的联系和纽带关系。是我们中华民族共同体意识的主要代表和显著文化标识。

第一，北方各主要民族，通过“长城中国”的纽带联系和“历史交往交流平台式”给予的长期交往和融合接触的有力支持，农耕文化与游牧文化的不同民族群体，在和平与战争的双重接触进程

中逐步认识到：不同的民族群体之间，彼此不仅仅是对手和敌人的关系，而是彼此之间相互依存、命运与共的伙伴关系；双方是可以也必须长期交往和友好相处的平等群体；久而久之，逐渐将大的、多元一体的民族共同体意识，深深植根于彼此的心里。从此孕育成为中华大家庭里“华夏与蛮夷本是四海一家人”的民族共同体意识，即我们今天所能看到和感知到的中华民族“向内认同”的共同体意识。当然，这种“大而多元”的共同体意识和“向内认同”的情感价值认同是随着历史时空的转换推移，长期积淀而成的多民族共同精神。

第二，通过“长城中国”的纽带联系和“历史交往交流平台式”给予的长期交往和融合接触的有力支持，居于相对主导地位的农耕文明的思维习惯、生活方式，通过密集的交往交流对于各游牧民族逐渐产生了深度影响。从而把汉民族的政治制度、经济生产方式和民族文化心理等有形和无形的文明成果，逐步渗透和传播影响到游牧民族群体当中，使长城沿线及北方广袤地区的游牧民族，能够以被动接纳和主动接受的不同方式，经受汉民族中原文明的精神洗礼，从而对汉民族的中原地区文化及文明，有了全部吸纳接受的一定自觉。长此以往，使游牧民族群体内部发生了文明的蜕变，即从固守本民族的文化和生活习惯向着多元融合的文化和文明转化和迈进。其结果使得中华民族共同体意识，真正有了在周边各民族中被完全接纳直至认同的事实发生。明清时期，以后金女真族政权崛起和逐步进入中原文明核心区执掌政权的整个历史事件，就可以作为有力的例证。追溯历史上鲜卑族建立的北魏政权，经过孝文帝的“汉化改革”从而引发整个民族进入中原区域，最终完成“汉化的融合”的历史事件，再次证明了上述观点是可以成立并证实的观点。

第三，通过“长城中国”的纽带联系和“历史交往交流平台式”给予的长期交往和融合接触的有力支持，农耕与游牧两种文化之间的人们，在长期以经济往来、茶马互市贸易、边境地区易货贸易为主要形式的经济互动中，逐步形成了相互依存、互惠互利、互联互通、互通有无的利益关系纽带。从而在客观上推动了不同民族共同体之间共存共荣、融合趋同的超民族和平共处、友好往来的新格局。自然导致华夏各民族是兄弟、一家亲的共同体意识，不仅客观存在和固化，而且变得稳定而逐渐不可动摇，成长为具有普遍认同的主流价值观。

第四，通过“长城中国”的纽带联系和“历史交往交流平台式”给予的长期交往和融合接触的有力支持，“北方中国”在中华民族共同体意识的重要问题上，民族大融合的洪流最先形成，率先完成了文化和民族心理的历史融合的沉淀过程，事实上在共同体意识形成方面走在了最前列。

“北方中国”从战国中后期开始，历经秦汉两个统一大帝国时期，再到南北朝的北朝“北方民族大融合”的激烈碰撞与多次融合洗礼，多民族共同体意识基本形成。再经过隋唐五代到宋、辽、金与西夏并存时期，在以雄起于“北方中国”的契丹、女真、蒙古为主要代表的游牧民族政权多次推进“南下接触和主动融合”政策的作用之下，自觉和不自觉的多次穿越长城历史分界线，一次次掀起了两种文化碰撞、多轮次民族交融的历史波涛，其结果则是，至少在客观历史进程上，极大地推动和汇合了中华民族多民族共同体意识的逐步成熟与发展。这样的历史结果，最终成为中华民族“多元一体”格局形成中的“交响乐”式的主旋律。也正是这样的历史结果，逐步被后人高度重视，有了比较符合历史逻辑的思想认知和价值认同的基本结论。

五、结论：长城及其精神价值是中华民族共同体意识形成中的多元纽带和重要一环

“长城中国”特定区域是中华民族共同体意识形成的关键性区域。长城以外的“北方中国”的游牧民族各个群体（政权），是在长城沿线地带接触和了解到华夏族群的文化，经受了中原文明的精神洗礼，逐步把中原地区的经济生产方式和生活方式，再传递到“北方中国”的游牧民族中间。从而使得中华文化及共同体意识出现了“梯级台阶式”由华夏文明中心区向周边地区波浪式延展的独特历史文化现象。比如：在“北方中国”的几个典型游牧民族建立的政权中，契丹族建立的辽朝，比较于建立金朝的女真族和建立元朝的蒙古族等北地游牧民族而言，其接受的中华文化更为广泛深入，汉化程度相对更高；但是我们也发现，恰恰是女真族建立的金朝，明确自称是中华一统的王朝；而游牧生活更加典型的蒙古族建立的政权，更是积极主动地将其政治活动中心逐步的南移。不仅在“长城中国”特定区域（今北京地区）建立统治黄河文明区域的政权，而且最终将其统治中心深入黄河中原文明核心区域。事实上，包括鲜卑族和西夏党项族在内的广袤中国北方（西北方）的游牧民族政权，均能够以实际行动，虚心地学习汉地制度，主动地接受“汉化”，即中华文化。自觉不自觉地向内依附于中华文明和中原文化，相同地选择了将本民族政权及群体，归于以华夏族为主创制的中华政治文化和农耕文明区域的道路，这是构成中华民族多民族共同体意识，不可或缺的重要环节。

综上所述，长城及其精神价值是中华民族共同体意识形成的多元纽带和重要一环。

从中国历史和与长城有关的历史活动中，我们可以得出以下的结论：第一，长城是纽带连接长城南北区域各个族群及民族关系的重要的、不可或缺的民族文化纽带；第二，长城是纽带连接长城两边农耕与游牧两种经济类型及生产方式的重要经济纽带；第三，长城是纽带连接长城两边两种不同地域文化、民族文化的重要文化纽带；第四，长城作为重要的古代商旅通道及邮传驿站，是纽带连接长城两边经济往来活动及商品贸易流通的重要通道和物流平台。

作为“区域联通”重要的、多元的“桥梁纽带”的长城，就是推进乃至加速华夏民族农耕文明核心区和“长城地区中国”“北方游牧中国”政治统一、经济交往、文化融合的重要推动力和中转式桥梁枢纽。通过长城“桥梁纽带”的连接作用，多民族融合的平台传导影响作用，中华文明及文化得到了自内向外、从中心区到边缘地带的文化传播与延展。首先在长城内外区域，通过经济交往、民族相处、文化碰撞与相融等有效路径，达成了在长城特定区域多民族群体的深度融合。再经过历史岁月的沉淀、政治运动的作用，至少是从中原农耕文明核心区到“整个北方中国”，出现了有共同或相融的经济基础、共同的地域特征、共同的文化联系纽带，利益与共、生活相连、多民族共荣共生的联合体，这是中华文明和“多元一体”统一的多民族国家意识得以最终形成的重要基石。它植根于各民族群体中间，沉淀并生成为中华民族共同体的民族情感和理性意识。

长城的审美观照

刘建辉*

摘要：长城是在中国古代社会由以农耕为主的中原王朝倾全力营造的军事防御工程体系，曾经为构建长城内外两种文明类型、经济形式及政治制度之间稳定且可持续的关系形态发挥过极为重要的作用。经过时代变迁，失去了军事实用功能的长城日益凸显出重要的文化价值，成为中华民族精神和力量的象征、人类文明的伟大标记。依照马克思在《巴黎手稿》中所揭示的美学思想以及康德对美所做的“无目的的合目的性”形式之界定加以辨析，长城是当之无愧的审美对象。故而，当代的长城保护、维修与开发利用等工作都不得不以尊重其美学价值、最大限度地保护其审美意蕴为前提。

关键词：长城；审美；无目的的合目的性形式；长城保护与维修

作为中华民族重要的文化象征与精神图腾，长城于当今时代仍然具有丰富的意义和极大的价值。近几十年来，建立在历史、地理、军事、政治、民族关系等专业基础上的长城研究，已然获得众多喜人的学术成果，揭示出长城厚重的文化底蕴；而用审美的眼光观照“万里长城”以充分揭示其审美价值，却还有很多值得凝神谛视而又足以会心之处。

一、民族精神的象征

中华民族繁衍生息在地球的东方，不仅拥有广袤的疆域、悠久的历史，也先后融合了多个族群的文化传统与精神特质，其民族精神有着充实的内涵和强韧的包容性，长期在东方居于主导地位、发挥着示范作用。华夏文明自“轴心时代”迄今经历了两三千年的演进，其具体进程虽不免于起伏动荡，但在总体格局上保持了稳定与统一。唯至于近代，在西方文明的强势冲击之下，代表着东方文明基本形制的中华民族遭遇“三千年未有之变局”，中国原有的疆域面积、国家形态、民族风貌

* 刘建辉，河北地质大学副教授。

以及精神信仰皆临于破坏崩解之窘境，确有“亡国灭种”之危殆。

临危处险的华夏民族并没有坐以待毙，而是奋起抗争。有奋勇前驱者以“救亡图存”为急务，张“富国强兵”之旗帜，勉力引导着民族的抗争、重建与复兴。“周虽旧邦，其命维新”，在这100多年现代化的涅槃之历中，中华民族的精神如铮铮铁骨，始终支撑着东方巨龙的身躯艰难向前。放眼寰球，近世以来经受西方文明的强势冲击而能葆得精神不覆没、文化不毁弃、语言不变乱的族群可谓绝无而仅有。中华民族所表现出的精神气质是极其深沉、坚韧的，它使这个古老的民族历经苦难而生生不息。中华民族的这种精神需要具象化的表征，而长城正是这种精神的生动形象。由此方能理解，以孙中山先生为代表的众多具有忧患意识的民族精英何以一再褒举长城——长城之伟大有如中华民族精神之伟大。

正如长城专家董耀会先生所言：“长城之伟大可以用两个‘长’概括：第一是长城体量之长，万里长城万里长；第二是长城历史之长，从春秋战国开始，长城已有两千多年的历史。”①

就历史之长来说，长城的历史可以追溯至春秋战国时期。当时，列国之间曾经修筑长城作为彼此的界防，秦统一后修筑起拱卫北方的秦长城，此后有汉长城、隋长城、金界壕、明长城等，绵延至今已有2600多年的历史。在世界历史上，那些曾经辉煌的古代文明多已没落而消隐，近世之列强又往往匮缺于历史深蕴，相较之下，唯有华夏一族历久而弥新，经百代而未绝，以“上下两千年”的长城作为象征，颇为贴切。

就体量之长而论，“万里长城”的说法由来已久。中国人口中称说的“万里长城”曾被一知半解的域外人士当作虚指，以为中国人爱慕虚荣、好大喜功。是否有中国人好大喜功、爱慕虚荣姑且不论，可以肯定的是这“万里长城”的说法源于实在，并非浮夸。依国家文物局和国家测绘局公布的数据，明代长城总长即有8851.8千米。除明代长城之外，秦始皇时期修筑的长城以及汉武帝时期修筑的长城都有万里以上的长度。

长城研究专家罗哲文先生曾经说：“有人曾经做过粗略统计，如果用修筑长城的砖石、土方来修筑一道高五米厚一米的大墙，这道墙能环绕地球一周而有余。这仅是以明朝一个朝代修筑的长城来计算的。如果把历代所修筑的长城加起来计算，那么这道墙可环绕地球十几周。”②或许有人会细究道，估算者所依据的不过是其仅见的明长城的一段，并不能准确代表明长城的全貌③，然而，罗先生是想借此表明长城工程之浩大，因此，其说即便失于小节亦无伤于大雅。

真正的问题在于，当我们研究过相关的文献之后，就会发现修筑长城的工程总量问题绝不像一道算术题所显示的那么简单。有充足的史料证明，以农耕为主的中原王朝在修筑这一防御工程体系的过程中所付出的实际劳动总量远远超出我们一般的想象之外，与根据目前存留的长城遗址所能估量出的总体量相比，古代军民实际的劳动付出不知要超出多少倍！

在普通参观者眼中巍峨高大的长城投射到长城保护专家的眼中，则是危机四伏、令人忧心的，因为其损毁和破坏几乎随时都在发生。这种情形在明代的诸位皇帝、文武众臣以及前线军民那里是

① 董耀会：《长城漫话》，当代世界出版社，2017年，第1页。

② 张帆：《万里长城》，河北美术出版社，1988年，第4页。

③ [美]阿瑟·沃尔德隆著，石云龙、金鑫荣译：《长城：从历史到神话》，江苏教育出版社，2008年，第9页。

有过之而无不及的，翻检《明实录》，有关长城受到损毁与威胁的记录多到触目惊心。明长城的修筑在初期以土筑为主，虽易于成就但难于巩固，遭逢雨水时往往受损严重，是在屡修屡坏之后才不得已而用砖石包砌的。即便经过包砌，长城体系的诸多破坏性因素依然从自然与人为两个方面时时发生着作用。自然因素中最为常见也最具破坏力的是雨水（当然也包括冬季的冰雪在内），遇到暴雨成灾的年份，往往有大量的墙垣、墩堡、壕堑被冲毁，不得不申报修葺，其所费的财物与人工如今已经很难统计核算了。除此以外，雷电（霹雳）导致的大火、地震、冰雹等自然灾害都可能损坏长城工程，造成重大的损失，这都需要安排大量的人工、物资予以重修。草长树滋、风吹①日晒，则是看似不起眼实则以水滴石穿的力量损蚀着长城实体的破坏因素。另一方面，人为因素致使长城受损的情况也是比比皆是，除了由于施工材料与施工手段的不合理导致的工程质量问题使得长城随修随圮之外，还有己方军民的有意无意地毁坏，例如曾有守城军官主动扒开长城以便外出伐木采薪②，至于敌对方或明目张胆或偷偷摸摸地拆毁长城以利其逾墙入关的情形更为司空见惯，而一旦发生征战首当其冲的自然又是长城体系。③

这样说来，在以长城为险抵御"虏寇"的200多年间，明长城是一个常修常筑的工程，而不是一劳永逸的工程。因此，明代军民实际修筑的长城的总体量远远多于保存至今可以为我们所直观的长城总体量。明长城如此，可以推知，秦始皇长城、汉长城以及金代的界壕也大抵如此。即使不考虑长城所处地理位置的偏远、交通运输条件的困难以及工程器械与手段的落后诸因素，单就上述事理逆测，亦可知中华民族的先辈们为了保得境内的安居乐业、阻拒"虏骑"袭扰而修筑长城付出了多少劳动、多大代价。

美国总统尼克松在参观长城之后说："我认为，你一定会得出这样一个结论：只有一个伟大的民族，才能造得出这样一座伟大的长城。"④他的话十分中肯。长城作为中华民族的勤劳、智慧与坚韧精神的象征是当之无愧的！

二、人类文明的结晶

长城之所以能受到当代人的仰慕既有其客观的原因，也不乏文化思潮的影响。有研究表明，正是近世以来中外文化界的人士各献其力才构建起了万里长城的光辉形象。⑤实际上，不管就其文化形象的历史塑造过程而言还是就当代世界的基本评价而论，长城都是属于世界的，并不为修筑它的中国人所独有。其原因在于，长城不仅象征着中华民族的伟大精神，它也代表了人类的力量与智慧，是其最伟大的表象与结晶。作为世界文化遗产，"长城分布范围之广、使用和延续的时间之长、工程之巨、技术之高、难度之大是中国乃至世界文化遗产中仅见的。"⑥假如在世界军事防卫工程领

① 沙漠地区的风沙，对于区域内的长城几乎是致命的破坏因素。

② 何宝善：《明实录长城史料》，北京燕山出版社，2014年，第46页。

③ 何宝善：《明实录长城史料》，北京燕山出版社，2014年，第264页。

④ 张帆：《万里长城》，河北美术出版社，1988年，第9页。

⑤ 赵现海：《明长城时代的开启——长城社会史视野下的榆林长城修筑研究》，兰州大学出版社，2014年，第21页。

⑥ 段清波、徐卫民：《中国历代长城发现与研究》，科学出版社，2014年。

域设立“奥林匹克”赛事的话，长城的修筑者会毫无争议地赢得桂冠。

长城自辽宁虎山蜿蜒向西，经过高山河谷、草野林地、荒漠险滩直至甘肃的嘉峪关，这样一条“长龙”如今已经完全融入自然，成为北方大地景观的组成部分。然而，人们也都知道它其实是人造物，是人力劳作的结果。中原各王朝之所以不惜花费难以计数的人力、物力与财力对抗自然与人为的多种破坏因素，一再坚持修筑并守持这样一个防务工程，是为了维护自己的平静安宁的生活，为了能够长久地安居乐业，也是为了与长城之外的游牧民族“相安无事”。那些抱有阶级意识与斗争理念的人或许愿意强调统治阶级与被统治阶级之间的矛盾对立，强调修筑长城的往往是戍边的军士、服役的夫匠乃至服刑的囚犯——他们似乎是迫于无奈；而究其根本，尽管其间有着皇帝、文臣、武将、军士、夫匠等身份上的差别，但在长城的修筑事业中所有这些参与者都服从于共同的目标，有着一致的利益，这便是民族的大义。诚如美国人本主义心理学家马斯洛的需求层次理论所启示的那样，人类的需要大体上依次分为生理上的需要、安全上的需要、情感和归属的需要、尊重的需要以及自我实现的需要。一个种族在安全上的需要远远优先于情感与归属、尊重以及自我实现的需要，而历代长城的修筑之所以显得不计代价、不惧艰难，正是因为它关乎族群的安危。

对此，明朝的前线将领这样说：“修边一节，陕西各该地方财馈民劳，兴此大役，必多异议。然利害有重轻，关系有大小：土木之害，较之抢杀为小；动摇之患，比之劳费为大。”[①]“是虽不免暂劳一时军民之力，实为万世防边之长策也。”[②]

兵部官员认为：“边墙之设，所以限隔华夷，自古不废。”[③]

明代皇帝（宣宗）语重心长地说：“朕念凡事当图永远，况临边城垣，必砖砌乃能久。虽一时劳人，岂不胜于屡坏屡修？”[④]

综上可见，这在当时基本上是共识，否则很难想象朝野之间能够下决心做出如此的决断，且不惜代价、不惧牺牲。所以说，长城作为当年朝廷的重点工程其实是国家的战备工程，维护的是民族的整体利益；而这种对族群整体利益的维护符合人类价值的一般原则。

我们不妨参照马克思在《1844年经济学哲学手稿》中的论述加以体会。他说：“一个种的全部特性、种的类特性就在于生命活动的性质，而人的类特性恰恰就是自由的自觉的活动。生活本身却仅仅成为生活的手段。”“有意识的生命活动把人同动物的生命活动区别开来……”。[⑤]人不同于动物之处在于他的有意识的生命活动，选择通过修筑长城的方式维护边境的安全既是中原王朝处于被动防守态势下的无奈之举，同时也是他们变被动为主动的一种有效策略，是其主观能动性的发挥。参与者并不以一己之私为念，而以整体利益、长久安宁作为目标而愿做出极大的牺牲，这是最宝贵的价值观的体现。这不仅符合中华民族的利益，也符合人类价值观的一般原则。

长城防御体系的构筑是人类利用自然、改造自然使之符合自身需要的典范，尽管古代的中国人

① 何宝善：《明实录长城史料》，北京燕山出版社，2014年，第151～152页。

② 何宝善：《明实录长城史料》，北京燕山出版社，2014年，第86～87页。

③ 何宝善：《明实录长城史料》，北京燕山出版社，2014年，第270页。

④ 何宝善：《明实录长城史料》，北京燕山出版社，2014年，第41页。

⑤ ［德］马克思著，中共中央马克思恩格斯列宁斯大林著作编译局译：《1844年经济学哲学手稿》，人民出版社，2014年，第53页。

为之付出了沉重的代价，但是也赋予它丰富的意义和宝贵的价值。马克思指出：“通过实践创造对象世界，改造无机界，人证明自己是有意识的类存在物，也就是这样一种存在物，它把类看作自己的本质，或者说把自身看作类存在物。”① 长城是东方古老文明的物质载体和客观形象，人们借此可以感知优秀民族的无限创造力，可以体悟人类的本质力量。

“因此，正是在改造对象世界的过程中，人才真正地证明自己是类存在物。这种生产是人的能动的类生活。通过这种生产，自然界才表现为他的作品和他的现实。”② 当来自世界各地的人们走近长城，抚摸着它巨大的墙砖、瞻望它高耸的城楼、远眺它蜿蜒在峰峦之间的身姿的时候，都能感受到人类在自然面前所能焕发出的无穷的力量、丰富的创造力与顽强的毅力，也就是直观到人类的自由与能动性，直观到人类的本质力量。作为人类文明的结晶，长城生动地显示着人类的本质力量，也因此成为美的形态。

三、人力与天道的合成

或许有人认为，长城不过是古代中原王朝为了抵御北方游牧民族的侵扰与劫掠而构筑的一种防御设施，因其具有非常突出的实用性，很难说其具备多大的审美价值。诚然，修筑长城的直接目的，往往源于应敌之急迫，或固边之紧要，自然是以坚实巩固为追求，既无精心雕琢与巧饰之从容，又无追求奇巧与雅丽之必要。故而，很难将长城当作一个艺术品来看。

这样的观点初看起来不无道理，因为长城首先不是作为一个艺术品而被知觉的，登临长城的人们也不一定能直接感受到其中的艺术美。然而需要深究的是，被置于案头或者玩弄于掌上的精巧细致的艺术作品固然属于美的形式，但美的表现绝不止于这类精致的艺术品。先秦的智者曾经说过：“天地有大美而不言，四时有明法而不议，万物有成理而不说。”（《庄子·知北游》）造物者正有一种大手笔，能够移山填海，可以改道断流，这种大制作或许没有精雕细琢之小巧，然而其立于天地之间，恢宏大度，气贯长虹，磅礴欲出天际！这之中所表现出的美不是一般的美，而是庄子所谓的大美。长城之美主要表现为这种大美，或称壮美。

德国哲学家、美学家伊曼纽尔·康德在他的《判断力批判》中做过所谓“美的分析”，由此揭示出鉴赏判断的四个契机，这四者分别是“无利害的愉快感”“非概念的普遍性”“主观形式的合目的性”与“共通感”。在对“美的分析”所做的注释中，康德特别强调鉴赏的概念：“鉴赏是与想象力的自由合规律性相关的对一个对象的评判能力。”③ 康德所作“美的分析”呈现的是一位哲学家对于审美问题展开的富于批判色彩的深刻探索，在主观与客观的联系中规定对象的审美属性和重要特征。康德所揭示的美的原理可以指引我们对于长城进行审美观照。

---

① ［德］马克思著，中共中央马克思恩格斯列宁斯大林著作编译局译：《1844年经济学哲学手稿》，人民出版社，2014年，第53页。

② ［德］马克思著，中共中央马克思恩格斯列宁斯大林著作编译局译：《1844年经济学哲学手稿》，人民出版社，2014年，第54页。

③ ［德］康德著，邓晓芒译，杨祖陶校：《判断力批判》，人民出版社，2017年，第60页。

一般地说，作为军事防御体系的长城往往是在特定的时代条件下举全国之力修筑并持续地加以维护的，依其服务于具体的实用目的而论，天然地具有功利性特征，因而直接地看来它并不是一个审美对象，这在流传久远的孟姜女哭长城的故事中可以得到确证。可以理解的是，在那些背井离乡、胼手胝足地修筑或守护长城的军士与民夫眼中，在那些孤守家中苦盼亲人归来的眷属眼中，很可能恨屋及乌地生出长城之怨，而难言长城之美。同样道理，那些受到长城阻遏而无法顺利入关取其所需的胡虏们，在仰视长城时也会怨恨丛生，难言其美的。之所以如此，是因为他们无法摆脱自身与长城直接的利害考量而不能构成完全的审美关系。

审美价值产生于主体与客体之间特定的关系状态。作为一个人造物，长城是否具有审美意蕴取决于观照长城的人能否与之建立并保持一种审美关系，而这种审美关系首先应该是非功利的，亦即脱离了具体的利害方面的考量的。这就是康德从第一个契机推得的美的说明，即："鉴赏是通过不带任何利害的愉悦或不悦而对一个对象或一个表象方式作评判的能力。一个这样的愉悦的对象就叫做美。"①

在辨析过第二个契机之后康德继续思考。他所抽绎出的第三个契机是"鉴赏判断按照它里面所观察到的目的关系来看的契机"，而从第三个契机推出的美的说明为："美是一个对象的合目的性形式，如果这形式是没有一个目的的表象而在对象身上被知觉到的话。"②如果说，康德的批判哲学容易给缺少这方面训练的人造成理会的困难的话，长城倒是给人们提供了一个再合适不过的例证，使得我们能够借以领会康德思想的深邃；反过来也可以说，康德的理论解说恰巧给我们打开了一条理解长城深厚美蕴的思想通路。

首先，依照康德的论述，"美是一个对象的合目的性形式"。已有的研究成果表明，包括墙垣、墩台、壕堑、城堡等形制在内的长城体系曾经发挥过实际的军事防御、经济保障与政治阻隔等多种功能。③换句话说，像明长城这样一个复杂完整的工程设施正是在明王朝抵御北方游牧民族的不断袭扰与劫掠的斗争实践中逐步修筑与完善起来的，因而，这样的长城毫无疑义地具有一个合乎防御需要的形式。与那些为了旅游开发、影视摄制以及教育教学等目的仿建的古代宫殿、城堡、墙垣相比，长城的合乎具体目的的形式显得真切自然。那些仿制的古建筑之所以缺乏真切可感的美韵，与其建筑形式本身缺乏具体且针对性强的目的有关。依照同样道理，出土的古代铜质宝剑虽锈蚀斑斑也比银光闪亮的道具或玩具的宝剑显得更具美感。

几乎同时，康德对他的命题做出了限定，"如果这形式是没有一个目的的表象而在对象身上被知觉到的话"，尽管表述得似乎有些拗口，但康德的思维是严谨的。正如前文所述，面对长城这样一个"合目的性形式"，那些修筑者、守卫者、攻击者以及恸哭使之倒塌者的心中并不能因观望长城而觉愉悦，他们很难从中享受到审美快感。原因在于，他们在观照这样一个合目的性形式时基于自身利害关系的考量而能知觉到一个目的的表象，当这种种念想未经摆脱时，长城在它的观照者面前就构不成一个审美对象。

历史中蕴含着一种神奇的力量。借助历史的间距，人们能够从种种利害关系的羁绊中脱离出来，

① [德]康德著，邓晓芒译，杨祖陶校：《判断力批判》，人民出版社，2017年，第35页。

② [德]康德著，邓晓芒译，杨祖陶校：《判断力批判》，人民出版社，2017年，第56页。

③ 赵现海：《明长城时代的开启——长城社会史视野下的榆林长城修筑研究》，兰州大学出版社，2014年，第545页。

不再将长城知觉为一个切实的目的表象。当代的人们不会再亲身感受到修筑长城之累、守护长城之苦、攻取长城之难、抚摸长城之悲，是历史将人们从这些紧密纠缠的利害关系中缓释与解脱出来，使得人们将长城直觉为一个无目的的合目的性形式。这个形式能使当代人观照到往古时代人们的力量、智慧和坚韧不拔的精神，体验到人类伟大的创造力和牺牲精神——这种条件下的长城即成为一个美的对象。对于当代人而言，至少300年以上的历史距离足以疏远、淡漠乃至消解了其自身与长城之间诸种可能的利害关系，其心理容易调处到自然松弛的状态，直观其雄伟壮观的姿态，感受其无用之用，从而油然生发出美感来。

因此说，长城所具有的美蕴是人力与天道合同赋予的结果。长城成为审美对象——一种“无目的的合目的性形式”，既有人力的付出，又借助了造物的成全。

四、多样统一的典范

美国人阿瑟·沃尔德隆在解构“长城”这一具有历史内涵的概念时确实也揭示了部分真理，那就是，长城的所指确实异常复杂。“上下两千年，纵横十万里”的长城是建筑工程史上的奇迹。从春秋战国到明代，先后有20多个诸侯国和封建王朝维护和增建过长城，乃至长城遗址至今遍布于15个省（自治区、直辖市）。因而“长城”既是一个单称，也是复指。不同时代、不同地域、不同材质与工艺以及不同作用中的长城彼此并不雷同，可以说长城也有“七十二般变化”，但它们又被统称为长城。因此，在长城的审美属性得以论证之后重新审视其多姿多彩的形态，人们很难不被它多样统一的美学风格所折服。

首先，中国历史上曾有多个朝代修筑过长城，虽说保存完好度不一，有的损毁较为严重，但是我们仍然能从现有的遗存中分辨出各个时代所修长城在风格上的差异，甚至可以借助历史背景的探求考察不同朝代的防卫观念、经济实力、组织管理模式等方面的复杂情形。

其次，长城拥有不同的形制。长城作为防御体系是由多种形制的建筑物组合而成的，以修筑时间晚近而体式完备的明长城为例，即有关城、城墙、壕堑、敌台、烽火台等，由其构成完整的功能体；相应的还会配建仓廪、房舍、马厩。这些建筑物结构不同，各自具备相应的功能，服务于戍守将士的守御、出战、训练与生活诸方面。

再次，选用不同的材质、呈现不同的样貌。由于长城的修筑基本遵循就地取材、因地制险的原则，分布于不同地理条件下的长城也往往显出不同的面貌与风格来。除了常见的砖包长城与石砌长城之外，在沙漠地带多取用红柳、芦苇掺拌沙泥、沙石等夯筑而成，处于戈壁滩地带则在土坯之间夹以芦苇、芦叶、芦根等，到黄土高原则多以黄土分层夯筑。[①] 就墙体而言，单在宁夏一地就有外陡内缓的山脊墙体、“L”形墙体、苟拉壕、“品”字形窖、挡马墙、劈山墙、深沟高垒等[②] 各种不同的形式。

此外，目前也出土了附属于长城体系的大量文物，诸如题匾、包修碑以及跟戍守将士的征战与

---

① 许成、马建军：《宁夏古长城》，江苏凤凰科学技术出版社，2014年，第191页。

② 许成、马建军：《宁夏古长城》，江苏凤凰科学技术出版社，2014年，第253页。

生活相关的物品，大都载有丰富的历史文化信息，具备厚重的审美意蕴。

从这个意义上说，我们在长城上漫步，就是置身于一个藏品丰富的博物馆；目之所及，宛如在一条艺术的长廊上流连徜徉。

余论：挽留住长城的美

时至当代，已然失去军事防御之实用功能的长城对于众多的普通人而言，在相当的意义上是作为一个审美对象被观照的。在互联网上一度被热传的“最美野长城被抹成水泥地”（即辽宁绥中小河口长城）的讯息正是这个判断的一个很有说服力的佐证。因而，以保护为基本目的的长城维修工作如果无视其作为审美对象所具有的特征而仅考虑工程技术方面要求的话，必然会不断地遇到这种“费力不讨好”的尴尬。由此，我们不得不重新审视长城的保护与维修的基本理念与原则，正视且重视长城的审美价值，以期最大限度地保护长城的文化意蕴和历史赋予它的丰富内涵，将民族先辈创造的人类奇迹以尽可能完美的状态留给后世子孙。

其一，整旧如旧，坚持其原真性。整旧如旧是由建筑学家梁思成先生提出的古建筑修复工作的基本原则，这一原则既从专业立场出发，又符合中国古建筑保护工作的优良传统，便于指导当代长城保护与维修事业的实际操作。它也经受了新中国成立以来几十年正反两方面实践的检验。

其二，因地制宜，维护其完整性。司马迁在《史记》中记述蒙恬主修长城时说：“筑长城，因地形，用险制塞”，其实这也是历代传承的长城修筑的基本原则，以此最大限度地借用地利、减少施工难度和工程量，并且达到理想的防御效果。这也决定了长城的重要特征，并且显示了长城设计、修筑者的智慧。因地形修筑的长城经过几百上千年的岁月磨砺、风雨侵蚀，整个体系已然同周边的环境融为一体，呈现出一种和谐的美感。长城的保护与维修必须尊重其完整性，遵循因地制宜的原则，慎重地选择保护与修复的方法。

需要补充说明的是，世界文化遗产保护的基本原则是遗产的原真性和完整性，而奠定文化遗产保护的基本原则的国际文件《国际古迹保护与修复宪章》及之后通过的宣言，基本上是对这两大原则的具体运用和阐释。[①] 由此可见，上述的整旧如旧与因地制宜原则也是符合文化遗产保护的国际准则的。

其三，分类对待，珍视其丰富性。如前文所述，统而称之的长城、万里长城其实是包罗万象的，作为一个复杂的体系包括了多种形制的建筑物，分布于不同的地理条件下获得了多样的形态，产生于不同时代的长城又有风貌上的种种差别……这些，当然给长城保护带来了麻烦与困扰，但它也是长城保护的价值与意义的根源所在。没有千篇一律的长城，自然也不该用千篇一律的方法去保护或修复它。珍重其丰富性的保护方式，难能而可贵，任重而道远！

在《长城保护条例》的基本约制下，严格而谨慎地遵守上述原则有效地开展长城的保护与维修工作，既是对长城作为古文物或古建筑的尊重，也能较好地守护长城的审美价值。

---

① 肖爱玲等：《隋唐长安城遗址保护规划历史文本研究》，科学出版社，2014年，第22页。

基于长城文化的干部教育培训现场教学机制研究

杨小龙 *

摘要：随着国家对干部教育培训工作的日益重视，对教育培训手段的现代化、培训方式的多样化提出了更高要求。现场教学以其在理论联系实际、实现教学相长、打造品牌特色等方面的鲜明优势脱颖而出，受到了学界的不断关注。以中国海关管理干部学院“讲好长城故事，弘扬民族精神，坚定文化自信——山海关长城文化现场教学”为例，从高立意、高品位、高标准、系统化的“三高一化”入手，具体分析现场教学在干部教育培训中的综合改革与应用途径。同时就现场教学开展过程中存在的问题，从完善总结机制、建立评价体系、规范操作流程三方面提出改进建议，以不断丰富发展现场教学的教学实效，真正实现反映实践、指导实践的目的。

关键词：长城文化；现场教学；干部教育培训；三高一化

2018年11月，中共中央印发《2018—2022年全国干部教育培训规划》（以下简称《培训规划》）指出，“干部教育培训是干部队伍建设的先导性、基础性、战略性工程，在进行伟大斗争、建设伟大工程、推进伟大事业、实现伟大梦想中具有不可替代的重要地位和作用”[1]。《培训规划》明确了干部教育培训的重要意义，也为新时期干部教育培训对于知识、素质、能力的培养与拓展提出了更高要求。因此，在加强理论教育与党性教育的基础上，构建“具有先进培训理念、科学内容体系、健全组织架构、高效运行机制的新时代中国特色社会主义干部教育培训体系”，培养“基本知识体系不断健全、知识结构不断改善、综合素养不断提高”的复合型领导干部，就成为摆在当前干部教育培训工作者面前的重大课题。

一、现场教学：干部教育培训方法创新的优势选择

随着干部教育培训由“教育 + 互联网”到“互联网 + 教育”的转变，广大干部接收信息的渠道

---

* 杨小龙，中国海关管理干部学院政治理论教研室教师。

日益增多，对不同声音进行理性辨析的呼声日益强烈，对个性化内容的精准推送需求日益提高，这就使得培训方式现代化、培训形式多样化成为干部教育培训发展的必然趋势。但不得不说，目前仍有部分培训存在“一支笔、一张嘴、一堂课、一场会”的应付式、灌输式、说教式教育现象，形式上单调乏味，内容上空洞无物，教育培训的针对性和实效性不强[2]。“明者因时而变，知者随事而制”。为了丰富教学手段、创新教学模式，许多研究者进行了卓有成效的理论探讨与实践革新，尝试使用了案例教学法、现场教学法、研讨式教学法、模拟式教学法、辩论式教学法等多种培训方法，并深入结合互联网技术手段，利用 MOOC、SPOC、微课、翻转课堂等形式开展各方面基础性知识学习，从而不断实现干部素质培养的系统性、持续性、针对性、有效性。

在众多的教学方式中，现场教学作为一种经实践证明了的创新方法，正逐渐受到重视与欢迎，逐渐成为干部教育培训的优势选择。其实早在 1998 年，美国得克萨斯州的校本教师教育计划就已经证实，在教学过程中讲座产生的学习效果最差，通过模仿产生的效果次之，实地学习产生的效果最好。这也符合人的记忆曲线，即我听，我看，我做，我看见的易记，我做的易会[3]。斯特劳斯曼教授也在研究中发现，通过传统的讲授方式只能使学员记住所学知识的 5% ～ 10%，而通过互动性的教学方式可以使记忆率提高到 50%[4]。

那么何谓现场教学？现场教学是以现场为课堂，教师现场讲授，学员实地体验并与教师多边互动交流研讨的教学形式。从定义中可以归纳出现场教学的四个基本要素：（1）现场。现场成为能让学员产生身临其境之感的课堂。（2）学员。学员的主观能动性得到充分发挥，其调动视觉、听觉、触觉等多种感官，在看、听、问、想中获得体验与体悟。（3）教师。教师通过事先确定主题、挖掘案例、设计流程，阐述事件的始末，丰富事件的血肉，将一行行枯燥的文字变为真切、具体与课程主题紧密结合的材料，并引导学员去思考、探讨，从而大大提高了教学的实效性。（4）事实。事实是第一线最生动鲜活的材料，往往能够给学员带来最直接震撼的冲击，当事实与教学目标联系，与社会的热点、难点问题挂钩，往往能使学员深受启发，具有较强的指导意义。

可以看出，现场教学汇集了参观的直觉性、经验分享的启发性、课题研究的自主性、案例教学的仿真性、情景模拟的体验性、讨论交流的互动性，在兼具其他教学方法之所长的基础上，在理论联系实际、实现教学相长、打造品牌特色等方面表现出了鲜明的优势。

二、三高一化：干部教育培训现场教学的综合改革

本文以中国海关管理干部学院“讲好长城故事，弘扬民族精神，坚定文化自信——山海关长城文化现场教学”为例，从高立意、高品位、高标准、系统化的“三高一化”入手，具体分析现场教学在干部教育培训中的综合改革与应用途径。2020 年 8 月以来，中国海关管理干部学院以山海关长城博物馆为现场教学点开展了独具特色的长城文化现场教学，近千名海关干部走进山海关长城博物馆重温民族历史、了解长城文化、感悟长城精神，课程评估平均得分高达 9.9 分。

（一）高立意：凝聚爱国主义与文化自信的选题价值

2019 年，习近平总书记在甘肃考察时强调：“长城凝聚了中华民族自强不息的奋斗精神和众志成城、坚韧不屈的爱国情怀，已经成为中华民族的代表性符号和中华文明的重要象征。”[5] 长城

作为人类文化的宝贵遗产，其价值已经越来越被社会所认识，深入挖掘长城所蕴含的文化价值和精神内涵，已经成为弘扬民族精神、实现中华民族伟大复兴中国梦的题中应有之义。正是在这样的高立意背景下，“讲好长城故事，弘扬民族精神，坚定文化自信——山海关长城文化现场教学”课程选择了长城文化作为切入点，旨在使学员深入了解长城文化，体验长城蕴含的团结统一、众志成城的爱国精神；坚韧不屈、自强不息的民族精神；守望和平、开放包容的时代精神[6]。

（二）高品位：依托特色资源与专业平台的优质内容

千百年来，秦皇岛与长城相依相伴，是一座因长城而闻名遐迩的城市。秦皇岛境内长城是我国明长城最精华的地段之一，集滨海长城、海上长城、平原长城、高山长城、河道长城于一身，本身就是一座天然的长城博物馆。中国海关管理干部学院抓住了秦皇岛得天独厚的地缘优势，将山海关长城博物馆作为学员了解长城文化的主要阵地进行现场教学，这无疑是海关干部了解长城文化的生动一课，更是培养学员民族自信、增强爱国主义情怀的重要载体。

（三）高标准：展现深厚主题与形式创新的课程设计

为了进一步深化教学改革，创新教学形式，增强培训效果，适应新形势下干部教育培训的要求，课程选择山海关长城博物馆作为现场教学基地，作为学员学习历史、研究问题、探索规律、坚定文化自信的实践课堂。同时，在现场教学的基础上，课程还开展了与其他教学创新形式的融合。课程通过课前导入、实地讲解、课后研讨，充分利用网络答题、H5 介绍等多种教学手段，将激情教学、情景教学、互动教学等融入其中，进行了精心的课程设计。“长城文化和长城精神”教学设计具体如图 1 所示。

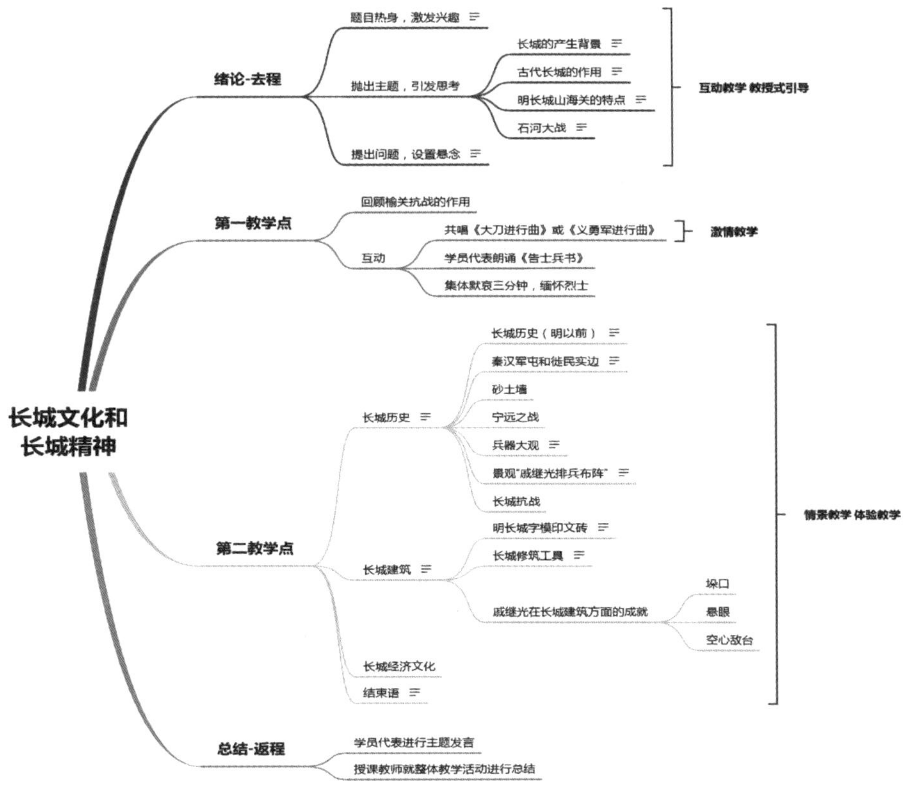

图 1 “长城文化和长城精神”教学设计

（四）系统化：推进专题体例与科研创新的常态研究

事实上，中国海关管理干部学院“讲好长城故事，弘扬民族精神，坚定文化自信——山海关长城文化现场教学”并不是一个个案。通过这一成功课程案例的设置，中国海关管理干部学院正在通过专题体例设置与科研创新探索，不断促进现场教学的系统化构建，逐渐进入常态化研究。

1. 在前期充分调研的基础上，中国海关管理干部学院先后成立了三个课程开发小组，分别以山海关长城博物馆、昌黎五峰山、甲申史鉴馆为现场教学点，挖掘秦皇岛市特有的爱国主义教育资源、红色资源及廉政文化教育资源。通过与秦皇岛市地方特色文化紧密结合，打造出更多适合干部现场教育的教学形式。这是中国海关管理干部学院充分发挥地缘优势的有益尝试，也是为地方文化推介与品牌形象打造作出的积极贡献。

2. 为了不断提高课程开发小组及授课教师的专业素质，加深对于长城文化、长城精神的理解与运用，相关教师积极致力于不断加强与国内知名长城研究者的信息沟通和学术交流，如参加了“2020中国长城文化研究与传播”学术论坛暨“长城国家文化公园建设推进区域经济发展”分论坛。同时，积极开展重大课题的申报和研究，努力在长城文化学术研究方面多出成果、出好成果。

3. 中国海关管理干部学院立足秦皇岛，有责任也有义务将长城研究的学术性和深远意义发扬光大。今后，课题组有意向通过加强与燕山大学中国长城文化研究与传播中心等机构的合作交流，全面系统地研究长城和中国传统文化，积极探索长城文化发展规律，在达成干部教育培训现场教学实效性的同时，成为弘扬民族文化的又一生力军。

三、总结评价：现场教学规范流程的丰富发展

通过上文对中国海关管理干部学院“讲好长城故事，弘扬民族精神，坚定文化自信——山海关长城文化现场教学”课程的具体分析评介，可以发现现场教学在干部教育培训中具有广阔的发展空间，但是也暴露出存在的一些问题，尤其是在总结与评价等维度，还需要进一步完善，以不断丰富发展现场教学的教学实效。

（一）完善总结机制

首先是教师的总结。教师需要认真回顾从发车到现场教学再到返程的全过程，既有对经验的归纳，又有对不足的反思。要对每一个步骤进行细节式扫描，比如如何更充分地利用行车途中的时间开展互动、如何避免现场讲解时出现人员分流的状况、如何寻找更有感染力的切入点以使学员更好地将理论与实际结合起来、如何将学员的讨论引向深入，等等。其次是学员的总结。目前在某些学员中存在“工作是硬任务，学习是软指标”的错误认识。事实上由于现场教学课程都是经过学校认真组织、精心设计的，对于培养看问题的角度、提高对于现实问题的认识、实现由感性经验到理性思考的转变都大有裨益。学员应端正态度，将对课程的总结、对工作阶段的总结延伸并应用到实际工作生活中，甚至形成一种习惯，往往能取得事半功倍的效果。

（二）建立评价体系

一般来说，人们往往倾向于将教师作为评价主体，实际在现场教学中，教师、学员、教学基地都应该被纳入评价体系中予以考察。首先，对教师的评价。学员可以通过调查问卷、系统打分、小

型座谈会、电话微信回访等多种途径对教师在现场教学中的组织协调能力、设计开发能力、主题提炼能力、现场调控能力、讲解归纳能力等进行客观公正的评价，以促进教师教学能力、课程教学质量的提高。其次，对学员的评价。为了增强学员介入现场教学的主观能动性，应将其课程参与过程中回答问题、积极互动、总结交流等情况记录下来，并分析其中蕴含的行为能力、学习态度、思维方式等方面素养，进而对其综合素质进行评价，并最终通过考核评语等形式列入课程成绩，作为对本次培训的总结、对今后工作的提示。再次，对教学基地的评价。通过参考学员、教师等对现场教学实效的反馈，可以对现场教学历史文化资源的现实价值进行重新审定与评判。在肯定其价值的基础上，随着现场教学应用的日益增多，应与教学基地建立更加紧密的联系。不仅可以深入现场通过与专家、史实见证者的交流进一步提炼现场教学的“实践点”，还可以在沟通协调中促使现场教学基地为培训提供更加适宜的内外部条件，从而发挥资源优势更好地调动学员的视觉、听觉，这也是一个教学基地提高服务意识、打造品牌形象的契机。

（三）规范操作流程

现场教学的理论价值目前已经得到了学界较为广泛的认可，但至今没有大范围开展的原因，往往是受到师资、参与人数、基地资源、经费等方面的限制。因此，应制订干部教育培训现场教学规范操作流程并以文件的形式固定下来，使其制度化、系统化，便于现场教学工作的常态化开展。例如，应根据学员人数、基地大小分批次地进行现场教学，保证学员都能看得到、听得见、参与得进来，避免走马观花。同时也要配备充足的教师，从而能够多角度观察、记录学员的表现，为之后的学业评价提供数据支撑。另外，要不断扩大与充实专家型教师队伍，确保能够以较强的科研能力提炼、更新现场教学的资源，与社会上不断涌现的典型问题、热点、难点更好地契合，从而达到反映实践、指导实践的目的。

参考文献

[1]2018—2022 年全国干部教育培训规划 [EB/OL].（2018-11-02）[2020-11-28].http://www.qstheory.cn/yaowen/2018-11/02/c_1123650369.htm.

[2] 谭琪红，祝黄河 . 略论新时代高校党员干部培训工作的载体优化 [J]. 学习论坛，2019（1）：26-30.

[3] 田景红，邓涛 . 美国得克萨斯州的教师教育改革——现场教学 [J]. 外国教育研究，2002（11）：62-64.

[4] 张帆 . 创新财政干部教育培训工作方法的探索与思考 [J]. 经济研究参考，2017（70）：15-17.

[5] 王雁 . 论长城国家象征意义的形成 [J]. 理论学刊，2020（1）：161-169.

[6] 刘素杰 . 长城文化遗产与新时代思想政治教育 [J]. 党史博采（下），2020（8）：61-62.

长城文化与大学生文化自信培树的实现路径研究

郑利群　吴　蒙*

摘要：党的十九届五中全会提出，坚持马克思主义在意识形态领域的指导地位，坚定文化自信，坚持以社会主义核心价值观引领文化建设，围绕举旗帜、聚民心、育新人、兴文化、展形象的使命任务，推进社会主义文化强国建设。相关院校应精准对接“双高计划”建设任务与要求，借助长城国家文化公园重点建设区契机，自觉服务国家战略，融入地方区域发展，以培养高素质技术技能人才为目标，注重以文化人、以文育人，深入开展长城文化教育，落实“三全育人”，努力打造新的文化育人阵地，不断推动文化自信建设。探索从工作队伍建设、课程体系构建和学生活动载体开发三个层面把长城精神融入大学生的课堂和实践活动中，有效实现长城文化与大学生文化自信培树有机融合，提高文化育人、课程育人和实践育人能力，适应新时代高校育人要求。

关键词：长城文化；文化自信；培树；路径

一、长城文化的重要地位

长城是人类历史上宏伟壮丽的建筑奇迹，是中华民族宝贵的精神象征，是全人类共同的文化财富。近年来对长城的研究、挖掘、保护力度持续加强，建设长城国家文化公园的规划方案正在有序推进，建设具有特定开放空间的公共文化载体，将有效带动、助推长城文化经济带的繁荣和发展，最重要的目的是打造国家文化战略高地，坚定文化自信。文化是一个国家持久发展的不竭动力，文化自信是国家兴旺发达的重要支撑。秦皇岛市境内长城相关遗存丰富、保存完好，长城文化是秦皇岛得天独厚的文化资源，是秦皇岛地域文化和世界文化交流互鉴的有效载体。高校借助长城文化推进大学生文化自信培树教育工程，提升大学生的政治认同和文化自信，具有丰富的理论价值和现实意义。

* 郑利群，秦皇岛职业技术学院教授；吴蒙，秦皇岛职业技术学院讲师。

二、新时代大学生文化自信的重要性

新时代大学生肩负着国家富强的使命，应该对自己的国家、民族和自身文化价值充分认同，具备高度文化自信。在实践当中积极践行、培育其文化自信，成为大学生全面发展的必然要求。高校需要融合多方面的教育资源，拓展长城文化中的教育资源和教育功能。挖掘长城文化中蕴含的团结统一、众志成城的爱国精神，坚韧不屈、自强不息的民族精神，守望和平、开放包容的时代精神，充分发挥长城文化在坚定大学生文化自信中的重要作用。秦皇岛职业技术学院将致力于促进长城文化与大学生文化自信培树有机融合，打造品牌专业和特色专业，把新时代长城文化融入思想政治教育课程和实践活动，做优做强专业群；优化教师队伍，培养一批“教练型”教学团队，向学生讲好长城故事和中国故事；开发精品校园文化活动载体，满足学生个性化需求，有效实现长城文化与培树大学生文化自信有机融合，在文明互鉴中培树大学生的文化自信。借助长城国家文化公园重点建设区契机，自觉服务国家战略，融入地方区域发展，坚持以“以服务为宗旨，面向京津冀，建设特色鲜明、国内一流的高职院校”的办学定位，紧扣时代脉搏，精准对接企业行业需求，打造成为高素质技术技能人才培养高地。

三、大学生文化自信培树的实现路径

培育新时代大学生文化自信是一项长期的系统性工程，也是大学生全面发展的必然要求，高校应该加强责任意识，不断推动文化自信建设。秦皇岛职业技术学院精准对接“双高计划”的“一加强、四打造、五提升”建设任务与要求，立足职业教育理论和实践创新，实施“强基创新”“能力锻造”“规范提质”工程，筑牢意识形态主阵地，分类培养，精准赋能，注重培养学生的人文素养、职业道德、劳动精神、工匠精神，切实把立德树人根本任务落实到位，为建设社会主义文化强国和建设中国特色社会主义事业贡献力量。本文主要从工作队伍建设、课程体系构建和学生活动载体开发三个层面进行研究。

（一）立足长城文化，蕴养工作队伍，弘扬文化自信

教育的实质就是传承文化，促进文化的创新和延续。高校应正确把握当代大学生的思想特点，聚焦学生思想困惑，注重以人文育人，深入开展中华优秀传统文化、革命文化、社会主义先进文化教育，牢牢掌握高校意识形态工作领导权，践行和弘扬社会主义核心价值观，繁荣校园文化、培育大学精神、滋养师生心灵、涵育师生品行、引领社会风尚。秦皇岛职业技术学院将围绕中国特色高水平高职学校和专业建设计划，借助长城国家文化公园和长城文化带的建设契机，凝练形成优质校建设的精神文化，加强学校内涵建设，通过蕴养一支专业化的师资队伍，推进建设文化育人新格局。

首先，开展以“长城文化与大学生文化自信培树”为主要方向的理论研究。聚合多学科资源，进行多维度的学术交流与研讨，主要侧重新时代长城文化长城精神的挖掘宣传、长城文化带建设与地区发展、长城保护与生态涵养区协同发展、秦皇岛地区文旅产业融合发展等，多学科角度开展思想政治教育研究，共同破解立德树人的重大前沿问题。

其次，组织开展“走近长城”系列主题实践活动。在秦皇岛周边地区通过实践探索、人物访谈、

实地参观、重温经典，感受长城文化的深远与厚重。依托职教集团互联网教育资源共享联盟和精品在线开放课程，建立共享、共建长城文化信息平台，通过影片视频、演绎经典、网络互动等形式构筑长城文化共情话题基础，培育一支传播长城文化和长城历史的高水平师资队伍，推动长城文化与新时代思想政治教育元素相融合。

最后，打造宣传长城文化的校园新媒体品牌。借助秦皇岛职业技术学院辅导员工作室“秦职芳华”公众号，以秦皇岛地域或某一个历史时期为主线，以“走长城、看长城、话长城、颂长城”为主题，引导学生参与创作长城文化网络作品，通过网上交流和互动讨论，开展大学生文化自信培树教育工程，帮助大学生形成文化认同、培育文化自觉、树立文化自信。培育建设一支“懂理论、做研究、有精神”的思想政治教育工作队伍，发挥示范引领、辐射带动作用，弘扬文化自信。

（二）立足长城文化，深挖思政元素，传承文化自信

习近平总书记在全国高校思想政治工作会议上强调：“所有课堂都有育人功能，不能把思想政治工作只当作思想政治理论课的事，其他各门课程都要守好一段渠、种好责任田。要把做人做事的基本道理、把社会主义核心价值观的要求、把实现民族复兴的理想和责任融入各类课程教学之中”。

秦皇岛职业技术学院主持建设的导游专业教学资源库项目，被确定为国家职业教育专业教学资源库，引入职教云、蓝墨云班、学习通 3 个信息化教学服务平台，建设 3 门省级精品在线开放课程，在线峰值达 5000 人，使翻转课堂和混合式教学全面推开，实现了“以教为中心”向“以学为中心”的转变，凸显出鲜明的职业教育特色。为实现成才教育和成人教育并举的育人目标，专业课教师和思政课教师应立足学校发展需要，深挖长城文化的思想政治教育功能，探索专业特色思想政治教育范式，根据专业人才培养方向和学生特质施教，把长城文化中蕴含的工匠精神、民族精神、艰苦奋斗、创新意识、勤劳勇敢、团结互助的元素有机融入大学生理想信念、爱国情怀、品德修养、文化自信、人格养成教育中，使长城文化与培育大学生文化自信相辅相成，与新时代社会主义核心价值观教育达到高度契合，实现思想价值教育与知识体系教育的有机统一，发挥好课堂教学的主渠道和主阵地作用。

目前，秦皇岛职业技术学院聚焦高职院校“双高计划”建设目标，深入推进“校企共育、工学结合”人才培养模式改革，根据学生职业发展规律，结合专业人才综合培养要求，积极推动课程体系及课程内容改革，推进“思政课程”向“课程思政”转变，使职业技能培养与职业精神养成相融合。秦皇岛职业技术学院把长城文化融入专业课程体系设计中，以专业课程作为承载体，挖掘长城文化承载的思想政治教育元素，探索通过项目化教学、案例教学的方式，开发长城文化相关的微课、慕课教育课程，编写适合高职院校学生特点的文化教育校本教材，带领学生走近历史事件，走近长城文化的时代内涵。通过深化学校课程思政建设，在知识传授中注重价值引领，推动知识传授、能力培养与理念信念、价值观教育双向融合，提升学生的政治认同和文化自信，引导学生自觉传承民族文化，为新时代服务。

（三）立足长城文化，打造行走课堂，激发文化自信

当前，高校环境和学生行为方式都在发生巨大变革，校园文化活动只有不断创新载体，才能适应社会快速发展和学生需求。长城文化遗产不但有比较显性的传播方式，也蕴含丰富的思想政治教育内涵，利用秦皇岛地区特有的文化符号，以鲜活、生动的载体开展校园文化活动，才能激发师生共同参与的积极性，深入推进文化育人。

秦皇岛职业技术学院探索实施以长城文化为核心的系列校园文化活动。在秦皇岛周边地区开展长城研学活动，带领学生参观长城文化博物馆，倡导同学们在学中研、研中思，通过了解长城悠久历史，增强民族自豪感和荣誉感的同时，领会长城文化的时代价值和文化意义，让长城精神入脑入心。

举办“长城读书分享会”，通过阅读长城相关历史书籍，推进长城文化进校园，营造良好的读书氛围，搭建思想交流平台，丰富校园文化生活，分享在理想信念、家国情怀、品德修养、奋斗精神上的感悟，从阅读中获得积极向上的正能量，立足所学，坚定职业理想，从而成长为能担当民族复兴大任的合格建设者和可靠接班人。

开展以“长城利用和保护”为主题的志愿服务活动，引导师生积极参与社会实践公益活动。从长城管理、利用等维度学习长城保护的经验，开展建立社会主义核心价值观的实践课堂，逐步培养学生的责任意识和担当意识，传承爱国主义精神和革命传统，在服务中实现自我价值。

成立秦皇岛职业技术学院“新时代长城守护人”师生宣讲团，立足秦皇岛地域的长城保护故事，传播长城文化和长城精神，成为激发广大同学文化自信的强大力量，实现从感性到理性、从共情到共鸣，成为促进学生全面发展的有益实践，打造具有秦职特色和长城标签的“实践行走课堂”，引领新时代职业教育高质量发展。

参考文献

[1] 刘素杰 . 长城文化遗产与新时代思想政治教育 [J]. 党史博采（下），2020（8）：61-62.

[2] 苏兴军，狄鑫 . 艺术院校大学生思想政治教育载体建设探索——以吉林艺术学院为例 [J]. 吉林艺术学院学报，2018（5）：75-80.

[3] 连玉明 . 重新审视长城国家文化公园的时代价值 [J]. 中国政协，2020（17）：46-47.

[4] 余镇生，赵康健，杨晓霜 . 新时代大学生高度文化自信培育路径研究 [J]. 中国多媒体与网络教学学报（上旬刊），2020（9）：186-188.

[5] 冯刚 . 新时代文化育人的理论考察 [J]. 学校党建与思想教育，2019（5）：4-7.

[6] 董耀会 . 长城：追问与共鸣 [M].2 版 . 秦皇岛：燕山大学出版社，2020.

浅析长城文化符号在美国的传播

李　洁*

摘要：长城是中华文明的代表，是中华民族精神的象征，是中国文化在美国传播的重要文化符号。基于大数据对于美国主流媒体和社交网络的分析，长城是认知度最高的中国文化符号，但同时发现美国民众对这一文化符号处于较浅的认知层次，对其文化内涵和象征意义的了解和认同不够，因此在中国文化传播过程中充分挖掘长城文化符号的内涵及其象征意义，尊重文化传播规律，是中国文化走出去的重要路径。

关键词：长城；文化符号；美国；中国文化传播

随着中国经济的不断发展，中国的国际影响力不断提高，如何让中国文化走出去，促进中国文化的国际传播，提高中国的文化软实力，消除文化偏见和文化误解所导致的不必要的国际矛盾，有着非常重要的战略意义。文化符号，是指具有某种特殊内涵或者特殊意义的标志，具有很强的抽象性，内涵丰富，是一个民族或一个国家独特文化的抽象体现，是文化内涵的重要载体和形式。中国文化符号是指能代表中国文化特征的标志，中国文化符号的海外传播是中国文化走出去的重要内容。

中美关系是当前国际关系中影响极为广泛和深远的一对双边关系，美国是中国最重要的国际伙伴之一，中国文化符号在美国的传播和认同有助于中国文化在美国的传播，并在削减意识形态、政治、经济等方面的摩擦有着非常积极的作用和意义。基于大数据对于美国主流媒体和社交网络的分析，长城是认知度最高的中国文化符号，但同时发现美国民众对这一文化符号处于较浅的认知层次，对其文化内涵和象征意义的了解和认同不够，因此在中国文化传播过程中充分挖掘长城文化符号的内涵及其象征意义，尊重文化传播规律，是中国文化走出去的重要路径。

一、长城文化符号的内涵及其象征意义和作用

王丽雅（2013）的文章《中国文化符号在海外传播现状初探》中指出：文化符号是指那些只被

* 李洁，燕山大学外国语学院讲师。

某一文化群体的成员所承认，经常带有复杂意义的语言符号、图案和物体等。中国五千年的历史发展过程中，产生了很多中国特色的符号，如汉字、中国画、龙、长城等；基于对四国调查数据分析的基础上发现受访者对中国文化符号有一定的认知度但好感度不高；但是长城是被受访者最了解和最喜欢的中国文化符号。长城以绝对优势成为四国受访者心目中最能代表中国的符号，同时也是最喜欢的中国符号。

长城，历史悠久，举世闻名，尽管其在最初建造时是阻隔游牧民族向农耕民族推进的一道实体墙，但随着历史发展，长城内外不同的文明在共同存在的过程中相互冲突、相互影响、相互交流、相互融合，长城也从隔离带变成了文化交流与融合的桥梁和纽带。经过岁月的沉淀，长城文化由长城本体建筑的物质文化发展成为中华民族坚韧不拔、奋发向上的精神文化，也成为中华民族坚忍顽强、吃苦耐劳、自强不息精神的象征。习近平总书记指出："文化是一个国家、一个民族的灵魂。文化兴国运兴，文化强国运强。没有高度的文化自信，就有文化的繁荣兴盛，就没有中华民族伟大复兴。"而"长城是中华民族的文化宝藏、民族精神的载体。新时代，长城研究、保护及文化资源的开发利用，应该更加注重其新时代的历史地位、文化取向、价值理念，充分体现其新时代的文化担当。"（闫煜东，2020）

此外就长城文化符号的意义而言，长城作为防御性工事，应该是"和平"的含义，而不是"封闭排外"，防御性绝非保守性，因此长城也绝非保守的象征。长城的修建也绝不会影响中国人的开放，长城内外是通的，长城的存在并没有影响交通和游牧农耕两种文明间的沟通和交流。2018 年 9 月 28 日，在山西博物院举办的《碰撞・融合——长城文化展》的展览中"长城互市贸易区"生动展示了各民族在长城周边开通互市，促进民族交流的场景（王金梅，2020）。经济文化的交流使得民族分布的界限逐渐淡化，随着时间的推移，长城已经成为中华民族威武不屈，敢于抗击一切外来侵略，团结一致的象征。

二、中国文化在美传播现状

中国拥有着五千年的历史和悠久灿烂的文明，但中国文化产业在国际文化市场中，尤其在美国市场上所占的比例份额很少，仍处于落后的状态，据统计在国际文化市场上美国占 45%，日本占 10%，韩国占 5%，欧盟占 30%，中国以及其他国家占 10%，（徐龙超，2019）。杨越明在《十国民众对中国文化符号的认知与偏好研究》中指出，调研数据显示，有 78.4% 的受访者对于中国文化的整体认知水平处于初级阶段，认识或者了解的中国文化符号相对较少。只有 18.8% 的受访者对于中国文化的整体认知水平处于中级阶段，对于一部分中国文化符号认知程度较高。

在美国，民众虽然接触中国文化的机会不少，但其对中国文化的认知兴趣受到天花板效应的影响，提升幅度相对较小。笔者于 2016—2018 年任教于美国托列多大学孔子学院期间，发现在美国，中国文化传播活动有很多。美国各大、中、小城市都有中餐馆，中国超市也比较常见，并且在中国传统的节日期间多会有热闹的庆祝活动，如传统的舞龙舞狮、中国艺术展演、传统食物试吃等。即使如此，大部分美国人对于中国文化也没有特别关注，或者是仅限于少许文化符号的认知。同时还有一部分美国人对中国有一定的刻板印象，甚至有一些人由于中国政治经济制度不同，面对中国经济的发展，提出了“中国威胁论”。由此可见，中国文化在美传播方式有待进一步改善，文化传播未达到预期效果，传播策略亟须进一步调整升级和加强。

三、中国文化在美传播策略

中国文化在美传播过程中存在着仅仅是进行宣传而并未进行深入传播的现象，一味地宣传式和灌输式的传播并不能使中国文化被美国社会和民众所接受和认可，甚至会导致一定的负面形象和抵触情绪，因此有效的传播方法和策略就显得尤为重要。

（一）文化传播与语言教学相结合

语言是文化传播的媒介，文化是语言表达和传播的内容。语言障碍是影响中国文化在美传播的重要因素之一，为了让美国民众对中国文化感兴趣并愿意深入地了解和认识中国文化的内涵和魅力，语言的学习和沟通是至关重要的一个环节。因此在中国文化在美传播过程中需将语言教学和文化传播相结合，从而达到更好的传播效果。

近些年来，汉语学习在美国受到了越来越多的重视，美国各级学校对中文教学的需求也大幅提升。目前在美国48个州已经设立81所孔子学院和299个孔子课堂（数据更新为2020年2月6日），是全球开设最多的国家。汉语学习和孔子学院组织的中国文化活动也受到了美国当地群众的欢迎和喜爱，促进了中国文化在美传播。

（二）挖掘两国共同的文化内涵，拓宽加深长城文化符号的价值意蕴

深入挖掘长城文化符号的核心价值和文化内涵，寻找探索中、美两国的共有价值，增强文化认同感，并通过讲好长城故事、讲好长城历史等方法丰富长城的文化价值。杨越明等在《外国人对中国文化认知与意愿年度大型跨国调查》中指出“善用中外文化符号的共通性与可理解性，在中国文化海外推广上应采用国别差异策略，并提升海外中国人的主体传播意识”。（杨越明，2017）

选择在美文化传播内容时，需要选择具有民族性的以及世界性的内容，并要尽力寻求挖掘其与美国文化的文化共性。长城虽然是中国独有的文化符号，但可以通过深入挖掘其在和平共处、和而不同、坚韧不拔等方面的内涵，在获得美国民众极高的认识度的基础上，进一步提高其在美国民众中好感度、认同度和接受度。同时在传播过程中，要多加强两国之间的文化交流，加深了解，减少文化传播过程中出现理解偏差或者误解等情况，充分尊重两国之间的文化差异，避免文化间的矛盾和冲突。

（三）加强融媒智媒传播

文化符号的传播需要载体和媒介，“文字是载体，印刷是媒介，图像是载体，电视是媒介”（赵毅衡，2016）。要善于利用最新的、最佳的载体和媒介，不断地创新传播方式，如Youtube、Tiktok、Snapchat等在美国广受欢迎的短视频平台，通过短视频介绍等方式有效地传播以长城为代表的中华民族的传统精神和文化价值，向美国展现真实、丰富的中国文化内涵和魅力，凸显中国文化的吸引力和感召力，从而进一步传播中国文化与价值。

除此之外，电视、电影、音乐、游戏等不同的传播媒介也可以从多个角度更丰富立体地讲述中国故事，传播中国文化。与长城相关的影视作品的创作与英译也是很有效的文化对外传播的途径，影视作品是最喜闻乐见的传播方式，如2016年张艺谋导演拍摄的电影《长城》就是一个新鲜的尝试，

虽然最终传播效果并不如人意，但这也为中国文化的对外传播开辟了新的方法和途径，并为将来的发展奠定了基础。同时与长城相关的文学作品的创作与英译，有益于构建更加丰富、生动、多样的中国文化形象，让美国读者最大程度地了解中国文学进而了解中国文化，促进中国文化在美传播。

此外美国的 Facebook、Twitter、I-message 等社交平台也是中国文化在美传播的有效途径之一。美国国家安全委员会亚洲事务主任杰夫里·贝德曾说："互联网不仅给人们提供机会表达自己的观点，并且能更好地与政府间进行交流。"社交媒体与普通的大众媒体不同，它有两个特点：一是人数众多，二是自发传播。在各项新技术的强大支持下，社交媒体已经成了中、美两国人们生活中的重要组成部分，在文化传播中有着极大的影响力和推动力。我们在促进中国文化在美传播过程中要积极利用这些新媒体，做好文化宣传和舆论导向，从而进一步促进中国文化传播。

（四）制定良好的人才培养战略和平台

中国文化对外传播需要具有跨文化交际能力和传播能力的复合型人才，既要有深厚的中国传统文化的根底，又要精通国际文化交流模式，掌握对外文化传播规律。这样人才的培养需要系统的培养战略和完善的发展平台。2019 年 7 月，中共中央办公厅、国务院办公厅印发《长城、大运河、长征国家公园建设方案》，集中打造中华文化的重要标志，其中长城国家文化公园列于首位。随着国家对于长城文化的重视，各大高校和文化团体也加大了对于长城文化研究的投入，成立了长城文化研究中心等，为长城文化人才培养提供了良好的发展平台。

此外，由于翻译在中国文化对外传播塑造中国形象，尤其是在通过译作进行中国形象的自塑过程中起着非常重要的作用。翻译过程不但要求译者精通英汉两种语言的同时还要了解两国文化，更要吃透原著，并能译出符合英语表达习惯、阅读习惯的文本，让目的语的读者乐于接受，因此中国文化对外传播过程中翻译人员的储备和培养也是至关重要的。

结语

通过赋予长城更丰富全面的文化内涵和意义，使得中国文化在美传播中，通过长城这一中国文化符号把西方人眼中中国单一的、刻板的国家"政治形象"拓展为更丰富的、包容的、儒雅的、大气的"文明形象"，尊重文化传播规律，依托先进的科技手段和新的媒介技术，通过多样的传播方式和传播途径，全面地展现中国的文化精髓，从而提高中国文化影响力，提升国家软实力。

参考文献

[1] 王金梅 . 浅谈长城文化内涵的阐释与呈现——以《碰撞·融合——长城文化展》为例 [J]. 文物世界，2020（4）：66-68.

[2] 王丽雅 . 中国文化符号在海外传播现状初探 [J]. 传播学研究，2013（5）：74-83.

[3] 王艳红 . 文化带传统文旅品牌的形象塑造与国际传播 [J]. 安徽师范大学学报（人文社会科学版），2020（2）：107-114.

[4] 徐龙超 . 基于文化共性的中国文化对外传播策略研究 [J]. 传播力研究，2018（8）：18.

[5] 闫煜东 . 长城：新时代要有新的文化担当 [J]. 人民政协报，2020-11-06（3）.

[6] 杨越明，藤依舒 . 十国民众对中国文化符号的认知与偏好研究——《外国人对中国文化认知与意愿》年度大型跨国调查系列报告之一 [J]. 对外传播，2017（4）：36-38.

[7] 赵毅衡 . 符号学原理与推演 [M]. 南京：南京大学出版社，2016：99.

第四章

文旅融合篇

关于新时代长城景区文旅融合的几点思考

——以八达岭长城景区管理发展为例

北京市延庆区八达岭特区办事处

摘要：长城是世界文化遗产，是中华文化符号，具有鲜明的文化属性。国内的长城景区又具有以满足游客需求、获取经济利益为特点的旅游属性。鉴于长城的特殊意义，长城景区在国内文旅融合发展的势头中有其特性。八达岭长城景区位于首都北京，是新中国成立以来开放最早的长城景区，以接待元首和外宾文化为突出优势，并且自开放以来接待游客近2亿，2019年接待游客超千万。旅游业在2020年由于“新冠”疫情的爆发遭受到的影响必将于疫后迎来复苏。旅游行业进入文旅新时代的趋势不可阻挡。在长城国家文化公园建设已进入正式推进阶段的时代背景下，结合八达岭长城景区的发展探索实践，对长城景区文旅融合的明确定位以及发力点进行探讨。

关键词：美好生活；文旅融合；八达岭长城；长城景区

党的十九大报告指出：中国特色社会主义进入新时代，我国社会主要矛盾已经转化为人民日益增长的美好生活需要和不平衡不充分的发展之间的矛盾。其中，推进文旅融合发展，既符合继续深化巩固我国经济供给侧结构性改革，释放实体经济活力的有效方式，同时也是提升广大人民群众和游客获得感、幸福感和安全感，满足人民日益增长的美好生活需要的重要方面。

文旅融合作为话题和实践，上有国家大政方针和各级政府的支持和引导，下有各种社会主体的积极参与和推动实践。长城景区在新时代文旅融合发展趋势中，有优势，也有特性，同时也面临着机遇和挑战。

一、文旅融合是长城景区存在的内在基因

万里长城，“上下两千年，纵横十万里”，是祖先留给人类的宝贵物质财富和精神财富，是世界文化遗产。长城不仅是作为物质遗产有形的存在，还是中华民族的代表性符号和中华文明的重要

象征，具有鲜明的文化属性。长城景区，一方面面临着保护长城文物、弘扬长城文化的重任，偏重事业属性；另一方面要接待游客，完善软硬件，获得经济收益，偏重产业属性。自始至终，对于国内的长城景区而言，文化和旅游是分不开的。文旅融合是长城景区自开放运行以来的内在基因。

八达岭长城景区在全国的长城景区中开放最早、保存最完好、景观最壮美，是万里长城的精华和杰出代表。2019 年八达岭长城景区接待游人超千万，自开放以来累计接待游人近 2 亿，同时又以其接待众多的外国元首和政府首脑为显著优势，形成了其独特的“元首文化”，文化魅力和旅游影响力兼备。

二、政策规划的出台推动文旅融合加快发展

据 2019 年我国文化和旅游部门发布的数据显示，我国文化产业和旅游产业正在成为经济增长的重要引擎。也是从 2019 年开始，全国各地的文化和旅游两大系统开始全面融合，致力于形成政府引导、市场主导、全社会参与的文旅融合发展格局。2019 年年初，国家层面上的《长城保护总体规划》出台，此文件为将长城保护作为一项长期任务持之以恒地抓下去，提供了重要遵循。2019 年 4 月，《北京市长城文化带保护发展规划（2018 年至 2035 年）》将北京长城文化带的发展定位为首都文化传承与生态安全屏障。2019 年 7 月，《长城、大运河、长征国家文化公园建设方案》被审议通过。长城国家文化公园的建设，有别于长城旅游景区，更加突出国家性、公益性、文化性的内涵，同时也将成为各省（自治区、直辖市）推动文旅融合的重要载体，符合新时期我国文旅融合发展的趋势。2019 年 12 月，随着《关于推进北京市文化和旅游融合发展的意见》的出台，北京成为全国首个在省级层面出台文旅融合总揽规范性文件的省市。《意见》的推出进一步推动北京文化和旅游的资源优势转化为发展优势，开发促进首都高质量发展的新动能，满足市民和旅游者对美好生活的新期待，助力全国文化中心与国际一流旅游城市建设。由上可知，整个 2019 年，与长城景区文化与旅游发展有关的政策文件密集出台。2020 年，有关长城国家文化公园的建设规划被进一步明确，其全部的建设规划范围被划分为管控保护、主题展示、文旅融合、传统利用四大主体功能区。而其中的文旅融合区，是由主题展示区及其周边就近就便并可看可览的历史文化、自然生态、现代文旅优质资源组成，重点是利用文物和文化资源的外溢辐射效应，建设的文化旅游深度融合发展的示范区。

在以上国家和地区政策方针的推动下，具体针对八达岭长城景区，《八达岭 - 十三陵风景名胜区总体规划（修编）（2012—2025 年）》已获得国务院批复，《八达岭 - 十三陵风景名胜区（延庆部分）详细规划（2017—2025）》已获得国家林业和草原局批复，《长城 - 八达岭景区段保护规划》已完成编制工作正在逐级上报审批。这三个规划在综合分析现状和问题的基础上，以文物保护工作为第一要务，以发扬传承长城文化为核心，以此指导并推进八达岭长城景区文旅融合发展工作。

实现中华民族伟大复兴的中国梦号角已然吹响，相关政策规划都已具备或在推进中，时不我待，长城景区在加快文旅融合发展之路上，有必要快马加鞭找准落脚点，跟上时代发展趋势。

三、长城景区在文旅融合上的几个落脚点

中国旅游业发展的40多年，也是八达岭长城在文旅融合道路上探索实践的40多年。按照“保护为主、抢救第一、合理利用、加强管理”的文物工作方针，除利用社会赞助、上级拨款、自筹资金等方式对城墙进行抢险、修复外，同时多年来持续对景区环境和软硬件进行整治和提升。景区内的缆车索道、长城博物馆、八达岭梦幻长城球幕影院，这些硬件在当时的长城景区中都居于领先地位。于2020年3月全新亮相的八达岭长城文化特色旅游街，浓浓的长城文化风充满其间，得到了游客的一致好评。于2020年旺季暑期的周六日常规开放的八达岭“夜长城”，入围当年的北京网红打卡地榜单。

近年来，国家大力提倡文化自信，尤其是弘扬长城精神，同时，旅游消费市场也面临个性化、品质化等方面的升级考验。八达岭长城在这种文旅融合的大趋势下，也面临着如何将长城文化的内涵做活，使其融入百姓生活当中；如何让长城景区摆脱门票依赖、延长游客停留时间；如何从单一的业务运营向多元的文旅业态转型等问题和挑战。同时，“长城研学”“体验式长城旅游”“开发长城IP”等文旅融合概念和模式被提出来。现结合八达岭长城景区在进行文旅融合上的实践，就长城景区在新时代发展的落脚点，提出以下建议。

（一）结合区域特色、融入全域旅游

一方水土养一方人，一方水土也滋养了一方的长城。长城景区不能离开地域特色单独发展。深度的文旅融合必然要扎根于长城景区所在的大环境。

从热门旅游景点切入，以地区或城市整体面貌出现，进而打造出特色地区名片的目的地营销是这些年文旅行业的聚焦热点。八达岭长城所位于的北京市延庆区，不仅是首批全国全域旅游示范区，还是首批全国生态文明示范区、全国民宿产业发展示范区，更是2019北京世园会、北京2022年冬奥会的两大世界级盛会的举办地。以八达岭长城为代表，延庆区丰富的长城资源是其域内的典型特色。

在2019年首届北京八达岭长城文化节开幕式上，《延庆区长城保护三年行动计划》发布是其中最重要的一项内容。该行动计划提及以延庆区长城本体一线贯穿，将建设八达岭长城文化公园、大庄科特色文化体验园和长城文化创意产业园，实现长城本体和长城周边文化文物资源保护利用全覆盖。围绕“雄伟的长城脚下、美丽的妫水河畔”，串联起延庆全域旅游的上述诸多文化片区，进而带动民宿、餐饮等相关产业的发展，最终惠及整个区域百姓，带动区域经济朝着整体向上的势头发展。

文旅融合的最终目的是满足人民日益增长的美好生活需要。祖祖辈辈生活在长城周边的人、热爱长城的志愿者、来自海内外的亿万游客，都应该是长城景区文旅融合发展的受益者。具体做法上，八达岭长城联动世园，带动整个延庆文旅产业发展的策划草案已经出炉。八达岭夜长城风景一方独美，配合周边的高端民宿、旅游资源，盘活京西北夜经济大有可为。以八达岭长城为龙头，通过策划精品线路和打造特色产品，串联起整个延庆的丰富旅游资源，让长城元素在延庆的一年四季都发挥参与和引领作用，让游客因为八达岭长城，来到延庆，继而体验到“美丽延庆、冰雪夏都”的独特魅力。各方围绕长城这一文化资源，互力共谋，共享发展成果，共创幸福生活。

（二）挖掘文化内涵，筑牢融合基石

文化是某地区人类的精神活动及其活动产品。旅游是属于现代的一种综合性消费活动。“以文促旅，以旅彰文”是文旅融合的原则之一。“以文促旅”说明文旅融合，文化先行，文化是旅游的核心。

对于长城景区的发展来说，挖掘长城文化也应摆在核心和优先位置。自 2019 年 6 月，八达岭长城景区实施全网络实名制预约售票，每日最大游客流量限制在 6.5 万人次，就是从立足长远发展，而不是追求单纯的一时以门票收入为目标，从保护文物和注重游客游览的安全性和舒适性出发，推行的一项重要措施。也是在 2019 年，同属于八达岭长城军事防御体系的八达岭古长城和水关长城段被收归八达岭特区办事处统一管理。以上两个措施分别从长城景区的管理机制和行政溯源上为深入挖掘延庆区段长城文化奠定了基础。

对自身文化进行挖掘和传播，首先要在思想上认识到文化学术研究的重要性，其次要在行政和管理上为文化研究提供资金和政策支持。接下来就是广泛集中智力资源，真真正正地在学术上为长城文化贡献一些具有创新性的成果。近年来，由八达岭特区办事处主办和参与的长城文化研讨会以及出版的关于长城的书籍，取得了一些成果。如完成“长城聚首——‘一带一路’合作国家政要与八达岭长城友好往来”主题展览、完成《京蓟屏障——北京长城历史与文化》系列丛书编制和《长城聚首》元首画册的出版等。2020 年，八达岭特区办事处下大力气完成了对八达岭长城特色旅游文化街的提质升级，包括店铺招商规划和外部整体设计，于道路两旁和文化中心广场增设与昔日关沟古道边关生活有关的圆雕、浮雕等景观。此外在核心景区范围内对 12 处文化景观重新进行文字梳理和新增 8 处景观，都是我们以挖掘长城文化为目的，为展示弘扬长城精神所做的努力。这些举措也得到了媒体和游客的广泛好评。

接下来八达岭特区办事处还将大力支持长城文化研究项目，拓展与重点科研院校、有影响力的社团组织以及社会上研究长城的专家合作方式和领域。只有打好文化和学术的基石，才能更好地规划长城文物保护、建设景区基础设施和生态景观，实现旅游服务升级，进而达到“以旅彰文”的目的，让长城景区在文旅融合的道路上走得坚实和长远。

（三）打造影响力活动，传播长城文化

节庆活动历来是打造城市或者景区品牌、聚集人气的不二之选。但大大小小的活动，是否契合城市品牌特色，是否浮于表面，是否具有效果，则是一个值得商榷的问题。

长城在每个国人心中都具有崇高地位，长城也是外国人认知度最高的中国文化符号之一。近年来，在八达岭长城上已经举办了不少公益性、国际性的大型活动，比如“元旦登山活动”“中国国际长城摄影周”等，也有很多的社会团体、企事业单位把他们的活动放在长城上来开展，这体现了长城在社会中的号召力和作为精神符号的强大凝聚力。2020 年 7 月 5 日，中国长城学会联合八达岭特区办事处发起的“爱我中华 修我长城”题词 36 周年纪念活动，通过各种渠道发出“好汉贴”以寻找当年活动参与者、在新浪微博设立话题吸引网友参与讨论、举办线上公益展、捐赠长城砖等系列纪念活动，在全社会再次掀起爱我中华，保护长城的热潮，特别是在当时全国抗疫以及南方省份发生洪灾的大背景下，活动的举办通过线上线下联动，取得了良好的社会影响。通过打造具有影响力的活动，带动社会各阶层人士的参与。在参与的过程中，他们增加了对长城文化的了解和思考，并且主动地加入传播长城文化的行列中。具有影响力的活动有两方面原则：一方面能够带动受众的

广泛参与，另一方面体现为活动具有新闻事件的传播性。特别是善于利用现在层出不穷的新媒体平台和传播方式，打破线下活动举办于一时一地的局限性，将活动传播力无限地扩大。

活动要具有影响力，一方面靠策划组织和创意，另一方面则靠传播。相关调查显示，外国人更倾向于通过互联网参与中国文化活动，借助社交圈了解中国文化。但当前中国文化对外传播是以政府主导的文艺演出、现场节事活动为主，线上文化活动数量少、种类单一，与外国人的文化接触渠道偏好错位。讲好长城故事，传播中国声音，打造具有影响力和传播力的文化活动，无论是对于中国广大的年轻一代，还是对于影响外国人，都具有重要意义。

八达岭长城不仅是延庆的长城、北京的长城，还是中国的长城，更是世界的长城。因其在国宾接待和举办国际性活动上的优势，在扩大北京文化旅游上大有可为，在助力北京建设全国文化中心和对外交往中心，助力形成以国内大循环为主体、国内国际双循环相互促进的新发展格局上大有可为。

需要看到的是，直到现在，与长城有关的、以长城为主题的、有影响力的国际性品牌活动还是很少。这就需要我们以更开阔的心态，诚邀社会各界人士参与长城文化产品和项目的开发中，尤其是支持和欢迎有深度、有影响力、有契合度品牌活动的开发和培育。

（四）让创意产品开启长城 IP 之路

瞭望智库曾连续两年发布 IP 评价报告，在《成就新时代的中国文化符号：2018—2019 年度文化 IP 评价报告》中，它提道：“文化符号，换成产业语言就是文化 IP。它集中体现了一个国家基于文化形象、文化产品而具有的凝聚力和生命力，以及由此产生的吸引力和影响力。”而在 2018 年的报告中，瞭望智库对 IP 的关键要素进行了总结，包括：被市场和时间所验证、凝聚并沉淀用户情感和文化价值、持续创新和开发三个主要方面。

基于以上关于 IP 的三个评价维度，结合长城是国家文化符号，是中国人集体意识中的一部分，得出长城就是强有力的文化 IP 这一结论。长城 IP 的打造对于文旅融合发展，尤其是影响年轻一代消费群体进行网上传播，进而影响世界，传播中国声音，都具有重要意义。

近年来，故宫文创发展迅猛，引发了一场国潮的讨论。人们常把长城与故宫并提，因为他们同为世界文化遗产。文创商品让严肃的文化走进年轻人的时尚生活，也带来丰厚的价值变现。有报道称，故宫博物院单单文创商品一年收入就超过 10 亿元。在文创产业的发展上，长城相比故宫，大为逊色。2017 年，腾讯联合中国文物保护基金会启动“长城你造不造”计划，旨在通过互联网技术与平台，让新生代以全新的角度关注世界文化遗产的保护，用创新创意来复兴和活化中国的传统文化遗产，让长城这个“超级 IP”释放新时代的光彩，是一个值得肯定的行动。

需要看到的是，长城与故宫不同的地方在于，长城是分布在中国 15 个省（自治区、直辖市）。国内各地凡是有长城资源的地方，都能开发长城景区。各地景区并立，发展情况不一，各自为政。在各自的发展过程中，需要结合自身区域特色，不能千篇一律。但在长城文化的推广、文化项目的发掘，特别是文创产品的开发上亟须团结和相互借鉴。

开发长城 IP，首先需要对自身文化进行精准的把握和深刻的认知，之后才是召集人才对文化进行挖掘、创意、策划，生成具有文化意蕴的产品。其中打造具有区域长城特色的爆款文创产品是一个必经途径。2019 年，八达岭长城景区与清华文创院、中央美院等众多文创艺术机构一起作为联合发起单位，集聚相关文旅企业、文化协会、专家学者等，围绕长城文化 IP 开发、文旅线路推介、文创产品设计等组建长城文化联盟，立足传统挖掘创意元素，贴近生活，延伸产业链。在八达岭长城景区内的“长城礼物”原创文创店、“长城印象”文创店、“长城伴手礼”礼物店都受到了游客的欢迎，其中的“明小兵”与“熊猫八达”系列产品具有成为爆款的潜质。但到目前为止，门票收入依然是八达岭长城景区的主要来源，围绕八达岭长城的 IP 开发还需全面加强。

（五）让数字科技成为文旅融合的助推器

数字科技带来数字经济，数字经济创造美好生活。中国联通与腾讯联合发布的《2020 中国智慧文旅 5G 应用白皮书》指出，在推进 5G 与文旅产业快速融合发展的过程中取得了一些进展和惊喜，但仍面临很多困难和挑战，其中包括高频、可消费类数字文旅产品不足，数据安全管理制度与智慧旅游建设标准不够完善，旅游企业改造意愿不强等方面。

在长城景区拓展文旅融合的崭新业态中，同样不能摒弃数字科技的应用。科技感是丰富长城景区文化内涵的一项重要措施，同时也是吸引和便利人们出行游玩的必要选项。

提到数字科技在景区的运用，还是要提到故宫。早在 2015 年年底，故宫博物院的端门数字馆就已开馆。端门数字馆，通过精心采集的高精度文物数据，结合严谨的学术考证，把丰富的文物和深厚的历史文化积淀，再现于数字世界中。2019 年年初，故宫开设的“宫里过大年”数字沉浸体验展，则通过同时运用数字投影、虚拟影像、互动捕捉等方式，让游客穿越到皇宫，感受百年前过年的热闹气氛。故宫可以做的，长城景区也可以尝试。

大数据、物联网、5G、虚拟现实等新一代信息技术以及数字创意产业在旅游行业的转化应用，颠覆性地改变了现有文旅产业的呈现方式和体验模式，加速推动了文旅融合的速度和深度，让旅游信息服务来得更透明便捷，游客的体验更新颖和放心。2020 年“新冠”疫情影响使得云旅游、云演艺、云展览等新业态获得发展。各种“云”，所体现的就是运用数字化技术适应新模式的结果。与陕西西安的大唐不夜城相比，浙江温州的印象南塘光影秀利用炫彩科技光影技术创造出了一种实景与科技相结合的沉浸式体验感。两个景点的爆红，证明了人们对夜文化经济具有强大的消费潜力。无论是再造的实物场景，还是虚拟的科技场景，场景的体验感总是能够带给人惊喜，这是长城景区亟须借助科技的力量所要拓展的项目。

新时代，新征程。在长城景区文旅融合的发展探索中，首先要在理念上做文化与旅游的深度融合，特别是融入长城国家文化公园建设保护规划；其次以区域发展为根基，在政策指引以及政府和周边百姓的支持参与下，跟随时代科技的脚步，开发培育品牌活动和创意产品，在文旅融合上走出自己的创新特色之路，以弘扬挖掘长城遗产的时代新活力。作为一直以来长城保护和发展的推动者，八达岭长城景区有责任、也有义务，积极在长城国家文化公园的大规划下谋发展，在推动长城景区文旅融合的发展上立潮头、踏新程。

高校以创新社会化服务助力长城国家文化公园建设

董　瑾　周　觅*

摘要：2019 年，我国启动了长城国家文化公园建设工程，其在促进长城文化的研究与保护传承、长城沿线地区社会经济发展等方面具有积极的现实意义。但同时，作为中国现存体量最大、分布最广的线性文化遗产，长城的保护、研究与展示活化工作任务艰巨，需要投入巨大的人财物力。如何吸引社会、公众以及当地居民共同参与，是推动长城国家文化公园建设和长城遗产可持续发展的重要因素。

关键词：高校创新社会化服务；长城文化遗产；创新性发展与创造性转化

2012 年，国家文物局公布我国调查、认定的历代长城总长度为 21196.18 千米，分布于 15 个省、自治区、直辖市，包括长城墙体、壕堑、单体建筑、关堡和相关设施等长城遗产 43721 处。2019 年，中央启动了长城国家文化公园建设工程，其在促进长城文化的研究与保护传承、长城沿线地区社会经济发展等方面具有积极的现实意义。但同时，作为中国现存体量最大、分布最广的线性文化遗产，长城的保护、研究与展示活化工作任务艰巨，需要投入巨大的人财物力。如何吸引社会、公众以及当地居民共同参与，是推动长城国家文化公园建设和长城遗产可持续发展的重要因素。

高校作为推动社会发展的重要主体之一，如何发挥高校产学研优势，调动高校力量与长城沿线地方政府、地方研究机构、地方文化企业建立校地、校企课题合作，结合不同专业领域激发高校成为长期、可持续参与长城多学科研究与实践的中坚力量。这不仅是长城文化保护与可持续发展的重要人才支撑，也是为高校参与社会化创新服务、培育创新型服务人才的平台阵地。由此，提出两个问题：第一，什么是高校创新社会化服务？第二，高校如何提供创新社会化服务？

* 董瑾，清华大学建筑学院文旅研究中心副主任；周觅，西安建筑科技大学建筑学院博士研究生。

一、高校创新社会化服务模式

社会化服务指由政府职能部门、行业协会、经济合作组织和其他服务实体组成的，集政府公共服务体系和群众自我服务体系于一体的综合性服务系统。高校创新社会化服务是由高校牵头、政府支持引导，联合居民、商家及社会力量共同参与的服务模式。

二、高校创新社会化服务研究与实践总结

第一，产教结合，产学结合

产教结合、产学结合，是把高校教学场景置于长城沿线的各个场景里去，通过组织室外的教学课程、设计工作营、社会实践项目，把不同专业背景的师生力量引入这个场景里来。这里以清华大学建筑学院在山海关长城的实践案例具体说明。

山海关长城是秦皇岛地区的高等级旅游资源，山海关古城是坐落在此的一处重要关城，自明代起即为军事重镇，如今已成为世界文化遗产和国内外旅游胜地。2019 年下半年，清华大学建筑学院景观系教师选取了山海关古城作为设计教学课程选题，组织了“设计服务古城更新”的国际联合教学工作营，吸引了三校 51 名师生共同参与。

通过讲座、研讨、场地调查、绘图与模型制作、演讲答辩等形式，一系列教学活动被植入山海关古城场景。课程选定古城及周边 20 ～ 30 公顷面积为基地，限定成果为城市设计深度，并提出学生需综合考虑相关政策规划、历史文化、城市功能组织、产业发展、空间形式与体验的要求。在参与过程中，学生们通过研究政府部门提供的大量基础资料，结合地毯式、走访式实地调研，对山海关古城的历史、功能、社会及文化等属性进行了研究分析，结合设计要求，共完成 10 余个古城空间单元设计。

在分组教学设计活动中，学生们发现了多处之前未被规划者重视的亮点，并基于此提出了有趣的设计想法。山海关古城总面积约 2 平方千米，居住着约 2000 多户的古城社区居民，这里既是开放的旅游区，也是他们日常的生活空间。在调研中，学生们发现“养鸽子”是古城居民生活的一大趣味，每天定点放飞的鸽群成为古城上空的生动景观。由此，依据鸽群的作息和飞行、停留轨迹以及依托现有设施，学生们沿途设计了带有互动性的景观装置“古城之鸽”观景驿站，并测算出观赏时间，编写了科普解说内容，同时还策划了“明小兵之鸽”信息传递游戏。这些可以为古城文化复兴、旅游体验升级提供充足素材的潜在“故事点”，可以对地方发展策略的制定提供启发，但对于政府而言任何的建设行动可能都需要更长的时间准备和更大的资金支持。高校与地方政府的合作，恰恰可以解决这一问题，通过策划竞赛、工作营等小而轻的活动，让行动计划在短时间内和少量资金支持下得以实现落地。

第二，产研结合，创新性转化

长城文化资源丰富，但长城的文化资源只有得到转化才能加以传承和运用。因此长城文化要素的生产化、生活化、经济化以及大众化的过程至关重要。而整个过程的发生，最核心的是人的参与。激发高校科研力量、设计力量，参与到长城文化的创造性转化中，参与到长城文旅、农旅、研学教

育、乡村旅游等一系列产业项目中，是实现长城文化资源创新性发展的重要推手。

那么，如何做到产研结合与创造性转化？通过引导高校建立与长城地方政府合作，与长城沿线产业空间合作，高度发挥高校的研究与创新能力，让高校力量长期、持续地深耕，逐步形成研究成果的沉淀和设计思路的积累。

近 20 年来，山海关古城在多次修缮与改造后，原有的文化、生活氛围有了一定程度的变化，保留传统记忆的重要性与满足旅游需求的刚需显现出来。由此，引发我们思考的是这样一座古城，如何兼顾遗产保护、文化延续，又同时服务旅游业发展，更重要的是如何承担长城国家文化公园建设中遗产展示和游憩教育功能的使命。在经过长达一年多的持续调研与走访后，由清华大学建筑学院文旅研究中心牵头，与山海关区政府达成一致启动“山海关古城微更新”计划。一方面，对古城居民生活空间进行微更新改造，改善生活环境，增加居民的归属感和自豪感；另一方面，在严格遵照国家级历史文化名城保护要求的前提下，从游览体验角度出发，对旅游设施与阐释展示设施进行设计更新。

为了快速启动实施“山海关古城微更新”计划，在高校、地方政府、古城管委会的共同商讨下，决定以古城内拥有 600 多年历史的“柴禾市”市场作为首个更新场地。通过组织微更新竞赛，邀请高校学生参与设计和改造实施。行动方向确定后，由清华大学建筑学院文旅研究中心联合山海关区人民政府、中央美术学院、清华同衡城市营销所共同发起了“柴禾市改造竞赛”活动。

同山海关古城一起走过了 600 多个岁月的“柴禾市”，承载着古城的历史文化和山海关人的记忆，其因山海关关城的兴建而兴盛。中国长城学会董耀会副会长在竞赛启动仪式上说：“山海关柴禾市是伴随山海关发展留存下来的旧市场，这些老商户已经属于这个古城独特的城市风貌，承载着古城祖祖辈辈生活的记忆。从有形资产和无形资产两方面，是古城重要的空间资源和文化资源。”

以竞赛为首发项目，最终共完成组织了“柴禾市摊位改造大学生竞赛”“柴禾市菜筐花园改造行动”“柴禾市非遗市集活动”“长城创意展暨 2019 年北京文博会长城展山海关特展”和“柴禾市故事展”五个子项目。整个项目共吸引来自清华大学、中央美术学院、燕山大学、北京林业大学、北京工业大学、北京建筑大学、北京交通大学、北方工业大学、沈阳农业大学、河北科技师范学院十所高校近百名师生的公益参与，并于 2019 年 8 月 1 日以“柴禾市大集”作为整体形象正式面向游客。600 多年历史的“柴禾市”也通过这场活动，成为游客体验古城生活的打卡点。将“柴禾市”的复兴作为支点，逐步将古城的观光旅游向休闲度假转变，在这个支点上激活古城的经济潜力，是该项目成果的最大价值。

作为一次高校参与社会化创新实践的有效尝试，柴禾市项目不仅成功吸引了大量创意创新的高校师生力量，与此同时，更大的收获是带动了古城社区居民的热情与参与的积极性。在改造过程中，师生们不仅深入了解古城居民的需求，还邀请他们参与到改造设计中，古城变成了创新实践的大课堂，学生、老师、当地居民和管理者在这节课上，产生了奇妙的互动，构建起“政府支持引导、在地居民商家合作共建、社会资源共同参与”的古城更新模式，唤醒了古城居民主动参与的意识，更唤起了社会各界的关注与合作。

以上思考与案例分享，是高校参与社会化创新服务、培育创新型服务人才的重要实践，也期待更多的高校力量能够投入和参与到地方长城文化遗产的保护、研究与展示活化的实践中来，共同推动长城国家文化公园建设，助力长城事业发展。

文创发展助力长城国家文化公园建设

殷秩松 *

一、文创的解读与不同视角

1. 文创：文化两创

说到文创，最容易让人联想到的就是故宫所做的衍生品，这是大家一般意义上对文创的理解。

文创其实就是中央讲的文化两创：推动中国传统文化的创造性转化和创新性发展。两创之间是一个递进关系，没有创造性转化就难以做到创新性发展。

所谓创造性转化是时代内涵和当代表达，无论对长城、大运河、长征，还有其他的传统文化，找到它的时代内涵和当代表达形式，就是创造性转化，这也就是我们文创的使命。但我们做文创的目标仍然是要回到文化上，促进文化的创新性发展，而不仅仅局限在经济产业层面。要回到文化发展，要关乎我们自己的文化自信，关乎每一个人的生命质量。

所以我们认为文创关乎经济发展、文化自信、生命质量。宏观是关于经济社会的层面，中观是关于产业和社区的层面，微观是关于产品和服务的发展层面。我们要更全面地去看文创，这样才能解释文创为什么在今天需要被关注。如果说文创就只是类似故宫所做的衍生品，那就并不需要政府、产业机构来对这个事情进行特别关注了。这是我们对文创应有的更广泛、深刻的理解。

2. 文创理念、文创赋能、文创业态

清华文创院提出一个新的理论框架。

文创理念。用三个视角来观察和推动文化两创，第一个是创意的视角，第二个是科技的视角，第三个是生活的视角。创意的视角最容易理解，但是科技视角是不可或缺的。文化科技融合是未来文化发展的必由之路，而最重要的是我们要回归到生活的视角。文化是生活方式，不是高高在上的需要供起来的东西。

---

* 殷秩松，清华大学文化创意发展研究院副院长。

文创赋能。从方法论层面，文创是一种赋能力量，更重要的是赋能的过程和作用。就是说，我们要以文化资源为基础，以创意创新为手段，利用综合文创方法，为新城乡、新产业、新消费提供新动能，包括促进区域可持续性发展、促进产业的社会化创新、促进消费的产品化升级。赋能手段包括 IP 的赋能、设计的赋能、社群的赋能、科技的赋能，以及把它们综合在一起的赋能。那么经过文创赋能的各类经济社会形态，我们都可以把它称为文创业态。

文创业态。我们希望文创赋能，促进在地产业升级，而不是我们像上一轮的工业发展当中，从外面抓来产业，跟在地资源没有绝对关系，以低廉的劳动力和土地、环境的代价来发展产业，而是要发挥我们在地的人文资源优势和自然资源条件，来实现高附加值的产业发展。

3. 文旅产城乡融合发展

另外一个视角就是我们现在提了很多的所谓城乡融合发展，产城融合发展，文旅融合发展。我们更愿意把它解读为“文旅产城乡”的融合发展。是在“人文地产景”一体化思维中体现的。

文，就是文化两创的发展。一方面要梳理文化，包括历史文化、在地文化，除此之外也要善于导入一些创新的文化能量，这都属于我们在文化两创发展中的“文”。

景，就是文旅融合发展。文旅对应的是新场景。文旅是文化的新的载体，这是文旅融合的重要价值，是文创赋能产业升级的新媒介，是要通过文旅这个大的场景，用文创来赋能在地产业的发展。

地，就是指城乡融合发展。包括城市更新和乡村振兴。产，就是产旅融合发展，我们现在经常因为强调文旅，往往忽视了在地产业高质量发展。我们经常听到说“我们这没什么资源，很贫瘠”，其实这个思考是有问题的。应该通过文旅新场景促进、深挖、提升、利用在地资源的产业能力。产业发展除了导入高科技以外，在地产业的发展也非常重要。

人，我们更重要的视角是在于人，就是对美好生活的向往。而这个人，尤其在相对欠发达地区的乡村，除了原住民以外，非常重要的是一定要创意创新人才导入，然后还要吸引旅居者，让新住民和原住民去进行融合，进行社区营造，才有可能建构我们新治理体系。而如果单凭我们在地留守农民，乡村振兴是很难实现的。通过人才导入形成新老住民的融合，是必由之路。

这就是我们讲在人文地产景一体化思维当中，实现文旅产城乡的融合发展。文创就是文化的新的实践，文旅是文化的新的载体，我们更应关注的应是区域的可持续发展。

二、围绕长城国家公园的文创发展

1. 长城国家文化公园

长城作为中华文化的一个重要标识，我们打造长城国家文化公园，对于各个地方来讲，更重要的是带动长城沿线的文旅产城乡的融合发展，不是单独的文旅融合发展，也不是单独的城乡融合发展，我们就是要把它放在一个框架里，来思考如何融合发展，这对于现在形势来讲，非常必要和可行。

2. 长城沿线区域文创发展战略

清华文创院提出来的对“区域文创发展战略”进行的研究，是区域可持续性发展战略的一个部分。也就是说，怎么围绕一个区域发展，围绕文旅产城乡融合发展，以长城文化、在地文化、历史文化的两创为核心内容，然后赋予它新的时代表达和当代内涵。然后通过多元挖掘文创，对在地产业升级和社区发展的促动作用和附加价值，来推动区域经济和社会稳定发展。

3. 文化两创发展

从文化两创发展角度来讲，其实是希望“以古人之规矩，开自己之生面”，开今天之生面，用历史来对话世界，用文创来表达时代。两创绝不仅仅是一个认识问题，还是个实践问题，在所谓的内容形式上、在生活方式上，都是对传统文化的当代意涵和时代表达的一种实现，在谈长城沿线各个区域发展时，首先要对长城这样一个线性资产，考虑如何整合在一起，推动一些共性的长城文化两创，创造性地转化和创新性地发展，这就需要一个共同的长城文化两创平台。

三、文创实践与消费场景升级

1. 国潮发展：文化两创最佳实践形式

“国潮发展”这几年率先是由消费品来带动、在国内越来越深入人心的一个概念。“国潮”应该是文化两创的最佳实践方式。我们看到很多从李宁、回力这样的一些国货的潮牌的涌现，到非常多的这种东方美学，无论是陶瓷还是各种其他的手工艺东方美学的创造，再到故宫文博的开发，还有电视上大量的国潮的节目如《上新了·故宫》等，非常多的传统文化在以最新的面貌涌现出来。这就是顺应国家发展国民尤其是年轻一代的文化自觉的需要。他们的个性所需要求找到自己的文化之根。某种意义上来讲，他们比上一代人从集体主义、爱国主义角度去追寻传统文化，有着更强的自觉和内需，这是国潮兴起最根本的一个原因。

2019 年清华文创院专门研究起草了《国潮发展报告》，是因为各类品牌对国潮这个概念有点消费过度，我们是希望国潮这个概念能够更长久，它是一个非常难得的、可以引起多方共识的一个文化概念，不应被商业品牌过度消耗之后而消亡。“国潮”应该对应比较的是“韩流”概念。韩流是代表了韩国文化在世界上的传播与形象。国潮其实更应该代表中国文化在国际上传播与形象，实现中国文化在我们年轻一代生根发芽的过程。国潮不应该简单等于国货潮牌，也不应该简单等于国风，更不能是品牌过度概念消费，它是“中国货 + 时代潮”的这样一个体现，是年轻一代的文化崛起，也是中国文化与当代世界的对话。而长城，完全可以成为国潮发展的最重要的文化符号。所以，我们要让长城跟年轻人，跟当代生活，跟国际对接起来。研究国潮，应该包括促进长城文化发展和长城沿线区域发展。

2. 文创新消费

文创的新消费，就是特定人群的消费升级。当然，技术和文化的驱动，使之有更好的性价比、更强的体验性和更深的认同感。但是我们经常讲的所谓文创商品，是不是就代表新消费？本质上，文创商品属于“多余品”消费，怎么能多卖就成了一个问题。很多文博机构说我做了这样一个商品就能卖，其实事实证明做了的文创商品不一定就能卖。所以这里我们提出来叫共情的这样一个必要过程，实际上，个体在时间上的沉浸式体验是产生共情的最重要因素，日久生情。首先是“场景共情”，比如说我们沿长城国家文化公园的场景营造，是要让大家产生共情心理。总的来讲，是因为有了一定时间沉浸式消耗的概念，才会有文创商品的消费，所以对于在地场景来讲，如何营造沉浸式场景才是一个关键问题。今天任何一个单一的景点，可能都不足以支撑出一个文创商品的大卖。

那么，有没有可能利用长城的整体流量，来打造长城礼物，大家共创具有共同标识性的产品，然后我们在各个地方来实现推广。当然，除了文创商品以外，其实更刚需的，是在国潮的领域里做衣食住行，这些都不是多余品。我们要做到生活的必需品上，才是消费领域里面更大的产业空间。不要陷入做文创礼品、纪念品之中，那不能解决问题。

3. 文旅目的地新场景升级

我们一位专家说“旅游，你要给我一个理由”，没有理由，我凭什么要去旅游？在家时手机上什么体验都有，为什么要到线下去？我们都需要到外面交流交往，但一定要给个理由。这就是今天人们去文旅消费最重要的一个动机问题。今天的旅游，需求变了，范围变了，业态变了，指标变了，生态变了。原来的需求就是去看个景，今天的需求完全变了，是要有生活的体验，文化的体验。范围变了，景区不再就是文旅，今天连城市消费都可以理解为文旅。

我们讲的文旅新场景，就是第三生活空间，不在家里、离开办公室，全是文旅。这就是我们需要极致的文化体验和极致的生活品质。这些，就是我们讲的文旅新场景，是有生活品质为基底的极致的文化体验。如果品质不够，是没有人去的。无论我们长城沿线在地的经济状况如何，都要提供有品质的生活服务产品，这是需要面向全国乃至全球消费者必须做到的，跟经济水平无关。

从抽象概念上讲，文旅新场景就是一个“主题文化体验社区”。主题性、体验性、社群性是我们认为文旅新场景的三个必要属性。主题性就是，长城这个 IP 是不是让我动心去。体验性，人要有超级感受，我们在底下仰视长城，已经有点看多了，那么爬上长城可能我们也经历了，但是我第一次夜晚能上长城的时候，还是激动不已，这就是“超感”体验。社群性则是当下必须要考虑的第三个属性，“激活”传统意义的游客，是今天消费者参与文旅过程的必要部分。

新场景就是一定要从生活、生产、生态三个融合的维度去看多业态集成，我更愿意用“食、宿、学、文、产”来形容业态提升，而不是我们传统讲的“吃、住、行、游、购、娱”，所有传统意义上的旅游配套，今天都是体验性的内容供给，没有配套这个说法。食宿不是配套，食宿就是体验性供给最核心的基石性的供给。更好的认知业态是未来构建新场景的边界。

4. 文化 IP，文创赋能新场景“发动机”

营造新场景的时候，一定要有一个运营前置的思维。对于内容运营、场景运营、资本运营，包括整个所谓社区的生态运营，这都是最重要的。我做一个设问，长城作为一个超级文化符号，是不是一个超级 IP？ IP 这个词已经被中国人说太多了，但是真正能理解 IP 的不多。如果长城能够真正地变成今天的超级IP，文创发展、文旅发展都易如反掌了，我们要围绕打造长城这个超级IP开展工作。

四、文创人才生态与长城文创社区构建

1. 人才升级、社群升级——文创人才生态

随着创意阶层崛起，创意创新也越来越呈现出社会化趋势。创意创新的主体是分散的、碎片化的、外部化的。我们应该把这些外部化的碎片化的创意创新力量集合起来，形成可以协同推动整个创意创新的过程。对政府而言，重要的不是政策，不是补助，重要的是把舞台给创新人才，是把土壤做好，这是对人才生态的最重要的支撑。而对文创机构而言，就是如何形成社会化创意创新网络，

连接创意社群，推动协作创新，推动对接政府和产业，使得社会化创意创新成为主流、高效的创意创新过程。清华文创院创意开放平台 C-LAB 就在致力于创意创新社群的连接与协作。

2. 长城文创社区：打造长城文化两创平台恰逢其时

希望我们所有的这些社会化的创新力量能够集结起来，共同走向古老的长城文化，走向长城沿线的广大地区，一起来助力长城文化的文创发展，助力各个长城沿线区域的未来的高质量发展。长城文创社区要夯实长城文化两创的学术基础，提升长城文化的创造性转化能力，凝聚创意人才，持续地推动创新的业态落地，形成创新的产品集群，在这些方面，长城文创社区还需要做更多的工作。

希望通过新文脉的再造、新场景的打造和新社区的营造，以长城文化为根的文创发展，必然会让古老的长城再次绽放风采。

（本文系作者在2020清华文创论坛——长城文创发展分论坛暨长城国家文化公园建设推动区域经济发展合作交流会上的发言整理而成。）

河北迁安市白羊峪长城旅游区改造与规划

李尔达　崔　山　张志民*

摘要：在长城沿线各地都开始对长城的旅游资源进行大力挖掘的热潮中，凭借钢铁产业综合实力位居中国同级城市前列的河北省迁安市①，在生态文明建设与传统文化复兴的大背景下，大力推动产业转型，积极发展全域旅游。在政府政策的指导下，以白羊峪长城旅游区的项目实践为依托，总结白羊峪长城旅游区资源的特点，阐述景区近况，分期实施计划，以及未来发展愿景，并关注市域内丰富的旅游资源，优化市域内景区布局体系。

关键词：白羊峪；长城文化旅游改造规划

1 项目背景

白羊峪长城旅游区始建于1995年，位于河北省迁安市大崔庄镇，其占地主要涉及白羊峪村与大庄村两个行政村，为当地知名旅游区。但前几年因经营不善、资金不足，运营出现了问题。2018年以后，经迁安市政府的大力扶持，长城国家文化公园的强力助推，使得白羊峪长城旅游区被当地政府作为长城重要节点景区予以打造提升，并交由迁安市旅游发展有限公司②统一开发建设经营。

---

* 李尔达，唐山市规划建筑设计研究院工程师；崔山，中国农业大学规划设计研究院副总工程师，乡村振兴总规划师；张志民，迁安市旅游发展有限公司工程师。

① 该说法来自白羊峪景区总体规划文本。原文为：迁安市位于京津冀都市圈和环渤海经济区两大经济区的交界处，是河北省贯彻“东出西联”“两环带动”经济发展战略的一线地区，经济区位优越，为规划区旅游业发展提供了广阔的发展空间。迁安市具有较强的经济实力；2018年，迁安市实现地区生产总值965.4亿元，增长7.6%，位于全省县域经济之首，综合实力位居全国中小城市百强第18位，投资潜力位居全国百强第5位；是国家质量强市示范市试点、国家可持续发展实验区、第三批全国发展改革试点城市，获评中国经济转型示范城市。

② 迁安市旅游发展有限公司，隶属于迁安市国有控股（集团）有限公司，是经市政府授权，为深化迁安市国有企业改革，加快推进资源型城市转型，整合迁安市丰富的旅游和文化资源，引入市场机制，拓宽旅游产业投融资渠道，建设旅游强市，成立的全市旅游产业投融资主体和国有资本运营主体。

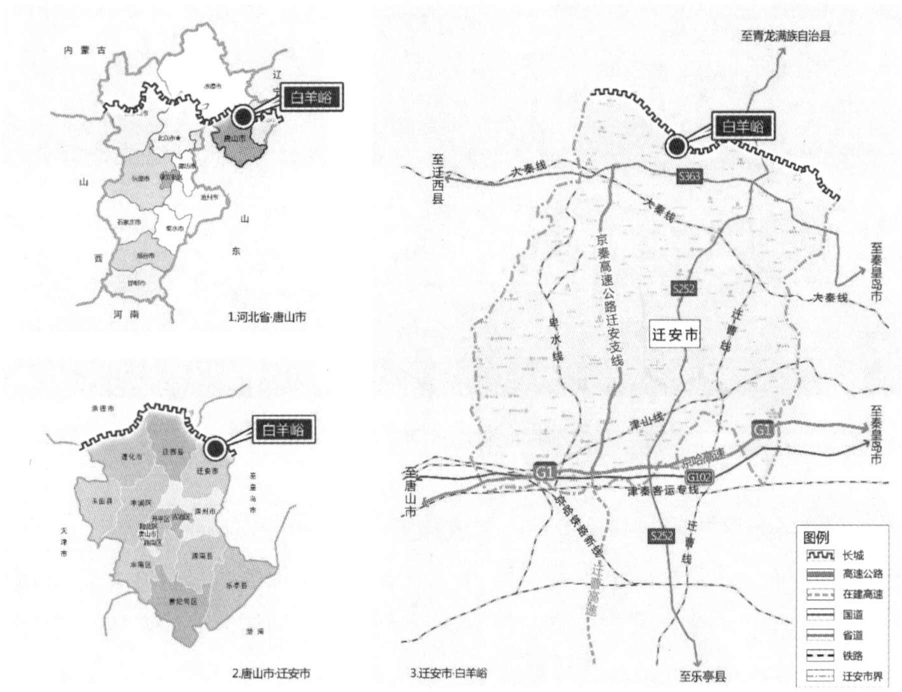

图 1　白羊峪长城旅游区区位图[①]

《迁安市全域旅游发展规划（2018—2025 年）》提出了构建时尚之城旅游核，明长城山野休闲区、森林生态旅游区、乡村田园休闲区、迁安旅游门户区，及全域统筹发展环的“一核四区一环”战略布局。白羊峪位于明长城山野休闲区，其总体发展思路为做强做优世界级长城旅游产品，以白羊峪大理石长城为依托，北部绿道为串联，辐射带动周边景区及乡村发展。根据迁安市委督查室要求，大崔庄镇将聚焦“爬长城”，突出“雄”字，提升白羊峪景区品质，打造白羊雄关等品牌。

目前景区总体规划初步成形，基础设施在“4A 级创建工程”中得到有效提升，并通过 4A 级风景区评审。景区最近需要进一步解决的问题包括：提升景观品质、突出长城文化、协调景区与当地村民的关系、提升景区经济及社会效益等。根据当下实际情况，近期重点提升景区内部南侧山谷，以配合景区经营与未来发展，并计划启动对明长城的保护与修复。

2　依托白羊峪长城背景的老旧景区设施改造

在迁安市大力发展全域旅游的战略中，白羊峪长城这座 4A 级景区的地位至关重要。在景区重新运行前期，首先着手对老旧景区进行了服务设施改造，以推进 4A 景区的创建及提升服务能力。先期启动的 4A 级创建工程中主要进行了交通服务中心、停车场、游步道和其他几项基础设施的建设。

交通服务中心即游客中心，规划于三抚公路旁，依托于白羊峪景区，服务所有迁安市北部的旅游区，是北部旅游的集散枢纽。该中心的建成，可以集中迁安市北部旅游资源优势，以知名景区带

① 本图由迁安市旅游发展有限公司提供并进行改绘。

图 2　迁安北部旅游区交通服务中心效果图①

动非知名景区，促进各景区之间的联动运营，扩大旅游规模，增加旅游收入。

停车场位于白羊峪长城景区南侧，是按照海绵城市理论建设的生态停车场，占地约 26 亩，设小汽车停车位 238 个（每 4 个一组，可临时停靠旅游大巴，机动运营），旅游大巴停车位 12 个，目前已经成为迁安市区域内标准最高、智慧化水平最高的停车场。该停车场的设立是打造智慧景区的重要组成部分，也将缓解白羊峪村内交通拥堵，解决村民私自收取停车费等影响游客感受的问题。

改造前白羊峪长城景区原有游步道仍然有部分为非硬质道路，硬质部分也已失修，而且由于山

图 3　白羊峪长城旅游区局部景观提升效果图②

① 本图由唐山市规划建筑设计研究院提供。

② 本图由唐山市规划建筑设计研究院提供。

地地形起伏大，道路缺乏防滑措施，冬季或雨后经常出现人员摔倒事件。目前游园步道已经全部翻新，根据景观特点及序列建设为卵石、压印地坪、石材铺装等形式，并充分考虑安全因素，增加了防滑和防护措施。

白羊峪长城景区已经对白羊河进行彻底清理，自行车绿道、沿河栈道进行重建及修复，村民娱乐售卖摊位进行集中整治，无线网络全覆盖，为即将开展的长城旅游区景观提升打下基础。

3 景观提升工程一期启动区域内长城文化的利用与宣传

白羊峪长城景区内因历史遗留问题，国土规划性质为园地，对于景区的改造建设存在一定限制，相关部门正在积极推动调整规划。如何在不能进行大规模建设的前提下利用、融入并宣传长城文化，是本项目的难点。

打造白羊峪特色植物长城景观。近期建设考虑在园地性质不变的前提下，规划由花卉与果树组成的景观花海，在花海中营建一条“植物长城”——将不同颜色、高度的花卉与花灌木进行搭配形成长城状。“植物长城”主体可以采用灌木修剪方式，也可采用钢架附攀爬植物形式。梯田挡土墙处砌筑“敌楼”以消解高差导致的不连续感，并以此丰富“植物长城”的景观层次，增加景观观赏点，配合索道建设而形成大地景观。如此可以与农业生产、农业旅游相结合，也可以为村民提供就业岗位，改善村民生活条件。

宣传白羊峪长城历史。中期建设考虑结合观景平台进行长城文化的宣传。通过展位、屏幕等载体，

图 4 白羊峪水关复原想象图[①]

① 本图由唐山市规划建筑设计研究院提供。

文字、图像、视频、音乐等形式宣传白羊峪长城文化。观景平台计划为钢木结构，围栏做成长城垛口形式，用以呼应长城；立面上增加展示位，以宣传白羊峪长城文化；木平台部分区域结合LED大屏或大型投影，通过制作的宣传片来展现长城风采，增加景区的数字化程度。搜集与仿制青砖、灰瓦等长城构件（特别是大理石长城的构件），放置于景观节点处，打造小型室外博物馆，为游客提供实物感受场所。

延展白羊峪长城文化。中长期建设中，可对长城文化进行充分延展，丰富旅游体验。如体验长城城砖制坯工艺和陶土艺术创作，并提供小型窑炉烧制成品作为留念；为儿童设置模拟攻城体验游戏，使用泡沫城砖砌筑长城；结合山上现有炮台，在山林内布置融入长城符号的军事游戏设施。并在日后更大范围的景区打造中，表现当地原始的长城军旅、农耕、纺织、畜牧、矿窑等文化活动，进行古代戍边文化的全方位展示与体验。

4 白羊峪关长城的保护与修复

白羊峪关口北部山势蜿蜒起伏，有白羊河由北向南流过，原有城关修筑其间。白羊峪关是长城沿线少有的水陆两用关城，明朝时期驻有把总[①]对这段长城进行有效管理。

白羊峪水关为双道水城式，西侧与神威楼相连，东侧以一座临水敌楼与长城相连，雄伟壮观。水关全长约68米，宽、高均约5米，上为雉堞马道，下设四孔。东侧孔为陆路城关，安装两扇大门，为南北唯一通道，一旦发现敌情，立刻关闭大门，其余三孔为水道。目前水关仅存楼基。

作为水关配套的关城——白羊峪城堡，靠河西岸随山势而建，据《永平府志》载："关城为石筑，城高一丈四尺，周三百十四丈三尺，东、南各有一门。其南曰景皋，有河发源于山神庙下，距城三里许，入口南流入沙河即大沮水（今名白羊河）。关南水右有山高百仞，西与大山相属，多乱石似卧羊状，道崎岖仅可通马，俯视河流如线。"今白羊峪关城仅残存长约200米的东侧城墙，其余全部拆毁，西侧仍可见城墙残迹，现城墙内为白羊峪村。

白羊峪城堡，依凭山水天然屏障而建，扼守群山之中的咽喉要冲之地，易守难攻。其关城选址在白羊河西岸的高地之处，视野开阔，可以瞭望到整个边关前沿战况，便于统率全局和指挥作战。其军事防御体系及建筑格局，布置合理，主次分明，构思巧妙，把军事工事与自然天险巧妙结合，具有极强的地域特色和极高的学术价值。明朝为了加强对长城沿线守备，经常派监察钦差留驻军队，城堡内都察院的遗址，被恢复建设成如今的守备署。2018年，守备署由迁安市旅游发展有限公司进行了整体修复，目前属于古堡区唯一仿古式建筑群。

目前白羊峪水关的修复已经被提上议程，景区正在积极进行水关古建筑的考证工作，以及修复材料的调研工作。修复白羊峪城堡可以完整展示明朝时期长城的科学军事防御体系和中央对军队事务的管理，具有较高的艺术价值和古代军事研究价值。

---

① 把总，是明代及清代前中期陆军基层军官名，在明代属京营、边军系统，秩比正七品，次于军中统率千名战兵之千总（守备），麾下约有战兵440人。

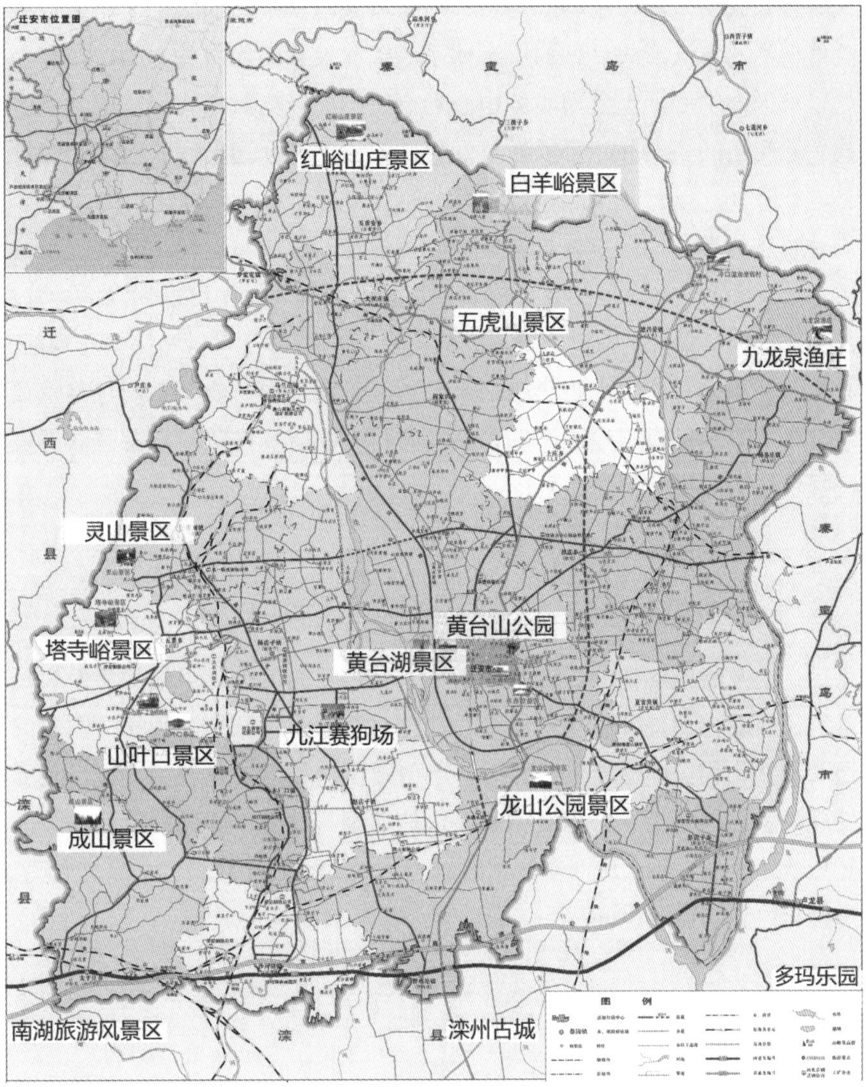

图 5　迁安市市域旅游资源示意图①

5 白羊峪长城旅游区展望

智慧景区与景观资源的整合。当下风景区有多种发展模式，但打造智慧景区基本成为大部分人的共识。随着白羊峪长城旅游区无线网络覆盖的落实，凭借人脸识别技术、5G 技术、定位系统等打造智慧景区成为可能。依托白羊峪长城旅游区附近的白羊峪水关、古城堡、大理石长城、白羊河、绵羊泉等独特景观资源，在远期经营中，应加大旅游区规模，将景观资源进行有机整合，形成以长城文化为背景，以优质旅游景观为依托，以丰富的景观体验为吸引力的优质风景区。

多景区的协同运营。迁安市域内已有很多已成规模的优质景区，在全域旅游的发展政策下，多

① 本图由迁安市总体规划图改绘。

景区联动可以大大整合旅游资源，也将成为白羊峪长城旅游区发展的必由之路。但不难发现，市域内各景区交通流线混乱，无法形成良好的旅游体系，因此设立交通服务中心，是整合各景区旅游交通的重要方式。以市区为中心，以交通服务中心为枢纽的层级辐射模式，将成为游客高效率游览各景区的有效方式。除交通的协同外，可以通过发售联票、票务互通、联营活动、资源互通等手段，将各景区的优势进行整合，以此之长，补彼之短，通盘考虑，增强整体竞争力。

旅游区与周边村庄的调和。白羊峪长城旅游区在建设、发展与运营中，要注重协调与周边村庄和村民之间的关系。经济上，二者应相互促进发展，和谐共赢。村民可以为景区运营提供人力资源，也可以提供农业观光资源。景区则拉动农家院、农产品等的消费，为村民提供可观的收入。景观上，改善村庄面貌与旅游区风光相协调，将村庄纳入旅游区景观之内，农业景观也是重要的旅游资源。生态上，做好规划与生态基础设施建设，妥善处理好村庄的废物排放，旅游区获得良好的生态环境同时，也为村民提供舒适的生活空间。

6 结论

长城作为中国历史及建筑文化的重要组成部分，有足够的深度供沿线的旅游风景区进行挖掘。但风景区是多重因子的复合体，其中存在经济、文化、社会、生态等多种相关因素的互相制约与影响，因此在打造长城文化相关的旅游风景区时，不但要考虑如何发扬长城文化，还要协调当地经济的发展、特有文化的表达与传播、游客及相关人员的安全与舒适、居民的就业与收入、生态环境的稳定与可持续等要素之间的关系，从而创作出既符合当地规划发展政策，又满足人民物质精神需求，还不乏长城历史文化内涵的旅游空间。

大同长城文旅线路设计

袁建琴*

摘要：万里长城，“华”聚云中。大同长城的数量、质量均属上乘。如何在保护好这一世界文化遗产的基础上，合理开发利用，使之为更广泛人群所了解喜爱，是长城文旅工作者必须研究的课题和义不容辞的责任。本文作者经过多年的实地调研走访，就大同长城文旅现状、未来应开设线路、大同长城文旅的重点培育方向等，提出了有针对性的因应之策，希望对当地文化部门开设长城旅游线路、拓展长城文旅相关产品有所启发。

关键词：大同长城；文化旅游；线路设计

大同地处晋冀蒙交界处，位于内外长城之间，是山西的“北大门”，北京的“后花园”。战略地位十分重要。为了加强防御，历史上战国赵、汉、北魏、北齐、明等各个时期均在大同修建长城。目前，大同长城散布在天镇、阳高、新荣、左云、广灵、灵丘、浑源等县区，约 500 千米。

大同长城的形态十分完备，墩、台、关、堡、城、墙体构成了古代完整的军事防御体系。其内涵和实质，不仅是一道道边墙、一座座敌台和一个个堡寨，而是长城文化的综合体。随着时间的流逝和人为的破坏，大同长城大部分都已成残垣断壁，但它是大同这方土地的历史见证，它承载了大同人民的历史记忆。

一、大同长城文旅，前景十分广阔

山西省委、省政府提出的黄河、长城、太行三大板块旅游发展规划，也将打造以长城古堡古村落为主题的旅游经典线路，发掘长城历史文化遗产的深厚底蕴，向世界展示长城的独特魅力，以此来加速推进文旅产业深度融合，高质量发展。

按照“保护性发掘、传承性发展、创新性转化、有机化利用”的思路，大同市委、市政府也提

---

* 袁建琴，大同市长城文化旅游协会会长。

出，要统筹实施“保护管控、文化传承、融合提升、活化利用”四大行动，努力使大同长城成为感悟中华文化、坚定文化自信、增强中华民族共同体意识的精神家园。

国家文物局《关于印发第一批国家级长城重要点段名单的通知》（文物保发〔2020〕36号）中，明长城共54段/处。其中山西大同李二口段、镇边堡段、宁鲁堡—八台子段榜上有名。

更重要的是，就历史价值及实际地位而言，大同长城本就具有得天独厚的资源优势，做好长城文化旅游有着巨大潜力。大同长城空间上绵延数百里，时间上横跨上千年，历史悠久，内涵丰富。从赵武灵王革新求变，到秦始皇修筑长城；从大汉抗击匈奴，汉高祖白登山被围，到北魏王朝统一北方，促进了民族大融合；从徐达拒击北元开启烽烟百战，到隆庆议和边贸互市……千余年人间沧桑，大同长城，既见证了中原汉民族与塞外少数民族反复争夺的兵戈征伐，也见证了北方游牧文明与中原农耕文明的交融演进，拥有极高的历史价值、军事价值、建筑价值、美学价值、贸易价值。正因为大同长城文化底蕴深厚，古都大同完全可以以文化为灵魂，旅游为载体，将大同长城打造成为感知历史风韵、体验塞上风情的综合性旅游胜地。

二、长城文旅线路，必须精心设计

正如著名长城文化学者、中国长城学会副会长董耀会所言，长城沿线分布有数量众多的文物和文化遗产、相关历史文化资源、红色旅游资源和非物质文化遗产资源，都是重要的长城文旅融合发展的资源。长城国家文化公园建设，要采用不同的方式方法和技术手段，将这些资源相融合。文旅融合的重点在于让长城沿线的游客目的地，都成为长城文化活动地并通过长城文化的导入助力其发展。让这些旅游地成为长城文化的载体，使游客都能够在旅游的过程中汲取到长城的文化价值乃至长城的精神内涵。

根据大同长城文化资源保存特点及资源条件，本课题在大量实地调研基础上设计了如下几条线路。

1. 长城古堡游线路

第一站由天镇县新平堡始，经李二口、水磨口，进入阳高县守口堡、镇边堡，跨入新荣区到达得胜堡、助马堡，随后进入云冈区，深度体验高山堡、云冈堡深厚的历史文化底蕴，最后到达左云县月华池、威鲁堡、宁鲁堡，结束古堡游，返回大同市。近年来，左云县大力培育月华池长城驿站、夏都国际写生基地以及根源牧业、边塞牧羊等旅游和农牧项目，完善摩天岭长城、八台子村等景点基础设施；新荣区推进得胜堡村保护性修复和易地扶贫搬迁工程；天镇县李二口村完成易地扶贫搬迁，长城小镇的基础框架已具雏形；阳高县实施镇边堡西堡门修复工程、东堡门抢险加固和堡内明代一条街建设工程。这一系列项目建设，都极大地丰富了长城古堡游的内涵。

这条路线也可以从左云走到天镇。走完这条路线大约需要三天时间，正适合小长假期间，长城旅游爱好者对大同长城古堡的深度体验。

2. 长城研学游线路

这条路线设计主要针对研学群体，使他们在研学过程中接受爱国主义教育，感受中华文化的博大精深，体味长城文化的坚韧不拔，树立文化自信，培养他们乐观坚强不畏艰难险阻的长城精神。

线路为新平堡—李二口（徒步长城旅游公路，近距离触摸长城）至白羊口—得胜堡（市场堡，加深对民族文化融合的了解）—助马堡马市（了解明蒙之间贸易市场及明蒙的民市贸易）—探秘月华池—守望八台子—攀登镇宁箭楼。

另外也可以从天镇新平堡西马市起，到守口堡马市，至得胜口马市，过助马堡马市，最后抵达左云镇宁堡镇宁楼马市。这条路线比较专业，同样适合长城研学或者研究者、摄影爱好者。

3. 温泉康养游线路

大同市境内温泉有阳高的九龙温泉度假村、神泉古域温泉、阳光 99 温泉养生度假区，天镇有商务温泉度假会馆、鸿雁温泉度假村、圣水山庄温泉、南国水乡温泉、浑源汤头温泉等。这些温泉位于大同长城带，水质好，价位适中，适合旅居修养，也可以游玩体验。并且这些温泉距离长城都很近，可以选择白天徒步长城，晚上住宿温泉度假村。价位最高的是神泉古域温泉，其配套设施也高，距离长城较远，但距离安家皂古堡（明时修建的民堡）只有 2 千米。天镇温泉水比阳高温泉要好，但是配套设施较好价位适中的还属九龙温泉度假村。九龙温泉和玉安温泉及阳光 99 温泉距离很近，大约 1 千米。这两个温泉距离长城不远，出行可选择自驾长城或者徒步长城最后宿于温泉度假村。天镇温泉距离水磨口、榆林口、白羊口、李二口都不远，可以选择骑行或者徒步，这些长城保存较好、古朴苍凉，水磨口村、白羊口村俱系中国传统村落。浑源汤头温泉，在所有温泉中水质最好，出地水温约 60℃，被誉为北方第一泉，历史悠久，为北魏皇家温泉行宫，具有较高保健、医疗价值。汤头村设有疗养院。但遗憾的是，汤头温泉配套设施落后，环境较差。汤头温泉距离浑源王庄堡仅 3 千米。王庄堡为明朝在大同南面修建的唯一一座军堡，历史文化内涵丰富，造型奇特。游客可以根据自己的消费水平和不同需要选择长城温泉康养游。游客在领略长城文化之余，下榻于温泉度假村，达到身心的满足。

4. 徒步健身游线路

大同长城大部分为夯土修建，尤其外长城，墙体全系夯土。经过长期的自然风化，损坏较为严重。大同长城并不适合攀爬等旅游体验。建议在适合的区域建设国家级长城步道，将观光旅游、户外健身与长城保护宣传有机的结合。大同长城沿线生态环境独特，更重要的是比邻京津冀蒙，交通发达，随着大同高铁的开通，更加方便游人出行。随着人们生活水平的不断提高、白领亚健康的不断增加、出行理念的不断转变，徒步健身逐渐成为人们喜爱的运动之一。徒步健身路线可以设计 1 日、2 日、3 日不等，本课题只设计 1 日和 2 日。

表 1　长城 1 日徒步健身线路

县区	线路	路程	难度
天镇	新平堡—保平堡	约 13 千米	低
	李二口—白羊口—水磨口	约 16 千米	中
阳高	长城乡—守口堡	约 14 千米	低
	守口堡—镇边堡	约 20 千米	高
新荣	方山永固陵—得胜堡	约 15 千米	高
	拒门堡—助马堡	约 12 千米	中
左云	镇宁楼—八台子—月华池	约 10 千米	中

表 2　长城 2 日徒步健身线路

天镇	桦门堡—李二口—白羊口—水磨口
阳高	镇门堡—守口堡—长城乡—镇边堡
新荣	镇川堡—方山永固陵—得胜堡—助马堡
左云	镇宁楼—八台子—月华池（威鲁堡）—管家堡（灭鲁堡）—破鲁堡

长城生态文化游线路。主要选择风景好、植被好的长城点段。这条线路和徒步健身路线有部分重合。徒步健身的同时也要欣赏美景。

表 3　长城生态文化线路

天镇	新平堡—保平堡
阳高	镇门堡—守口堡
新荣	古长城森林公园
左云	摩天岭风景区
浑源	凌云口自然风景区

5. 生态文化游线路

以新平堡、守口堡、得胜堡为重点，打造生态文化旅游精品线路。大同地处黄土高原，处于北纬 40 度的农牧交错线，这里气候四季分明，春季短暂、夏季凉爽、秋季宜人、冬季寒冷，拥有不同于南方的自然风光。加之近年来，大同市坚持“治山、治水、治气、治城”一体推进，大规模实施国土绿化彩化财化行动，保护长城沿线自然风貌。全市森林覆盖率达到 21.6%，连续 6 年成为山西省空气质量最好的城市，入选国家园林城市和美丽山水城市，极大地改善了长城沿线的自然生态。通过新平堡、守口堡、得胜堡等一批长城沿线景点的绿色展示，可以让游客感受到大同生态建设方面所取得的巨大成就。

总之，大同长城文旅的线路设计，要充分考虑到大同长城的地域广泛性、文化多样性和资源差异性，以及不同区域的资源条件、人文历史和社会经济特点。要突出各地长城的地域文化特色和资源优势，因地制宜，差异发展，形成不同的区域特色和文化品牌。同时要立足实际，充分考虑到广大游客研学、旅游、健身等不同需求，还要在线路中设计有“长城人家”“长城文化产品”等相关的配套项目。只有把线路与文化、线路与旅游、线路与生态、线路与体育等充分地结合起来，科学规划，精心设计，才有可能设计出比较完美的旅游线路。

长城旅游线路的开发是“文化 + 旅游”产业融合发展的生动实践，是文化、创意、历史、传承、发展多方交融的纽带，对城市文化产业发展具有明显的带动效应。

大同长城旅游线路的设计将给游客带来全新的体验，极大地提高大同这座文化古城的竞争力，并将带动形成高质量文旅产业集群。

大同长城旅游线路的设计与开发，在逐步发展完善的过程中，也必将连接一系列其他产业从而形成产业环，而产业环的融合交融也能够带动区域经济的深度发展。

大同长城旅游的深度发展也会带动大同（尤其是各区、县、村、镇）的基础设施的建设和产业结构的升级，提升所在地域的竞争力。文旅产业今后能够成为城市副中心产业的重要支柱。未来游客来到大同旅游，除了云冈石窟、恒山、悬空寺以外，大同长城旅游也必将会成为一张新名片，从而使大同长城在保护传承以及文化资源的开发利用上迈出新的步伐。

浅析汽车营地在长城国家文化公园中的作用

才国峰 *

2019 年 7 月 24 日，《长城、大运河、长征国家文化公园建设方案》（以下简称《方案》）在中央深改委第九次会议上审议通过。《方案》的通过，代表着国家对中华传统文化、革命文化的保护、宣传和利用的高度重视，也标志着长城国家文化公园（以下简称"长城公园"）建设进入正式实施阶段。

在长城公园的建设中，文化旅游是一个重要组成部分，《方案》中强调适度发展文化旅游。所以，如何在长城公园建设过程中发展好文旅项目，也就成为我们现阶段需要研究的重要课题。

长城公园文旅项目的规划和发展，将会涉及多层次、多方面的因素。其中，汽车、房车露营地（以下简称"汽车营地"）作为一个板块，可以成为长城公园的重要组成部分。

随着我国居民收入的持续提升，汽车成为很多家庭的必备品，自驾游在旅游市场中所占份额也逐步提升。2019 年，自驾游人数约 8.5 亿人次，自驾游市场总规模接近 2 万亿元，对汽车营地的需求，也日趋增大。

汽车营地，是指具有一定自然风光，占有一定面积，安全性有保障，可供人们使用自备露营设施（如帐篷、汽车、自行或拖挂房车）或者租借露营设施（如帐篷、拖挂房车、小木屋或装配式别墅）在旅游休闲活动中用于居住和生活的小型社区。根据面积和定位，可以提供餐饮、住宿、医疗和超市服务；大型营地还配有运动游乐设备并有用于娱乐活动、演出节目的公共服务设施。

近年来，国家对自驾游和汽车营地的发展非常重视。2016 年，国家旅游局联合公安部、交通运输部、国土资源部、住房城乡建设部、国家工商总局 6 部委联合发布《关于加快推进 2016 年自驾车房车营地建设的通知》；国家发改委、国家旅游局等 11 部委共同发布《关于促进自驾车旅居车旅游发展的若干意见》。2017 年，交通运输部、国家旅游局、国家铁路局、中国民航局、中国铁路总公司、国家开发银行 6 部门联合印发《关于促进交通运输与旅游融合发展的若干意见》；国家体育总局、国家发展改革委、工业和信息化部、财政部、国土资源部、住房城乡建设部、交通运输部、国家旅游局 8 部委于印发《汽车自驾运动营地发展规划》。这些文件中，对汽车露营地定义、

* 才国峰，北京家之旅旅游有限公司执行副总经理。

服务内容、规划方向上都提出详细的要求和规定。

2017 年 2 月 3 日，国务院印发的《“十三五”现代综合交通运输体系发展规划》（国发〔2017〕11 号）中明确提出要拓展交通运输新领域、新业态，积极引导交通运输新消费，大力发展自驾车、房车营地，鼓励规划建设一批航空飞行营地、汽车综合营地、山地户外营地和徒步骑行服务站。

2018 年 11 月 15 日，文化和旅游部、国家发展改革委等 17 部门印发的《关于促进乡村旅游可持续发展的指导意见》中提出：引导自驾车房车营地、交通驿站建设向特色村镇、风景廊道等重要节点延伸布点，定期发布乡村旅游自驾游精品线路产品。

在《全国国土规划纲要（2016—2030 年）》《“十三五”旅游人才发展规划纲要》等重要纲要性文件中，也对自驾游、汽车营地的性质定义、开发规范、管控方式等重点概念给予了明确的解释和规范。

由此可以看出，发展汽车营地对于中国旅游行业发展有着深远的意义，是被国家鼓励的。在长城公园的建设中，汽车营地可以起到的推动作用，主要体现在以下四点：对长城所在地旅游服务提供有益补充、促进文旅结合、便于当地开展全域旅游；根据需求可以控制发展规模，对环境影响很小；目标人群增长迅速、与长城公园发展理念基本契合；以汽车营地为依托，可以规划多元化旅游产品、满足各层次游客旅游需求。

一、促进文旅结合，利于全域旅游

文旅融合是实现长城公园可持续发展的一个重要因素。这需要通过科学的规划和设计，按照技术融合、产品融合、市场融合和产业融合的路线，真正做到长城的文化与旅游融合；在长城保护的基础上，形成可以推向市场的长城文旅产品，成为中国乃至世界旅游市场上不可替代的重要旅游产品。

古人云：“读万卷书，行万里路”，这可以说是对文旅最好的诠释。对长城文化而言，单纯地阅读书籍或观看视频，无法领悟到长城真正的意义。只有亲眼看到长城恢宏的气势、了解各个时代长城的建筑特点、感受不同地域风俗人情等因素，才能真正了解到为什么说长城是中华民族伟大复兴的重要文化符号。

作为古代军事防御体系，长城大都修筑在当时的边境地区，到了今天，这些地区也是旅游欠发达地区甚至是落后地区。目前长城 A 级景区位于一线城市的仅有北京的八达岭－慕田峪、居庸关、水关和黄花城水长城等几个景区。很多长城遗址位于经济不发达、旅游业尚未起步、基础设施较差的地区，且基本不通民航和高铁甚至没有火车站点，也没有完善的餐饮住宿等基础设施，不能满足游客日益提高的要求，很难吸引游客前往。而要建设完善的基础设施，需要投入大量的资金和时间，需要足够的客流来支撑运营和发展，这在大部分地区是很难快速实现的。

汽车营地具有投资小、占地少和设置地点灵活的优势，可以快速、大量地在长城周边建设；配合汽车自驾游尤其是房车旅游，可以同时满足游客吃、住、行、游、购等需求。迅速开展以长城文化为核心、以旅游产业为纽带进行旅游资源整合，是对长城公园建设的有益补充。

长城文旅发展是带状发展而非点状发展，我们的目光不能局限于长城遗址和长城保护区的范围内，要从宏观角度重新理解长城文化，促进长城经济带的业态丰富、文旅融合并确保可以持续发展，要着重打造长城的全域旅游模式，形成长城文化带的集群效应。

以汽车营地为依托，以旅游资源和历史文化为核心，以“长城 +”模式发展的旅游产品（长城 + 旅游、长城 + 研学、长城 + 摄影和长城 + 亲子等）为纽带，发展汽车自驾旅游和房车旅游，与长城沿线其他景观系统一起，构建完整而且是良性发展的产业链。

与传统的长城旅游产品线路大多仅覆盖景区，游客在景区内消费，很少惠及周边村镇不同，汽车营地开展自驾游的游客，驾车从各个方向到达营地，沿途所过之处，均可受益。特别是营地周边村镇，可借此发展民宿、餐饮、土特产商店等业态，带动旅游经济，进而推动整个地区的经济发展，真正做到全域旅游。

二、规模可控，环境影响最小

同传统景区相比较，汽车营地规模容易控制。一般情况下，停靠型营地占地 3000 平方米即可提供住宿、餐饮、超市等服务；大型综合性汽车营地占地面积也大多在 20000 平方米以内。同时，可以根据当地长城遗址实际情况，在符合国家相关法律法规的情况下灵活布置，既可以确保游客观赏长城风光，也可以保护长城文物。

在汽车营地的建设过程中，对长城遗址的环境影响基本可以忽略不计，对长城本体也不存在破坏行为。营区建设将保存区域内完整生态，不破坏地表，不改变地貌。绿化植物将选用当地品种，杜绝外来植物、生物污染。

实际运营过程中，游客住宿会选择自带或租赁的自行式房车、拖挂式房车和帐篷；餐饮、超市、办公、浴室和卫生间等使用集装箱房等装配式建筑，均属于临建，不需要建设永久性建筑，如遇政策调整，可以拆卸到其他营地使用，不会造成浪费。

营区的电力供应一般从附近村庄的变压器取电，根据实际条件选择埋线或架杆送电到营区。如条件允许，将选择光伏或风力等新能源方式供电，并设置储电设备，自给自足，更加环保。

营区饮水也会优先选择连接附近村庄的自来水管道。如不具备引水条件，根据实际情况自打水井或选用储水罐供水并配备相应的净水系统。

营地在房车营位上设有水电桩和下水道，对房车进行水电供应和污水处理。生活废水和厕所污水通过污水管道系统，统一进入化粪池，使用生态降解处理或定期抽取后集中处理，及时清运，对环境零污染、无异味。营区内将实施垃圾分类处理，塑料制品、废弃电池等化学垃圾单独回收并及时处理。

可以说，在汽车营地的建设和运营过程中，都不会对环境造成污染。

三、目标人群增长迅速，契合度接近

游客对长城旅游的需求基本可以划分为三个层次，即观光型、求知型、专研型。

第一种人群大多会选择参观八达岭、山海关这类的传统景区，满足于拍摄以长城为背景的照片和视频。对长城的认知，仅局限于边墙、敌台或烽火台；选择旅游产品时，也大都是攀爬长城、触摸长城、合影留念等初级产品，对长城在历史、军事、地理和建筑等更高层面没有深度要求。这部分群体的需求，现有长城景区已经可以满足。

后两种人群，已经不再满足于参团进行走马观花的传统旅游，更希望进行以发现、学习、体验为目的的文化旅游。他们更想全面完整地了解长城的历史，了解不同时期长城建筑结构的区别，领略不同地貌的长城风光。目前，这部分旅游市场所占比例正在迅速提高，尤其是亲子游和研学游的群体，更希望能深入了解旅游目的地的历史知识、体验独特人文景观、观赏自然秀美的风光。

经过相关数据分析，我们可以得到自驾游的客户群体画像：年龄在 20 ～ 50 岁，有一定经济基础，有较高的消费能力；家中已购买汽车，也有能力购买或租用房车进行旅游；一般接受过高等教育，有求知欲，对精神层次的需求有较高要求；以家庭旅游为主，三代人出行的概率较大；倾向于选择亲子游和研学游性质的旅游产品和线路。

从客户群体画像我们可以看出，自驾游人群同长城公园的求知型和专研型目标人群基本重合。目前限制这部分人群参观长城公园的主要阻碍，就是没有完善的服务设施。如果以汽车营地为中转、停宿和补给点，解决他们的后顾之忧，这部分人群将会很容易接受长城公园的自驾旅游产品。

四、产品多元化、满足多层次需求

长城因为所在地不同，所以随行政区域的划分，处于被割裂的状态。但长城的历史和文化价值是一个整体的概念，这种被割裂的状态，对长城是一种遗憾。

正因为这种割裂状态，现有的长城景区均是各自为战，互相之间少有互动。游客进行的是点状旅游，没有连续性。旅游内容也主要为观看、攀爬长城，没有多元化产品，不能满足游客对长城旅游的多层次需求。

长城汽车营地的设置，可以在某种程度上弥补这种遗憾。因为游客是自驾形式，能够更自由地对线路进行规划。可以按风光、军事、建筑发展和历史人物等多种主题将各地长城遗址串联起来，形成切实可行的汽车旅游线路，真正地将文化传承和旅游消费融为一体。

例如，按人物规划线路：从包头固阳的秦国大将蒙恬，到北京八达岭一带的明朝蓟镇总兵戚继光；按建筑形式规划：从早期的春秋战国长城到夯土包砖的敌楼、烽火台齐全的明长城；按地理地貌规划：从海边长城到草原长城等。游客可以根据自身意愿和时间规划，按照汽车营地的分布情况，选择适合的旅游线路，选择不同时间长度的旅游产品。

所以说，长城汽车营地可为游客提供多元化产品，也可以满足因消费能力、时间、需求等因素不同而产生的多层次游客的要求。

时至今日，长城的军事防御功能已经不再，但从春秋战国到汉唐、明清直至今日，3000 多年的岁月洗礼赋予了长城独一无二的历史内涵。对当代人而言，长城是不屈精神的载体，是华夏多民族融合统一的见证，是中华民族伟大复兴的重要文化符号。在长城的光芒之下，汽车营地宛如闪烁在周边的点点萤火，星星之火，可以燎原。长城汽车营地的发展，对长城公园的建设，将是不可或缺的推动力量，对长城文旅结合和全域旅游发展，起到巨大的作用。

长城文化衍生品设计与开发研究

贾霄燕　张　坤*

摘要：万里长城是凝结了我国古代人民智慧结晶的建筑奇观，它不仅体现了我国封建社会朝代变换和时代变迁，更超越了物质形态的建筑物所具有的意义，成为如今中华民族精神的象征符号。作为我国最重要的物质文化遗产之一，长城作为一种文化符号，对民族文化传播也起到了十分重要的作用。越来越多的人注意到长城文化资源与大众的艺术需求融为一体的重要性，但目前长城的文化衍生品的设计与开发研究还处于比较分散和缺乏系统性研究的阶段。本文主要从文化衍生品的设计与开发的角度出发，阐述长城文化衍生品设计与开发的重要性和紧迫性，探讨长城文化衍生品的设计与开发的有效路径，初步展示长城文化衍生品的设计成果及推行优势。

关键词：长城；文化衍生品；设计与开发

经济的发展和物质生活的充裕使人们的精神生活随之丰富起来，由此也带动起文化衍生品和文化创意产业的发展，而文化创意产业的繁荣与否也成为一个国家或者地区综合实力考量的重要标准。特别是我国拥有悠久历史和丰厚文化积淀的历史遗迹或者非物质文化遗产的文化衍生品，更是受到人们的关注和喜爱。一些人热衷于探寻中华民族文化的历史根源，希望可以通过文化衍生品的设计和开发使人们牢记历史。其中长城以其独特的历史文化背景和雄奇壮丽的景观成为我们中华民族的精神和文化代表之一。长城不但是世界奇迹之一，更是见证了中华民族文明发展的历史，象征了中华民族顽强不屈和团结坚韧的精神。作为一种重要的民族精神的象征，长城已经成为一种重要的符号出现在各种重要的场合，如我国的国歌、国徽、警徽、人民币都用长城来代表国家符号；而一些重要的仪式或者场合，如亚运会、奥运会等国际性的赛事中，也都可以看到长城元素的身影。长城已经成为中国与世界沟通的一座重要桥梁，而长城文化衍生品正是构架起这座桥梁的一砖一木，成为中国与世界各国友好交往，以及国人了解长城、热爱长城、保护长城的铺路石。但目前长城的衍生品还没有进行更好的设计和应用，需要更多对长城文化进行挖掘，运用科学严谨，符合现代大众

* 贾霄燕，河北地质大学法政学院副教授；张坤，山东青年政治学院学生。

审美和社会发展潮流的设计，完成更广阔意义上的长城衍生品的创新设计与开发。

一、长城文化衍生品相关概念介绍

1. 文化衍生品

衍生品是指从事物的本体当中派生出来的产品，衍生品最初用于金融和化学领域，之后逐渐延伸至社会其他领域，并逐渐成为一种潮流。文化衍生品即文化衍生产品，主要划分为凝固型文化衍生品和非凝固型文化衍生品。如书籍、影视作品为凝固的文化衍生品，而文学思潮则是非凝固的文化衍生品。本研究主要针对凝固型的文化衍生品对长城文化衍生品的设计与开发进行研究。文化衍生品包括子衍生物、母体、衍生者即创造者等。文化衍生品的种类较为繁多，且在衍生品的基础上还会有新的衍生品出现。文化衍生品中既包括可以在市场流通的有价商品，也包括不能在市场流通的非商品，还可以是二者相结合并具有收藏、审美和实用价值的综合体。

2. 长城文化衍生品

长城文化衍生品是以长城的历史和文化资源作为设计的依据和基础，融入设计者与开发者的创意，使抽象的长城文化资源通过具体形象的产品形式呈现出来，让人们在文化衍生品中可以更加直观深切地了解和感受长城文化，从而使长城文化可以得到更加广泛的推广。长城文化衍生品具有较高的文化附加价值，可以通过拓展长城衍生品流入市场的渠道，为推动长城文化，促进我国优秀文化遗产的交流和传播打下良好的基础。

二、长城文化衍生品设计与开发的重要性和紧迫性

1. 长城文化衍生品设计与开发的重要性

“不到长城非好汉”，万里长城是我国民族精神的象征，长城文化背后蕴含的基本核心是爱国主义精神，而这种爱国主义表现的是普通群众对祖国的深厚情感。国家的发展离不开个人，而个人更是依赖于祖国的强大才能获得长足发展。因此，长城文化实际上体现的是一种人们的浓烈的故土情怀、深厚的民族自豪感、炎黄子孙的尊严感和荣誉感。长城文化的宣扬实际上是民族精神的重要内核，同时也是使个人与祖国之间在道德、政治、规范方面保持平衡的重要的调节助力之一。当前长城文化的宣扬，不只是一种爱国主义的号召，更是一种向世界展示中华民族悠久历史和灿烂文化的重要契机。但是仅凭一次或者几次匆忙的旅游参观，并不能让这些对历史遗迹或者文化抱有好感的参观者在短时间的参观游览中深入地了解长城文化的整体面貌，大部分人对长城的遗迹或者长城文化以及文化背后的故事只能有个比较初步的了解。长城文化衍生品使每一个参观者在参观长城之时或之后，只要看到这些文化衍生品，就可以联想到长城文化的相关内容，可以实现长城文化的持久性传播。这对弘扬长城文化，增进人们的爱国主义情怀和对历史文化的热情都具有十分重要的意义。

2. 长城文化衍生品设计与开发的紧迫性

长城是具有丰富文化内涵的重要载体，它包含了自然的雄奇和古代人民的智慧以及古代文明的

精华。长城文化的传播主要是通过相关展览、讲座、主题演讲等形式进行的，因此如何使这些与文化遗产相关的视觉记忆得到更好的保留与拓展也是值得深入探讨的课题。长城文化衍生品就是实现这一目标的重要路径。由于长城承载的信息量十分庞大，因此公众在参观建筑形态的过程中，对于长城相关遗迹只能有一个粗浅的、轮廓模糊的视觉印象，而利用长城文化衍生品可以使人们对长城文化和长城文物的印象更加清晰深刻起来。长城文化衍生品在长城文化中已经成为一个不可缺少的重要组成部分。这种形式所带来的文化传播效应是与讲解、展示完全不同的，也是无法被取代的。

随着经济社会的发展和时代的不断变迁，人们越来越注重精神文明的追求。而历史遗迹使人们在了解文明史的光辉的同时，也获得精神上的鼓舞和慰藉。人们对于文化衍生品的要求也随着文化水平的提升而越来越高，不过纵观现在的文化衍生品市场，特别是长城文化的衍生品市场，仍旧存在很多问题。如文化衍生品存在较高程度的同质化、审美性不高、新颖性不强，这些问题影响了长城文化的更好传播。因此，顺应时代潮流，满足大众的文化品位，把握国内长城文化的实际情况，开发出可以充分代表长城文化、满足人们文化需求的长城文化衍生品，是一件十分紧迫的事情。

三、长城文化衍生品设计与开发的有效路径

长城不但有丰富的文化资源，更担负着弘扬民族精神、传播中华文化、教育下一代的历史责任。因此长城文化衍生品的开发不但要做出好的产品，更重要的是要在做好产品的同时向更加广阔的方向不断拓展延伸。

1. 长城文化衍生品设计定位

到长城游览参观的游客购买文化衍生品时进行比对，在综合产品的文化内涵、价格、质量等方面的因素后才会选择自己心仪的衍生品。长城每天要接待的游客量十分巨大，特别是在节假日，这些游客来自不同的地区，有着不同的文化背景和审美角度，但是他们都有一个共同点——对长城文化充满热爱之情。因此在设计产品的时候，首先要细分消费人群，从而使人们可以购买到具有多元化和多层次的衍生品。

长城文化衍生品的消费人群可以分为以下几类：

第一类是 6 ～ 16 周岁的青少年。这一群体主要是中小学生，他们具有较强的好奇心和吸收力，对新鲜的事物接受能力强。因此可以根据这类人群设计符合其年龄特征的衍生品，如益智玩具（长城砖石结构形式的积木、长城拼图）、学习用品（以长城为主题的铜制精美书签、手账贴纸、书包）、生活潮品（微缩版长城钥匙扣），通过这些文化衍生品可以使这部分人群了解长城文化。

第二类是青年群体。这部分人群是长城文化衍生品的主要消费群体，他们对长城有一定程度的了解，对文化衍生品也有较高的品质要求。因此可以通过设计家居用品、办公用品、工艺礼品等方式吸引这类消费群体。如印有长城图案的首饰配饰、创意回形针、文件夹、台历等。

第三类是中老年群体。这类群体对长城文化有着特殊的情结，他们具有十分丰富的社会阅历和深厚的文化底蕴，且喜欢收藏有历史文化价值的物品。因此针对这类消费人群可以设计具有收藏价值的书法、绘画等吉祥喜庆且具有美好祝福元素的产品。如刻有长城砖厂纹样的文房四宝、与长城相关的古诗书法等。

2. 长城文化衍生品设计可开发点

长城历经几千年的历史沉淀具有十分丰厚的文化资源。长城文化衍生品的设计与开发是对长城历史文化的一种继承和发展。因此在设计和开发相关产品的时候相关人员一定要以认真、谨慎的态度来对待长城所蕴含的每一个文化元素，充分利用长城的物质文化和非物质文化进行创意产品的设计与开发，设计出更多更优秀的长城文化衍生品。目前市场上可以看到很多长城文化衍生品，涉及的种类也比较繁多。但是这些产品的开发比较缺乏系统，没有对长城的文化资源进行充分的利用和规划，一些元素被不断重复使用，同质性强，而其他元素则没有被开发出来。因此在长城文化衍生品的设计与开发过程中，要立足于创新的开发点，打破同一文化元素被反复利用的桎梏。

3. 长城文化衍生品的设计程序

长城文化衍生品的设计与开发是对长城文化元素的二次利用。长城文化资源的开发是一个从无到有的创造程序，并没有产品作为载体。长城文化衍生品是将比较抽象的关于长城的文化内涵，如长城代表的民族精神、长城的历史底蕴等文化元素进行加工，使其以一种崭新的呈现方式为人们所熟悉和接受，并通过具象的产品使人们加深对长城文化的印象，了解长城文化背后的知识。基于一般产品的设计与开发流程，即前期准备、制订计划、开展实施、反馈调整，长城文化衍生品的设计与开发也分为 4 个步骤，分别是搜集文化元素—制订初步方案—实施产品设计—产品评价反馈。

搜集文化元素：这一阶段是长城文化衍生品设计与开发的起始步骤。主要的工作是对长城的历史、文化进行了解和挖掘，并通过搜集丰富的长城文化资源，对这些资源进行整合，从而在整合的过程中形成初步的产品设计与开发的创意。

制订初步方案：这一步骤是在进行文化元素搜集之后的进一步深入处理阶段。主要是针对上一步骤搜集整合的长城文化资源做进一步地提取，设定相关的文化主题，有针对性地将资源进行调配，发现目前衍生品中尚未融入的长城文化元素，初步形成整体设计框架。

实施产品设计：这一步骤是将长城文化资源转化为长城文化衍生品的重要阶段。在前两个步骤的基础之上，将长城文化元素融入具体产品的设计当中，设计出符合广大消费者文化需求的文化衍生品。

产品评价反馈：这一阶段是对长城文化衍生品的评估与反馈。设计要根据设计小样进行细节上的完善，然后将长城文化衍生品展示来获取他人的宝贵意见，最后对产品进行综合性的优化完善，比如在功能的表现、色彩借鉴以及材质的运用、意蕴的表达、文化元素与产品融合的贴合度等方面进行修改和完善。

四、长城文化衍生品的设计成果

1. 长城卡通人物形象——长城小砖

（1）长城小砖的文化形象设计特点

长城小砖本身的文化形象设计采用了长城城砖的外形特征。从长城的建筑角度来看，长城由长城砖组成。以长城砖为核心设计长城卡通人物，可以让长城的建筑本质得到充分延展，能够使长城形象真正地“活”起来，使长城文化的传播更加富有亲和力。

长城小砖整体形象是长城砖的方体的外形特征，选取了烽火台作为整体形象特点，凹凸特征与长城城墙的凹凸建筑特征一致，整个卡通人物形象能够与长城文化和抗敌精神紧密联系起来。

长城小砖服饰的祥云体现了中国传统文化元素，寓意着吉祥如意。在关于服装的色彩设计中，众所周知，周代以前曾经用红色作为高级服色；秦朝时曾经以黑色作为最高地位的服饰颜色，上至帝王下至百官以黑色服饰为主；汉灭秦后则逐渐过渡至以黄色作为最高级别的服饰颜色。因此长城小砖的服饰颜色意喻着我们传统民族的朝代历史变迁和过渡。

长城小砖卡通人物的脸部设计采用了大大的眼睛、动感的眉毛，体现了可爱、灵活的特点，使其作为长城文化宣传使者更有亲和力，更易于被民众接受和喜爱。也可以说，长城小砖是长城砖的化身，采用了我们民族文化中常见的武侠侠士形象，融入的是一种“侠之大者，为国为民”的历史文化情操，传递出勇敢、智慧、幽默、乐观、风趣等特征，具备极高的文化传播和文化形象塑造价值。

（2）长城小砖的文化内涵注入

长城小砖本质上凸显的是长城文化形象，突出的是民族文化特点。长城本身在千百年的历史进程中，提炼而生了诸多历史文化足迹。从长城小砖的身上，融汇而成的是春秋战国至明代的保家卫国的历史文化传统。有关于长城小砖的文化内涵注入，主要侧重于两个方面：一个是结合本身武侠形象的“侠之大者，为国为民”的节操情怀；一个是侧重于结合我们的爱国历史。

长城作为中国古代军事防御体系，本身是依照“因地形，用险制塞”这一原则建造而成，主要是用来作为战争攻防的辅助防线。因此在长城的背后融汇着诸多保家卫国的历史故事。比如我们最为熟悉的“戚继光抗倭”、“娘子关”的来由、“战国赵长城”的历史故事，这些故事都将成为长城小砖的文化精神来源。

（3）长城小砖的实际应用分析和未来发展展望

长城小砖本质上的定位是源自长城精神的文化形象，可以据此发展成为能够凸显长城文化内涵的代表性吉祥物。因此在长城小砖的实际应用方面，将着重侧重于在实体经济的研发投入方向上，比如开发长城小砖的抱枕、拨浪鼓、玩偶、徽章、文具、生活用品等；在此基础上拓展思路，比如涉及食品方面的开发应用，类似于以长城小砖作为具体形象的雪糕、甜点、伴手礼等特色食品，融入长城周边沿线地区的各种风味食品，从而能够将长城小砖的形象实际推广应用开来。

2. 长城周边文创产品设计

文创产品的实质是指能够具备其文化特色的创意产品。长城横跨我国 15 个省（自治区、直辖市），体量大，涉及区域广，周边沿线有很多不同地域风格的文化资源。在长城周边文化的开发中，我们可以具体参考类似故宫博物院、文化博物馆等各地具有鲜明文化特色的周边文创产品。基于对生活实用性和适用性的积累和衡量，在有关于文化创意产品的开发中，应当具备实际应用和美观兼具的特点，不必强求于从外在的形象特征上进行开发引入，而是可以追寻从某些细节方面融入长城本身具有代表性的文化特征。比如可以开发一些家居产品，类似笔筒、水杯、书籍、包装材料等物品，可以将长城城砖以及周边区域的某些文化作为元素融入其中。同样我们可以开发有关符合现代年轻人价值取向的类似服装、彩妆、文具、手账等物品。不是简单地将长城作为 LOGO 附着于其中，而是注重其美观性和实用性，能够将长城元素融入结合，从而形成一种文化艺术美感，传递文化艺术特征。

3. 长城智能产品——长城虚拟文化空间

长城虚拟文化空间呈现是指创造一种长城文化的互动实景场地，通过信息智能在体验者面前呈现一种具备立体观感的智能互动场景，并能够感知体验者的行为变化，将体验者的行为变化反馈至场景的 AI 感知中，从而能够为体验者创造一种身临其境的互动体验效果。结合当前 AI 智能技术和大数据信息化技术，着重在长城的具象化和文化传递方面进行开发研究。侧重于通过以长城虚拟文化空间——AI 全景图像呈现，利用 AI 智能互动，实现全场景的交互塑造。

虚拟文化空间这一技术可以以一种全面立体的三维体系创构一种文化场景氛围。比如在岳麓书院的文化空间设计中，将孔子雕塑、赫熙台、讲堂、半学斋等可感知的建筑符号，融入其中，作为一种文化空间的建筑符号，唤醒了体验者的文化感官体验和传统文化之美的深度感触。

此外，虚拟空间可以即时感知体验者的行动变化，利用大数据分析体验者的空间互动动态，感知体验者的身体体态的变化，而在场景和图像方面做出实时性的改变。比如对文化遗产进行创新重组，而互动数据会根据体验者的需要有选择性地进行保留。同时下一位体验者可以在此基础上，对此进行评论或再次创新，能够在不创伤传统文化底蕴的基础上，为接下来的文化创新提供现实可考的依据。

在长城虚拟文化空间中，不是将长城的信息简单的注入输出，而是要结合大数据平台信息重塑的特点，能够以长城为主线路，融合周边的一些区域民俗文化，将其系统归纳为长城的周边文化之中，并能够顺应体验者的需求，为体验者呈现一些有关于长城的文化风俗。能够使体验者了解一些较为小众的，或者是实时更新的区域文化变化，以此为基点推出居家智能长城虚拟文化空间产品。

五、长城文化衍生品的推行优势

1. 创新文化内涵

在当今社会发展变迁中，我们应当意识到的一点是，文化应当体现和反馈社会时代的发展进程，而不能将文化束之高阁，使其独立于社会时代发展。孤立于时代的文化是一种缺乏核心精神的、落后于历史进程的、不成熟的文化。因此在长城的文化精神发掘中，我们应当关注当前时代的社会价值取向，通过结合现在的社会公众价值观念，通过此类的周边文化产品，将长城文化与时代精神发展相融合，顺应当前的社会发展潮流，同时在保留原有长城文化特点的基础上，实现文化精神内核的提炼和升华。

2. 开拓文化市场

随着我国文化强国这一理念的深入人心，目前类似于故宫等诸多历史文物的周边产品推行证明了通过开发长城周边产品，实现长城文化的复兴传递，这一理念和实践是值得推行的。而我们通过开发长城周边的文创遗迹科技产品，能够进一步地开拓长城的文化市场，解决长城文化中类似于推广成本较高、资源投入较大、推广范围有限等诸多问题，以开拓文化市场实现长城文化的延续和革新。

3. 实现经济反哺

经济是文化发展的底蕴和基础。经济实力的支持和文化领域的开发通常是相生相存、密不可分的关系，只有经济反哺于文化，文化才能够为经济的持续发展增添动力。而长城文化周边的推行意味着长城文化市场的开拓，可以通过长城文创产品，发掘市场潜力，进一步实现文化市场的创收盈利，并将其作为长城文化的推行发展动力，为长城文化的进一步推广提供经济实力的支持。

长城文化衍生品的设计与开发是一个长期的、复杂的、系统性的工作，在设计时要考虑到衍生品的定位、产品的开发点，并且在设计与开发的过程中要按照科学合理的程序进行。长城文化衍生品的设计与开发是一个动态的过程，需要与时俱进，要与时代接轨，从而使长城文化衍生品不管是在物质层面还是精神层面都能起到广泛传播历史文化的作用。

参考文献

[1] 郝鑫 . 市场经济下文化创意衍生品发展分析 [J]. 商场现代化，2017（6）：239-240.

[2] 管星雨 . 艺术衍生品与文化创意设计的互融 [J]. 大众文艺，2017（4）：132.

[3] 刘二妹 . 文化创意衍生品发展分析 [J]. 中国商论，2016（36）：126-127.

[4] 魏凯旋 . 景区文化衍生的旅游纪念品设计研究——以新疆锡提亚景区为例 [J]. 旅游纵览（下半月），2016（11）：19-20.

[5] 谢葵萍 . 文物衍生品开发——中国文化遗产保护的方式与途径研究 [J]. 艺术百家，2015，31（S1）：30-34.

北京长城旅游资源可持续发展评价

尹文秀*

摘要：长城有着丰富悠久的历史文化，而且其自然旅游资源丰富，通过对北京长城旅游资源可持续发展进行评价研究，以期对北京的长城旅游资源可持续开发利用提供合理的参考建议。运用层次分析法构建评价指标体系，以长城旅游资源开发、长城旅游环境质量、长城旅游经济发展和长城旅游社会发展4个方面构成评价准则层，并结合4个部分在发展中的优势和劣势系统构建指标层，向下分出20个具体指标，通过问卷调查形式对科研单位有多年工作经验的专家进行咨询，由专家分别对20个指标进行打分。通过专家对各个指标的打分情况整理得出准则层和指标层各因素间的重要程度参选，构建最终判断矩阵并利用层次分析法，确定各指标的权重，用模糊综合评价法对结果进行系统分析，并采用加权平均法对北京长城旅游资源可持续发展建立评价等级，共分为五个档次，分别为1级、2级、3级、4级、5级。对应北京长城评价结果最终分数，来分析在综合层中4个评价指标的得分分别处于哪个级别，较为直观地分析北京长城旅游资源可持续发展的状况，并就具体发现的问题提出可供参考的解决对策。

关键词：可持续发展；长城；评价

可持续发展理论对于旅游景区景点的完善和发展有着举足轻重的作用，尤其是对于自然旅游资源丰富的地方。当今世界，旅游可持续发展已经成为旅游学界关注的焦点。联合国教科文组织也制定了可持续旅游发展宪章，明确提出了旅游业可持续发展目标。可持续旅游的目标应该是加深人们对旅游所产生的经济效益和环境效益的理解，增强人们的环境保护意识，促进旅游业在时间上和空间上的公平发展，改善旅游地居民的生活质量，为游客提供更好的旅游服务，保护潜在的和未开发的旅游资源。长城作为中华民族非常珍贵的文化遗产，党和国家历来高度重视它的保护工作。2006年国务院公布《长城保护条例》；2019年文化和旅游部、国家文物局联合印发《长城保护总体规划》，同年中共中央办公厅、国务院办公厅印发《长城、大运河、长征国家文化公园建设方案》；北京市

* 尹文秀，燕山大学旅游管理硕士研究生。

早在2003年就提出并颁布了《北京市长城保护管理办法》。可以说，长城的合理保护与有效利用已成为紧迫要务。无疑，全面、准确认识北京长城的历史文化内涵和发展定位将是我们做好长城保护、利用工作的重要前提。旅游的可持续发展强调的是经济、资源、环境和社会的平衡，无论哪一个环节出现问题都会直接或间接地影响整体的发展。因此，党中央提出可持续发展战略，使旅游资源既能满足当代人的需要，又不影响后代人的需求，在保证生态环境的基础上实现经济和社会的稳步发展。基于长城旅游资源的不可再生性特点，长城旅游景点的开发方式也应该采取有别于其他类景点景区的模式。

旅游资源的可持续发展是一种注重长远利益的发展观念，对北京长城旅游资源进行评价研究可以更好地反映其旅游发展的现状。杨艳红运用层次分析法构建海南省休闲农庄竞争力评价指标体系，以资源与环境竞争力、市场竞争力、经济系统竞争力和社会系统竞争力构成准则层，并通过模糊综合评价法计算最大隶属度，得出海南省休闲农庄竞争力综合评价得分为88.79，处于二级水平，竞争力强的结果;[1]贾慧运用层次分析法构建评价指标体系，以乡村旅游资源开发、乡村旅游环境质量、乡村旅游经济发展和乡村旅游社会发展4个方面构成评价准则层，向下分20个具体指标，用模糊综合评价法系统分析重庆市乡村旅游资源的可持续发展。[3]基于CNKI数据库文献查阅发现，目前对北京市长城旅游资源可持续发展的研究较少。文章结合北京市长城的生态和资源开发现状，从实际情况出发，对其可持续发展水平进行研究，综合分析其发展水平及影响因素，旨在为北京市长城旅游资源的可持续发展提供全新的参考路径。

1 研究区概况和数据来源

1.1 研究区概况

北京具有丰富的旅游资源，对外开放的旅游景点达200多处，是有着3000多年历史的国际历史文化名城。北京位于东经116° 20′，北纬39° 56′。其雄踞于华北大平原的西北端，西部、北部、东北部，由太行山山脉（西山）与燕山山脉（军都山）所环抱，造成形似“海湾”之势，故自古就有“北京湾”之称。

1.2 数据来源

以北京长城旅游资源作为研究对象，采用专家打分与调查问卷的方式收集基础数据。数据主要源自燕山大学中国长城文化研究与传播中心的旅游专家。

2 研究方法

2.1 构建旅游资源可持续发展评价指标体系

北京长城旅游资源的可持续发展是一个集生态、经济、社会等多种因素于一体的系统概念。因此，依据北京市长城旅游资源开发、生态环境、经济社会发展现状及旅游可持续发展相关文献关于指标的选取，在遵循科学性、全面性和可操作性的基础上，从长城旅游资源开发、长城旅游环境质量、长城旅游经济发展和长城旅游社会发展4个方面构建评价准则层，并结合4个部分在发展中的优势和劣势系统构建指标层，共包含 20 个具体指标。

表 1 北京长城旅游资源可持续发展评价指标体系

目标层 A	准则层 B	指标层 C
A. 长城旅游资源可持续发展评价体系	B_1. 长城旅游资源开发	C_1. 长城景观知名度
		C_2. 长城文物古迹保护
		C_3. 长城景观奇特度
		C_4. 长城非物质文化遗产与保护
		C_5. 长城文化开发水平
	B_2. 长城旅游环境质量	C_6. 长城绿化和生态
		C_7. 长城空气质量
		C_8. 长城水体质量
		C_9. 长城景观完整度
		C_{10}. 长城三废处理水平
	B_3. 长城旅游经济发展	C_{11}. 通往长城的交通条件
		C_{12}. 长城所在范围人均收入水平
		C_{13}. 长城基础设施建设
		C_{14}. 长城旅游投资机会
		C_{15}. 长城旅游收入占 GDP 的比重
	B_4. 长城旅游社会发展	C_{16}. 长城旅游管理服务
		C_{17}. 长城旅游从业人员素质
		C_{18}. 长城旅游就业率
		C_{19}. 长城旅游休闲型
		C_{20}. 长城旅游带来的经济效应

2.2 构造判断矩阵

通过问卷调查的形式，对专家给出的打分情况整理得出准则层和指标层各因素间的重要程度参选，构造最终判断矩阵。

表 2 判断矩阵

A	B_1	B_2	B_3	B_4							
B_1	1	1/3	5	1/2							
B_2	3	1	4	1							
B_3	1/5	1/4	1	1/3							
B_4	2	1	3	1							
B_1	C_1	C_2	C_3	C_4	C_5	B_2	C_6	C_7	C_8	C_9	C_{10}
C_1	1	3	5	3	5	C_6	1	1/2	3	5	1/2
C_2	1/3	1	2	1/3	3	C_7	2	1	3	5	1/2
C_3	1/5	1/2	1	1/2	1/3	C_8	1/3	1/3	1	2	1/3
C_4	1/3	3	2	1	3	C_9	1/5	1/5	1/2	1	1/2
C_5	1/5	1/3	3	1/3	1	C_{10}	2	2	3	2	1
B_3	C_{11}	C_{12}	C_{13}	C_{14}	C_{15}	B_4	C_{16}	C_{17}	C_{18}	C_{19}	C_{20}
C_{11}	1	5	3	2	3	C_{16}	1	1	2	3	2
C_{12}	1/5	1	1/3	1/2	3	C_{17}	1	1	2	2	1/3
C_{13}	1/3	3	1	3	5	C_{18}	1/2	1/2	1	2	1/2
C_{14}	1/2	2	1/3	1	2	C_{19}	1/3	1/2	1/2	1	1/3
C_{15}	1/3	1/3	1/5	1/2	1	C_{20}	1/2	3	2	3	1

2.3 计算因子权重

根据判断矩阵，计算各因子的权重分配。计算过程为：

①将 A 的元素按列进行归一化处理，即求

$$a_{ij} \Big/ \sum_{k=1}^{n} a_{kj} \quad (1,2,3,\cdots,n) \tag{1}$$

②然后将处理后的判断矩阵按行进行求和：

$$w_i = \sum_{j=1}^{n} A_{ij} \quad (1,2,\cdots,n) \tag{2}$$

③最后将向量做归一化处理：

$$W_i = W_i \Big/ \sum_{j=1}^{n} W_{ij} \quad (1,2,\cdots,n) \tag{3}$$

2.4 确定评价集及指标权重

表 1 中 3 层指标评价集共分 V_1= 很好，V_2= 良好，V_3= 中等，V_4= 较差，V_5= 很差 5 个等级，构成 $V=\{V_1, V_2, V_3, V_4\}$ 评价集，并利用层次分析法确定各个指标权重。

2.5 建立隶属函数

$$R_i = \frac{1}{m}\sum_{j=1}^{m} P_{ij}(V)\left(i=1,2,\cdots,n, j=1,2,\cdots,m\right) \tag{4}$$

式 (4) 中，m 代表评价人员总数，n 代表不同类别指标数量，P_{ij} 是第 j 位专家对评价指标 B_i 或 C_i 所对应评价集 V 的评判结果，由此构造模糊判断矩阵 $\boldsymbol{R}(C_n)$ 和 $\boldsymbol{R}(B_n)$。

2.6 计算模糊评价结果

根据模糊判断矩阵 $\boldsymbol{R}(C_n)$ 和 $\boldsymbol{R}(B_n)$ 以及权重 $\boldsymbol{F}(C_i)$ 和 $\boldsymbol{F}(B_i)$，计算综合层和目标层的模糊评价 $\boldsymbol{E}(B_i)$ 和 $\boldsymbol{E}(A)$，计算公式为：

$$\boldsymbol{E}(B_i) = \boldsymbol{F}(C_i) \times \boldsymbol{R}(C_n) = [C_1\ C_2 \cdots C_i] \times \begin{bmatrix} R_{11} & R_{12} & \cdots & R_{1n} \\ R_{21} & R_{22} & \cdots & R_{2n} \\ \vdots & \vdots & & \vdots \\ R_{i1} & R_{i2} & \cdots & R_{in} \end{bmatrix} \tag{5}$$

$$= [D_{i1}\ D_{i2} \cdots D_{in}]$$

$$\boldsymbol{E}(A) = \boldsymbol{F}(B_i) \times \boldsymbol{R}(B_n) = [B_1\ B_2 \cdots B_i] \times \begin{bmatrix} D_{11} & D_{12} & \cdots & D_{1n} \\ D_{21} & D_{22} & \cdots & D_{2n} \\ \vdots & \vdots & & \vdots \\ D_{i1} & D_{i2} & \cdots & D_{in} \end{bmatrix} \tag{6}$$

3 结果与分析

3.1 指标体系权重分配

对专家打分结果进行整理，通过公式（1）、（2）、（3）和（4）计算出评价体系各指标权重和各指标分属不同评价等级的隶属度值。x 评价准则层中，4 个部分的权重分布为：长城旅游环境质量（0.3829）＞长城旅游社会发展（0.3233）＞长城旅游资源开发（0.2129）＞长城旅游经济发展（0.0809）；指标层权重处于第一层次的有长城景观知名度（0.4475）、长城三废处理水平（0.3259）、通往长城的交通条件（0.3960）等指标。处于第二层次的有长城旅游管理服务（0.2972）、长城旅游带来的经济效益（0.2859）、长城空气质量（0.2810）、长城非物质文化遗产与保护（0.2270）等指标。处于第三层次的有长城旅游从业人员素质（0.1990）、长城文物古迹保护（0.1501）、长城文化开发水平（0.1031）、长城所在范围人均收入水平（0.1054）等指标。第四层次有长城景观奇特度（0.0723）、长城水体质量（0.0978）、长城景观完整度（0.0753）、长城旅游收入占 GDP 的比重（0.0708）等指标。

表 3　北京长城旅游资源可持续发展评价指标体系权重

综合层 B	权重	指标层 C	权重	排序
B_1. 长城旅游资源开发	0.2129	长城景观知名度	0.4475	1
		长城文物古迹保护	0.1501	11
		长城景观奇特度	0.0723	19
		长城非物质文化遗产与保护	0.2270	8
		长城文化开发水平	0.1031	15
B_2. 长城旅游环境质量	0.3829	长城绿化和生态	0.2200	9
		长城空气质量	0.2810	6
		长城水体质量	0.0978	16
		长城景观完整度	0.0753	18
		长城三废处理水平	0.3259	3
B_3. 长城旅游经济发展	0.0809	通往长城的交通条件	0.3960	2
		长城所在范围人均收入水平	0.1054	14
		长城基础设施建设	0.2793	7
		长城旅游投资机会	0.1484	12
		长城旅游收入占 GDP 的比重	0.0708	20
B_4. 长城旅游社会发展	0.3233	长城旅游管理服务	0.2972	4
		长城旅游从业人员素质	0.1990	10
		长城旅游就业率	0.1337	13
		长城旅游休闲型	0.0842	17
		长城旅游带来的经济效应	0.2859	5

3.2 可持续性评价结果

北京长城旅游资源的可持续发展是由评价层 4 个因素共同决定的，根据北京长城旅游资源可持续发展评价体系（表 3）的各指标权重 C_i 和各指标所属评价等级的隶属度值构造模糊评判矩阵 $\boldsymbol{R}_i$，通过公式（5）计算得出二级指标模糊综合评判 $\boldsymbol{E}(B_1)$、$\boldsymbol{E}(B_2)$、$\boldsymbol{E}(B_3)$、$\boldsymbol{E}(B_4)$，进而根据公式（6）

求得北京长城旅游资源可持续发展的一级模糊评判结果 $\boldsymbol{E}(A)$。$\boldsymbol{E}(A)$=（0.0528，0.3648，0.4533，0.0768，0.0203），根据最大隶属度原则，北京长城旅游资源可持续发展水平处于中等，且有较大提升空间。

4 结论与讨论

4.1 结论

通过层次分析法和模糊综合评价法对北京长城旅游资源可持续发展进行评价，得出以下结论：（1）北京长城在旅游环境质量、旅游资源开发水平和经济社会发展上较为均衡，且有较大提升空间，应重点加强 4 个部分的协调发展，以经济社会的发展促进环境和资源开发的优化；（2）长城文化开发水平不高和整体经济发展与旅游业发展的不平衡成为制约北京长城旅游发展的主要因素；（3）加强北京长城旅游的投资力度，扩大投资机会，吸引优秀人才，挖掘文化内涵，提高旅游就业率成为北京长城旅游可持续发展的关键。

4.2 讨论

局部旅游景区景点的可持续发展对整个旅游业走可持续发展道路具有重要的促进作用，对长城旅游资源的可持续发展进行评价对北京地区的经济和社会发展具有重要的现实意义。运用层次分析法和模糊综合评价法对北京长城旅游资源的可持续发展进行研究，得出北京市长城旅游资源可持续发展评价体系各指标权重和最大隶属度。从权重分配来看，长城旅游环境质量权重最大，其次为长城旅游社会发展，最后为长城旅游资源开发和经济发展，与实际情况吻合。经济社会发展的权重较低，不是说其不重要，而是可持续发展的需要，其本质是以环境促进经济和社会的发展，而经济和社会的发展反过来又促进环境的改善和资源的开发。从整体来看北京长城旅游可持续发展有加大提升空间，应重点加强 4 个部分的协调发展，以经济社会的发展促进环境和资源开发的优化，加强长城旅游资源的投资力度，创造投资环境，吸引优秀管理人才。

进入 21 世纪以来，生态环境的日益恶化已成为全球性问题。党的十九大提出，“绿水青山就是金山银山”，经济的发展必须建立在良好的生态环境之上，另外经济社会的进步使人们的环保意识普遍提高，逐渐认识到可持续发展的重要性。目前，在长城的发展过程中，还存在着旅游类型单一的问题，虽然北京地域内的长城旅游资源较为丰富，但目前都是以观光游为主，并没有对长城所蕴含的文化进行深层次的挖掘和开发，仅依靠“不到长城非好汉”来达到吸引游客前来观光的目的，所以在未来长城旅游可持续发展的道路上，应挖掘深层次的文化和内涵，包括军事方面和边塞文化方面，使游客有更深的体验。在景区的承载力方面，由于北京是中国的政治经济文化中心，在每年的旅游高峰时期，长城接待的游客会超过景区自身的最大承载力，这不仅对长城建筑实体是一种严重的破坏，还大大地降低了游客的实际体验。长城的可持续发展是一个集生态、资源与经济等多种因素于一体的复杂整体，因此需要政策的引导和系统的规划。对长城原始景观的保护和开发要结合实际，不能只求经济利益。长城的文化和文物古迹是千百年来形成的重要遗产，需要每一个管理者和旅游者的共同维护，更需要全社会的共同努力去传承与保护。在今后的可持续发展道路上，首先要注重长城原始生态的保护，在其最大承载力范围内接待国内外游客；其次，要更加注重生态环境和服务质量的改善和提高对经济发展的推动作用，走高质量发展之路；最后，在文旅融合背景下，应重点挖掘长城的文化内涵，切实开发多元化的旅游产品，发挥其文化教育的功能，提高公众的积极参与意识，使其作为珍贵的历史文化遗产传承下去。

参考文献

[1] 杨艳红．基于乡村旅游的海南省休闲农庄竞争力评价 [J]. 中国农业资源与区划，2020，41（2）：326-332.

[2] 贺肖飞，张秀卿，张晓民．基于 AHP-FCE 方法的内蒙古乡村旅游资源评价 [J]. 干旱区资源与环境，2020，34（10）：187-193.

[3] 贾慧．重庆市乡村旅游资源可持续发展评价 [J]. 国农业资源与区划，2019，40（8）：246-252.

[4] 毛靓，王婧茹，邵卓峰．东北林区旅游可持续发展现状评价 [J]. 浙江农林大学学报，2017，34（6）：1113-1119.

[5] 蔡文芳．鄂尔多斯草原旅游可持续发展评价 [J]. 中国农业资源与区划，2018，39（6）：229-236.

[6] 张萌．基于 AHP 的旅游景点可持续发展评价 [J]. 统计与决策，2013（16）：52-54.

[7] 莫莉秋．海南省乡村旅游资源可持续发展评价指标体系构建 [J]. 中国农业资源与区划，2017，38（6）：170-177.

[8] 袁维，张杰，周波，等．基于层次分析法的朗乡自然保护区露营旅游环境适宜度 [J]. 林业科学，2015，51（5）：21-27.

[9] 张洪，候利莉．基于 AHP 的旅游经济发展质量评价研究 [J]. 资源开发与市场，2015，31（10）：1277-1280.

[10] 尤瑞玲，杨贵玲．基于层次熵分析法的旅游资源评价与可持续发展对策——以焦作市为例 [J]. 华中师范大学学报（自然科学版），2012，46（3）：379-384.

文化生态保护视角下长城文化旅游开发研究

王载辉 *

摘要：发展长城区域的文化旅游，要保护好自然生态和文化生态，使旅游经济发展同生态环境保护相互协调、协同促进。本文通过文献查阅、实地考察、问卷调查的方法，对长城区域现有的文化资源、生态资源、旅游设施、周边环境等进行考察、信息收集，发现长城具有丰富的物质遗产和非物质文化遗产，生态资源整体保护良好。但有关文化生态保护的理念和基本思路以及文化旅游的模式还存在改进的空间，文化生态和旅游经济的协同发展也存有不足。再通过SERVQUAL模型对相关维度的重要性和游客满意度进行梳理统计分析，由此，对长城区域的文化旅游提出几点建议：文旅产品设计中加入生态元素；打造长城特色文化旅游品牌，建设文化旅游精品项目；增加长城文化展现的窗口和平台；利用互联网进行文化资源的保护和品牌的传播；树立文化生态保护理念。文化旅游不能仅仅关注旅游开发，更应该关注自然生态和文化生态的保护，三者有机结合起来，才能在对长城文化资源进行开发利用的同时，实现长城文化资源的保护与传承，从而促进区域文化生态保护与绿色旅游经济的协同发展。

关键词：文化生态；文化旅游；SERVQUAL模型；长城

引言

2018年由文化和旅游部部务会议审议通过的《国家级文化生态保护区管理办法》中明确提到："国家级文化生态保护区建设应坚持保护优先、整体保护、见人见物见生活的理念，既保护非物质文化遗产，也保护孕育发展非物质文化遗产的人文环境和自然环境，实现'遗产丰富、氛围浓厚、特色鲜明、民众受益'的目标。"①长城作为中华民族的文化瑰宝，承载着上下五千年的中华文明。长城景区自开放以来，不少游客前来体验其深厚的历史底蕴，感受文学作品中对长城雄伟气魄的描

* 王载辉，燕山大学旅游管理硕士研究生。

① 《国家级文化生态保护区管理办法》，中华人民共和国文化和旅游部令，第1号。

绘，这就要求景区对长城原风、原貌进行最大限度地保留和保持，并且周边的自然环境和人文环境也应与长城景区和谐一致，确保其文化生态的整体性。

1 长城生态文化旅游的必要性

1.1 符合长城国家文化公园发展需要

国家文化公园是在重要文化遗产的基础上进行建设的一项活动，是保护和利用文化遗产的优选方式，也是必经之路。长城国家文化公园作为第一批国家文化公园，其最突出的资源优势则为保护较完整的、丰富的物质文化遗产和破坏较小的生态环境，而长城文化遗产及其开发要做到以保护为重，坚持可持续发展的理念。① 这就要求长城国家文化公园在文化资源开发方面既要注重文化内涵和文化遗产的保护和利用，还要兼顾周边生态环境的协调一致，包括生态环境和人文环境。

此外，长城国家文化公园的建设也是彰显中国特色社会主义文化自信的一种重要方式。长城不仅仅是中华民族的精神象征、中华文化的重要标志，也是中华民族爱国精神、民族精神、长征精神的见证者。② 将承载着爱国精神和民族精神的长城文化遗产与周边生态环境以及长期生活在长城区域内的村民结合起来，可以以更加灵活、新颖的方式进入大众的视野，满足人们日益增长的美好生活的精神需求，彰显中华民族的优秀文化。

1.2 历史资源与文化生态保护的必要

自政府出台相关文件以来，文旅融合的方式在各地受到了极大欢迎，尤其是文化遗产丰富的地区。文化和旅游的结合是必然的发展趋势，文化是旅游的灵魂，而旅游是文化的载体，两者相得益彰。文化旅游的开发，是对当地历史文化资源的一种保护和传承，也是对周边文化生态的保护和宣传。长城拥有着悠久的历史，其承载的文化基因、民族精神等都是需要中华儿女一代一代传承下去的。借助国家文化公园这一载体，通过对长城进行文化旅游的开发，让更多的人走近长城，感受巍峨的城墙，体验一代代长城人的民风民俗，感受中华民族优秀文化的独特魅力和强大的生命力，从中学习自强不息的民族精神、众志成城的爱国精神以及敢为人先的创新精神。

1.3 促进区域经济的可持续发展

长城覆盖全国15个省（自治区、直辖市），涉及的区县大多为贫困地区。长城景观虽然壮观，但其壮观主要是由于长城是顺延着跌宕起伏的山脉而建，蜿蜒的山脉加上山体大小不一的高度差，使得长城在视觉上给人很强的冲击。地理位置上的不便直接导致了长城周边区域村落的进入性较差，这也在很大程度上限制了当地的经济发展。长城国家文化公园的建设，一方面，充分利用了长城文化遗产；另一方面，可以把长城资源和周边村落资源整合起来，将长城非物质文化遗产挖掘得更加全面、深入。此外，与传统的农业相比，长城国家文化公园的建设可以为当地的村民提供就业的机会，从而在农业收入的基础上，依靠旅游收入来提高经济水平。

---

① 董耀会：《山西长城文化遗产及长城旅游发展》，《史志学刊》，2020年第3期，第4～7页。

② 吴丽云：《五大路径推进国家文化公园建设》，《中国旅游报》，2019年12月11日第3版。

2 文化生态视角下长城文化旅游问题探究

长城区域文化旅游的开发，目的是让游客能够在良好的生态环境和文化环境下深度感受长城深厚的文化内涵，从而促进长城文化的传播并带动区域经济的发展。游客的体验感知对长城文化旅游开发有着重要的参考作用。本文利用 SERVQUAL 模型对游客的体验感知进行量化，通过其真实感受和对有形性、可靠性、响应性、保证性和移情性五个维度的重要性打分，得到游客角度所认为的景区在开发时能着重注意的方面，从而针对性地进行开发战略调整。

2.1 数据收集

相关数据主要通过问卷调查的方式进行收集。问卷的问题是在对大量相关文献的查阅、实地考察以及以 SERVQUAL 量表为基础来设计，采用李克特 5 点指标评价体系。问卷主要分为三部分：即开头、背景和主体。开头部分为第一部分，包含对游客的问候以及填表说明；背景部分为第二部分，主要是对被调查者基本信息的采集，如年龄、性别、学历、收入等；第三部分是主体部分，是对长城文化旅游服务质量评估的主要信息采集部分。主体部分中又分为三个板块：第一，被调查者要根据来长城游玩前的期望和游玩过程中的真实感受回答问卷中的 22 个问题并进行打分，满分为 5，每个分数代表一个级别；第二，对有形性、可靠性、响应性、保证性和移情性五个维度进行重要性评价，分别为极为重要、非常重要、重要、有点重要、不重要；第三，对长城景区服务质量进行总体评价。

2.2 数据分析

2.2.1 描述性统计分析

通过问卷的发放和收集，运用数据分析软件 SPSS 对数据进行整理和分析，得到以下结果：在年龄层面，来长城游玩的主要是 19 ～ 68 岁的人群。其中 19 ～ 28 岁的青年占比最多，为 50.98%；年龄段在 29 ～ 48 岁和 49 ～ 68 岁的人群占比分别为 17.65% 和 21.57%。说明长城的主要游客人群为青年人和中年人。

在学历层面，被调查者有近 96% 的受教育程度在大专及以上，其中本科占比最大，为 50%，其次是大专占 26.47%，硕士及以上占 19.61%，说明长城游客中被调查者的文化程度普遍较高。

从收入层面看，3501 ～ 5000 元和 5000 元以上的人群最多，占比分别为 37.25% 和 24.51%。

在被调查者中，50% 的人为第一次来长城游玩，第二次来长城游玩的占 30.39%，第三次及以上的人占 19.61%，说明游客的回头率较高。

在出游方式上，75.49% 的人选择自由行，24.51% 的人选择参加旅行社跟团游。说明长城周边的进入性较好，交通便利，游客更倾向于自主游玩。

2.2.2 信度效度分析

信度分析用于研究定量数据结果的可靠性和准确性；对信度系数 α 值进行分析，如果此值高于 0.8，说明信度高；如果此值是 0.7 ～ 0.8，说明信度较好；如果此值是 0.6 ～ 0.7，说明信度可接受；如果此值小于 0.6，说明信度不佳。此次问卷信度检验如下。

表 1　信度检验

类别	题数 / 题	Cronbach's α 系数
期望部分	22	0.835
感知部分	22	0.980
总体	44	0.941

由表 1 可知，问卷期望部分 α 值为 0.835，感知部分的 α 值为 0.980，均大于 0.8，说明问卷设计合理，结果可靠性和准确性较高。在信度可靠的基础上，对问卷进行效度检验。效度指测量工具的有效性，即问卷是否能够真实衡量到研究者想要衡量的问题或概念。首先分析 KMO 值，KMO 值越高，表示有共同因素存在，越适合做因子分析。KMO 值大于等于 0.90，属于非常好；KMO 值大于等于 0.80，属于良好；KMO 值大于等于 0.70，属于一般。

巴特利特球形检验是检验各变量间相关性程度的一种检验方法，其原假设为各变量之间是不相关的，这是不适合做因子分析。但当其显著性小于 0.05 时，拒绝原假设，则说明原始变量之间存在相关性，适合做进一步的因子分析。该问卷的效度检验如表 2、表 3。

表 2　期望部分的 KMO 和巴特利特的检验

KMO 取样适切性量数		0.734
巴特利特球形度检验	近似卡方	677.126
	自由度	231
	显著性	0.000

表 3　感知部分的 KMO 和巴特利特的检验

KMO 取样适切性量数		0.983
巴特利特球形度检验	近似卡方	15653.821
	自由度	231
	显著性	0.000

由上表可知，问卷中的期望部分与感知部分的 KMO 值分别为 0.734 和 0.983，巴特利特球形检验的近似卡方值分别为 677.126 和 15653.821，显著性均小于 0.05，表示原始数据中的各变量之间存在相关性，这份问卷在很大程度上能够真实地衡量该研究所要探讨的问题，也非常适合做因子分析。

2.2.3　因子分析

因子分析采用主成分分析法。主成分分析法是一种降维的方法，就是将多指标转化为少数的几个综合指标，也称为主成分，而其中的每个主成分均可以反映出原始变量数据的大部分信息，且所包含的信息不重复。

将问卷中的期望部分与感知部分分别运用 SPSS 26.0 软件进行主成分分析，以特征值大于 1 为提取因子的标准，分析成果如表 4、表 5。

表 4　期望部分的解释的总方差

成分	初始特征值			提取载荷平方和			旋转载荷平方和
	总计	方差百分比	累积（%）	总计	方差百分比	累积（%）	总计
1	5.071	23.048	23.048	5.071	23.048	23.048	2.641
2	2.308	10.490	33.538	2.308	10.490	33.538	2.553
3	1.967	8.939	42.478	1.967	8.939	42.478	2.328
4	1.525	6.934	49.411	1.525	6.934	49.411	2.299
5	1.315	5.976	55.387	1.315	5.976	55.387	1.769
6	1.045	4.748	60.135	1.045	4.748	60.135	1.640
提取方法：主成分分析法							

表 5　感知部分的解释的总方差

成分	初始特征值			提取载荷平方和		
	总计	方差百分比	累积（%）	总计	方差百分比	累积（%）
1	21.993	99.966	99.966	21.993	99.966	99.966
2	0.001	0.003	99.970			
提取方法：主成分分析法						

在问卷期望部分中，提取出来的特征值大于 1 的指标，其最大特征值为 5.071，解释的总方差为 60.135%；感知部分提取出来的特征值大于 1 的指标特征值为 21.993，其累积解释的总方差为 99.966%，说明该问卷具有较好的结构效度。

2.2.4　各维度重要性分析

首先对问卷中被调查者对五个维度重要性的评价进行定量统计法，得出表 6 的结果。

表 6　五个维度重要性评价人数结果（人）

维度	重要性评价（%）				
	不重要	有点重要	重要	非常重要	极为重要
有形性	4	15	30	27	26
可靠性	7	15	16	33	31
响应性	8	14	22	32	26
保证性	7	14	23	28	30
移情性	10	10	22	36	24

其次，把极为重要赋值 5，非常重要赋值 4，重要赋值 3，有点重要赋值 2，不重要赋值 1，得到五个等级的权重分别为：

极为重要 =5/（1+2+3+4+5）=0.33

非常重要 =4/（1+2+3+4+5）=0.26

重要 =3/（1+2+3+4+5）=0.2

有点重要 =2/（1+2+3+4+5）=0.13

不重要 =1/（1+2+3+4+5）=0.06

结合五个等级的权重来计算五个维度的权重。

有形性的权重 =（4×0.06+15×0.13+30×0.2+27×0.26+26×0.33）/[（4×0.06+15×0.13+30×

0.2+27×0.26+26×0.33）+（7×0.06+15×0.13+16×0.2+33×0.26+31×0.33）+（8×0.06+14×0.13+22×0.2+32×0.26+26×0.33）+（7×0.06+14×0.13+23×0.2+28×0.26+30×0.33）+（10×0.06+10×0.13+22×0.2+36×0.26+24×0.33）]=23.79/（23.79+24.38+23.6+24.02+23.58）=23.79/119.37=0.199

可靠性的权重 =24.38/119.37=0.204

响应性的权重 =23.6/119.37=0.198

保证性的权重 =24.02/119.37=0.201

移情性的权重 =23.58/119.37=0.198

根据以上的计算可知，有形性、可靠性、响应性、保证性和移情性的权重所占百分比分别是 19.9%、20.4%、19.8%、20.1% 和 19.8%。五个维度之间的差距较小，现实意义不大。

2.2.5 总体感知服务质量差距分析

融合权重的服务质量评价公式如下所示。

$$SQ = \sum_{j=1}^{5} W_j \frac{1}{n} \sum_{n=1}^{n} \left(P_{ji} - E_{ji}\right) \tag{1}$$

公式（1）中，各维度权重为 W_j，j 代表维度数，$j \in [1, 5]$，第 j 维度的第 i 个题项的服务感知数值用 P_{ji} 表示，第 j 维度的第 i 个题项的服务期望分数用 E_{ji} 表示，总体感知服务质量分数为 SQ，n 表示题项数。由以上公式可得：

SQ=19.9%×（−57）+20.4%×（−62）+19.8%×（−55.75）+20.1%×（−57.75）+19.8%×（−94.5）=−65.35　（2）

再将得到的 SQ 除以样本数量 m，就为样本总体服务质量平均分数，当得到的 SQ 远大于 0 时，说明顾客对服务的感知远大于期望，服务质量过于高，容易导致服务成本过高；当 SQ 大于 0 时，说明顾客对服务质量满意，服务质量高；当 SQ 等于 0 时，说明顾客对服务的实际感知与期望相符，顾客满意，服务质量适中；当 SQ 小于 0 时，说明顾客对服务的实际感知达不到期望，服务质量低，顾客不满意。

长城景区的总体服务质量平均分数为：

SQ（平均分数）=SQ/m=−65.35/102=−0.645

长城景区总体感知服务质量平均数为 −0.645，小于 0，说明长城景区的服务质量不足，游客不满意当下的服务质量，长城景区相关负责人应重视此项问题，认真负责地做好提高景区服务质量的相应措施。

2.2.6 各维度间服务质量差距分析

在计算各维度的服务质量差异后，将各维度的各项指标的差异，累加计算平均所得，结果如表 7 所示。

表 7　各维度服务质量得分

维度	期望（E）均值	感知（P）均值	GAP 值（SQ）
有形性	4.173	3.615	−0.588
可靠性	4.104	3.618	−0.486

续表

维度	期望（E）均值	感知（P）均值	GAP 值（SQ）
响应性	4.075	3.527	-0.548
保证性	4.128	3.560	-0.568
移情性	4.210	3.466	-0.744

由以上数据可知，游客对长城有形性、可靠性、响应性、保证性和移情性五个维度的期望值较高，均在 4 分以上。其中，对移情性维度的期望最高，分值为 4.21，有形性（4.173）次之，说明游客在游玩的过程中，希望景区能够有较完备的基础设施和形象良好的服务人员，在此基础上更加注重个性化的服务，想要在长城文化旅游中体验到不一样的个性化旅游服务。然而，游客在移情性方面的期望值和实际感知值的差距最大，为 0.744，说明景区在个性化服务方面做得不够到位，还有待提高。景区应该着重加强服务人员对个别游客的感知力，及时发现游客的特殊需求并使游客的合理需求得到满足。

2.2.7 各指标服务质量差距分析

本文对长城景区的文化旅游服务差距进行数据分析，结果如表 8 所示。

表 8 长城景区文化旅游各指标服务质量差距

维度	指标	期望部分（E）均值	实际感知部分（P）均值	服务质量差距（GAP）
有形性	景区所提供的服务设施现代化、完备充足	4.32	3.56	-0.76
	景区的服务设施具有吸引力	4.11	3.67	-0.44
	景区的工作人员穿着统一、整洁干净	4.12	3.7	-0.42
	景区的设施能够满足大量游客的需求	4.14	3.53	-0.61
可靠性	景区能及时完成对游客的承诺	4.13	3.61	-0.52
	游客遇到困难时，景区能给予关心和帮助	4.01	3.63	-0.38
	景区对文化的呈现和展示是可靠的	4.04	3.58	-0.46
	景区应在承诺的时间内提供文化旅游服务	4.10	3.69	-0.41
	景区会正确地对游客文化旅游进行相关服务记录	4.24	3.58	-0.66
响应性	景区会告诉游客提供服务的准确时间	3.99	3.48	-0.51
	游客可以期望景区提供及时的服务	4.19	3.52	-0.67
	景区工作人员总是愿意帮助游客	4.01	3.61	-0.4
	景区工作人员虽然很忙，但也会及时提供服务，满足游客需求	4.11	3.50	-0.61
保证性	景区工作人员是值得信赖的	4.12	3.59	-0.53
	在景区服务过程中游客会感到放心	4.16	3.49	-0.67
	景区工作人员能主动问候、微笑服务有礼貌	4.14	3.58	-0.56
	景区员工可以得到景区的充分支持，使他们做得更好	4.09	3.58	-0.51
移情性	景区会针对游客情况提供个性化服务	4.17	3.44	-0.73
	景区工作人员会给予游客特别的关心	4.26	3.43	-0.83
	景区工作人员会主动了解游客的需求	4.19	3.50	-0.69
	景区会优先考虑游客的利益	4.21	3.49	-0.72
	景区所提供的服务时间可以满足游客的需求	4.22	3.47	-0.75

通过对以上各指标的具体分析可知，在期望部分中，游客对景区所提供的服务设施现代化、完备充足，景区会正确地对游客文化旅游进行相关服务记录，景区工作人员会给予游客特别的关心，景区会优先考虑游客的利益，景区所提供的服务时间可以满足游客的需求等方面的期望值比较高，均在 4.2 以上。

在实际感知部分中，均值约在 3.5。总体来看，游客的体验感较好几个方面如下：景区的工作人员穿着统一、整洁干净，景区应在承诺的时间内提供文化旅游服务，景区的服务设施具有吸引力，景区能及时完成对游客的承诺，游客遇到困难时，景区能给予关心和帮助等。说明长城景区在基础设施建设和工作人员的服务态度、服务能力等方面做得较好，能让游客有较好的文化旅游体验。

由游客期望和实际感知的差值可知，各指标均为负数，代表着景区在这 22 个方面的工作均没有达到游客的期望。其中，景区工作人员会给予游客特别的关心差距为 -0.83，景区所提供的服务设施现代化、完备充足差距为 -0.76，景区所提供的服务时间可以满足游客的需求差距为 -0.75，景区会针对游客情况提供个性化服务差距为 -0.73，景区会优先考虑游客的利益差距为 -0.72，以上五个方面的游客期望和游客实际感知的差值较大。

2.3 结论

通过 SERVQUAL 模型对部分长城景区的文化旅游服务质量进行研究，得出部分长城景区服务质量的差距，再以以上数据为依据对其进行差距分析并提出相关针对性建议与改进措施。在问卷收集与整理过程中总结出游客对长城景区存有不满的主要问题为：个性化服务有待改进、文旅产品的开发缺乏创新、长城周边生态环境重视不够等。结合对长城景区的调研和数据分析，对以上的问题提出解决策略，从而改进长城文化旅游开发现状。

3 文化生态视角下长城文化旅游发展对策

3.1 文旅产品设计中加入生态元素

长城区域内的村落，尤其是未经开发的野长城区域内的村落，在与长城长时间的共同相处中形成了由点及线、线成面的立体系统。长城能够在外露的环境中存在千年，这不仅与前人在建筑方面的智慧有关，也更离不开周边村民与自然的和谐相处。长城周边的村庄大多以农业耕种为主，在多年的耕作中，形成了其独有的自然节律生态认知、耕作技术的生态特征等。与世无争的生活理念，也衍生出了与自然和谐相处的生态理念。大部分村民认为，长城是中华文明的象征，将其所存在的环境保护好是每个人应尽的义务。基于村民传统的耕作形式、技艺和生态理念，通过积极开展田园综合体示范园、研学旅游等，将长城村落的文化元素、农业元素和生态元素有机地结合起来，不仅是对村落传统耕作文化的保护和发展，同时对生态文明教育的开展也有着推动作用。

将长城区域村落的生态观融入文旅产品中，尤其是田园综合体的构建中，让游客能够在较短的时间内感受到周边怡人的景观、体验当地村民的传统生活方式，还能放松身心，获得一次生态、健康的旅游经历。由于现代城市的生活节奏较快，有特色、主题鲜明的村落旅游在短时间的周边游或周末游中具有很大的旅游吸引力。长城区域内的村落在建设田园综合体时，应注重以“农”为主，即以农业和农民为主，旅游活动的开发以休闲农业观光为主导，鼓励当地村民参与到旅游建设中。

在农业的基础上，融入生态元素和当地的长城文化元素。例如，乡村旅游的主要消费者大多为城市消费群体，该群体出游的目的则是转变生活方式，体验乡村生活的慢节奏，感受乡村新鲜的空气和健康的居住环境。长城村落在开发时，将田园综合体作为载体，把文化元素融入游客的体验环节中：体验生态农耕文化，感受乡村习俗文化，深入了解长城保护理念等。在不破坏原有乡村风貌的前提下，将人居环境进行合理的改造，也可以根据环境特征进行充满长城文化元素的特色民宿的建设，让游客更全面地体验长城原生态乡村文化。

3.2 打造长城特色文化旅游品牌

长城作为中华民族的文化象征，其品牌的构建也是文化旅游开发中的一项重要工作。长城文化旅游品牌的构建应依托于长城的文化旅游资源形象和旅游产品形象，体现旅游产品的个性和消费者对其的高度认同[①]。长城作为典型的带状旅游资源，在构建和重塑中华传统文化旅游品牌方面有着独特的优势。2015年《中共北京市委关于制定北京市国民经济和社会发展第十三个五年规划的建议》，提出北部长城文化带、东部运河文化带、西部西山文化带保护利用规划，以促进文化旅游产业发展。[②]长城沿线散落着丰富的历史文化遗产，为文旅品牌的构建和重塑提供了无形资产。

长城在进行品牌重塑时，应注意文化符号的大众化以及品牌产品的艺术审美价值。文化旅游品牌的内容应坚持深入浅出、以大众价值观为导向的原则，将传统文化元素现代化，以文化展示的方式迎合社会大众的喜好，使游客以一种更加容易理解的方式走近长城的古老文化，从而达到讲好长城文化中的中华历史和故事的目的。同时提高长城文化旅游品牌产品的市场认知度和接受度，促进游客的消费。例如，将长城的突出特色和其蕴含的历史文化进行精炼、提取，制作成一部宣传电影，以灯光、影视、歌曲的形式向中国以及国际大众讲述长城故事。

在文化旅游品牌重塑和构建的过程中，首先要注意的则是长城所保留下来的优秀文化的真实性，不能为了迎合大众的喜好而扭曲文化原貌，对优秀传统文化充分地尊重是首要的。其次，在长城文化旅游品牌的形象进行传播时，不能过度解读其文化元素符号，或主观赋予其意义，该行为更易对游客的体验满意度造成负面影响，更不能以低俗、过度娱乐化的表现形式进行品牌的传播。

3.3 增加长城文化展现的窗口和平台

文化旅游不仅仅是一个产业，更是对文化和旅游元素的深度挖掘和融合。长城文化以旅游为载体向大众展示其魅力。但是，长城文化不仅仅只有建筑文化，更值得细细品味的还有承载着的民族精神、爱国精神和创新精神。将无形的文化有形化是长城文化旅游开发的重要环节。

通过乡村旅游这一窗口，将长城文化展示给大众，不仅能够观赏到长城的自然景观，还能更深入地体验长城的人文资源。在长城的周边区域，已经存在着以长城为品牌的乡村旅游。以秦皇岛为例，2016 年始建的环长城旅游公路将长城沿线的 60 多个村庄与柳江国家地质公园、天女小镇、板厂峪长城文化小镇等 20 多个景点串联起来。沿着该旅游公路，可以同时体验到长城的自然景观以及长城山野民俗文化。对于开发较为成熟的旅游窗口和平台，在旅游高质量发展的背景下，旅游地的转

---

① 蔡善柱：《试论旅游品牌开发》，《安徽师范大学学报（自然科学版）》，2004 年第 3 期，第 343 ～ 346 页。

② 王艳红、秦宗财：《文化带传统文旅品牌的形象塑造与国际传播》，《安徽师范大学学报（人文社会科学版）》，2020 年第 2 期，第 107 ～ 114 页。

型升级成为提高竞争力的关键。秦皇岛环长城旅游公路沿线的村庄，应充分尊重自然，保留多样且层次丰富的景观。同时，在进行村庄改造时，应围绕着长城遗留的碎片遗迹进行，避免出现千篇一律的同质乡村。在原有的农业基础上，充分利用当地乡村的林果、花卉、家禽等资源，建设家庭农场，开展长城周边的果林采摘项目。在采摘过程中，途经长城遗址，由当地村民向游客讲解长城和当地村庄的故事，使游客可以在深度体验中了解长城和当地村庄背后的发展关系及其之间的相互影响。

3.4 利用互联网进行文化资源的保护和品牌的传播

在互联网还未兴起之时，旅游景区主要通过传统媒体广告、户外广告、旅行社合作、景区活动等方式进行旅游宣传。以上的宣传方式主要是由景区向受众进行信息的单向传播，很难得到受众的信息反馈，不能使信息的传播成为一个闭环。此外，以传统的宣传方式进行信息的传播，每次的信息承载量很有限。比如报纸既要考虑排版，也要考虑内容的组成；而电视广告不仅时间短，费用也很高，对于景区的宣传有很大的局限性。互联网的兴起，出现了新颖的宣传与营销方式，逐渐打破传统宣传方式的局限所在。

随着互联网时代的发展，许多新媒体媒介也不断地出现在大众视野内，且使用率也越来越高。如 QQ、微信、微博、抖音、哔哩哔哩、快手、花椒直播、斗鱼直播等。这些新媒体的出现，使旅游者具有多重身份：消费者、信息发布者、信息搜索者等。使信息在他人之间的流动速度加快，也扩大了信息的受众范围。为吸引更多的人关注长城的文化和旅游资源，提高景区的旅游创收和文化的传播，景区的新媒体传播账号也应加快更新频率。更新的内容不仅仅局限于基础设施和周边环境的展示，也要重点将景区特色内容呈现给游客。提高新媒体账号关注度的另一个方法是进行抽奖。景区的负责人可以在新媒体账号上发起抽奖，能够参与抽奖的资格是关注账号并将抽奖内容进行转发。通过这个方式，景区的新媒体平台的曝光度便会发生质的改变。抽奖的奖品可以设置成长城的特色产品或者是景区门票等，在增强景区网络宣传力度的同时，还能提高景区的游客数量，促进长城文化和旅游资源的传播，以及文旅产业的融合。

参考文献

[1] 张翠晶 . 秦皇岛环长城公路旅游公路沿线乡村旅游转型升级路径探索 [J]. 长江技术经济，2020（6）：151-152.

[2] 连玉明 . 重新审视长城国家文化公园的时代价值 [J]. 中国政协，2020（17）：46-47.

[3] 赵云，赵荣 . 中国国家文化公园价值研究：实现过程与评估框架 [J]. 东南文化，2020（4）：6-12，190-191.

[4] 董耀会 . 山西长城文化遗产及长城旅游发展 [J]. 史志学刊，2020（3）：4-7.

[5] 黄志强 . 达斡尔族文化旅游开发的思考——基于文化生态保护视野 [J]. 社会科学家，2020（6）：97-102.

[6] 温雅媛，周佩桦，蒋金桦 . 基于 SERVQUAL 模型的桂林市景点多语种导游服务评价研究 [J]. 旅游纵览（下半月），2020（8）：62-64，67.

[7] 王艳红，秦宗财 . 文化带传统文旅品牌的形象塑造与国际传播 [J]. 安徽师范大学学报（人文社会科学版），2020（2）：107-114.

[8] 吴丽云 . 长城国家文化公园建设应强化五项内容 [N]. 中国旅游报，2020-01-13（A01）.

[9] 步会敏，魏敏，林娜 . 基于 SERVQUAL 模型的旅游景区服务质量问题研究——以鼓浪屿为例 [J]. 中国农业资源与区划，2018（9）：190-198.

[10] 范文虎，刘雅丽，王旭，等 . 乡村振兴战略背景下野长城的开发与利用研究 [J]. 经济问题，2018（10）：85-89+100.

[11] 中华人民共和国文化与旅游部 . 国家级文化生态保护区管理办法 [EB/OL].（2018-12-10）[2020-12-04].http://zwgk.mct.gov.cn/zfxxgkml/zcfg/bmgz/202012/t20201204_905345.html.

[12] 蔡善柱 . 试论旅游品牌开发 [J]. 安徽师范大学学报（自然科学版），2004（3）：343-346.

文旅融合视角下长城国家文化公园建设路径探析

刘彤彤*

摘要：万里长城是人类历史上最伟大的工程之一，是中华民族的精神象征，是中华文化的重要标志，体现着中华民族特有的价值理念和精神内涵。从春秋战国的墙壕到明代的万里长城，长城的建设贯穿了中华文明的发展史。习近平总书记考察甘肃时强调，要做好长城文化价值发掘和文物遗产传承保护工作。建设长城国家文化公园，以习近平新时代中国特色社会主义思想为指导，以长城文化资源为主干，依托“国家文化公园”这一独特载体，加快文旅深度融合，全力推动区域经济高质量发展，生动地呈现中华文化，弘扬长城精神。文章以建设具有独特魅力的长城国家文化公园为目标，结合建设现状，探索长城文化内涵与旅游空间相结合的路径，促进文化和旅游的深度融合与协同发展。建设长城国家文化公园，应坚持在大保护中开发，开发中高标准保护，深入挖掘长城文化的内涵和保护传承弘扬长城文化的现实意义，培铸长城文化品牌，把长城国家文化公园建设成国际文化旅游胜地，进一步彰显中华优秀文化的持久影响力、独特创造力和强大生命力，让世界游客走进来、住下来、讲出来，并将之发扬光大，牢固树立中华民族独特的精神标识和中国文化形象。

关键词：长城精神；长城国家文化公园；文旅融合；世界游客

长城不仅铭刻了中华民族大一统的历史，也演绎了一篇篇壮丽的史诗。古往今来，有无数次战役在长城上打响，有无数英雄在长城脚下洒满热血。站在雄伟的长城上，耳畔仿佛还是那一声声激昂的号角，眼前还是那一幕幕兵马的厮杀。长城的一砖一石都是极其珍贵的，它所承载的历史信息是普通文物所不能及的。自古以来长城都是和平的保障。长城作为一项防御工程是伟大而又成功的，在古代的不同时期，都展现了它的防御性。坚固的城墙阻挡了外来敌人的侵袭，保障了城墙内百姓们安定的生活，促进了周边沿线地带的经济发展和整个中华民族的大团结，巩固了亚欧丝绸之路的贸易往来。它的丰功伟绩奠定了我们中华民族的安定与和平。如今我们更应该保护好、开发好宝贵的长城。

* 刘彤彤，云南农业大学经济管理学院硕士研究生。

一、长城资源分布情况

长城不仅是中国也是世界上修建时间最长、工程量最大的一项古代防御工程。自春秋战国时期开始，延续不断修筑长城2000多年，自秦始皇统一中国以后，大多统治着中原地区的朝代，都不同规模地修筑了长城。不仅汉族统治时期修筑了长城，更多少数民族统治的朝代也修筑了长城。长城东起辽宁虎山西至嘉峪关，横跨在祖国的大地上，2012年国家文物局认定历代长城总长度达21196.18千米，包括长城墙体、壕堑、单体建筑、关堡和相关设施等长城遗产43721处。1987年12月，长城被列入世界文化遗产。长城的代表地段有：山海关、镇北台、嘉峪关、金山岭、八达岭、黄崖关、大境门、角山、青山关、慕田峪、司马台、古北口、箭扣、虎山、九门口、居庸关、雁门关等[1]。

二、长城文化内涵与保护及传承长城文化的意义

长城文化资源在目前尚未被完全开发，长城沿线一带还蕴藏着巨大的文化资源。雄伟的长城不仅有悠久的历史背景、丰富的民间传说还有众多的建筑古迹，无不吸引着世界各地的游客们来一探究竟。长城文化作为旅游文化资源，对弘扬中国传统文化、唤醒文化归属感具有深远的意义。旅游业发展的同时也能促进长城特色文化产品的开发和我国经济的增长，为中国的现代化建设贡献力量。

（一）长城文化内涵

长城文化内涵深厚，是2000多年历史沉淀的物质财富和精神财富之和。悠久的历史人文、独特的自然地理，形成了博大精深的长城文化。经历了2000多年岁月的洗礼，长城已经在当代社会中渐渐失去了战事防御的作用，完成了它的历史使命。但今日的长城作为世界文化遗产之一，它的价值意义依然是有增不减，长城文化又被赋予了新的认识和内涵，主要有以下几点：

1. 长城是民族精神的重要载体

长城历经岁月洗礼，造就了独特的历史景观，凝结着中国古代劳动人民的心血和智慧，积淀着中华文明博大精深、灿烂辉煌的文化内涵，体现着中华民族的精神品质和价值追求，已经成为中华民族的精神象征。长城的民族性扎根于中华儿女每一个人的血液里。长城不仅是体量绵延万里，历史同样很漫长。长城见证了中国大一统后的悠悠历史，在秦始皇统一中国后，在北部战国秦、赵、燕三国长城基础上修筑了“拒胡长城”。此时的长城规模巨大，长度超过万里，才真正被称为“万里长城”。中国人民在对抗外敌、保卫国家的生死存亡之际，奋勇抵抗、宁死不屈地为民族解放而战斗。这种不怕牺牲的顽强精神正如长城般以它雄伟的身姿屹立在这天地山河之间。

2. 长城是当代文化艺术的瑰宝

长城作为中华民族灿烂文化的“见证者”，蕴藏了无数优秀的建筑艺术、影视戏曲、文学画作等。从孙中山先生《建国方略》论述长城与中华民族的关系，到中国军民在山海关、古北口、喜峰口、平型关等长城沿线英勇御敌，一曲《长城谣》，一首《义勇军进行曲》，唤起了无数中华儿女用血肉“筑成我们新的长城”的昂扬斗志，这嘹亮的歌声在抗日战争期间响彻了华夏领土的每一个角落[2]。无论是古代文人墨客感叹的“秦时明月汉时关，万里长征人未还”，还是现代毛泽东主席的“北国风光，千里冰封，万里雪飘。望长城内外，惟余莽莽；大河上下，顿失滔滔”，再或是关山月、傅

抱石先生画笔下的《江山如此多娇》，都描绘出了长城豪迈的气势。长城文化为艺术家们留下了宝贵的创作题材，这对于我们今天欣赏长城文化艺术提供了巨大的借鉴意义。

3. 长城是生态建设的保护带

长城以恢宏磅礴的气势在崇山峻岭间蜿蜒盘旋，赋予大自然梦幻般的天际线。有一种雄伟的景观，大多低调地隐匿在山水之间不争不抢，却美得像个世外桃源，它就是长城。春夏时，郁郁葱葱的树木将长城围绕。古老的长城因为那漫山遍野的青翠，似乎也增添了几分活力。而到了秋天，长城沿线更是分外绚烂。斑斓的秋叶点缀着长城，长城与秋叶相得益彰。冬日里的长城，将庄严与肃穆体现得淋漓尽致。寒风凛冽中，依然保持着历史赋予的独特气质。在古代我们修建长城的目的是抵御侵略，避免民族战争。如今，我们正在长城所在的三北地区建立世界上最大的绿色长城，目的是遏制日益恶化的环境，抵御风沙，避免荒漠化。在长城沿线，风力资源和光照丰富，适合大力发展风力和太阳能发电。以长城为依托，沿长城建立能源电站，形成长江有水力发电，长城有太阳能风能发电的绿色能源系统。依托长城独特的生态自然景观和独特的文化资源，建设一条绿色生态长城，将实现可持续发展。

（二）保护传承弘扬长城文化的现实意义

长城蕴含着团结统一、众志成城的爱国精神，坚韧不屈、自强不息的民族精神，守望和平、开放包容的时代精神，历经岁月锤炼，已深深融入中华民族的血脉之中，成为实现中华民族伟大复兴的强大精神力量[3]。传承与弘扬长城精神始终是长城保护的首要之义，有利于深入挖掘文化资源的特点与亮点，有利于发展区域特色旅游经济，提高区域竞争力，有利于在市场竞争中提高综合竞争力，为地区经济发展提供新的增长点。要实现长城的经济价值，最重要的举措就是促进文化与旅游相结合，把文化元素融入旅游服务的各个环节，不断丰富旅游的文化内涵，加快提升旅游业的层次和水平。

在社会主义现代化的今天，长城精神依然激励着华夏子孙们奋发图强、勇往直前地共创未来“新的长城”。长城是重要的生态屏障区和旅游集聚区，保护、传承、弘扬长城文化是至关重要的。牢牢把握旅游高质量发展要求，突出地域特色，把长城文化资源优势转化为发展优势，做大做强做优旅游业，让长城历史文化实现创造性转化、创新性发展，保护传承长城文化是建设富有特色的长城旅游的关键。

三、文旅融合视角下长城国家文化公园建设现状

（一）内涵不够，缺乏整体规划

长城旅游大多以游览观光为主，主要是在长城建筑本体和自然景观方面的感知，而独特的长城文化内涵被忽视了，深厚的长城文化没有被深入挖掘出来。游客不能直观了解长城文化，只能通过导游的讲解和文字阅读等途径获取，只重视单体文化的旅游，忽视长城文化旅游的立体建设，这种形式还不足以有效地传播长城文化精神。长城文化旅游资源丰富，长城的建设缺乏整体性规划，目前还有很多价值较高的长城未被开发，导致长城文化资源开发整合利用率低。

（二）长城的保护与开发关系不平衡

全国政协副主席刘奇葆在调研中反复强调，规划引领、守好底线，政府主导、社会参与，分类

施策、精准保护，适度修复、多元展示，挖掘内涵、融合发展。特别强调了保护第一的重要性，不仅挑明了保护什么，也明确了应怎么样保护，不仅系统诠释了长城国家文化公园独特文化内涵，也指出了长城国家文化公园建设的基本原则。长城是一条线状的文化遗产，由于是不同时期修建的，形成了地理位置叠加分异的多重文化景观。目前长城的开发存在重明长城、重要区域和长城本体，轻早期长城、次要区域和附属景观的状况。长城修建时代跨度广，不同时代所修筑的长城地理位置有所差异，修筑方式和留存遗物也差别甚大。就目前保护与开发情况而论，已经得到重点保护与开发的长城景点大部分是明代修筑的砖砌长城，而一些早期石垒长城或其他破坏较严重区域的夯土长城未能得到充分开发和保护，这些地段被驴友们戏称为“野长城”。随着人们对长城的探索，越来越多的游客选择探寻“野长城”。未开发的长城大量存在，而登长城的游客却络绎不绝，由此引发的遇险事件屡次发生。

（三）长城的文旅产品单一，游客忠诚度不高

长城旅游展示接待形式相对单一，缺乏吸引力。大多数区段仅仅是依靠自然风光让游客浅层次地观光浏览。长城的历史、经济、军事、文化和民族关系的深厚内涵，没有系统地展示给游客。因此，不少游客认为长城旅游的形式单一，游长城就是爬楼梯，这使得长城景区往往只能吸引到初次来登长城的游客，而曾经前往长城游览的游客也很少会再次观光，甚至会向亲朋好友建议不必前往长城，费时费力还无趣。显而易见，长城游客的忠诚度不高，无法激发再次消费。

四、长城国家文化公园文旅融合发展路径探析

（一）加强长城文化资源摸底保护，深入挖掘研究其蕴含的时代价值

长城不仅仅是世界文化遗产，更是中华民族共有的精神文化家园。我国各族人民随着历史的发展，在政治上团结统一、文化上兼容并蓄，从而构成了中华民族共同体。在人类历史文化遗存中，长城深厚的文化内涵占有非常重要的地位。长城文化在建设长城国家文化公园中，是至关重要并具有独特性的内容，应深入挖掘长城文化内涵，将长城故事讲给每个游客，将长城精神弘扬传承下去，不断坚定文化自信。深度挖掘独特的长城文化内涵，就是显性文化内涵得到进一步的丰富，建立开放的长城文化体系，设计多种旅游主题，满足游客对长城文化多样化的探索需求。持续抓好长城生态保护和做好顶层设计，全面启动实施长城文化资源普查工作，从省级和长城沿线城市两个层面做好长城文献资料、实物、遗迹等各类资源的系统调查，尽快建立实物和电子档案，实现长城资源分级分类登记备案，整合现有文化资源数据，形成长城文化资源大数据库，推动长城文化资源建设。

长城国家文化公园作为一项有着世界影响力的国家工程，建设长城国家文化公园属于国家行为，这是顶层设计，起点就决定了上层建筑。欣赏长城国家文化公园，我们应以人类文明和世界遗产的高度，保持足够高的站位，不仅要越过文物看长城，还要跳出旅游看长城，过程中必须紧紧抓住“国家”这一关键词，才能真正展现出长城国家文化公园的历史意义和时代价值。长城国家文化公园的公园建设、长城保护都应当由国家统筹资源、统一规划，还要建立健全国家财政的投入机制，全面加快国家层面对长城国家文化公园建设的单项立法，迅速形成配套政策体系。将不同部门之间沟通壁垒和信息孤岛的最后一千米彻底打通，有效实现资源共享、成果共用、信息互通、权责互联。在

国家统筹和统一规划的框架下，鼓励和保障地方创新和社会参与，紧扣主旋律，唱好“地方戏”。在建设过程中注重规划引领长城国家文化公园的打造，注重长城沿线丰富的自然与文化遗产，做到既有效保护、合理利用，又避免无序开发、过度商业化。

（二）坚持保护为主、生态发展优先，推动长城生态文明建设与文旅融合发展，加快乡村振兴，打造生态文化康养旅游示范区

长城是不可再生的珍贵资源，是不可替代的。在长城国家文化公园建设中，应将保护放在首位，加强对长城的保护，在保护的基础上再进行开发，正确处理好长城保护与开发的关系，实现可持续利用。进一步提高公众的长城保护意识，杜绝“到此一游”等涂鸦事件的发生，以对历史负责的态度保护好长城。保护是开发的前提，而开发是保护的目的。长城国家文化公园的建设，应尽力维护和保持长城的完整性，加强长城生态保护；并根据长城的性质、形态和存在特点，科学地对其进行分类。进而根据长城国家文化公园建设实际需求，明确保护范围，制订切实可行的具体措施，确保在保护长城的基础上，建设规划、制度和措施能切实得到实施。要加强长城文化宣传和普及工作，建议由历史学、地理学、文化遗产保护、考古文博、资源环境、旅游管理等学科人员共同参与长城文化从社区到中小学宣传、教育和普及工作。如组织专家编纂科普图书、在媒体上设专栏撰写系列文章、通过社区讲堂宣讲知识等形式，让长城文化走入市民之中，让市民自觉、主动、积极地保护长城。

以生态文化旅游示范区建设为重点，大力推动长城国家文化公园建设，促进旅游与生态文明建设和谐共生。推进滦平金山岭长城高等级景区创建，推动迁安白羊峪长城旅游区、崇礼区太舞四季小镇旅游景区等通过4A级旅游景区创建，为长城文化旅游高质量发展增景添绿。突出打造长城文化旅游品牌，策划推出具有长城主题特色的乡村旅游精品主题路线，建设出内容丰富、形式多样的长城体验旅游产品，依托长城脚下原生态的生活方式，为游客提供更多感受和体验长城的机会。例如开发农家乐，让游客走进当地人家，在游览长城的同时，通过与当地人聊天了解当地长城文化，品尝家常菜肴，为游客营造流连忘返的游玩氛围，让游客在游玩过程中充满新鲜感、亲切感和满足感。

（三）科学合理做好文物活化利用和非遗创新传承，守护好长城文化遗产，延续历史文脉

对长城文化资源的旅游价值进行评估，合理确定文化旅游景区的游客承载量，支撑文化旅游业的发展。还要激活长城文博单位的内在动力，突出长城元素，生动讲述长城背后的故事，打造具有长城文化特色的文化创意产品品牌，切实将馆藏文物资源优势转化为文创产业发展优势。

长城国家文化公园的建设，有效地对长城进行保护，将对实现长城旅游资源的可持续利用有利。对长城资源进行保护和开发两者是相互联系的。积极保护长城有利于更好地开发，更能展现多方面的价值。对长城资源的整合与开发实质上是一种积极的保护，整合长城周边优质文旅资源，将长城景区景点和乡村旅游点有机串联起来，积极带动其他绿色生态旅游的发展，使历史文化旅游与绿色生态旅游完美融合。加强对长城周边文物遗产和自然生态景观以及村落、家族等文化的挖掘，村落宜，则打造村落；山林宜，则打造山林。将长城国家文化公园打造成生态保护样板区。另外，规划开发“野长城”，推出中华长城精神传承线，以长城为背景，利用周边农业、林业资源发展乡村旅游，推出长城特色小镇。从而实现长城保护、旅游开发、社区发展和民生改善的协调和互促共赢[4]。

参考文献

[1] 李建峰，张佰儒，王强，等. 燕山学初论 [J]. 河北民族师范学院学报，2019，39（2）：80-85.

[2] 陈建林. 长城在历史上对民族的关系浅析 [J]. 高考（综合版），2012（11）：120.

[3] 张秉福. 京杭运河非物质文化遗产保护与旅游开发互动关系的现状与问题探析 [J]. 艺术百家，2019，35（3）：180-184.

[4] 吴丽云. 长城国家文化公园建设应强化五项内容 [N]. 中国旅游报，2020-01-13（A01）.

文旅融合视角下长城沿线（河北段）生态旅游开发研究*

张鹏飞　郭　伟**

摘要：长城是中华民族精神的重要标志，需要我们的保护与传承。文旅融合是当前社会关注的热点主题，建设长城国家文化公园是我国未来文旅融合发展的重要方向，它将成为文旅融合的重要推手。长城开发需要把保护放在首位，合理有序地进行建设。本文在生态旅游理论体系的基础上，收集长城沿线（河北段）生态旅游资源信息，充分挖掘长城沿线（河北段）生态旅游资源及其文化价值内涵，依托长城沿线（河北段）的地理区位、文化遗产、市场和气候资源等条件，对长城资源进行科学、合理、适度的开发，构建长城沿线（河北段）生态旅游开发系统，打造凸显长城主题特色的生态旅游产品体系。长城遗产的保护、传承与发展是全社会值得深思的重要命题，希冀本文能为长城可持续发展提供一种新的发展思路。

关键词：文旅融合；生态旅游；开发；长城沿线（河北段）

一、引言

2018年，文化部和国家旅游局合并为文化和旅游部，文化和旅游的发展有了落地的基础[1]。文旅融合是指文化、旅游产业及相关要素之间相互渗透、整合重组，逐步突破原有产业边界或要素领域，彼此交融形成新的共生体的现象与过程。旅游业的高质量发展，必须是以文化为内核的发展[2]。长城沿线（河北段）是中国北部长城的重要地带，沿线城市依托长城遗产资源进行旅游开发建设，由于资源相似、市场趋同、地理空间分散破碎，各地为夺取更多的发展资源造成了错综复杂的竞争网络[3]。

生态旅游以自然生态资源为基础，以游览体验自然景色或历史文化为手段，以生态学理论为指

---

* 教育部人文社会科学研究规划基金项目“高铁条件下京津冀区域旅游效率分析及协同提升路径研究”（18YJA790028）；河北省教育厅人文重点研究基地资助项目“高铁条件下京津冀区域旅游效率测度及协同提升研究”（JJJD1815）。

** 张鹏飞，燕山大学经济管理学院硕士研究生；郭伟，燕山大学经济管理学院教授，博士生导师。

导，以推动旅游可持续发展为目标[4]，是一种有利于自然环境保护和旅游可持续发展的旅游活动。国外对生态旅游的研究主要涉及内涵[5]、旅游地[6]、客源市场[7-8]、利益相关者[9]、影响[10-11]、评估与保护[12]等方面，研究核心偏向于生态旅游目的地、消费行为等方面。国内研究在生态旅游理论[13]、市场[14]、影响与保护等方面涉及较多，研究主题更偏向于生态旅游资源[15]、开发管理[16]等方面。生态旅游具有保护生态环境和促进经济发展的双重属性，其研究成果对我国经济社会绿色转型意义重大。

二、研究区域概况

长城（河北段）位于河北省北部、中部和西部等区域，东依渤海，沿燕山向西，横跨冀北，南穿太行山脉，途经秦皇岛、唐山、承德、张家口、保定、廊坊、石家庄、邢台和邯郸等9市54个县区。河北段长城遗产资源丰富，地理条件优越，本文结合生态旅游内涵与长城沿线（河北段）的实际情况，将长城沿线（河北段）生态旅游资源分为文化遗产、气候特征、土壤植被和动物资源四个维度，见表1。

表1　长城沿线（河北段）生态旅游资源概况

资源类型	载体形式	资源特征
文化遗产	长城沿线（河北段）保留有战国、汉、北魏、北齐、唐、金、明等多个历史时期的长城遗迹	河北段长城遗存资源丰富，历史悠久；分布范围广，涉及秦皇岛、唐山、承德、张家口、保定、廊坊、石家庄、邢台和邯郸等9市54个县区
气候特征	为温带大陆性季风气候，光照资源充足，无霜期较长；风速较快，风力资源充足；省内降水量集中	寒暑差异显著，季节变化明显；春季干旱多风、夏季炎热多雨、秋季晴朗凉爽、冬季寒冷少雪
土壤植被	北部山区多为浅色草甸土，在冲积平原留存风沙土，洼地和湖淀周边存有盐碱土或沼泽土，山地土壤主要为棕壤；植被为暖温带落叶阔叶林带，蔷薇科、菊科、禾本科等草甸植被较多	土壤分布呈现出一定的规律性，从北部山区到南部海域，土壤变化明显；植物类型多样，植物自然培育条件相对较好
动物资源	陆生（含两栖）脊椎动物，包括鸟类、兽类、两栖和爬行类等多种类动物资源	动物种类较多，有几百种野生动物受到重点保护

三、长城沿线（河北段）生态旅游开发系统构建

（一）系统结构、功能及目标

生态旅游社会－生态系统（Ecotourism Social-Ecological Systems，E-SESs）的特征是生态系统

和社会经济要素的交互作用和有效反馈[17]。根据E-SESs系统构建长城沿线（河北段）生态旅游开发系统，将系统分为三个层次：（1）资源层，即区域内文化遗产、气候条件、土壤植被等相关资源；（2）管理层，即主管长城沿线（河北段）生态旅游开发的旅游机构及地方政府等相关单位；（3）使用层，即生态旅游经营者、当地居民及外来游客等相关主体。长城沿线（河北段）生态旅游开发应凝聚政府、旅游经营者、当地居民及外来游客等多个利益相关者，构建有生态旅游开发管理、运营维护、社区参与和社会支持的功能体系。生态旅游开发系统始终以保护长城遗产和生态系统为首要原则，以开发促保护。其目的在于既能促进沿线区域经济的发展，又能有效地保护长城遗产和生态系统，实现健康良性的循环发展结构。

（二）系统运行机制

1. 系统总体框架

长城沿线（河北段）生态旅游开发系统分为资源层、管理层、使用层三个层次，管理层和使用层中的利益相关者又划分为基本需求、中级需求和高级需求三个档次。系统主要行使开发管理、运营维护、社区参与和社会支持功能，以促进长城沿线文化遗产保护和生态系统健康发展为目标，保障生态系统和社会经济的平衡协调发展。E-SESs系统内生态系统要素和社会经济要素相互交叉作用，生态系统的存在状态限制着社会经济系统的进一步发展，社会经济系统的稳定制约着生态系统的良性运行。

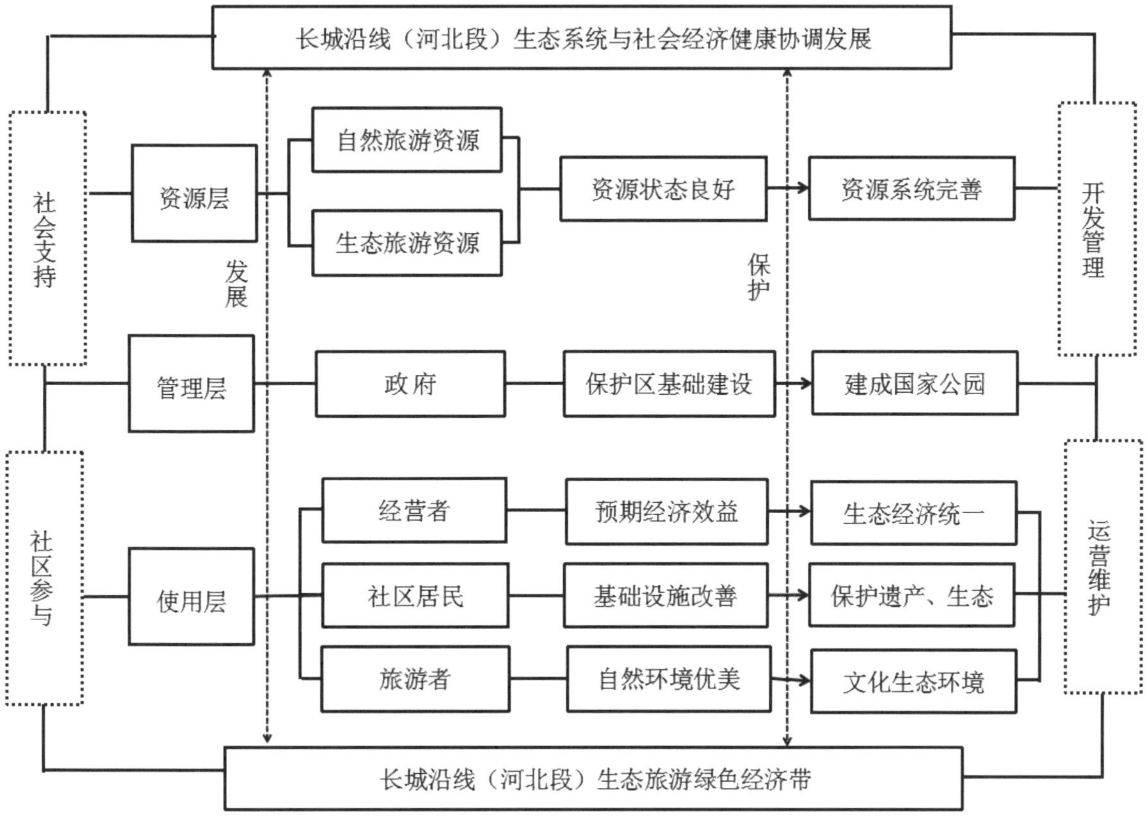

图1 长城沿线（河北段）生态旅游开发运行系统

2. 机制内容

（1）科学规划系统要素

长城沿线（河北段）生态旅游开发系统要素的协调发展需要发挥政府的主导作用。政府在生态旅游开发建设中承担着管理者和利益平衡者的双重角色[18]，生态旅游发展模式的健康运行离不开政府的监管。政府的主导地位是由市场经济性、资源公共性等多种因素共同导致的，政府统筹全局，推动沿线生态旅游的健康发展。分区管制发展是生态旅游发展的有效方法，在开发建设中应科学考虑功能分区问题。生态旅游功能分区需要依据其生态系统的实际情况进行系统筹划，其目的在于能够合理利用分区资源和保护生态环境，为游客提供较为系统的旅游体验。长城沿线（河北段）生态旅游开发共设计有生态保育区、恢复重建区、宣教展示区和服务体验区四个功能区。

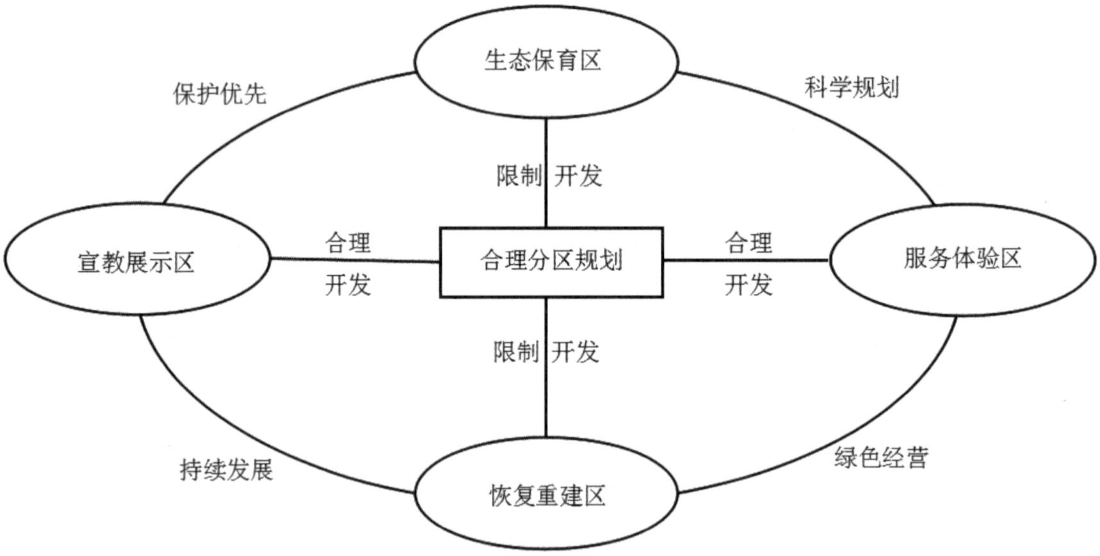

图2　长城沿线（河北段）生态旅游开发分区图

①生态保育区

生态保育区主要针对长城沿线（河北段）生态系统十分脆弱的区域，此功能区只可进行必要的动植物保护和生态环境监测工作，其他无关活动一律禁止进入，应设置进入红线，建立严格的惩戒制度。建设生态保育区是长城沿线（河北段）生态旅游健康发展的重要保证，也是生态旅游发展的核心要求。长城沿线（河北段）生态保育区主要包括鹿泉区土门关长城、蔚县翠屏山长城，以及怀来县大营盘长城等区域。这些区域的长城有一定的遗存，但破损情况严重，需要在生态保育区的红线内保证其系统健康运行。生态保育区的建立需要有政府强有力的政策作为保障，绝不能为经济利益而有所松懈。

②恢复重建区

恢复重建区主要针对生态系统相对脆弱的区域，此功能区主要任务在于恢复和培育长城沿线（河北段）相对脆弱的生态系统。长城沿线（河北段）由于自然条件错综复杂，生态自我恢复能力较差，适度的人工干预反而还会起到促进生态系统恢复的理想效果。恢复重建对于生态系统的维护具有重要作用，也是补救生态环境问题的有效手段。长城沿线（河北段）恢复重建区主要包括磁县北羊城城址、涞源县白石口长城、涿鹿县马水口长城、赤城县万水泉长城等区域。恢复重建区需要根据地区实际情况进行相应措施的处理，呼吁社区居民广泛参与长城遗产及生态系统的恢复重建工作，保障生态系统恢复重建工程持续稳定地进行。

③宣教展示区

宣教展示区处于保护区的功能范围之内，但相对于前两个功能区，其具备一定的灵活性，可适度开展生态旅游活动。宣教展示区既是游客游览体验的场所，同时也是提升居民生态保护和文化遗产保护意识的功能区。宣教展示并非传统的展示说教形式，而是利用文旅科技手段，将娱乐穿插其中，提升游客和居民的参与积极性。长城沿线（河北段）宣教展示区主要包括沙河县黄背岩长城、迁安喜峰口长城、易县紫荆关长城、井陉县秦皇古道等区域。宣教并非强加于游客，而是在游览过程中潜移默化地对其熏陶。故在宣教展示区要挖掘地方文化特色，提升旅游者的体验感和参与感。

④服务体验区

服务体验区是游客开展旅游活动的集中区域，在保护开发的前提下，设计相应的生态旅游活动，引入文旅融合项目，满足游客的多种需求，增强长城沿线（河北段）生态旅游区的吸引力。服务体验区注重产品和服务两大维度，要求为游客提供舒适的生态旅游体验活动，提供高水平的生态旅游服务。长城沿线（河北段）服务体验区主要包括滦平县金山岭长城、山海关区老龙头长城、山海关区角山长城等区域。这些区域都是长城沿线（河北段）较为著名的旅游目的地，需要在现有状态的基础上，整合旅游相关资源，打造区域特色，全面提升旅游公共服务水平，发挥对沿线区域的引领作用。

（2）设计特色要素组合

特色要素组合即利用长城沿线（河北段）各地域特色资源进行产品设计，特色的生态旅游产品是长城沿线（河北段）生态旅游发展的重要立足点。这要求开发者必须充分挖掘长城的文化价值底蕴，充分发挥长城沿线（河北段）的历史人文和自然资源优势，寻求旅游发展特色。开发设计特色旅游产品是长城沿线（河北段）生态旅游发展的当务之急，要紧跟文旅融合的发展潮流，加大资金投入，实现长城沿线（河北段）生态旅游发展的弯道超车。同时，设计生态旅游产品需要注重文化生态性、旅游市场导向、长城文化特色等原则，在高要求的标准下设计出高品质的旅游产品，以高品质的生态旅游产品为核心，打造具有较强影响力的旅游吸引物体系。

依据长城沿线（河北段）生态旅游资源情况，设计出三大品牌生态旅游产品，即金山岭长城生态览胜游、山海关生态文化体验游和紫荆关生态红色风情游。在此基础上，构建以文旅体验、休闲度假、文化探索为重点的旅游配套产品体系，完善购物、饮食、节庆活动、民俗文化等相关功能与活动，提升旅游服务水平。其中，金山岭长城生态览胜游主要是使游客感受长城的文化价值内涵和自然风光。金山岭长城是保存较为完整的一段明长城，依山势高低起伏，气势磅礴。山海关生态文化体验游主要为游客提供沉浸式文化体验感，依托“天下第一关”的品牌号召力，引入文旅融合新项目，提升游客参与度。紫荆关生态红色风情游主要为传播长城和红色革命精神，狼牙山五壮士事迹众所周知，红色精神与长城文化的融合势必在生态旅游市场中得到良好反应。以金山岭长城核心产品和山海关重要产品引领长城沿线（河北段）区域生态旅游高质量发展，配套辅助产品构建完善的旅游吸引物体系，以满足不同层次顾客的需求。

表 2　长城沿线（河北段）生态旅游产品体系

产品分类	主要景区	项目名称	产品设计
核心产品	金山岭长城	金山岭长城生态览胜游	长城观星、特色摄影、民宿饮食、生态漫游、民俗体验、特色购物、科学考察等
重要产品	山海关景区	山海关生态文化体验游	场景沉浸体验、古城非遗、旅游演艺、特色民宿、长城文创产品、特色文化服务等
特色产品	紫荆关长城	紫荆关生态红色风情游	长城漫步、红色演艺、探险猎奇、长城影视、自然风光、特色饮食等
一般产品	乌龙沟长城	乌龙沟原生态长城体验游	原场景体验、生态游览、观光摄影、民宿体验、民俗节庆活动、文化展示等
一般产品	喜峰口长城	喜峰口长城生态山水游	生态漫步、特色饮食、文化摄影、红色演艺、水上娱乐、民俗体验、特色购物等
一般产品	倒马关长城	倒马关生态旅游度假区	低碳生活体验、生态游览、民俗节庆活动、文创产品、娱乐体验、特色饮食等

（3）发展绿色运行模式

长城沿线（河北段）生态旅游开发是一项系统而复杂的工程。建立绿色科学的运行模式至关重要，要保证各方主体平等地享有发展的权益和利益，使其投身于保护、建设和发展长城遗产资源的事业中。依据长城沿线（河北段）生态旅游资源特点，设计出符合其发展的科学运行模式，分别为三位一体生态旅游开发管理模式和长城遗产生态环境监测模式。长城沿线（河北段）生态旅游开发必须依托其资源优势、地域优势和文化优势，综合人力、资金、管理等相关资源打造三位一体的生态旅游开发管理模式，即构建以长城遗产保护为中心，以长城文旅特色产品设计为主题，以生态监测、宣传教育和资金补偿为手段，政府主导、企业和社区居民广泛参与的旅游开发管理模式。三位一体的开发管理模式始终以健康绿色思想为主线，坚决杜绝过度市场化的行为。发展模式的平稳运行需要以政府强有力的政策作为保障，落实长久方针，实现可持续性发展。

长城遗产生态环境监测模式主要是针对长城遗产和生态系统的保护性提出的，同时也是长城生态旅游开发管理的必备条件。建立生态环境监测模式必须要有专业的管理团队和主要管理机构，使其发展制度化、正规化。科学选择监测区域和监测项目，客观分析判断生态环境问题，并及时对其处理，使阻碍生态旅游发展的问题得以真正解决。同时依据生态监测情况，建立生态旅游数据库，使其成为管理决策的重要参照，并以此确定开发次序和管理措施，推动长城沿线（河北段）生态旅游的可持续发展。长城遗产的监测保护工作系统十分复杂，需要工作人员定期去长城遗址勘察其存在状态，进行数据信息备案，对可能出现的各种问题做好预警工作。长城遗产生态环境监测模式并非要把所有长城遗址划入牢笼之中，而是在重点保护的生态保育区和恢复重建区的基础上，合理控制其他区域的发展情况。遗产生态环境监测模式的运行决不能单纯地依赖于政府的单方投入，它需要社会各主体的广泛支持。社区居民在运行结构中担当重要职责，他们既是生态环境的依赖使用者，又是遗产资源的保护者，故充分发挥当地社区居民的作用，找准角色定位和发力点是长城遗产生态环境监测模式得以健康运行的重要前提。与此同时，需要注意的是旅游开发活动在一定程度上会对长城生态环境造成损害，故需不断优化发展规则，把握好开发与保护的关系，使其形成健康良性的循环发展格局。

四、结果与讨论

本文依据长城沿线（河北段）生态旅游资源情况，以 E-SESs 系统构建长城沿线（河北段）生态旅游开发系统，构建出开发管理、运营维护、社区参与和社会支持的功能版块体系。开发管理是生态旅游开发中的重要环节，凭借着长城沿线（河北段）的地理优势、资源优势和深厚的文化遗产底蕴，科学规划系统要素，打造出生态保育区、恢复重建区、宣教展示区和服务体验区四个功能区；运营维护工作决定着生态旅游开发后的持续发展状况，在文旅融合的背景潮流下，需合理引入文旅体验项目，在原有旅游景区的基础上，提档换位以打造高品质的长城文化旅游产品，提升沿线区域旅游公共服务水平，增强以长城遗产为核心的旅游吸引物体系的综合实力；社区参与是长城遗产和生态环境得以持续发展的重要因素，社区居民的责任意识和时代担当将影响长城沿线（河北段）生态旅游开发系统的发展方向；社会支持是生态旅游开发的重要保障，只有政府政策保障、企业积极参与、社区居民广泛加入才能把长城遗产和生态环境的保护落在实处，平衡协调好经济利益和资源环境之间的关系。

长城是中华民族的重要精神象征，长城遗产的保护与发展是全社会都值得思考的重要问题。在文旅融合发展的主旋律下，长城文化遗产能否借助文旅融合的东风焕发青春活力需要全社会的共同努力。长城沿线（河北段）生态旅游开发迎合了社会经济绿色转型的发展潮流，本文粗浅地刻画了生态旅游的开发系统和运行机制，但缺乏机制实际运行的量化指标体系。在生态旅游发展的不同阶段，开发系统内不同主体间的具体关系研究仍待深化，系统内部要素之间、系统内部和外界之间的运行模式问题也需要进一步地研究探讨。此外，本文的研究背景是文旅融合的社会潮流，长城遗产元素和生态环境如何深层次融合发展值得深思。今后，应进一步深化研究 E-SESs 系统机理，深入研究不同主体、系统内外部的运行机制，构建完善的量化指标体系以佐证理论框架，加强理论研究和实践研究的结合。

参考文献

[1] 罗东霞，刘敏 . 日韩“东亚文化之都”文旅融合经验及其启示 [J]. 旅游学刊，2020，35（7）：9-11.

[2] 曹诗图，袁本华 . 论文化与旅游开发 [J]. 经济地理，2003（3）：405-408.

[3] 王强，张育芬，李志勇 . 北部湾城市群滨海城市旅游生态位综合测评及动态变迁 [J]. 生态经济，2020，36（8）：120-127.

[4] 胡正华，于明坚，吴荣军，等 . 浙江古田山国家级自然保护区生态旅游开发探讨 [J]. 经济地理，2004，24（4）：539-545.

[5]Shani A，Polak O，Shashar N. Artificialreefs and mass marine ecotourism[J]. Tourism Geographies，2012，14（3）：361-382.

[6]Masud M M，Aldakhil A M，Nassani A A，et al. Community-based ecotourism management or sustainable development of marine protected areas in Malaysia[J]. Ocean&Coastal Management，2017，136：104-112.

[7]Castellanos-Verdugo M，Vega-Vazquez M，Oviedo-Garcia M A，et al. The relevance of psychological factors in the

ecotourist experience satisfaction through ecotourist site perceived value[J]. Journal of Cleaner Production，2016，124：226-235.

[8]Sheena B，Mariapan M，Aziz A. Characteristics of Malaysian ecotourist segments in Kinabalu Park，Sabah[J]. Tourism Geographies，2015，17（1）：1-18.

[9]Lee J H，Choi H O. Stakeholders' views on reducing financial support in government-led ecotourism areas[J]. Ocean & Coastal Management，2017，144：7-15.

[10]Bateman P W，Fleming P A. Are negative effects of tourist activities on wildlife over-reported? A review of assessment methods and empirical results[J]. Biological Conservation，2017，211：10-19.

[11]Aciksoz S，Bollukcu P，Celik D. Ecotourism and ethics in protected areas：Bartin-Sogutlu Village[J]. Oxidation Communications，2016，39（4）：3621-3636.

[12]Bessa E，Geffroy B，Goncalves-De-Freitas E. Tourism impact on stream fish measured with an ecological and a behavioural indicator[J]. Aquatic Conservation-Marine and Freshwater Ecosystems，2017，27（6）：1281-1289.

[13] 杨延风，马俊杰 . 对国内生态旅游理论与实践的反思 [J]. 中国农业资源与区划，2017，38（12）：235-240.

[14] 周笑源 . 生态旅游市场营销内涵及其产品策略 [J]. 旅游学刊，2004，19（1）：72-76.

[15] 张晋江 . 山西省农业生态旅游资源评价研究 [J]. 中国农业资源与区划，2019，40（12）：276-282.

[16] 马勇，何彪 . 陕北地区文化生态旅游开发的价值体系与提升策略 [J]. 人文地理，2012（5）：143-147.

[17]Ostrom E. A general framework for analyzing sustainability of social-ecological systems[J]. Science，2009，325（5939）：419-422.

[18] 李佳 . 生态旅游扶贫利益相关者协同模式研究——以通山县 D 乡为例 [D]. 武汉：华中师范大学，2018：24-25.

长城国家文化公园建设与全域旅游发展协同推进路径探析

——以秦皇岛市山海关区为例

龚　航　王浩然*

摘要：全域旅游是以旅游业为主导产业，统筹推动区域经济社会协调发展的一种新的发展理念和模式。长城作为享誉世界的文化遗产和旅游资源，是推进全域旅游发展的重要抓手。本文以秦皇岛市山海关区为例，结合长城国家文化公园建设重大机遇，探讨长城国家文化公园建设与全域旅游发展的协调推进路径，提出空间一体化、产业融合化、环境升级化、治理协同化、营销品牌化、品质升级化六大策略。最后从全域旅游的视角提出长城国家文化公园建设的思考。

关键词：全域旅游；长城国家文化公园；文旅融合

1　新时期山海关区面临重大发展机遇

2014 年 8 月，国家提出深化旅游改革的命题，旅游业成为我国引领全面深化改革的先行先试产业。之后全域旅游的概念在 2015 年全国旅游工作会议上被正式提出，同时出台多项政策，推进全域旅游工作的进行。山海关区对照全域旅游的新标准、新要求，积极推动创建工作，在 2020 年 11 月 18 日正式成为第二批国家全域旅游示范区。在全域旅游示范区建设的大背景下，2019 年山海关区凭借深厚的长城文化底蕴、突出的地域文化特色，被列入长城国家文化公园河北段重点建设区域。在全域旅游以及长城国家文化公园建设两大宏观发展背景下，当地旅游业升级以及地区发展迎来了重大机遇，同时也承担了较为重大的任务与责任。

* 龚航，天津大学城市规划设计研究院有限公司助理工程师；王浩然，天津大学城市规划设计研究院有限公司工程师。

2 基于长城文化价值研究的全域旅游发展思路解析

2.1 山海关长城文化价值研究

山海关长城始建于明洪武十四年（1381 年），南起渤海之滨的老龙头入海石城，北至九门口，全长 27.9 千米。山海关长城“枕山襟海，实辽蓟咽喉”，是明代长城的东端起点，是山海之间固若金汤的军事要塞，是长城军事防御的历史典范，有“两京锁钥无双地，万里长城第一关”之称，拥有“中国长城之乡”的称号。山海关长城是古代军事防御体系的代表性建筑，展示了中华民族守望和平、众志成城的自强精神。

沿线文物遗存丰富。现有世界文化遗产地 1 处（万里长城—山海关）、国家历史文化名城 1 处（山海关）、国保 2 处（万里长城—山海关、山海关八国联军营盘旧址）、省保 7 处、市保 5 处、区保 34 处。（见图 1）

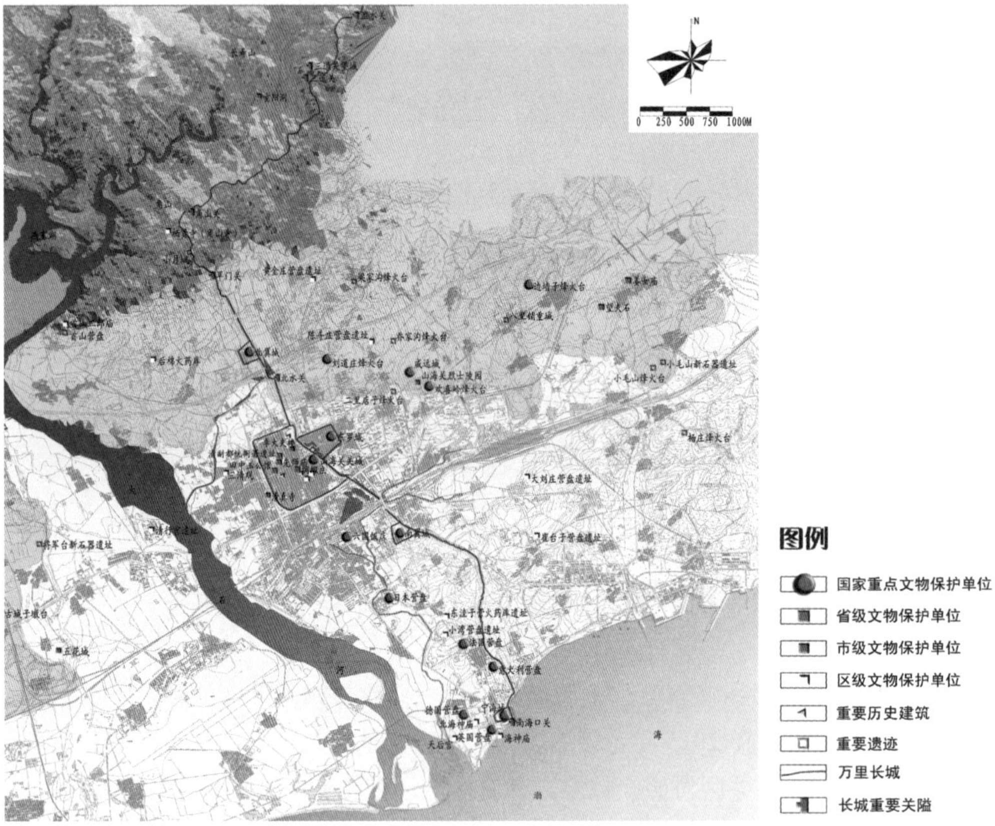

图 1 长城沿线资源分布图（图片来源：《山海关历史文化名城保护规划》）

整体展示利用程度高。以长城为主线，形成了老龙头、天下第一关、孟姜女庙、角山、长寿山等特色片区，其中山海关景区为国家 5A 级旅游景区，角山景区、长寿山景区为国家 4A 级旅游景区，具备开发和观赏价值的名胜古迹达到 90 多处。

2.2 山海关长城现状问题研究

山海关长城沿线文物和文化资源保护力度不足，部分地区出现人为破坏的现象，长城保护和城乡发展关系需要协调。长城文化展示载体不足，主题博物馆、展示馆档次较低，长城文化研究挖掘不足，古城以及周边街道、村落整体环境亟待提升。八国联军营盘旧址等保护性利用需要创新模式，文旅融合程度不高。以山海关景区为代表的旅游景区仍以观光游览为主，旅游产品业态不丰富，文化消费和夜间经济发展不足，周边乡村、社区参与度不高。

2.3 全域旅游整体发展思路

以“彰显长城文化、推进全域旅游”为理念，以文化和旅游融合发展为着眼点，以长城沿线优势特色产业为依托，将长城文化形态融入全域旅游的丰富形态中，提升全域旅游质量。以长城国家文化公园推进全域旅游向纵深发展，逐步形成以长城文化为引领的旅游发展全域化、旅游供给品质化、旅游治理规范化和旅游效益最大化，形成全域联动、特色分明、核心带动、协调共进的旅游格局，建设具有历史文化内涵的活力城市、具有时尚活力的街巷环境、具有人文品质的生活场所，打造集长城文化体验、滨海休闲娱乐、山地康养度假、民俗文化体验、城市休闲度假、乡村生态旅游等功能于一体的新时代国际长城文化旅游目的地。

3 全域旅游发展与长城国家文化公园建设系统推进策略研究

3.1 空间一体化策略

以长城国家文化公园为引领的全域统筹空间一体化。根据长城及其相互关联的文物和文化资源的整体布局、资源差异以及周边人居环境、自然条件、配套设施等情况，结合长城国家文化公园点、线、面互相连接的总体格局，结合管控保护区、主题展示区、文旅融合区、传统利用区建设要求，最终形成以山海关古城为核心，以长城文化旅游带与石河生态观光带为主线，以“旅游+”融合带与滨海风情旅游带为辅线，六大组团集聚发展的全域旅游空间格局。（见图 2）

图 2　山海关区全域旅游空间布局图（图片来源：作者自绘）

3.2 产业融合化策略

充分发挥全域旅游横向延伸以及纵向带动的优势，结合长城国家文化公园文旅融合工程建设要求，以旅游业为中心，对农业、工业、文化、教育等行业进行资源的重新整合。把长城文化的挖掘作为重点，重点推进长城文化与旅游产业融合，以长城国家文化公园建设为核心载体，实施长城产品体系创新驱动和产业融合，将世界文化遗产保护与文化旅游发展深度融合。通过长城国家文化公园激活新业态，丰富新业态，把单纯参观变为多元体验，形成长城文化品牌，打造文化集群；形成全域旅游中的亮点，激活全域旅游。以文创、研学、节事激发长城文化活力，发展长城节事、长城研学、长城文娱、长城文创、长城驿站、长城周边六大主导产品类型，打造具有国际水平的龙头产品体系。

3.3 环境升级化策略

以长城国家文化公园建设为契机助推全域旅游环境品质升级。结合长城文化公园环境配套工程，加强长城沿线环境综合整治。推动长城国家风景道体系建设，改善旅游路，贯通重要节点，完善交通等基础设施建设。完善游客集散、导览导游、休憩健身、旅游厕所等公共设施，安全、消防、医疗、救援等应急设施，科普、会展等公益设施，宾馆、酒店和文化消费等必要商业设施，推进绿色能源使用，健全标准化服务体系。（见图 3）

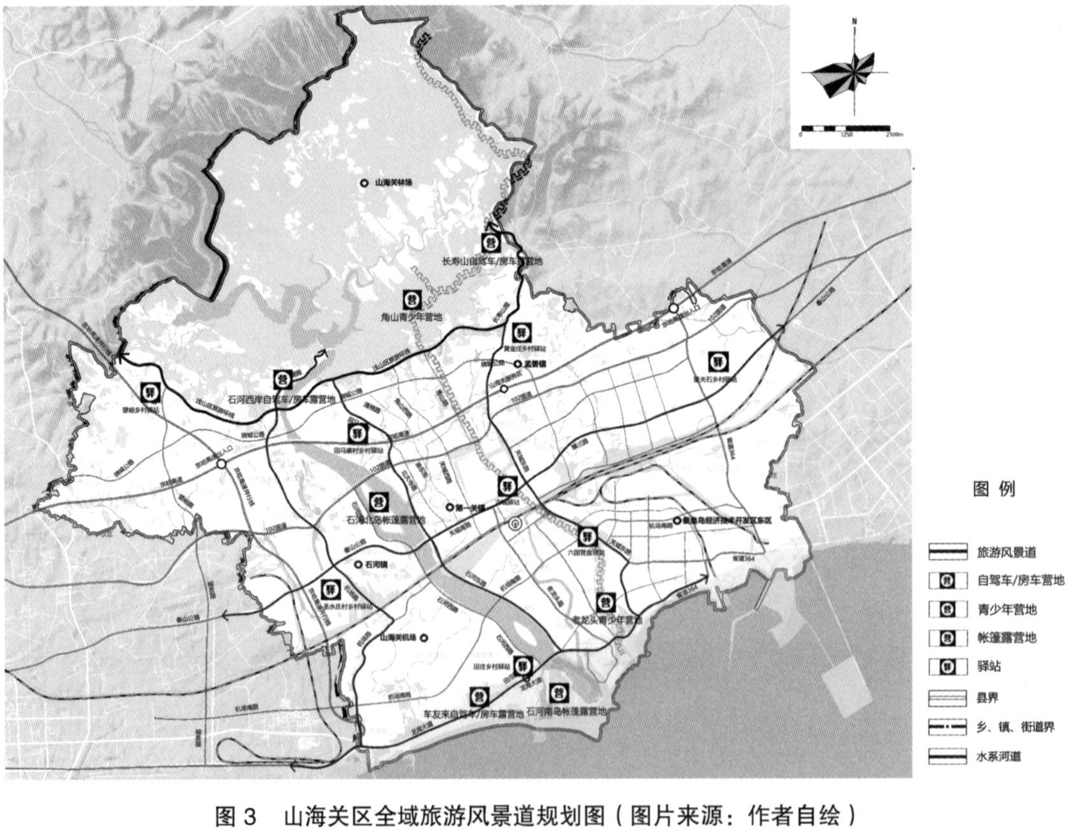

图 3　山海关区全域旅游风景道规划图（图片来源：作者自绘）

3.4 治理协同化策略

借鉴公园管理体制机制、产业运作理念，建立全域旅游与长城国家文化公园建设相协调统一的管理协调机制。以长城国家文化公园的公园化运营管理体制为主体，坚持政府引导、多元投入，在坚持景区所有权不变的前提下，平衡资源保护与利用的关系，以点带面进行开发和治理。

3.5 营销品牌化策略

在“万里长城”国家品牌的统领下，将全域旅游营销与长城国家文化公园的营销相结合，开展整体品牌塑造和营销推介。借助中国长城旅游市场推广联盟的力量，全力宣传和营销“新时代国际长城文化旅游目的地”形象，形成以产品品牌、服务品牌、节庆品牌、企业品牌为一体的长城文化旅游品牌体系。强化山海关区“长城之乡”“天下第一关”的市场认知，以长城为要素，提炼出山海关区“携手长城，览胜山海”旅游宣传口号以及“关小兵”的主题形象。

3.6 品质升级化策略

以长城国家文化公园为实施主体，对接国际一流旅游城市标准，建立山海关全域旅游服务标准，培养人才队伍，完善旅游评优机制。结合长城国家文化公园的数字再现工程，推动全域智慧旅游建设，利用现有设施和数字资源，对当地文物和长城文化资源进行数字化展示，对历史名人、诗词歌赋、典籍文献等关联信息进行实时展示，打造永不落幕的网上“长城”。结合长城文化内涵，开发场景游戏化的智慧旅游产品，营造时尚化、年轻化、情景化旅游体验。

4 对长城国家文化公园建设的思考

长城国家文化公园的建设不仅仅只局限在长城线上，而是应立足于长城所在的全域范围，其对促进区域一体化发展以及整体开发具有重大意义。将文化内涵融入全域旅游的产业发展中，以全域旅游的顶层设计统领公园跨区域整体开发，以国家文化公园的示范带动作用，赋予全域旅游发展新内涵。

4.1 坚持保护为主，合理利用管控保护区

管控保护区是承载文物和文化资源保护的主要功能区，也是国家文化公园的核心区域。严格落实长城世界文化遗产的保护要求，加强对长城文化的基础性研究工作，充分挖掘长城文化内涵、外延，侧重保护长城文化遗产价值的真实性、完整性，保护和提升沿线景观和基础设施。推动长城文化和旅游资源相互融通，以做“减法”为主，改造和拆除管控保护区内与长城主题保护、展示保护无关的建筑物、构筑物等。开发长城文化展示、长城研学教育等对长城文物本体不产生破坏的旅游产品，打造特色鲜明、文化浓郁、风景亮丽的文化展示区域。

4.2 坚持改革创新、示范引领，高效发展主题展示区

主题展示区是长城文化旅游活动的核心区域，改革创新的示范区域。创新管理体制机制，积极借鉴国内外文旅产业发达地区的公园化管理体制，集中管理主题展示区。运营主体全程参与长城文化产品的挖掘，创新文旅融合模式，从“吃住行游购娱”等旅游供给要素入手，全面提升主题展示区的文化内涵，实现长城从军事设施空间到文化旅游活动空间的转换。

4.3 坚持文化引领，传承融合，构建服务系统健全的文旅融合区

文旅融合区是落实对文物和文化资源传承与利用的主要功能区。推动文化和旅游与相关产业的有机融合，拓展文化载体，与主题展示区共同联结成文旅资源网络，构建服务系统健全的文旅融合区。依托全域旅游的发展理念，发挥政府政策引导，积极引导社会资本，投入文旅项目建设。以产业化运作模式，积极推进建设以长城文化为特色的重大文化和旅游项目。同时根据实际情况，积极引导现有景区景点逐步转换为国家文化公园的景区景点。

4.4 坚持景城一体化，打造传统利用区

传统利用区是对国家文化公园主体功能不可或缺的补充。推动以长城文化生态保护为主要内容的传统利用区建设，与乡村旅游、全域旅游相结合，积极推进文化生态保护区的打造。按照“产城一体、景城一体”理念，充分发挥传统利用区社区发展、游憩展示、保护等功能，整体打造长城旅游环境氛围。对历史文化积淀丰厚、存续状态良好、具有重要价值和鲜明特色的文化形态进行整体保护，结合区域特色、民俗特色发展文化旅游和特色生态产业。

5 结语

全域旅游是破解山海关当地旅游业发展瓶颈的重要路径，是当地经济发展的全新实践，不能局限于单一视角、单线思维，必须将其与长城国家文化公园的建设结合起来。坚持以长城国家文化公园为抓手，全域旅游规划为引领的多元融合发展模式，一体化推进建设，形成协同发展机制。将以长城文化为核心的文化旅游产业逐步打造为当地区域发展的核心竞争力，持续巩固全域旅游发展成果，带动城市经济社会发展不断升级。

参考文献

[1] 董耀会 . 强化主体责任抓好项目落实 推进长城国家文化公园建设 [N]. 中国旅游报，2021-01-28（003）.

[2] 邢亚萍 . 天津长城国家文化公园建设要探索因地制宜、科学创新、融合发展之路 [J]. 中国民族博览，2020（24）：202-204.

[3] 董耀会 . 临洮长城国家文化公园与扶贫及经济发展关系的思考 [J]. 河北地质大学学报，2020，43（5）：125-129.

[4] 刘素杰，吴星 . 建设国家文化公园，促进长城沿线区域绿色发展——以京津冀长城保护与传承利用研究为例 [J]. 河北地质大学学报，2020，43（5）：135-140.

[5] 董耀会 . 长城国家文化公园建设的几点思考 [C]// 中国长城学会，八达岭特区办事处 . 中国长城文化学术研讨会论文集 . 北京：中国书籍出版社，2020：2-7.

[6] 付卫东 . 建设八达岭长城国家文化公园的意义 [C]// 中国长城学会，八达岭特区办事处 . 中国长城文化学术研讨会论文集 . 北京：中国书籍出版社，2020：256-257.

关于秦皇岛市长城文化旅游发展的思考与建议

杨雨晴*

摘要：秦皇岛境内长城东起山海关老龙头入海石城，西至青龙城子岭口，全长223.1千米，是秦皇岛现存体量最大、分布范围最广的文化遗产和重要旅游资源。秦皇岛段长城的开发对于推动该市经济发展有着重要意义。近年来，随着河北省政府对于山海关等重要区段长城保护维修项目的积极推进，秦皇岛市长城文化旅游也迎来了新的发展机遇。本文以秦皇岛市长城文化旅游为研究对象，在现有保护长城资源的基础上，结合秦皇岛市长城旅游资源，利用SWOT分析方法分析秦皇岛长城文化旅游发展环境，论证秦皇岛利用长城资源发展文化旅游的重要性、必要性及可行性。在此基础上，融入秦皇岛段的长城文化、长城典故、长城精神，对秦皇岛市长城文化旅游发展提出针对性建议。同时进行旅游产品设计，形成以山海关老龙头为布局中心，以角山长城、董家口长城、板厂峪长城为支撑节点，途经山海关区、海港区、抚宁区、卢龙县、青龙满族自治县区域为长城文化旅游经济长廊，形成“一中心三节点，五片区一长廊”的文化旅游空间分布格局，塑造秦皇岛特色长城文化旅游品牌，促进培育文旅产业新的经济增长点。

关键词：秦皇岛；长城；文化旅游；旅游产品设计

1 总论

1.1 规划范围

东起山海关老龙头入海石城，西至青龙城子岭口，经山海关区、海港区、抚宁区、卢龙县、青龙满族自治县，全长223.1千米及周边景区的长城文化带。

1.2 规划性质

本次规划是针对长城文化所作的专题规划。

---

* 杨雨晴，燕山大学经济管理学院学生。

1.3 规划背景

长城作为世界级文化遗产，是展示中华文明历史文化价值的重要窗口。2019 年 8 月习近平总书记在嘉峪关考察时指出长城已经成为中华民族的代表性符号和中华文明的重要象征。2019 年 12 月印发的《长城、大运河、长征国家文化公园建设方案》提出要坚持保护第一、传承优先，合理保存传统文化生态，适度发展文化旅游和特色生态产业。秦皇岛作为全国长城资源丰富地区，在积极贯彻落实习近平总书记重要指示精神的同时，还应带着强烈的历史责任感，站在更高的层次上，以新的角度与视野，多措并举，积极推进长城保护与开发利用工作，以此带动经济社会的全面发展。将长城文化与地方文化生态相关联，塑造长城保护地形象。对与长城文化密不可分的乡村文化、宗教文化、自然生态等在内的资源均采取利用性保护的可持续发展理念，保护过程可适度开放，以区域资源的整体保护为长城遗产保驾护航，积极塑造、宣传秦皇岛长城保护地形象。

1.4 规划原则

保护原则：加快完善长城旅游资源保护体系，加快提升旅游资源保护能力，进一步加强对重点历史文化遗产的保护、挖掘和整理，进一步科学规范保护设施建设和环境整治工作。

协调原则：由于旅游资源的开发实际上是对旅游地的综合开发，因此总体的协调形势是不容忽视的。要在开发旅游产品和招徕客源的同时，优化和改善整个景区的景观环境，具体工作包括：村容村貌的整治，尤其是城堡内建筑风格的协调、院落景观的设计以及乡村景观道路的规划、两侧山体的植被绿化与景观营造。

特色原则：特色是旅游资源的灵魂。特色原则有三个方面的含义：一是要选择最具有特色，具有一定垄断性或不可替代性的旅游资源进行开发。二是在开发的整个过程中注意保持和突出旅游资源的原始风貌。三是要在新景区的开发、规划和建设中要力戒雷同和模仿。

1.5 规划依据

相关法律、法规：《中华人民共和国旅游法》（2018 年修正）、《中华人民共和国环境保护法》（2014 年修订）、《中华人民共和国土地管理法》（2019 年修正）、《中华人民共和国文物保护法》（2017 年修正）、《中华人民共和国森林法》（2019 年修正）。

国家标准、行业标准和条例：《中华人民共和国自然保护区条例》、《旅游规划通则》（GB/T18971-2003）、《旅游区（点）质量等级的划分与评定》（GB/T17775-2003）、《旅游资源分类、调查与评价》（GB/T18972-2017）、《旅游发展规划管理办法》（2000 年 10 月 26 日国家旅游局令第 12 号）、《城市旅游集散中心等级划分与评定》（GB/T31381-2015）、《旅游景区公共信息导向系统设置规范》（GB/T31384-2015）、《景区最大承载量核定导则》（LB/T034-2014）。

相关规划及资料：《河北省旅游业十三五发展规划》《长城、大运河、长征国家文化公园建设方案》《南平市国民经济和社会发展第十三个五年规划纲要》《秦皇岛市旅游业发展“十三五”规划》《秦皇岛北戴河风景名胜区山海关景区详细规划》《秦皇岛市长城保护条例》。

2 秦皇岛市长城沿线旅游资源

2.1 秦皇岛市综合现状

2.1.1 区位环境

秦皇岛地处河北省东北部，南临渤海，北依燕山，东接辽宁省葫芦岛市，西近京津，位于最具发展潜力的环渤海经济圈中心地带，是东北与华北两大经济区的结合部。秦皇岛市辖北戴河、山海关、海港区、抚宁区四个城市区和昌黎、卢龙、青龙满族自治县三个县及秦皇岛经济技术开发区、北戴河新区，陆域面积7802平方千米，海域面积1805平方千米。2019年末全市常住人口314.63万人。

2.1.2 政策环境

为加快培育经济发展新供给、新动力，更好发挥消费对经济发展的基础性作用，河北省政府办公厅发布《关于进一步扩大旅游文化体育健康养老教育培训等领域消费的实施意见》。其中，旅游方面，力争建成22个国家全域旅游示范区。支持承德、秦皇岛、张家口等市创建国家全域旅游示范区。2016年，秦皇岛市获批建设国家全域旅游示范区。这一新机遇也促使当地进一步思考——怎样将过去的“景点游”变成“全域游”。认识到旅游业建设过去主要集中在海边这一局限，秦皇岛市提出了推动旅游“下海、上山、入村”的发展思路。

2.1.3 资源环境

秦皇岛，素有“京津后花园”之美誉。拥有长城、滨海、生态等良好的旅游资源。秦皇岛境内山峦起伏，万里长城横亘全境，是长城最精华地段之一，国家历史文化名城山海关、避暑胜地北戴河、南戴河旅游度假区、昌黎黄金海岸等40多个旅游景区独具魅力。秦皇岛市旅游资源集山、河、湖、泉、瀑、洞、沙、海、关、城、港、寺、庙、园、别墅、湿地、滩涂、候鸟与珍稀动植物等为一体，旅游资源类型丰富。

2.1.4 交通环境

地处华北通往东北地区咽喉要道的秦皇岛市现已形成了海、陆、空四通八达的立体交通网络。海上已开通秦皇岛至大连、烟台的海上客运航线海运业务遍及130多个国家和地区；境内公路里程达2400多千米，102、105两条国道贯穿全境；京山、京秦、大秦、秦沈、沈山5条铁路干线贯通市区，铁路山海关站是全国6大编组站之一。秦皇岛机场，可起降大中型客机，开通了至北京、上海、广州、哈尔滨等多条国内航线。便捷的交通为游客的出游带来方便。因此秦皇岛吸引了世界各地的大量游客观光游览。

2.2 旅游资源评价

根据《旅游资源分类、调查与评价》（GB/T18972-2017）对秦皇岛市长城沿线旅游资源单体进行分类。

表 1 秦皇岛市长城沿线旅游资源分类表

旅游资源分类表			
A 地文景观	AA 综合自然旅游地	AAA 山丘型旅游地	角山、长寿山、天马山、象山、河北秦皇岛柳江国家地质公园-响山、花果山景区、老爷庙岭、祖山风景区、棋盘山、摇铃山
		AAB 谷地型旅游地	神石沟旅游区、小石湖沟观音庙景区、祖山风景区-飞瀑谷、祖山风景区-画廊谷景区、柳河溪谷景区、鲍子沟景区
	AC 地质地貌过程形迹	ACA 凸峰	八仙峰、登美女峰、寿星峰、祖山风景区-王母峰、天女峰
		ACC 峰丛	碣石山
		ACE 奇特与象形山石	背牛顶
B 水域风光		ACL 岩石洞与岩穴	避暑洞、阳山洞
	BB 天然湖泊与池沼	BBA 观光游憩湖区	燕塞湖、桃林湖、天马湖
		BBC 潭池	龙潭
	BC 瀑布	BCA 悬瀑	青龙大瀑布、十里游廊、九道缸瀑布
	BD 泉	BDB 地热与温泉	瀑布林温泉
E 遗址遗迹	EA 史前人类活动场所	EAA 人类活动遗址	秦皇求仙入海处
	EB 社会经济文化活动遗址遗迹	EBB 军事遗址与古战场	老龙头、天下第一关、三道关、点将台
		EBG 长城遗迹	角山长城、河北秦皇岛柳江国家地质公园-长城、板厂峪长城、董家口长城、明长城砖窑遗址、蟠桃峪长城人嘟嘟农场拓展基地、九门口、长城生态园
F 建筑与设施	FA 综合人文旅游地	FAA 教学科研实验场所	国家方志馆秦皇岛分馆、山海关长城博物馆、甲申史鉴馆
		FAC 宗教与祭祀活动场所	孟姜女庙、大悲院、老爷庙、明光寺、三隍庙、圣母泉、望海庙、杏树坨佛仙庙、祖山风景区-财神殿、祖山风景区-禅堂庙鼎、祖山风景区-大雄宝殿、祖山风景区-地藏殿、祖山风景区-观音殿、祖山风景区-望海禅寺景区、祖山风景区-药师殿、祖山风景区-幽谷禅堂、法华寺、清真寺、劝善念佛堂、天主教唐山教区卢龙县天主教堂、天主堂、西佛寺
		FAD 园林游憩区域	碧霞山庄、孤竹文化公园、龙骧园、青龙河森林公园
		FAH 动物与植物展示地	城市多肉植物园、多彩向日葵花海、海誓花园、柳江地学博览园、秦皇岛新澳海底世界-海豚表演馆、秦皇植物园、石山村植物园、西港花园
		FAI 军事观光地	老龙头、天下第一关
	FC 景观建筑与附属型建筑	FCC 楼阁	佛光亭、天女亭、望仙亭、祖山风景区-避雨亭、祖山风景区-鼓楼、祖山风景区-万怿亭、祖山风景区-钟楼
		FCE 长城段落	角山长城
		FCF 城（堡）	山海关古城
		FCK 建筑小品	五座牌坊
	FD 居住地与社区	FDD 名人故居与历史纪念建筑	王家大院、兵部分司署、山海关总兵署
	FG 水工建筑	FGA 水库观光游憩	桃林口水库

续表

旅游资源分类表			
G 旅游商品	GA 地方旅游商品	GAA 菜品饮食	饽椤饼、花生糕、回记糕点、四条包子、清河浑锅子、青龙水豆腐、杏仁粥、粉鸽子、卢龙优质红薯淀粉、炭烤生蚝
		GAB 农林畜产品与制品	“龙富”牌红富士苹果、青龙安梨、青龙板栗、青龙甘栗、青龙枸杞、青龙苹果、青龙杏仁、青龙枣仁、“一奇”甘薯粉丝、鲍子沟葡萄、豆卷、段家沟李子、甘薯、卢龙甘薯、卢龙核桃、卢龙露仁核桃
		GAD 中草药材及制品	枣泥山药糕
		GAE 传统手工产品与工艺品	根雕、木雕、木版画、核雕、角雕、骨雕、卢龙粉丝、卢龙粉条传统加工技艺
H 人文活动	HA 人事记录	HAA 人物	吴三桂、秦始皇、孟姜女、徐达、戚继光
		HAB 事件	引清兵入关
		HCB 民间节庆	望海大会、山海关长城节、孟姜女庙会、昌黎干红葡萄酒节
		HCC 民间演艺	抚宁吹歌、昌黎地秧歌、抚宁太平鼓、青龙猴打棒、青龙满族寸子秧歌、青龙皮影戏
		HCF 庙会与民间集会	水云寺庙会
	HD 现代节庆	HDA 旅游节	山海关大樱桃节

2.3 定量评价

根据《旅游资源分类、调查与评价》的旅游资源评价等级指标，对旅游资源单体评价总分，将其分为五级，从高级到低级为：五级旅游资源，得分值域≥90分；四级旅游资源，得分值域75～89分，三级旅游资源，得分值域60～74分；二级旅游资源，得分值域45～59分，一级旅游资源，得分值域30～44分。

表2 秦皇岛市长城沿线旅游资源赋值定量分析

景区	资源要素价值					资源影响力		合计
	观赏游憩使用价值	历史文化科学艺术价值	珍稀奇特程度	规模、丰度与几率	完整性	知名度和影响力	适游期或使用范围	
山海关景区	24	28	14	8	5	9	4	92
祖山风景区	28	20	14	8	4	9	4	87
董家口长城风景区	20	27	14	9	4	8	4	86
河北秦皇岛国家地质公园	27	19	13	8	4	9	4	84
板厂峪长城	28	18	13	8	4	8	4	83
桃林湖	26	19	13	8	4	8	4	82
龙潭峡谷漂流	25	20	13	8	4	7	4	81
青龙湖国家湿地公园	25	18	12	8	4	7	4	78

2.4 定性评价

长城文化资源丰富，文化价值挖掘潜力巨大。秦皇岛市内境内明长城保留了完备的长城军事防御体系，堪称中国明长城保存最完整的地段之一，城墙、敌楼、烽火台、驿站、关城、墩堡等各元素均能一一对应。长城穿越山水云田，独具观山望海的地域风景，结合地景的奇石怪松、断崖石峰，结合水景的河流瀑布、冰潭溶洞。世代守城的史实是万里长城独有的一段传奇防御史，展现了举家纾难的爱国情怀，戍边抗日等众多战史传说提供丰富的游学教育资源。吴三桂引清兵入关等事件奠定了山海关长城在中国军事历史上的重要地位，大小战役带来的丰富的红色文化也赋予了长城鲜活的历史形象。众多的长城民间故事、长城纪念画册等素材是长城文化宣传教育的基础，可以有力地促进长城文化教育传承。但长城现实情况未形成系统明确的调查认知，资料统计不足；长城保护规划与政策滞后，没有结合具体地段制订措施。民间组织的旅游团体大量形成，但旅游多为徒步等形式，缺乏结合长城教育的活动内容，长城遗产内涵的展示需求迫切。由于基础设施、管理运营等条件制约，长城体系内的相关遗产存在荒废迹象，沿线村堡遗址闲置情况严重。

3 市场定位

3.1 旅游产品定位

根据秦皇岛市长城旅游片区的资源赋存。其最可能转化成的旅游产品是长城文化观光，以及以农家接待和乡村民俗体验为核心的乡村旅游产品。在秦皇岛市长城旅游片区的开发和产品的设计中。要充分挖掘最能代表秦皇岛市长城旅游片区特色的旅游产品。保持环境清幽自然，四周山体和长城的搭配突出景观的视觉效果。既为旅游者提供了相对隐蔽的私密空间，又创设了与自然融合协调的旅游环境。

3.2 功能定位

根据秦皇岛市长城旅游片区的资源赋存及开发潜力，可将旅游区的功能确定为：观光（自然观光、文化观光）、休闲度假（现代乡村休闲、周末度假）、文化体验（民俗文化、长城文化）、会议接待（中小会议）、节事活动。通过各项旅游功能的开发，形成以长城和乡村景观观光为基础，以现代乡村休闲度假功能为核心，以民俗文化和长城文化体验为特色，以会议功能为补充，有序发展的国家级原生态长城休闲旅游目的地。

3.3 总体定位

从长城文化之旅的角度出发，以乡村旅游为突破，确立自己的竞争优势并获得差异化发展。以长城民俗文化为核心，通过对长城文化的挖掘和展示，乡野自然生态景观的营造、真实民俗体验活动的设计、大型节事活动的策划，塑造原生态长城休闲旅游地的旅游主题形象。将项目区打造成集观光、休闲度假、文化体验、会议接待、节事活动等功能于一体的，吃、住、行、游、购、娱等旅游要素齐全的国家级长城民俗旅游目的地。

4 SWOT 分析

4.1 优势分析

环长城旅游公路旅游优势。秦皇岛环长城旅游公路于2017年建成，位于秦皇岛市中心城区海港区的近郊，它的建成完善了乡镇间的道路网络。其沿线具有丰富的自然景观、人文景观和农业景观，独特的区位优势为当地居民及游客观光旅游提供了极大的便利。环长城旅游公路沿线历史底蕴丰厚、自然环境优美、旅游资源丰富，途经温家堡景区、祖山景区、老君顶景区、傍水崖景区、板厂峪景区、大道岭景区、九门口景区等多个旅游风景区。环长城旅游公路将其沿线的旅游资源进行有效融合，将北部山区各个景点接通，形成旅游景观环线。

秦皇岛境内长城相关遗存丰富，保存完好，是我国明长城最精华的地段之一。另外，秦皇岛市境内还有一段早期长城，为北齐长城，东起山海关区渤海乡姚山海岸，西至抚宁区石门寨，全长约21.1千米。山海关、九门口、板厂峪窑址群遗址，是全国重点文物保护单位，其他长城段落全部为河北省文物保护单位。秦皇岛境内长城体例比较齐全、特点突出。秦皇岛境内集滨海长城、海上长城、平原长城、高山长城、河道长城等精华于一身。既有万里长城山海相接的老龙头，又有举世瞩目的“天下第一关”；既有以险著称的“倒挂长城”——三道关，又有深蕴历史内涵的“一片石关”——九门口；既有壮丽多姿的董家口长城，又有雄险奇特的板厂峪长城……气势雄伟、风光秀丽、故事动人，集中彰显了长城文化的精髓。

4.2 劣势分析

秦皇岛作为著名的海滨度假旅游城市，旅游的淡旺季问题比较突出，市场供需不平衡。秦皇岛旅游季节性供求矛盾基本表现为淡季需求不足，旺季供给相对不足。在淡季，景点接待人次不高，门票不足以维持基本开支；客房入住率不高，达不到收支平衡点；旅行社为生存长期微利经营。这些都损害了供给者的积极性，出现服务质量下降的现象。在旺季，门票、饭店客房价格等费用都猛涨，人流拥挤，导致游客出游质量下降。淡旺季的问题衍生出诸如淡季资源闲置、旅游服务人员良莠不齐等问题。

长城旅游产品同质化现象严重，缺乏吸引力。长城周边旅游产品趋同，存在跟风现象，限制了市场开拓。多数景区仍以门票制赚取利润，景区建设与管理水平落后。地方特色是旅游文创产品的本质特征，是当地景区区别于其他景区的标志性符号。各种缺乏地域文化特色的旅游文创产品，不仅使游客产生了审美疲劳，降低了游客的购买欲望，而且也影响了游客对秦皇岛市景区长城文化的传播。

4.3 机会分析

2017年，中共中央办公厅、国务院办公厅印发的《国家“十三五”时期文化发展改革规划纲要》明确提出，我国将依托长城、大运河、黄帝陵、孔府、卢沟桥等重大历史文化遗产，规划建设一批国家文化公园，形成中华文化的重要标识。2019年7月24日，中央深改委第九次会议审议通过了《长城、大运河、长征国家文化公园建设方案》，并指出建设长城、大运河、长征国家文化公园的重要意义和原则。正式启动了以保护、传承和弘扬具有国家或国际意义的文化资源、文化精神或价值观，兼具爱国教育、科研实践、娱乐游憩和国际交流等文化服务功能的国家文化公园建设。

4.4 威胁分析

周边旅游城市及国内同类型旅游城市竞争激烈。国内沿海地区旅游业发展迅速，许多城市纷纷兴建海滨度假区，开发具有特色的新景点，大力发展城市旅游，具有稳定的客源市场，且对潜在客源市场有巨大吸引力。国家级旅游城市大连、青岛、北京、天津、承德等，这些城市旅游产品替代性较强，对秦皇岛旅游市场的发展影响较大，给秦皇岛市旅游发展将带来巨大的压力。

4.5 矩阵结果分析

区域联动带全局发展。随着大旅游时代的到来，快旅慢游的实现，做强做大龙头，发挥龙头强大带动能力，能推动旅游业全域发展。要在龙头带动下，各区县明确发展思路、步步为营，全力提升旅游产业、实现旅游崛起。加大宣传营销力度，出台营销鼓励政策，依托组团大社、强社开展持续宣传营销，加强与知名旅游网站合作，如携程网、去哪儿网、途牛旅游网等，扩大旅游产品在线销售规模，进一步提升秦皇岛长城旅游的知名度和美誉度。

设施联动带基础建设。推动景区连接线建设，推动“旅游景区最后一千米”景观道路建设，打通各主要交通要道至主要旅游景区之间的旅游通道，完善健全沿线旅游交通引导标识系统，跟进停车场、服务区等相应的配套基础设施。

人才联动带管理保障。规划旅游人力资源发展，引进专业型、创新型高级旅游管理人才，加强旅游人才教育基地建设；建立旅游人才信息库，通过旅游管理部门或行业协会举办培训，开展多层次、多渠道的人才培养机制；加大人才保障力度，通过相关旅游人才从业政策，确保旅游管理人才的稳定就业。

5 市场分析

5.1 旅游市场现状

据统计，2017 年全年共接待国内外游客 5254.15 万人次，实现旅游收入 658.29 亿元，分别同比增长 24.56%、32.85%。2018 年全年接待国内外游客 6251.24 万人次，比上年增长 19%。其中，接待国内游客 6217.98 万人次。旅游总收入 824.87 亿元，增长 25.3%；旅游外汇收入 2.33 亿美元，增长 10.1%。2019 年秦皇岛市全年接待国内外游客 7262.33 万人次，比上年增长 16.2%。其中，接待国内游客 7227.67 万人次。旅游总收入 1013.97 亿元，增长 22.9%；旅游外汇收入 2.51 亿美元，增长 8%。

据有关部门估算，秦皇岛旅游者的购买力占全市近 30%，历年旅游业稳步发展都为当地经济发展作出了巨大贡献。秦皇岛每年接待国内外游客中，北京游客几乎占到了一半。津、京、唐城际铁路的建成通车，将会加强秦皇岛与京津两市的旅游往来，促进关联性产业的发展，尤其突显出京、津、唐的后花园作用。

市场可以细分为核心客源市场、一级客源市场、二级客源市场和三级客源市场。其中核心客源市场包括北京、天津和河北省各地区；一级客源市场主要是河北省周边省份包括河南、山西、山东、内蒙古、黑龙江、吉林、辽宁等地；二级客源市场包括上海、江苏、福建、广东、广西、四川、重庆、云南等地；三级客源市场包括甘肃、新疆、西藏、陕西、宁夏、青海等地。

5.2 市场规模预测

旅游人次预估：

预计 2025 年秦皇岛市接待游客总量为年 21323.78 万人次，2030 年秦皇岛市接待游客总量为年 104570 万人次。

预测过程：

2018 年，全市景区接待游客 6251.24 万人次，同比增长 19.0%。2019 年，全市景区接待游客 7262.33 万人次，同比增长 16.2%。由于近年来建设长城国家文化公园，近几年秦皇岛市旅游接待人次较为稳定地保持较高增速。以 2019 年游客量为参照。

重要假设：

近期 2020—2025 年，秦皇岛市旅游基础设施，游客量逐步增加，考虑到“新冠”疫情对国内旅游格局的影响，增长率设定为 18% ～ 20%。远期进入稳定期，增长率 20% ～ 25%。

预测逻辑：

表 3　秦皇岛市近年旅游接待数据

年份	2015 年	2016 年	2017 年	2018 年	2019 年
秦皇岛市接待旅游人数（万人次）	3372.40	4237.18	5254.15	6251.24	7262.33
秦皇岛市旅游人次增长率	18.87%	25.64%	24.56%	19.00%	16.20%

表 4　秦皇岛市未来四年旅游接待数据预测

年份	2021 年	2022 年	2023 年	2024 年
秦皇岛市接待旅游人数预测（万人次）	10283.45	12340.15	14808.18	17769.81
秦皇岛市旅游人次增长率预测	20%	20%	20%	20%

6 空间布局

以秦皇岛市长城旅游带为空间布局重点，形成以山海关老龙头为布局中心，以角山长城、董家口长城、板厂峪长城为支撑节点，经山海关区、海港区、抚宁区、卢龙县、青龙满族自治县为长城文化旅游经济长廊，形成“一中心三节点，五片区一长廊”的文化旅游空间分布格局，深入开发“长城文化 + 旅游 + 乡村”模式的长城游憩功能，实现秦皇岛市长城、文化、乡村三大维度的整体融合与提升。

“一中心”：老龙头位于秦皇岛市山海关区城南 5 千米处，是明长城的东部入海处，也是万里长城唯一集山、海、关、城于一体的海陆军事防御体系。老龙头距山海关 4 千米。老龙头景区总占地面积 700 亩，由入海石城、海神庙、靖卤台、南海口、澄海楼、宁海城和滨海长城七部分组成。

“三节点”：董家口长城是明代名将戚继光上疏修筑的蓟镇长城的重要关塞之一，护卫“天下第一关”——山海关关城的北翼要塞。在突兀险要的山岭上，筑有36个敌台、28个战台、16个烽火台，全长8.9千米，最高处海拔556米，还筑有3座城堡。角山长城距古城山海关北约3千米，系燕山余脉，是关城北山峦屏障的最高峰，海拔519米。角山景点，主要有角山长城、敌台、角山寺、瑞莲捧日。角山是万里长城从老龙头起，越山海关，向北跨越的第一座山峰，所以人们又称它为万里长城第一山。板厂峪长城是戚继光主持修建的，用石头和青砖砌成，绵延约15千米，地势险要，建筑雄伟，敌楼星罗棋布，最高敌楼修建在800多米高的山顶上。

“五个片区”：山海关长城文化产业园区、海港区圆明山文化旅游产业聚集区、昌黎碣石山旅游文化创意产业园区、卢龙永平府古城文化产业园、青龙“满韵清风”文化创意产业园区。山海关长城文化产业园位于著名的风景旅游胜地、长城的东部起点——老龙头旅游风景区，景区占地44.3亩，总建筑面积14000平方米，景区建筑为仿明清式建筑，古色古香、气势雄伟。海港区圆明山文化旅游聚集区位于秦皇岛市海港区东北部，紧邻京沈高速东、北出口。聚集区总体定位为“高端养生”，将片区内山、水、林、洞、寺庙等资源完美结合。昌黎碣石山旅游文化创意产业园区，着力构建生态、生产、生活‘三生融合’的可持续发展样板，全力建设京唐秦轴线上的‘微中心’，带动昌黎‘山海城原一体’联动发展。卢龙永平府古城文化产业园依托遗址遗迹，推进永平府古城墙修复、元代码头遗址公园建设、天主教堂修缮、东山法华寺复建等相关工程，还原古城传统文化风貌，打造集旅游、购物、休闲度假文化体验、康体养疗等多功能于一体的历史文化名城品牌。青龙“满韵清风”文化创意产业园项目将打造综合文化娱乐城、民族餐饮一条街、古玩城等项目。

结语

长城旅游是我国在国际上久负盛名、具有高度市场吸引力的线性文化旅游产品，持续完善长城沿线交通等基础设施，整合沿线的其他旅游资源，逐步形成和扩大长城文化旅游带的影响力，对于长城沿线和我国文化旅游发展具有深远意义。将长城的修缮过程转化为旅游产品，对修缮现场进行开放展示，并配合讲解，普及长城保护的知识，游客可有限程度地体验过程。对长城村堡体系的村落进行普查，摸清环境、建筑、文物及人文传承的现状，对不同现状和发展定位的村堡采取整治提升、局部恢复、全部恢复或遗址展示等不同措施，普查长城资源，发现现状问题，普查长城村堡，捡拾景区垃圾，向游客进行解说教育，及时发现和制止游客的不文明行为等。针对长城利用现状，开展系统化、品牌化的长城游学教育工程，充分挖掘长城的旅游与教育价值。长城资源在我国旅游业发展中发挥了重要作用，长城已经成为中国旅游乃至国家形象最直观、最有视觉冲击力、国际影响力的文化符号，在对外文化交流中发挥了独特作用。

参考文献

[1] 蔡鸿昌 . 基于 SWOT 的秦皇岛环长城旅游公路农业采摘园发展探讨 [J]. 当代旅游，2018（13）：104-105.

[2] 方志强．基于层次分析法的秦皇岛长城旅游资源开发对策研究 [D]. 桂林：桂林理工大学，2019.
[3] 孙昕．关于积极推进长城保护与开发利用的建议——以秦皇岛市为例 [J]. 文物鉴定与鉴赏，2020（6）：160-161.
[4] 孙昕．秦皇岛市长城保护利用与推动沿线经济社会发展研究 [J]. 文艺生活·中旬刊，2020（3）：266.
[5] 王杰彦，王丽玲．长城文化视域下的秦皇岛地域文化发展 [J]. 大舞台，2013（9）：237-238.

基于网络游记的长城历史文化遗产游客感知研究

李丽艳　郭　伟*

摘要： 游客的旅游体验感知对于新时代我国长城国家文化公园的建设具有重大的参考价值，对我国旅游发展与长城历史文化遗产的传承与永续利用具有重大意义。以长城为研究对象，借助八爪鱼网络爬虫工具爬取200篇网络游记数据并凭借分析软件ROSTCM 6.0利用网络文本分析法进行高频词分析、出游目的地分析、长城景观资源的分布与游客感知对比分析、语义网络分析和情感分析，探索游客对长城历史文化遗产的感知。在高频词分类基础上构建游客感知模型并进行测度，进一步探索游客感知并进行综合评价。结果表明：游客对长城景点的选择具有偏好，表现在目的地选择的差异上；游客的游览行为以观光为主，参与体验性弱，尚停留在表层；长城国家文化公园建设覆盖了大部分的长城资源，但是游客亲历感知仅占1/3，长城国家文化公园建设尚处在初级阶段。游客对长城的积极情绪大于消极情绪，中性情绪过半，中性情绪提升为积极情绪具有广阔空间。影响游客感知度，吸引游客前往长城的主要因素有5个方面，程度由高至低分别是旅游者自身行为、旅游资源、环境氛围、旅游设施、服务体验。在此基础上，提出了新时代建设长城国家文化公园的相关建议。

关键词： 长城；历史文化遗产；网络游记；文本分析；综合评价；游客感知

引言

万里长城凝聚着我国祖先的汗水与心血，是中华民族精神的象征，也是全人类文明的共同遗产。它是人类建筑史上罕见的古代军事防御工程，以其悠久的历史、雄伟浩大的工程、深厚的文化底蕴、惊人的长度闻名中外。长城在研究中国古代军事、建筑与文化艺术等方面具有很高的史学价值；在当今的历史文化研究、长城遗产旅游等方面有着重大作用，其不仅是我们了解长城历史文化重要的物质载体也是需要我们永续保护利用的文明遗产。当今社会，长城文化内涵在维护国家安全、保护

* 李丽艳，燕山大学中国长城文化研究与传播中心研究员；郭伟，燕山大学经济管理学院教授，博士生导师。

主权、契合国家发展战略、讲好中国故事、治理边疆等方面有着重要的现实意义。深入理解长城遗产的价值意义对我们科学保护、永续利用、传承文化遗产影响深远。党和国家历来重视长城的开发建设与保护，从1984年邓小平、习仲勋发出“爱我中华、修我长城”的号召；到2006年国务院颁布《长城保护条例》；再到2019年中央全面深化改革委员会第九次会议提出《长城、大运河、长征国家文化公园建设方案》；再到如今“十四五”规划提出推动国家文化公园建设无不体现长城对我国的重要价值。旅游是文化遗产走向社会大众的途径，对于游客认识长城了解长城具有重要作用，间接起到保护长城的目的。游客的感知是游客进行长城历史文化遗产游的重要组成部分，深入了解游客感知对长城国家文化公园建设、长城历史文化遗产的开发、保护、利用与传承有着重要的意义。

1 研究综述

以长城为主题在中国知网进行文献检索，截止到2020年11月18日累计搜集长城有关文献37240篇。在学科分布中，旅游学科占比6.15%，位列第四，且从1993年开始旅游学科关于长城的发文量呈上升趋势。近年来逐渐稳定在每年100篇左右。学者们对长城的研究主题集中在对长城旅游资源开发，如刘锋、郭来喜(2000)[1]，范文虎、刘雅丽等（2018）[2]，田家莉、张叶青(2013)[3]；长城旅游资源保护，如李最雄、赵海英、韩文峰等（2006）[4]，蒲天彪（2011）[5]，周小棣、沈旸（2011）[6]；长城旅游发展模式探讨，如安金明（2005）[7]、张利娜（2011）[8]。

在中国知网检索框采用高级检索输入检索式“长城＋感知 * 形象”意味着将命中中国知网数据库中同时出现长城与感知（形象）的所有篇章。截至2020年11月18日仅检索到3篇。其中刘嘉毅、陈玉萍（2020）[9]采用文本分析，对八达岭长城旅游形象进行分析；闫瑶瑶、郑群明（2020）[10]将内容分析法与IPA法结合以八达岭长城、十三陵风景区等名胜对长城国家公园进行了研究。可见有关游客对长城的感知研究数量偏少，集中在对北京长城资源的研究上，研究地域有创新的可能，以及研究方法有待创新。

第三次科技革命电子计算机被发明，互联网逐渐兴起、普及，电脑、智能手机等电子产品成为人们获取与传递信息的主要媒介，影响着人们生活的方方面面。对于旅游者来说，以微信等社交平台、携程等电商平台发表游记记录出游体验的行为屡见不鲜。写游记且发布这种行为既是出游者自己经历的复现也具备情感的体现，对潜在的旅游者的出游选择具有重大影响。敏锐的学者们纷纷以网络文本作为数据分析用户对研究地的形象感知。

张瑛等（2020）[11]通过网络文本对大运河文化遗产进行分析；郭凤华等（2015）[12]通过内容分析与共现网络方法对四川成都“五朵金花”旅游目的地形象感知进行分析；文彤等（2020）[13]利用质性研究方法，分析在线评论数据，研究了全球化背景下香港饮食文化，认为香港饮食文化具有中西合璧的特性；袁超等（2020）[14]基于游客用户生成内容数据对徽州呈坎村展开研究，研究发现呈坎村旅游发展以观光为主，文化旅游发展水平不高；李念等（2020）[15]将我国84个国家湿地公园作为研究对象，以游客评论的网络文本作为分析数据，以游客角度评价国家湿地公园建设，得出了风景、湿地、水是湿地公园的符号，门票等开销影响游客体验，无特色、人工痕迹重是湿地公园建设的主要问题；杨春华等（2019）[16]以成都美食为研究对象，对177篇网络游记进行内容分析，研究结果表明游客对成都美食的感知以正面积极为主。

综上所述，学者们对于网络文本分析法应用于分析研究对象的用户体验感知很多，说明从游客感知角度分析旅游者的需求特点，可以为提升目的地旅游发展水平提供有益的建议。研究也不乏在文本分析法的基础上运用其他方法进行辅助分析。但以长城为研究对象在运用网络文本分析法的基础上进一步采用综合评价法对于游客对长城的感知进行进一步分析的文献尚且匮乏。本研究将长城作为研究对象，以网络游记作为数据分析来源，采用网络文本分析法与综合评价法，分析了游客对长城历史文化遗产的感知情况，对现阶段我国长城国家文化公园的建设提供了建议，为长城历史文化遗产的永续传承与利用提供参考。同时也为后续的研究者进行相关研究提供了方法上的借鉴与研究地域广泛性的思路参考。

2 研究设计

2.1 网络文本收集与处理

利用八爪鱼网络爬虫工具，使用简易采集模板以长城旅游为关键词在马蜂窝旅游网站上进行游记抓取。利用互联网搜索引擎搜索游记类著名网站携程网、去哪儿网，以长城旅游为关键词进行搜索。锁定游记所在具体网址。利用八爪鱼软件自定义采集模板进行流程设计，而后进行游记抓取。保留抓取结果的全部内容如标题、游记 ID、游记详细内容、发布时间、作者、作者等级、阅读数、收藏数、分享数、顶数、相关目的地、出发时间、出行天数、人物、人均费用等。力求信息准确全面。并对具有以下情况的游记进行删减处理：第一，删除游记中的图片，对于没有游客感知色彩的游记进行删除；第二，删除纯客观描述长城的游记；第三，删除过多的特殊符号；第四，删除营销号发布的行程推广游记；第五，对于同一篇游记中出现的长城以外的部分进行手动删除。累计收集游记 200 篇，共计 361145 字，平均每篇游记 1800 余字。提取了 486 个出现频次大于 10 的词。具体的游记发布时间为 2016 年 1 月至 2020 年 11 月。

2.2 研究方法

第一，借助 ROSTCM6.0 软件，利用网络文本分析法，对网络游记进行词频分析、语义网络分析和情感分析。将搜集到的游记保存为纯文本格式，作为分析的数据源。首先，进行文本预处理，删除文本中的特殊符号、空格等。将与长城有关的著名景点、城市、历史文化遗产等词汇添加至自定义分词表保证分词准确无误。将“我们”“如果”“好像”等与游客感知无意义的词汇添加至过滤词表。同时设置保留词表，确保处理结果合理。其次，对文件进行分词处理，得到分词后文本文件。使用词频分析功能将加载过滤词表后的分词后待统计词频文件生成词频文件。再次，利用社会网络和语义网络生成工具提取高频词，过滤无意义词，提取行为特征，进而构建语义网络图，进行可视化分析。最后，采用情感倾向分析工具得到了情感分析详细结果和情感分布统计视图。在以上统计结果的基础上，深入挖掘游客对长城历史文化遗产的感知层面。

第二，采用综合评价法建立游客感知模型。

2.3 分析内容

第一，将搜集到的网络文本保存为纯文本格式，导入 ROSTCM6.0 分词，进行高频词统计，在此基础上，将统计好的高频词降序排列，并进行分类处理，在分类基础上进一步分析；第二，筛选游客出游目的地与选择的景点，分析游客出游偏好；第三，对现有长城旅游资源（长城国家文化公园建设范围）与游客感知的长城资源进行对比分析；第四，对长城历史文化遗产进行高频词语义网络分析；第五，对网络游记所体现的游客感知进行情感倾向分析；第六，在高频词分类基础上采用变异系数法赋予权重，测量游客感知度。

3 研究过程

3.1 网络游记高频词分析

将游记中游客关于长城历史文化遗产旅游的描述进行了高频词降序统计，受篇幅所限截取了前111个高频词汇，如表1所示。在高频词降序统计的基础上，对高频词汇进行分类。如表2所示。从统计结果可以得知，游客对长城景点的选择具有偏好性，他们倾向于选择那些著名的长城景点，像嘉峪关、八达岭、雁门关、金山岭等，在前111个高频词中这些著名的长城景区词频均超过113次。而野长城在游记中出现的频率则偏低。游客对于出游目的地城市也展现出了偏好性，以北京最为靠前，其次是敦煌，以及北京的怀柔区。其他城市则不在前111词范围内。山上一词出现了84次，在111词中排名第80，展现了我国长城多依山势而建。从古老、雄伟、好汉、美丽、著名等词汇来看，游客对长城的印象较为积极，这为潜在游客出游提供了较为正面的参考。从城楼、关城、敌楼、烽火台等词可以看出，长城凭借旅游增强了游客对它的感知。从历史、文化、博物馆、将军、防御、保护、军事、文物、游击等词来看，游客在游览过程中可以感知到长城所体现的历史文化，以及长城所具有的军事防御价值。长城博物馆则是增强游客感知的一个重要途径。从风景、红叶等词来看，长城周边优美的自然风光也增加部分游客的体验感。单从词频分析，从总体的旅游环境氛围而言，游客对长城的历史文化感知度要高于游客对自然风光的感知。从旅游设施来看，旅游交通设施游客提及的频次最高，其次是游览设施、住宿设施。这说明目的地的可达性是游客考虑出游的一项重要考虑因素，而可达性则受实际距离如里程等限制，同时也受交通是否方便等心理距离限制。从公交、地铁、高速、火车等词来看，游客的交通工具选择多样，以陆路交通为主。游客偏向于入住酒店，在游览过程中受体力影响会选择景区内的缆车、索道等设施进行辅助游览。从旅游者行为来看，游客的旅游行为停留在参观、游览的走马观花式表层旅游，沉浸式、体验性旅游则较为缺乏。而长城的功能随着时代的变迁也逐渐从军事防御转向为旅游。古老的长城在新的时代焕发了新的生机。孩子与朋友是游者出游的主要陪伴对象，说明游客出游方式以亲子游、成人组团游为主。游客的花费则主要体现在门票上，这也说明长城景区的主要收入来源是游客的门票，以及缆车等设备。表述游客活动的词在前111个词中占据了相当大的比例，从预定、排队等词来看说明长城景区的旅游受欢迎程度很高。从选择来看，说明不同游客对出游方式、游览方式具有差异性。从时间、导游等高频词来看游客的旅游体验受时间和服务质量的影响。

表 1　长城游客感知高频词统计（降序前 111）

序号	高频词	频次	序号	高频词	频次	序号	高频词	频次
1	长城	4181	38	游记	152	75	下山	88
2	景点	927	39	拍照	151	76	休息	88
3	北京	654	40	分钟	147	77	导游	87
4	嘉峪关	605	41	索道	146	78	方便	87
5	八达岭	521	42	司马台	140	79	孩子	84
6	城楼	473	43	体验	136	80	山上	84
7	时间	473	44	天下第一	136	81	停车场	84
8	历史	375	45	遗址	136	82	保护	83
9	关城	360	46	返程	135	83	体力	83
10	缆车	355	47	经过	129	84	瓮城	83
11	敌楼	334	48	交通	127	85	免费	81
12	中国	317	49	居庸关	126	86	地铁	80
13	古老	308	50	酒店	120	87	朋友	80
14	游客	297	51	步行	119	88	火车	79
15	雁门关	296	52	距离	118	89	红叶	76
16	烽火台	292	53	出发	117	90	下午	76
17	门票	286	54	预定	117	91	军事	75
18	金山岭	271	55	滑道	114	92	往返	75
19	文化	270	56	旅行社	113	93	著名	75
20	修复	254	57	前行	113	94	文物	74
21	位于	239	58	玉门关	113	95	车上	72
22	小时	239	59	博物馆	112	96	行程	72
23	选择	235	60	敦煌	109	97	参观	71
24	千米	234	61	下来	109	98	墙体	71
25	建于	224	62	将军	106	99	蜿蜒	68
26	明清	223	63	路线	106	100	检票	66
27	到达	220	64	高速	104	101	入口	66
28	雄伟	218	65	感受	102	102	游击	66
29	风景	206	66	排队	100	103	台阶	65
30	旅游	206	67	发车	99	104	晚上	64
31	万里长城	180	68	防御	99	105	上山	62
32	好汉	173	69	上去	98	106	车站	61
33	慕田峪	172	70	公园	94	107	游玩	61
34	山海关	170	71	美丽	94	108	垛口	60
35	游览	169	72	一路	94	109	特色	59
36	乘坐	168	73	下车	93	110	注意	59
37	公交车	165	74	怀柔	92	111	上车	58

表 2　长城游客感知高频词分类统计

主类目	次类目	高频词 / 次
旅游资源	旅游景点	长城（4181）嘉峪关（605）八达岭（521）雁门关（296）金山岭（271）万里长城（180）慕田峪（172） 山海关（170） 司马台（140） 居庸关（126） 玉门关（113）
	旅游形象	古老（308）雄伟（218）好汉（173）天下第一（136）美丽（94）方便（87）免费（81）著名（75）蜿蜒（68）特色（59）
	出游地点	北京（654）中国　　（317）敦煌（109）怀柔（92）山上（84）
	景区建筑	景点（927）城楼（473）关城（360）敌楼（334）烽火台（292）遗址（136）公园（94）瓮城（83）墙体（71）台阶（65）垛口（60）
环境氛围	历史文化	历史（375）文化（270）修复（254）位于（239）建于（224）明清（223）博物馆（112）将军（106）防御（99）保护（83）军事（75）文物（74）游击（66）
	自然风光	风景（206）红叶（76）
旅游设施	旅游交通	千米（234）公交车（165）交通（127）距离（118）路线（106）高速（104）发车（99）停车场（84）地铁（80）火车（79）车上（72）行程（72）车站（61）
	住宿设施	酒店（120）
	游览设施	缆车（355）索道　（146）滑道（114）检票口（66）入口（66）
旅游者行为	出游目的	游览（169）参观（71）游玩（61）
	同行者	孩子（84）朋友（80）
	游览花费	门票（286）
	游客活动	游客（297）选择（235）到达（220）旅游（206）乘坐（168）游记（152）拍照（151）体验（136）返程（135）经过（129）步行（119）出发（117）预定（117）前行（113）下来（109）感受（102）排队（100）上去（98）一路（94）下车（93）下山（88）休息（88）体力（83）往返（75）上山（62）注意（59）上车（58）
服务体验	时间观念	时间（473）小时（239）分钟（147）下午（76）晚上（64）
	游览服务	旅行社（113）导游（87）

3.2 出游目的地与标签云词图分析

游客的出游目的地与景点的选择情况如表 3 所示。(值得注意的是，为了进一步深入分析，在此统计的出游景区与出游目的地是频次大于 10 的词范围在 486 个高频词内）为了使分析结果更为直观，以图片的形式展现了游客出游景点的偏好。文字越大表明该词汇在游记中出现的频次越高，结合图片与表格，得知游客对出游地点与出游景区具有显著偏好。北京与敦煌

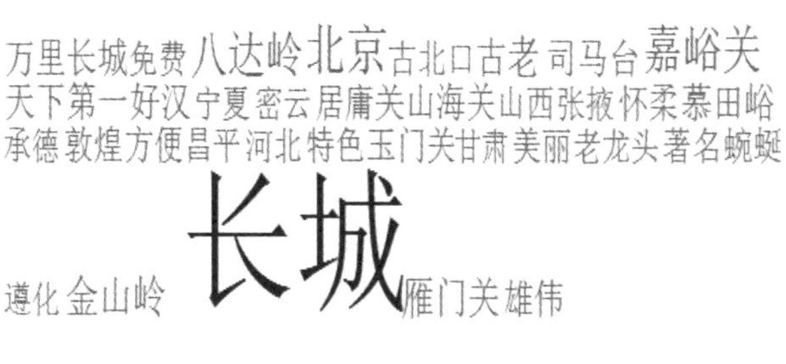

图 1　标签云词图

是最受欢迎的两个城市，而嘉峪关、八达岭等也出现较高频次。说明游客对于长城景区的选择除了受长城本身的知名度影响外，与长城所在的城市也有关。从图 1 我们可以探知长城在游客的心中是古老的、美丽的、雄伟的。

表 3　游客出游目的地与景点选择分析

序号	目的地	频次	序号	目的景区	频次
1	北京	654	1	长城	4181
2	敦煌	109	2	嘉峪关	605
3	怀柔	92	3	八达岭	521
4	山西	40	4	雁门关	296
5	遵化	33	5	金山岭	271
6	河北	25	6	万里长城	180
7	甘肃	23	7	慕田峪	172
8	承德	22	8	山海关	170
9	昌平	19	9	司马台	140
10	宁夏	18	10	居庸关	126
11	张掖	12	11	玉门关	113
12	密云	11	12	古北口	49
			13	老龙头	30

3.3 现存长城旅游资源与游客感知的长城旅游资源对比分析

表 4　现存长城景观资源暨长城国家文化公园建设范围与游客感知的长城景观资源对比表

省市	比例 / %	排序	频次	比例 / %	排序
内蒙古	31.51	1	—	—	6
河北	18.89	2	80	7.56	3
山西	9.74	3	40	3.78	4
甘肃	8.79	4	144	13.61	2
辽宁	6.68	5	—	—	6
陕西	6.66	6	—	—	6
北京	5.38	7	776	73.34	1
黑龙江	4.58	8	—	—	6
宁夏	4.17	9	18	1.7	5
青海	0.87	10	—	—	6
天津	0.63	11	—	—	6
山东	0.59	12	—	—	6
吉林	0.52	13	—	—	6
新疆	0.48	14	—	—	6
河南	0.32	15	—	—	6

通过图 2 与图 3 我们可以较为直观地看出目的地长城景观资源的丰富程度影响着游客的感知，比如像青海、天津、山东、吉林、新疆、河南这些长城资源不足总量 1% 的省份游客对它们的感知度也相对低近乎 0%，甚至没有出现在统计的范围内（486 词）。但是资源的丰富程度不是决定游

客感知的决定性因素。如内蒙古的长城资源最为丰富，但是竟未出现在统计的词频中，本着对样本负责的态度，在此理解为感知度近乎 0%；北京的长城资源虽然只占总体的 5.38%，但是却占了游客感知的长城资源的 73.34%；河北的长城资源占长城总体资源的 18.89%，是北京长城旅游资源的 3.5 倍多，但是游客感知度仅有北京的 5% 左右。这进一步说明了与长城本身的闻名程度，长城景点的成熟度有关，人们对于旅游景点的形象感知同样是影响游客进行目的地选择的重要原因。

由图 3 可知河北、甘肃、北京景观资源丰富，游客感知度较强；内蒙古、山西等四省（自治区）资源丰富，游客感知度不强；黑龙江、宁夏、青海等省（自治区、直辖市）则资源不丰，游客感知度不强。

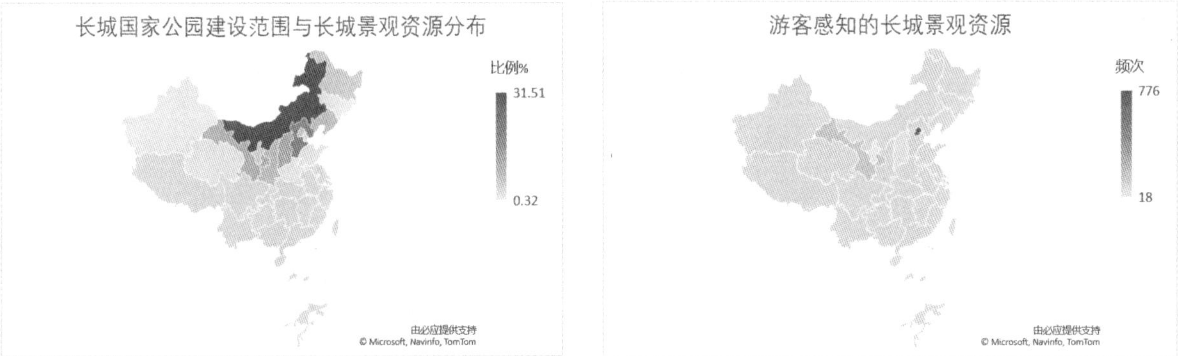

图 2　现存长城景观资源与游客感知的长城景观资源对比图

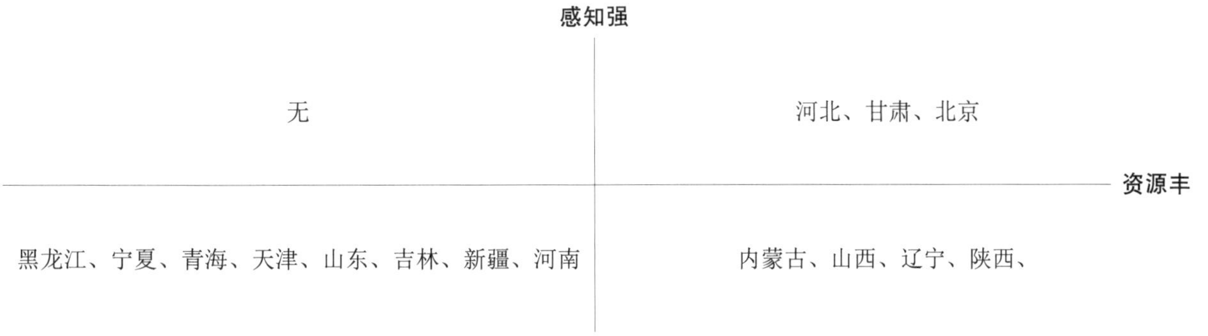

图 3　感知度 - 资源象限图

3.4 高频词语义网络分析

从图 4 我们可以看出，以长城为核心向四周辐射。我们可以大体解答出以下内容：长城是中国古代历史文化遗产，司马台、金山岭、居庸关、山海关、嘉峪关等在诸多长城中闻名，北京的八达岭、慕田峪受游者欢迎。游客所观长城以明代为主，游客通过城墙、烽火台等建筑体验到了长城的军事防御功能，以及其雄伟的气势。随着时代的变迁长城的功能发生了转变，游客通过旅游为如今的长城增添了经济功能，与历史文化传播功能。新时代古老

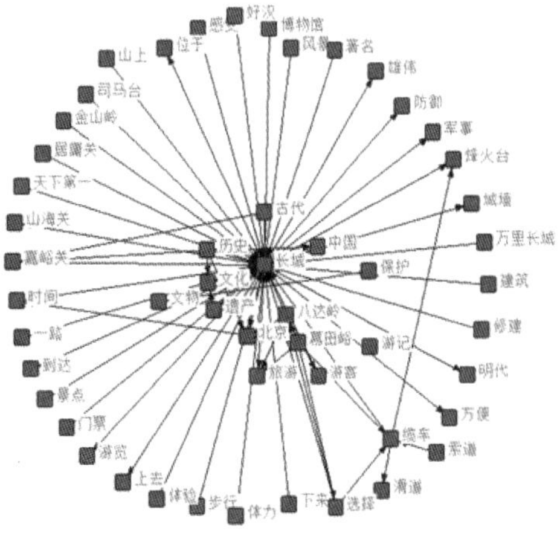

图 4　高频词语义网络图

的长城焕发着新的生机。通过对长城博物馆的参观，游客增加了旅游感知。“不到长城非好汉”则是驱动游客到长城参观游览的动机之一。而通过对游客活动进行分析，我们可以看出，游客的游览活动主要体现在步行观光与乘坐缆车，其他的旅游活动则相对较少，说明长城景区的旅游产品不够丰富，有效供给不充分。

3.5 游客情感感知分析

游客对长城历史文化遗产的情感分析结果如表 5 所示，超过 90% 的游客对于长城历史文化遗产的感知呈现积极与中性情绪，而过半的游客对于长城的感知是中性的，缺乏明确的情感态度。说明大部分游客在游览长城的过程中处于浅层次的观光体验，长城旅游产品供给的不充分是制约游客感知的重要因素，而这些影响游客感知情绪因素的改善将提高游客感知度。

表 5 游客对长城历史文化遗产情感分析结果

情感倾向	数量 / 条	比例 /%	分段统计	数量 / 条	比例 /%
			一般（0 ～ 10）	1668	20.48
积极情绪	3133	38.47	中度（10 ～ 20）	817	10.03
			高度（20 以上）	648	7.96
中性情绪	4237	52.03	——		
			一般（-10 ～ 0）	625	7.68
消极情绪	773	9.49	中度（-20 ～ -10）	120	1.47
			高度（-20 以下）	6	0.10
总计	8143	100			

3.6 游客感知程度测量

当某一旅游要素对游客具有强吸引力，那么游客在旅游过程中对其关注度则越高，对于这类要素游客的感知度也随之越高。所以旅游要素的吸引力与游客的感知具有正向相关关系。为了进一步探讨游客对于长城的感知情况，在高频词分类的基础上，测算了各个类目的吸引力值，以此作为感知度值的参考。

3.6.1 游客感知程度评价模型

借鉴王辉 [17] 等对韩国济州岛旅游吸引力评价的模型，结合从网络文本中获悉的数据，测算出了影响长城历史文化遗产旅游目的地游客感知度值。评价模型如下：

$$A_{游客感知度}=\sum_{m=1}^{z} a_m,(m=1,2,3,\cdots,z) \tag{3-1}$$

$$a_m=\sum_{j=1}^{n} x_i w_j \tag{3-2}$$

$$w_j=A_i B_{ij} \tag{3-3}$$

其中，A 表示游客对长城历史文化遗产总体感知度评价值，a_m 表示长城历史文化遗产目的地第 m 项主类目下因子评价值，x_j 表示第 j 项次类目因子的词频数，w_j 表示第 j 项次类目因子对总评价目标的权重。A_i 表示主类目的权重，B_{ij} 表示次类目对主类目的权重。

3.6.2 游客感知度综合评价指标权重

本文采用变异系数法确定指标权重，具体计算方法如下：

（1）计算主类目的权重 A_i（主类目对资源评价总目标的权重）。

$$v_i = \frac{\sigma_i}{\bar{x}_i}(i = 1，2，\cdots,n) \quad (3\text{-}4)$$

表示每个主类目下若干次类目的变异系数。σ_i 表示第 i 个主类目下若干次类目的标准差。$\bar{x}_j$ 表示第 i 个主类目下若干次类目的平均值。

对 m 个主类目的变异系数进行归一化处理得到每个主类目的权重 A_i，计算公式为：

$$A_i = \frac{v_i}{\sum_{i=1}^{n} v_i} \quad (3\text{-}5)$$

（2）计算次类目的权重 B_{ij}（次类目对主类目的权重）。首先，对次类目进行标准化处理，也就是计算个体指数 k_j，计算公式为：

$$k_j = \frac{x_j}{\bar{x}_j}(j = 1，2，\cdots,n) \quad (3\text{-}6)$$

x_j 表示在第 i 个主类目下，第 j 个次类目的词频数。$\bar{x}_j$ 表示第 i 主类目下所有次类目词频数的均值。

对个体指数进行归一化处理，得到次类目对主类目的权重 B_{ij}，即第 i 个主类目下，第 j 个次类目的权重。其计算公式为：

$$B_{ij} = \frac{k_j}{\sum_{j=1}^{n} k_{ij}} \quad (3\text{-}7)$$

（3）计算次类目对总评价目标的权重，即每个次类目的总排序权重。其计算公式为式（3-3），即式（3-5）与式（3-7）的乘积，其计算结果见表 6。

表 6　游客感知测量分析

主类目	次类目	主类目词频	次类目词频(x_j)	权重（w_j）	次类目感知度值（x_jw_j）	主类目感知度值
A 旅游资源	A_1 旅游景点	12225	6775	0.0974	659.9531	827.3972
	A_2 旅游标签		1299	0.0187	24.2612	
	A_3 出游地点		1256	0.0181	22.6816	
	A_4 景区建筑		2895	0.0416	120.5013	
B 环境氛围	B_1 历史文化	2482	2200	0.1638	360.3709	366.292
	B_2 自然风光		282	0.0210	5.921103	
C 旅游设施	C_1 旅游交通	2268	1401	0.1022	143.1780	184.9329
	C_2 住宿设施		120	0.0088	1.0504	
	C_3 游览设施		747	0.0545	40.7044	
D 旅游者行为	D_1 出游目的	4155	301	0.0228	6.8605	892.4983
	D_2 同行者		164	0.0124	2.0366	
	D_3 游览花费		286	0.0217	6.1936	
	D_4 游客活动		3404	0.2578	877.4074	
E 服务体验	E_1 时间观念	1199	999	0.1328	132.6474	137.9639
	E_2 游览服务		200	0.0266	5.3165	

通过表 6 我们得知游客感知度值（各个类目对游客的吸引度值）由高到低排序依次为旅游者行为、旅游资源、环境氛围、旅游设施、服务体验。说明旅游者从自身旅游活动方面获得的感知体验

度最强。其次是旅游资源与旅游环境，旅游设施与旅游服务也对游客感知体验作出贡献。

4 结果与讨论

利用内容分析法与综合评价法，通过对高频词统计、高频词分类、游客出目的地统计及其与现存长城资源对比、社会语义网络分析、游客情感倾向分析，游客感知度测量对长城历史文化遗产的游客感知进行了综合分析。初步得出以下结论：

游客对长城景点的选择具有偏好，表现在目的地选择的差异性；

游客的游览行为以观光为主，参与体验性弱，尚停留在表层；

长城国家文化公园建设覆盖了大部分长城资源，但是游客亲历感知仅占1/3，长城国家文化公园建设尚处在初级阶段，河北、甘肃、北京等省（直辖市）景观资源丰富，游客感知度较强；内蒙古、山西等四省（自治区）资源丰富，游客感知度不强；黑龙江、宁夏、青海等省（自治区、直辖市）则资源不丰，游客感知度不强。

游客对长城的积极情绪大于消极情绪，中性情绪过半，中性情绪提升为积极情绪具有广阔空间；

影响游客感知度，吸引游客前往长城的主要因素有5个方面，程度由高至低分别是旅游者行为、旅游资源、环境氛围、旅游设施、服务体验。

5 思考与建议

5.1 关于长城国家文化公园建设建议

5.1.1 串珠成线，由线连片，精华为轴，组团发展

北京、河北、甘肃长城景观资源丰富且闻名，目前游客感知度强。可以以北京、河北、甘肃的长城景观作为长城国家文化公园的核心形成较为连贯的长城景观。内蒙古等地区资源丰富然而游客感知不强的，应加强目的地形象建设，作为精华外围的辅助部分。

5.1.2 建立一个高于地方区划的长城研究部门

为了避免“位置决定脑袋”，可以成立相应的长城国家文化国家公园部门。这一部门要高于地方的行政区划，做到全面协调，统筹规划。

5.2 基于影响游客感知因素测量的针对性建议

5.2.1 创新旅游产品，促进游客沉浸式体验

游客对旅游对象的感知主要靠自身行为获得体验。优质的景区的旅游项目、产品对游客体验的加深具有助力作用。游客对长城的体验不应该停留在爬长城、拍照这些初级的观光体验中。旅游企业应该想办法应用现代高科技让长城旅游好玩又有趣，发展长城沉浸式体验游。或者在长城核心景观区配套相关设施，发展长城度假游。

5.2.2 发掘历史，针对性地为地区长城景观树立形象

通过表述长城的形容词我们可以看到游客对长城的感知比较概括化，比如雄伟、蜿蜒、美丽等。对于不同长城所具备的特色在高频词统计中并没有充分显现。著名的长城其名字本身就是一张名片，

如八达岭、嘉峪关、天下第一关——山海关等。对于那些相对不闻名的长城应该依靠自身的史料或者独特的地域优势打造属于自己的品牌符号。如山海关号称“天下第一关”，司马台长城脚下有古水北镇号称“长城脚下的江南水乡”。去北方的江南水乡自然也要顺带看看水镇旁的长城。这样长城核心景观就与周围的配套设施相辅相成起来了，共同发展。

5.2.3　多渠道传播品牌形象

品牌形象传播一靠政府等的官方平台权威宣传，二靠旅游企业贴近景区实际，三靠消费者口口相传。可以通过微信公众号、抖音快手平台或者来一场名人亲身经历的长城游进行视频直（录）播等方式。

参考文献

[1] 刘锋，郭来喜 . 论宁夏长城的保护性旅游开发 [J]. 人文地理，2000（2）：41-44.

[2] 范文虎，刘雅丽，王旭，等 . 乡村振兴战略背景下野长城的开发与利用研究 [J]. 经济问题，2018（10）：85-89，100.

[3] 田家莉，张叶青 . 论文化遗产多元旅游的开发——以喜峰口长城旅游发展为例 [J]. 人民论坛，2013（14）：172-173.

[4] 李最雄，赵海英，韩文峰，等 . 甘肃境内长城保护研究 [J]. 敦煌研究，2006（6）：219-228.

[5] 蒲天彪 . 青海省境内明长城保存现状分析与保护对策 [J]. 文物，2011（9）：86-90.

[6] 周小棣，沈旸，常军富 . 长城的建造技术特征与建造信息保护——以明长城大同镇段为例 [J]. 建筑学报，2011（S2）：57-61.

[7] 安金明 . 北京段长城保护与旅游发展模式研究 [C]//《中国长城博物馆》编辑部 . 中国长城博物馆暨中国长城学会优秀文集 .2005：237-241.

[8] 张利娜 . 人文景观富集区乡村旅游发展模式体系研究 [D]. 石家庄：河北师范大学，2011.

[9] 刘嘉毅，陈玉萍 . 北京八达岭长城旅游形象感知研究——基于携程 UGC 的文本分析 [J]. 淮阴师范学院学报（哲学社会科学版），2020（3）：299-305，324.

[10] 闫瑶瑶，郑群明 . 长城国家公园旅游形象感知研究——基于内容分析法和 IPA 法 [J]. 林业经济，2020（1）：44-50.

[11] 张瑛，史凯静，刘建峰 . 基于网络游记的大运河文化遗产游客感知研究 [J]. 地域研究与开发，2020（4）：79-85.

[12] 郭风华，王琨，张建立，等 . 成都“五朵金花”乡村旅游地形象认知——基于博客游记文本的分析 [J]. 旅游学刊，2015（4）：84-94.

[13] 文彤，张玉林，梁祎 . 公众视角下的地方与无地方：基于游客饮食体验感知的研究 [J]. 热带地理，2020（5）：775-785.

[14] 袁超，孔翔，李鲁奇，等 . 基于游客用户生成内容数据的传统村落形象感知——以徽州呈坎村为例 [J]. 经济地理，2020（8）：203-211.

[15] 李念，陈其兵，姜涛 . 基于网络数据的国家湿地公园游客感知分析 [J]. 地域研究与开发，2020（1）：89-93.

[16] 杨春华，冯明会，陈迤 . 基于游客感知的成都美食形象研究 [J]. 美食研究，2019（4）：15-22.

[17] 王辉，马婧，王亮 . 基于网络文本的韩国济州岛旅游吸引力研究 [J]. 旅游论坛，2017（1）：61-72.

基于游客感知的秦皇岛长城旅游形象传播策略研究

梁 杰*

摘要：秦皇岛的长城是明长城最为精华的一段，既有“天下第一关”的山海关，又有万里长城入海处的老龙头，关隘、烽燧、墙台等各种长城防御体系更是不计其数。长城作为秦皇岛的旅游名片和标志，景区内的旅游服务质量不仅关乎游客对秦皇岛长城的旅游形象感知，而且也对指导秦皇岛长城类旅游景点形象传播，开展对外营销策略具有重大意义。本文以顾客对秦皇岛长城类景点的旅游服务形象感知为切入点，开展长城旅游形象对外传播的营销策略研究。以山海关、老龙头、角山长城这三个秦皇岛长城旅游景点为研究对象，通过网络数据挖掘，获得携程网对以上三个景点的游客评价，利用 ROST ContentMining 软件对网络文本进行分析，筛选出游客旅游形象感知的高频词汇，绘制网络语言分析图，从认知形象、情感形象、整体形象三个方面来分析游客对秦皇岛长城服务感知形象。同时利用 IPA 分析法构建分析模型，研究网络数据下秦皇岛长城的游客感知要素的服务质量。最后，为改善秦皇岛长城类旅游景点的整体旅游服务形象，结合 7Ps 营销理论，从产品、价格、渠道、促销、人员、有形展示、服务过程 7 个方面，对制订旅游营销策略提供建议。

关键词：IPA 分析法；旅游形象感知；7Ps 营销理论；长城

1 引言

长城是秦皇岛体量最大、分布范围最广的文化遗产，是秦皇岛旅游产业不可或缺的旅游资源。作为秦皇岛旅游的标志和名片，长城类旅游景点的服务质量关系到游客对长城的形象感知，进而影响秦皇岛长城旅游形象对外传播策略。随着移动通信设备的发展，使得游客可以更多地在 OTA 网络平台对旅游景点进行评价，从游客对秦皇岛长城类旅游景点的评论入手，更能直观地看到游客偏好、兴趣和对景区的评价。基于网络用户生成内容（User Generated Content）越来越广泛地应用在学术研究中，更为准确的数据内容，为研究游客的形象感知提供了便利。网络的快速发展也给旅游

* 梁杰，燕山大学经济管理学院硕士研究生。

目的地带来新的挑战，随着信息的透明和流动，游客能够提前对旅游景点进行了解，对旅游信息的把握也更加精确，对景点的感知形象也在前往景点之前就能够初步形成，进而影响旅游决策。改善旅游服务质量，提升顾客满意度，打造旅游形象，是实现旅游形象的传播，制订旅游对外营销策略的关键所在。

2 文献综述

旅游目的地是旅游研究的一个核心，研究内容主要聚集在目的地形象、目的地品牌，以及目的地营销 [1]。在此主要的研究内容是旅游目的地形象以及形象传播。旅游目的地形象是一个心理和态度概念，是游客对旅游目的地一系列信念、观点和总体印象的感知 [2]。吴晋峰等人表示旅游目的地形象的研究内容主要集中在旅游目的地形象的概念和维度、旅游目的地形象的影响因素，以及旅游目的形象对旅游者消费的行为影响等多个方面 [3]。目前旅游形象研究最广泛的是认知—情感模型的角度以及投射—感知模型。认知—情感三维模型主要是分析游客对旅游目的地的认知形象、情感形象，以及他们综合而成的整体形象。有学者认为旅游目的地形象是由感知形象和情感形象构成，是它们的升华 [4]。投射—感知模型主要是从供求关系来进行分析，投射形象是以旅游供给方为主导，感知形象则是以旅游者对旅游目的地的形象感知为主导 [5]。从旅游形象传播的差异性入手，成为近些年旅游形象传播的研究热点，对比官方的旅游目的地宣传和游客感知的旅游形象 [6]。宋章海表示从旅游者的角度来看，旅游形象具有可感知性和不可感知的特点 [7]。旅游形象传播是指旅游目的地利用各种手段、媒介与旅游市场现实的和潜在的游客进行旅游形象信息传递、接受和反馈活动的过程 [8]。在旅游营销过程中不仅要为游客提供优质的服务，满足他们的需求，同时也要能够为游客留下美好的印象以促进其多次重游，并进行良好的口碑传播 [9]。树立良好的旅游形象不仅是旅游目的地吸引游客的重要方式，而且也是地方营销的重要手段 [10]。

伴随着网络的发展，游客的在线评论也成了学界研究的视野，OTA 网络用户生成内容（UGC）为研究旅游目的地形象，以及形象传播研究提供了新的基点。网络评论和网络游记影响着越来越多的游客对旅游目的地的形象感知 [11]，基于网络文本的旅游目的地形象分析也成为近些年的研究热点，近些年很多学者都通过网络文本来对旅游目的地形象进行研究 [12-14]。

3 研究对象和研究方法

3.1 研究对象

秦皇岛境内长城全长 223.1 千米，包含山海关、老龙头、角山长城、九门口长城、董家口长城、花厂峪长城、拿子峪长城、板厂峪长城等。同时各种关隘、烽燧、墙台、城、营、堡等构成了一套完整的长城防御体系。其中山海关、老龙头、角山长城旅游开发相对成熟，设施配备完善，能够满足广大游客的游览需求。因此本文以三者为研究对象，希望能够通过游客的网络在线评价，研究游客对与秦皇岛长城类旅游景点的旅游形象感知，同时能够为提升旅游服务质量，改善旅游形象，实现为秦皇岛长城类旅游形象对外宣传提供意见。

3.2 研究方法

本文通过爬虫技术收集游客在携程网上对山海关、老龙头、角山长城的评价，通过网络文本分析方法，对旅游景点的认知形象、情感形象，以及二者升华的整体形象进行分析。再通过整理网络评价关键词，汇总旅游形象感知要素，通过重要性—表现性分析 IPA 方法模型，对顾客的满意度进行分析。最后结合 7Ps 营销理论，从产品、价格、渠道、促销、人员、有形展示，以及服务过程 7 个方面制订秦皇岛长城类旅游形象传播策略。

3.2.1 网络文本分析法

以网络数据为主要信息的研究视角不断出现，运用 ROST ContentMining 软件整理成网络文本，通过互联网上收集来的信息资料，经过深入、客观、系统及量化的分析研究即为网络文本分析法，是透过现象看本质、揭示事物本质，进而开展预测的一种科学研究方法[15]。

3.2.2 IPA 分析法

IPA 分析方法（Importance Performance Analysis）称为重要性—感知表现分析法，通过人们对重要性的关注程度和在消费中的实际感知程度建立四维象限进行对比分析，来测度产品在各方面的表现，从而更清晰地了解各方面应当采取的措施[16]。IPA 分析图一般是根据要素的重要性和表现性分为四个象限：第一象限是优势区，表示重要性和表现性都高优势区；第二象限是低重要性、高表现型，位于保持区；第三象限是改进区，即重要性和感知表现性均低，对于这部分的要素则应该是优先改进；第四象限为高重要性、低感知表现，位于弱势区，应该进行重点优化。

3.2.3 数据来源

本文的数据是通过网络爬虫技术，获得携程网上关于山海关、老龙头、角山长城的旅游景点评论。其中收集到山海关 375 条评论、老龙头 380 条评论、角山长城 400 条评论，共计 1155 条。由于收集到的数据量较大，游客评论内容参差不齐，通过 Word 软件将一些无意义词进行删除，利用替换词功能将一些同类词进行替换，例如将“万里长城”统一替换成“长城”，最终得到一个相对较为规范的分析文本。

4 数据分析

4.1 内容分析

4.1.1 高频词分析

通过 ROST ContentMining 软件对网络评论文本进分析，通过分词和分析词频获得高频词，删除一些无意义词后得到排名前 100 的高频词汇，详情见表 1。

表 1 秦皇岛长城旅游评论高频词统计表

关键词	频数	关键词	频数	关键词	频数	关键词	频数	关键词	频数
长城	675	石城	69	关城	37	东北	25	收费	20
角山	473	上去	66	位于	36	服务	25	军事	19
景区	405	有趣	65	游客	36	免费	25	体力	19
山海关	384	小时	64	千米	34	渤海	25	古人	19
老龙头	361	值得一去	62	感受	33	火车站	24	上山	19

续表

关键词	频数	关键词	频数	关键词	频数	关键词	频数	关键词	频数
景色	343	壮观	57	分钟	33	上下	24	气势	19
值得	186	明长城	55	适合	33	门口	24	公交车	19
体验	131	明朝	53	性价比	33	北戴河	22	天气	19
孩子	126	燕塞湖	49	澄海楼	33	老人	22	停车场	19
缆车	119	海边	49	东部	33	八达岭	22	票价	19
天下第一关	118	时间	48	便宜	31	嘉峪关	22	景观	18
历史	116	雄伟	47	中国	31	选择	21	城门	18
索道	111	旅游	47	下山	30	距离	21	海风	18
门票	111	建筑	47	唯一	28	河北省	21	家人	18
方便	105	古城	47	陡峭	27	八卦阵	20	停车费	18
入海	99	建议	44	环境	27	排队	20	爬山	17
城楼	88	游玩	42	刺激	26	往返	20	戚继光	17
好玩	76	山顶	42	文化	26	著名	20	交通	17
海水	76	开心	40	防御	26	参观	20	关隘	17
海滩	71	秦皇岛	38	干净	25	游览	20	导游	17

高频词一般能够更好地表示旅游景区较为突出的部分，从高频词的分析我们可以较为准确地得到游客对秦皇岛长城类旅游景点的形象感知。这里高频词的选取主要集中在名词、动词和形容词，这些关键词能够具体地表达出景区的旅游吸引物、景区环境、历史文化底蕴、景区管理和游客的体验。在排名前十的关键词中，除去长城和景区两个较为概括的关键词，“角山”“山海关”和“老龙头”展示出游客的旅游都是围绕这三个景区开展旅游活动。同时“体验”“值得”显示了游客在旅游过程中感受到了物超所值，体验感受不错。“景色”显示在游览长城的过程中景区的风景占了很大的比重，伴随着景区在四季的景色不同，对游客来访的满意度会有较大的影响，表现出景区季节性的影响。“孩子”表明游客前往旅行过程会选择带着孩子，因此亲子游占旅游市场较大的比重。

4.1.2 网络语义分析

高频词只能通过相关词汇的出现频数来显示其重要性，对于关键词之间的内部联系却可以通过构建语义网络进行分析。每个关键词连接的线越多，表明其出现频率越高，对应重要性也就越高，同时关键词之间的连线又进一步表明了他们之间的语义联系，因此构建语义网络成为分析关键词内部联系的重要途径。在此，借助 ROST ContentMining 软件构建了关键词语义网络，详情见图 1。

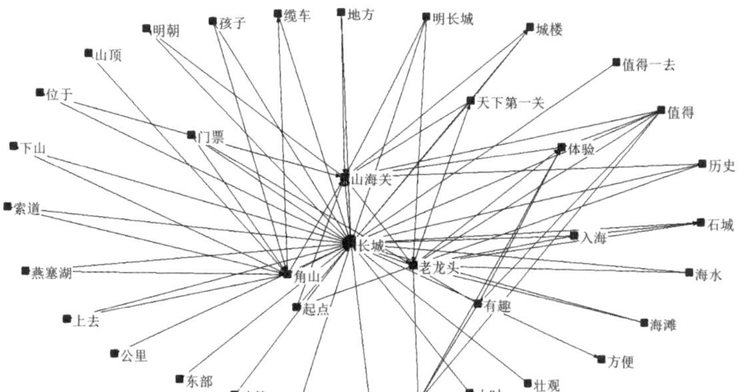

图 1 网络语义分析图

通过构建语义网络，可以了解到游客对于旅游要素的感知是基于长城进行发散的。以长城为核心，山海关、老龙头、角山作为次核心外扩，同时起点、天下第一关、体验、入海、有趣等作为外层则是显示了游客对于秦皇岛长城类旅游景点较深的感知印象，作为最外层则是单个旅游景点的发散，展示了游客在旅游过程中的体验和感受。因此通过核心、次核心、外层、最外层四个层次，搭建了整个语义网络结构。

4.1.3 情感分析

情感分析能够了解到顾客在结束旅游活动之后，对旅游过程的态度和看法，能够了解到景区不足和顾客需求情况，进而能够为提升旅游服务质量提供依据。因此，对采集到的网络评论进行了情感分析，见表 2。

表 2 情感分析表

情感类别	比例（%）	强度	总占比（%）
积极情感	29.91	一般	78.5
	25.23	中度	
	23.36	高度	
消极情感	8.41	一般	10.28
	1.87	中度	
	0.00	高度	
中性情绪	11.22		11.22
合计	100		100

通过情感分析，了解到顾客对景区的积极情感占比 78.5%，游客对景区的满意度高，对旅游结果满意。但是对于占比 10.28% 的消极情感也不能忽视，在消极评论中的问题，主要有停车场收费不合理，旅游景区内容较为单一等问题。有游客评论道“停车费太贵了，一个小时十块封顶四十，停三四个小时快赶上门票价了”“这个景区主要就是有个入海的长城，其他啥也没有”。还有一些游客表达了在“国庆”和“五一”期间人太多，体验感下降的评论。

4.2 旅游感知形象

4.2.1 认知形象

从高频词分析和网络语义分析，可以了解到，游客对于秦皇岛长城类旅游景点的感知主要集中在景观、环境、历史、文化、活动、体验等多个方面，这些独特的旅游资源引起了游客的兴趣，同时顾客认知形象也由此形成。

4.2.2 情感形象

通过情感分析了解到在游客结束旅游后，其在秦旅游活动的积极情感是占较高比例的，也就反映出大多数游客在旅游过程是较为愉悦的。在高频关键词中的游客的体验评价，如“值得”“性价比”“方便”“有趣”等都显示了游客对景区的正面评价。

4.2.3 整体形象

旅游者在对长城景观、环境、历史、文化、活动、体验等多个方面积极和消极的态度综合成了旅游目的地的认知形象。旅游者对旅游目的地的认知形象和情感形象共同构成了旅游目的地的整体形象，游客对秦皇岛长城类旅游景点的整体形象是较为正面的，大多数游客的认可度较高。

4.3 旅游形象感知要素分析

通过分析高频词，可以了解到游客对旅游目的地的形象感知基于旅游吸引物、文化特色、旅游活动、景区配套和游客体验 5 个方面。然后又包含了旅游景点、景区环境、景区建筑、历史文化、旅游路线、旅游时间、旅游行为、旅游同伴、旅游效应、景区设施、景区管理、游客体验 12 个子类别，详情可见表 3。

表 3 旅游形象感知要素统计表

<table>
<tr><td rowspan="3">旅游吸引物</td><td>1</td><td>旅游景点</td><td>长城（675）角山（473）山海关（384）老龙头（361）景区（405）燕塞湖（49）八卦阵（20）关隘（17）关城（37）</td></tr>
<tr><td>2</td><td>景区环境</td><td>景色（343）环境（27）入海（99）海水（76）海滩（71）海边（49）干净（25）渤海（25）气势（19）天气（19）景观（18）海风（18）</td></tr>
<tr><td>3</td><td>景区建筑</td><td>古城（47）石城（69）澄海楼（33）城楼（88）建筑（47）城门（18）</td></tr>
<tr><td>文化氛围</td><td>4</td><td>历史文化</td><td>天下第一关（118）历史（116）明长城（55）明朝（53）文化（26）防御（26）军事（19）古人（19）戚继光（17）</td></tr>
<tr><td rowspan="5">旅游活动</td><td>5</td><td>旅游路线</td><td>山顶（42）位于（36）千米（34）东部（33）下山（30）上下（24）门口（24）距离（21）往返（20）上山（19）</td></tr>
<tr><td>6</td><td>旅游时间</td><td>小时（64）时间（48）分钟（33）</td></tr>
<tr><td>7</td><td>旅游行为</td><td>上去（66）旅游（47）游玩（42）感受（33）选择（21）排队（20）参观（20）游览（20）爬山（17）</td></tr>
<tr><td>8</td><td>旅游同伴</td><td>孩子（126）游客（36）老人（22）家人（18）</td></tr>
<tr><td>9</td><td>旅游效应</td><td>秦皇岛（38）中国（31）东北（25）北戴河（22）著名（20）八达岭（22）嘉峪关（22）河北省（21）</td></tr>
<tr><td rowspan="2">景区配套</td><td>10</td><td>景区设施</td><td>缆车（119）索道（111）火车站（24）公交车（19）交通（17）导游（17）</td></tr>
<tr><td>11</td><td>景区管理</td><td>门票（111）建议（47）收费（20）停车场（19）票价（19）停车费（18）服务（25）</td></tr>
<tr><td>游客体验</td><td>12</td><td>游客体验</td><td>值得（186）体验（131）方便（105）好玩（76）有趣（65）值得一去（62）壮观（57）雄伟（47）开心（40）适合（33）性价比（33）便宜（31）唯一（28）陡峭（27）刺激（26）免费（25）体力（19）</td></tr>
</table>

4.4 重要度——情感分析 IPA 分析

评论是游客旅游感知最直观的表现，通过分析游客在线评论可以有效得知秦皇岛长城类旅游景点需要改进和继续保持的地方。通过 IPA 分析法，根据上文的旅游感知要素在四个象限的分布，可以帮助景区管理者更加直观地了解到游客对旅游景点的形象感知和满意度。本文通过对旅游评论进行编码计算出各要素的表现性指标和重要性指标，详情见表 4。在表现性值和重要性值的基础上，利用 SPSS 软件进行分析，得到一个四象限的散点图，见图 2。

编码过程如下，针对评论“登高望周边山海关景色一般，除了这座山海关很有气势，印象深刻，其余的也没有什么震撼的地方。门票不便宜，进去后感觉性价比不高”，在此编码为 2C、1E、11B、12B，其中 2、1、11、12 分别为游客感知要素的编号，同时 A、B、C、D、E 表示游客对要素的评价等级为很不好、不好、一般、好、很好，依次为 1 ～ 5 分。重要性指标是旅游要素出现频次和总频次的比值，表现性指标是旅游要素评论总分与评论次数的比值。

表 4　游客感知要素的重要值和表现值

序号	感知要素	频数	重要性	总评分	评分次数	表现性
1	旅游景点	2421	0.37	355	122	2.91
2	景区环境	789	0.12	501	145	3.46
3	景区建筑	302	0.05	98	31	3.16
4	历史文化	449	0.07	184	47	3.91
5	游旅路线	253	0.04	183	62	2.95
6	旅游时间	145	0.02	67	19	3.53
7	旅游行为	286	0.04	76	28	2.71
8	出游同伴	202	0.03	142	36	3.94
9	旅游效应	201	0.03	112	31	3.61
10	景区设施	307	0.05	148	46	3.22
11	景区管理	259	0.04	104	43	2.42
12	游客体验	991	0.15	283	84	3.37

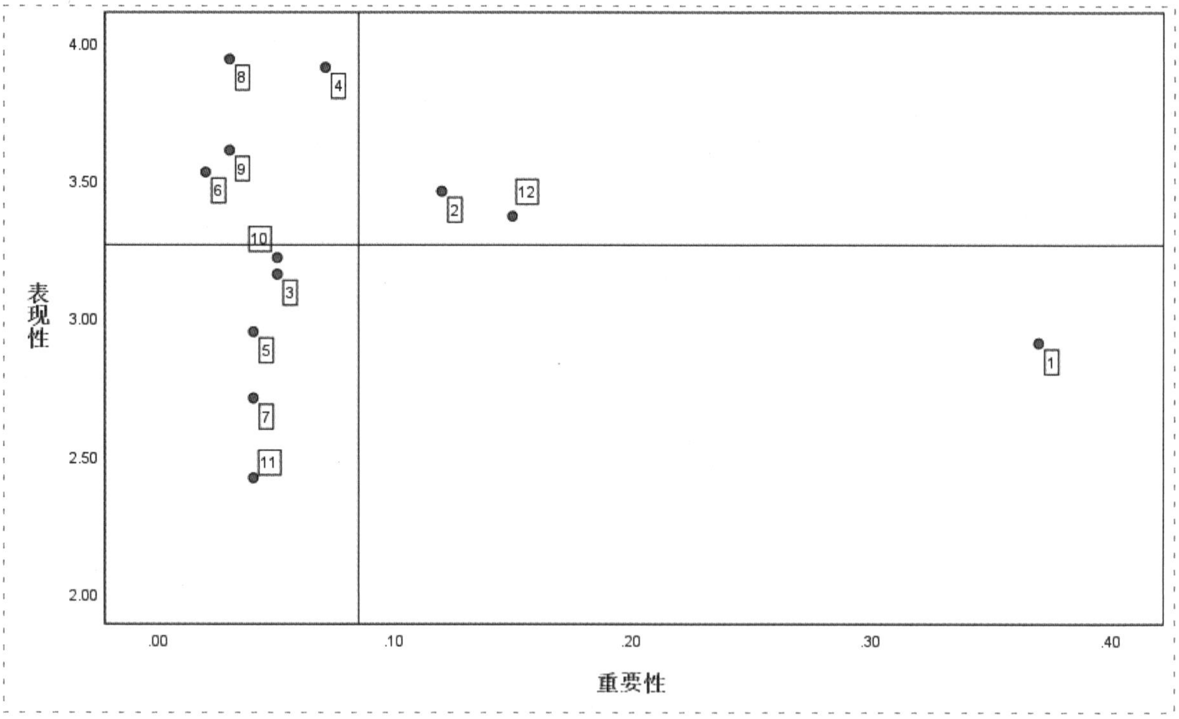

图 2　旅游感知要素 IPA 分析图

根据旅游感知要素 IPA 分析图，可以直观地看到各个要素的象限分布情况。位于第一象限的是景区环境和游客体验，这表明这两个感知要素在游客旅游过程中，不仅游客对其重视程度高，同时其表现性也较好，能够实现顾客满意，对于秦皇岛长城类旅游景点，这两项也应该继续保持其优势地位；位于第二象限的包括历史文化、旅游时间、出游同伴、旅游效应，这表明在游客重视程度较低的情况下有较好的表现，因此该象限的要素属于继续保持区域；第三象限包含景区建筑、旅游路线、旅游行为、景区设施和景区管理，该区域表示游客在旅游过程中对其的重视程度较低，且其表现性较差，对于景区管理者来说，应该重点关注这些问题，并进行改善；处于第四象限的是旅游景点，表明游客在旅游过程中对其关注度较高，但是表现性较差，因此景区管理者应该重视旅游景点的建设，并进行优先改善。

5 形象传播策略

伴随着旅游的快速发展，在信息爆炸的新时代，新媒体的快速发展为旅游目的地的形象传播和营销带来了机遇，也带来了新的挑战。把握机会，对外树立秦皇岛长城类旅游景点对外的良好形象，旅游营销愈发重要。1960 年麦卡锡教授提出了 4Ps 营销理论，即产品、价格、促销、渠道[17]。之后营销专家布姆斯和比特纳提出在4P的基础加上人（People）、服务过程（Process）、服务设施（Physical Evidence）形成 7Ps 营销理论。因此本文结合 IPA 分析模型，通过对游客感知要素的分析，从消费者的旅游体验反馈入手，结合 7Ps 营销理论，制订对外营销策略。

5.1 景区现存问题

通过 IPA 分析模型，对前往秦皇岛长城类旅游景点的游客感知要素进行分析，我们可以了解到，目前秦皇岛长城类旅游景点存在如下问题。

（1）旅游景区吸引力不足、可替代性强

秦皇岛长城类旅游景区的游客有相当大一部分来自北京八达岭长城外溢，由于八达岭长城的游客量趋于饱和，因此一部分希望游览长城的游客将视野放在了秦皇岛。对于大多数游客来说，长城旅游目的地北京是首选，而秦皇岛只能作为替补旅游目的地。对秦皇岛来说，只能作为北京的分流地，承接由于北京游客承载力接近饱和而外流的部分游客。究其原因在于秦皇岛长城类旅游景点缺乏吸引力，只能被动接受导流，不能主动引流。

（2）旅游产品单一，旅客体验不足

秦皇岛长城类旅游景点侧重于观光游览，游客前来的主要旅游活动是参观，同时由于受北方季节性的影响，游客旅游周期较短，在受到天气情况的影响时就会使得游客的体验下降。旅游产品单一、娱乐设施缺乏、游客旅游活动范围较小、参与感不足、体验感下降等，也是秦皇岛长城类旅游景点竞争力不足的主要因素。

（3）景区服务质量不高，景区管理不到位

根据对游客旅游体验的分析，一部分游客表示在山海关景区旅游过程中，景点联票性价比不高。一部分自驾车的游客则表示在景区停车收费按小时收费较高，按照正常的游玩时间，停车费赶上了景点门票价格，引起游客的不满，反映出景区的收费机制存在缺陷。大多数游客选择在网上购票，由于自动取票机数量有限导致排队时间太长，但是现场售票窗口前却没什么人。在旅游旺季景区卫生管理不到位，旅游淡季景区商店关门者较多，导致游客体验不佳。

（4）客源地有限，吸引力辐射范围小

前往秦皇岛旅游的客源多集中于京津冀区域，其他区域客源数量较少，部分游客属于中转游客，即前往其他旅游目的地的过程中，在秦皇岛停留一定时间进行旅游活动。秦皇岛作为东北与华北区域的门户，对于东北游客的挖掘度不够。整体来说秦皇岛整体旅游客源地有限，由于秦皇岛对其他地区的吸引力较低，难以成为游客旅游目的地的第一选择，因此整个旅游客源辐射地范围小。

5.2 旅游形象传播策略

（1）多元化的产品策略

多元化的旅游产品不仅能够满足多类型的游客需要，同时还能够丰富游客的旅游体验，改变目前游客旅游形式单一的现状。除去观光旅游产品外，建设娱乐设施，增加体验活动，摆脱秦皇岛长城旅游景点对观光旅游产品的依赖也很重要。在提供旅游产品策略前，应该了解景区的服务对象，相应地能够提供哪些旅游产品，根据景区定位，有针对性地提供多元化的旅游产品。前往秦皇岛长城类旅游景点旅游的人群中有很大一部分是家庭旅游，针对这些游客，景区可以建设多主题的游乐场所，满足亲子、情侣、老年等多个层次的旅游需要。对于一些驴友，多是进行摄影、野外运动、采风等旅游活动，针对这部分游客可以选择性地开发一些野长城，满足他们的探奇需求。多元化的旅游产品可以帮助秦皇岛长城类旅游景点摆脱北方季节性束缚，实现“淡季不淡”。

（2）合理化的价格策略

价格也是影响游客前来旅游的重要因素，不合理的价格会降低游客的旅游满意度。因此制订合理的旅游产品价格就显得尤为重要。根据提供的旅游产品，在市场调研和可行性分析的基础上，制订与之匹配的价格，在实现游客满意度最大化的前提下，实现景区的盈利。对于配套服务的收费，景区也应该建立合理的机制，对于游客感到不满的收费点，应该在合理评估的基础上加以完善。

（3）多渠道的宣传策略

新媒体的迅速崛起为旅游目的地的宣传提供了新的渠道，线上和线下结合的营销方式已经成为近些年营销宣传的定式。微信公众号、微博等已经成为开展线上旅游形象宣传的主要阵地，短视频的快速发展也给旅游景区带来了新的营销方式。秦皇岛长城类旅游景点完全可以通过拓宽销售渠道进行形象宣传。线下通过实体广告的方式完成近距离旅游形象宣传，线上可以通过名人代言、景区微信公众号、抖音短视频等平台进行网络宣传，让更远范围的潜在旅游者认识、了解、关注秦皇岛，进一步拓宽秦皇岛长城类旅游景点的客源地。

（4）层次化的促销策略

秦皇岛地处北方，季节性明显，淡旺季游客量差别较大，一年间接受游客的时间较短，因此秦皇岛不同时期制订不同的促销策略，能够帮助景区实现“淡季不淡”，常年客源长流。在制订促销策略时，可以针对一些经常前往秦皇岛进行旅游的商务游客，和航空公司开展合作，提供定向“随心飞”旅游产品。还可以发挥京津冀协同发展的优势，推出一些铁路交通的旅游联票，将在北京和天津旅游的部分游客导向秦皇岛。同时也可以在淡季推出一些秦皇岛旅游联票优惠活动。对于一些外出旅游所必需的酒店、交通等方面也可以给予不同程度的优惠。

（5）标准化的人员策略

旅游服务人员是直接与顾客接触的，他们的服务质量能够直接影响游客的旅游满意度，没有一定职业素养和职业道德的旅游服务人员是不合格的。因此对旅游服务人员进行标准化的培训就显得尤为重要。要注意培养服务人员的服务意识，提高服务人员的综合素质，并对他们的服务行为和流程进行规范，建立服务评价考核制度。同时要注重内部营销，培养旅游服务人员的忠诚度，建立服务自信，提高专业技能水平。同时和游客进行良好的沟通，通过关系营销来最大限度提高游客满意度。

（6）细节化的服务策略

游客对服务质量的感知很大程度上是景区服务细节的反映，景区只有在细微之处下功夫，才真正能够令顾客满意。景区在制订服务流程时，可以通过科学规划缩减游客在取票排队的时间；在游客旅行过程中可以通过设置鲜明的指示牌为游客的旅游路线提供参考；可以设置景区休息区，为游客提供休息的场所；同时对于景区内的卫生进行检查和清理，提升顾客的旅游形象感知。基于景区管理细节化，让游客感受到宾至如归。

（7）立体化的展示策略

秦皇岛长城类旅游景点进行旅游形象宣传，一方面要使旅游产品有形化，另一方面就要着重于旅游目的地品牌建设，给潜在的旅游者一个立体的形象。旅游产品有形化，可以借助网络媒介向游客展示秦皇岛长城的景色风光，向游客提供景区的服务流程、旅游路线设置，以及景区内建设和规划情况，让游客重新了解和关注秦皇岛的长城类旅游景点。秦皇岛长城类旅游景点进行品牌形象建设，寻找自己的优势并将之放大，让秦皇岛长城类旅游景点的品牌形象深入人心，让人们说起长城，可以想到山海关、老龙头，可以想到秦皇岛。通过上述的营销策略，一方面可以帮助景区在民众心中树立亲民、性价比高的度假休闲品牌形象；另一方面也能够帮助景区提高知名度和美誉度，扩大自己的客源。

6 结语

随着旅游的快速发展，长城作为秦皇岛的旅游特色之一，急需谋求新的发展以适应新的环境。本文通过网络文本，对游客旅游形象感知从认知形象、情感形象、整体形象三个方面进行分析，在结合 IPA 模型进行顾客满意度分析。最后则是运用 7Ps 营销理论，为秦皇岛长城类旅游景点形象宣传提出了多元化的产品策略、合理化的价格策略、多渠道的宣传策略、层次化的促销策略、标准化的人员策略、细节化的服务策略、立体化的展示策略 7 个方面的营销方案。本文也具有一定的局限性，主要在于：①本文的研究对象虽为秦皇岛长城类代表性旅游景点，但只选取了山海关、老龙头、角山长城作为研究对象具有一定局限性；②本文的网络文本只选取了携程网上关于研究对象的文字评论，对一些图片和视频的内容没有进行分析；③对旅游形象感知要素进行编码时，主要是人工进行，因此具有一定的主观性。因此在对旅游目的地进行分析的后续研究，还要进一步完善网络文本的分析方法，提高研究的可靠性和客观性。

参考文献

[1] 王永贵，李霞 . 旅游本土化研究的探索现状困境与展望 [J]. 旅游学刊，2019，34（10）：1-4.

[2] 涂红伟，熊琳英，黄逸敏，等 . 目的地形象对游客行为意愿的影响——基于情绪评价理论 [J]. 旅游学刊，2017，32(2)：32-41.

[3] 吴晋峰，王阿敏，王君怡 . 旅游目的地形象的群体差异研究——本地人、已游客和未游客的比较 [J]. 经济管理，

2017，39（5）：130-145.

[4] 邓宁，钟栎娜，李宏 . 基于 UGC 图片元数据的目的地形象感知——以北京为例 [J]. 旅游学刊，2018，33（1）：53-62.

[5] 袁超，孔翔，李鲁奇，等 . 基于游客用户生成内容数据的传统村落形象感知——以徽州呈坎村为例 [J]. 经济地理，2020，40（8）：203-211.

[6] 张文亭，骆培聪 . 基于网络文本的目的地旅游形象游客省略传播对比研究——以福建永定土楼为例 [J]. 福建师范大学学报（自然科学版），2017，33（1）：90-98.

[7] 宋章海 . 从旅游者角度对旅游目的地形象的探讨 [J]. 旅游学刊，2000（1）：63-67.

[8] 石培基，李先锋 . 旅游形象传播研究 [J]. 西南民族大学学报 (人文社科版)，2006（8）：212-214.

[9] 佘升翔，李根，杨帆，等 . 旅游目的地形象对游客满意度和忠诚度的影响研究——以桂林市为例 [J]. 广西社会科学，2016，256（10）：29-32.

[10] 周永博 . 中国旅游发展笔谈——新时代的旅游目的地形象 [J]. 旅游学刊，2018，33（4）：1.

[11] 沈雨婕，王媛，许鑫，等 . 华亭初见记：文化记忆视角下的上海旅游形象感知 [J]. 图书馆论坛，2020，40（10）：59-65.

[12] 王敏 . 基于网络文本分析的殷墟旅游形象游客感知研究 [J]. 地域研究与开发，2019，38（5）：115-119.

[13] 闫瑶瑶，郑群明 . 长城国家公园旅游形象感知研究——基于内容分析法和 IPA 法 [J]. 林业经济，2020，42（1）：44-50.

[14] 卢慧娟，李享 . 基于 IPA 分析法的民宿旅游吸引力研究——以北京城市核心区四合院民宿为例 [J]. 地域研究与开发，2020，39（1）：112-117.

[15] 张瑞，张建国 . 基于网络文本与 IPA 模型分析的上海辰山植物园旅游形象感知研究 [J]. 中国园林，2019，35（8）：83-87.

[16] 王欣 . 基于 IPA 分析的海南旅游景区资源吸引力调查研究 [J]. 价格月刊，2019（8）：88-94.

[17] 佩罗特，等 . 基础营销学 [M]. 胡修浩，译 . 上海：上海人民出版社，2006.

新媒体环境下河北省长城文旅产业融合发展研究*

吴　星**

摘要：党中央、国务院对长城国家文化公园建设高度重视。随着“互联网+”、媒体融合、数字经济等新兴技术的兴起，数字经济和实体经济的深度融合，长城文化的传承、长城文旅产业的转型升级亟须新媒体平台的有效支持。数字化是长城文化旅游产业融合发展的必然趋向。新媒体是一种基于互联网的媒介平台，从新媒体的内涵出发，结合拉斯韦尔5W传播模式分析新媒体对长城文化传播的影响，并对河北省长城文旅产业的数字化发展概况进行总结，提出长城文旅产业高质量发展的数字化对策。

关键词：新媒体；长城；文旅产业；融合；路径

长城是中华民族坚强精神力量的象征，人类历史文化的瑰宝。长城始修于公元前七八世纪，前后延续了2000多年，是中国古代极其伟大的军事防御工程。它包括长达数万里的高大城墙，连接数以千万计的关城隘口、烽堠保障，构成纵横递次的整体防御体系。长城保护了中华民族的繁衍生息，减少了战争的发生。与此同时，随着媒介的演化发展，新媒体已成为当今重要的传播媒介。长城文化可以通过新媒体实现多渠道的传播，从书本到影视，再到广阔的网络空间，以至便捷的移动互联网；长城文旅产业紧抓数字化发展的新机遇，创新以线上消费为特征的云直播、云看展、在线旅游等新兴文旅产业模式，用“文化+”“全域旅游”“智慧旅游”等新理念推动文旅产业供给侧改革，加强转型升级，实现由高速增长走向高质量融合发展。

一、新媒体的内涵

从20世纪60年代出现至今，新媒体涵盖了层出不穷、丰富多样的传播方式以及应用传播技术，

---

*　河北省文化艺术科学规划和旅游研究项目“河北省长城文化资源与旅游融合发展对策研究”（HB20-YB093）。

**　吴星，《河北地质大学学报》编辑部副编审。

改变了人们传统的传播理念，影响着人际交流方式和社会文化生活。1967 年，美国 CBS 技术研究所所长、NTSC 电视制式的发明者 P.Goldmark 在其撰写的一份电子录像的商品开发计划中，首次使用了“New Media”一词。1969 年，美国传播政策总统特别委员会主席 E.Rostow 在向尼克松总统提交的报告中多处提到“新媒体”一词。[1] 此后新媒体开始流行并传播全世界。

“新媒体”似乎永远是一个相对概念，学术界、业界对其定义也众说纷纭、争议不断。美国《连线》杂志针对新媒体传播中传受主客体的特性，提出新媒体就是“所有人对所有人的传播”。[2] 联合国教科文组织指出，“新媒体就是网络媒体”。[3]

国内学者从不同视角出发，对新媒体的定义也很丰富，具有代表性的如下：从媒体形态上，清华大学教授熊澄宇认为，新媒体是建立在计算机信息处理技术和互联网基础上发生影响的媒体形态；[4] 从媒介技术的角度来看，中国传媒大学教授宫承波提出新媒体为“依托数字技术、互联网技术、移动通信技术等新技术向受众提供信息服务的新兴媒体”；[5] 从传播的角度看，中国人民大学匡文波教授指出，新媒体的严格意义上的表达应为“数字化互动式新媒体”。[6]

综上所述，新媒体不仅融合了传统媒体的优势，而且以更加开放、包容的姿态服务于受众，即广义的新媒体包括在传统媒体基础上改造而来的新型媒体（手机报、媒体网站等）和传统媒体对应的新兴媒体，而狭义的新媒体仅指新兴媒体（微博、微信、抖音、快手等），是从互联网原生出来、完全不同于传统媒体的、全新的媒介形态。它在传播理念、传播技术、传播方式等方面发生了质的飞跃。笔者认为新媒体是一个相对的概念，从时空的相对性、技术的数字性和传播的交互性三个方面加以界定，取广义上的内涵，并在中国人民大学教授匡文波对新媒体外延界定的基础上，从技术角度将新媒体的类型分类为基于互联网技术的网络媒体、基于移动通信技术的手机媒体和基于数字技术的新型电视媒体，详见表 1。

表 1　新媒体的媒介形态分类

<table>
<tr><td rowspan="11">新媒体</td><td rowspan="6">网络媒体</td><td>各类网站（视频网站、门户网站、新闻网站、社交网站等）</td></tr>
<tr><td>搜索引擎</td></tr>
<tr><td>博客、播客、微博</td></tr>
<tr><td>网络报纸、网络期刊、网络电影、网络动画</td></tr>
<tr><td>印客、换客、威客</td></tr>
<tr><td>其他</td></tr>
<tr><td rowspan="4">手机媒体</td><td>手机报纸、手机期刊</td></tr>
<tr><td>手机电视、广播</td></tr>
<tr><td>手机短信、彩信、手机微信</td></tr>
<tr><td>手机图书</td></tr>
<tr><td>互动式数字电视</td><td>交互网络电视</td></tr>
</table>

二、 新媒体对长城文化传播的影响

传播首先是一种文化行为，任何传播都有文化背景。长城文化之所以要传播，一方面缘于传统文化继承的需要；另一方面来说它具有民族凝聚力的特殊功能，对于世界和平、人类文明发展有着重要的意义。在新媒体蓬勃发展的时代环境下，长城文化的传承和发展，需要一种更广泛、更通俗的传播形式来展示它的姿态、传播它的精髓。由此，立足拉斯韦尔5W经典传播理论，从传播者、传播渠道、传播内容、受众和传播效果等方面来分析长城文化在新媒体传播中的新变化。

（一）新媒体扩大了长城文化传播的传受面

在传播学中，传播者与受众构成了传播过程的传播主体。长城文化新媒体传播的主体可以分为个人用户和组织机构两大类。其中个人用户包含长城文化爱好者、从业人员、学术研究者、媒体人等，组织机构可分为国际组织、民间团体、传媒机构、政府部门及相关机构。新媒体传播下，长城文化的传播主体呈现出多元化、传受身份一体化的特点。首先，广泛的传播主体。长城文化传统媒体传播的过程中大众传媒机构控制着信息与媒介，使得长城文化传播者呈单一化状态。而新媒体环境下，个人就可以成为长城文化的传播者，其传播行为更加自由，可以将自己及身边有关长城发生的事情、自己的思想状况，以及对既有的长城信息的观点或意见通过各类新媒体传播出去。其次，传受身份一体化。新媒体技术引发媒介权利的转变，突破传统媒介在话语权上占主导的壁垒和垄断，受众从被动的个体转变为拥有话语权的社会公民，即每一个新媒体的使用者都可以成为长城文化的传播者，而长城文化的传播者也可能成为受众。

（二）新媒体拓宽了长城文化的传播渠道

各类功能不同而又相互融合的新媒体层出不穷，为长城文化传播注入了新鲜的血液。主要实现新媒体中的人际传播的微博、博客、微信、SNS社交网络等，实现群体传播功能的BBS论坛、社区等，具有组织传播功能的内部网、局域网以及实现着大众传播功能的新闻门户网站、综合型网站、数据库和视频中心。如此多样化而又彼此关联的新媒体传播渠道，极大地丰富了长城文化传播的媒介形式，突破了传统媒体在时空上的局限性、改善了传统媒体在传播上的互动性。例如，报刊等传统媒体在传播信息时，其发行量、影响力等无法打破地域和时间的限制。而新媒体传播无此问题，多样化并富有特色的传播形式，使长城文化传播呈现于网站、智能手机、iPad、移动电视等上，用户可以随时随地关注所需要的长城文化信息。此外，新媒体的传播方式由单向传播转变为双向传播、由一点对多点变为多点对多点，由固定转向移动。每个人都可以借助新媒体成为长城文化的发声源和反馈者，发布的长城信息能够同时在横向和纵向进行立体网状的交叉传递。

（三）新媒体丰富了长城文化的传播内容

长城是我国自主创造的文化遗产，是人类文明的象征，它蕴含着中华民族丰富的哲学思想和人文精神，承载着中国传统文化的精神和价值，代表着中华民族优秀的历史文化。新媒体是将长城文化的精神和丰富多彩的内涵呈现给现代人的重要传播渠道，它能够生动而系统地从政治、经济、军事、民族、历史 、艺术等多方面介绍长城文化。首先，传播内容的多媒体化。如国家文物局开通的“中国长城遗产”网站（www.greatwallheritage.cn）把文字、图形、图像、视频、音频等效果与长城文化传播相结合，全方位地发布和展示长城资源、保护管理、法规文件和历史文化等各方面信息，不仅揭开了长城文化神秘的一面，而且增强了长城文化魅力对受众的吸引力和感染力。其次，传播内容的个性化。更多的新媒体平台依据受众的职业、生活、兴趣、地域和心理等不同因素，推出相应的传播模式，采用个性化的信息服务方式，给受众塑造“更懂我”的使用体验。

（四）新媒体提升了长城文化的传播效果

对于新媒体而言，传播速度的实时化、双向互动的传播机制，可使长城文化信息深入受众的思想观念中，促进长城文化的长远发展，增强长城文化的传播效果。一方面，新媒体技术上的优势使其可以在全球范围内实时传播。如在“长城小站”等一些规模较大的网站、微博中，大多都能通过音频和视频进行实时传播。另一方面，人们可以通过智能手机、平板电脑等各种便携工具获得长城文化信息的各个方面，并通过共享、转载、转发、评论等方式最大限度地参与到互动过程中，延展、加强了长城文化的传播内容和深度，引起受众内心的情感共鸣与认同。此外，新媒体提升长城文化的传播效果还体现在内容的有效连接上。如“长城小站”网站通过链接功能，可以直接进入“长城大讲堂”视频播放网页，还有“长城志愿者”“长城专家库”“长城社区”等专栏。链接突破了媒体在传播信息量上版面不足的局限，凭借在信息传播和存储空间中的优势，极大地丰富了长城文化信息的内容，有利于长城文化的有效传播。

三、河北省长城文旅产业数字化发展概况

长城国家文化公园建设是国家重大文化工程，河北省是国家确定的长城国家文化公园重点建设工程试点省，承担着长城沿线公园建设的引领和示范重任。按照国家、河北省的总体规划及长城资源分布情况，河北省在全国率先编制完成《长城国家文化公园（河北段）建设保护规划》（送审稿），并制定印发了《长城、大运河（河北段）国家文化公园建设工作推进方案（2019—2023 年）》。该规划方案紧密围绕管控保护、主题展示、文旅融合、传统利用 4 类主体功能区，认真落实保护传承、研究发掘、环境配套、文旅融合、数字再现 5 项重点工程。因此，随着产业数字化转型的深入，文化产业和旅游产业的边界逐渐模糊，文旅产业将向广范围、深层次、高水平上深度融合。

河北省是长城资源大省，其深厚丰富的文化资源是河北长城旅游发展的动力。当前河北省长城旅游开发呈现出“地域差异—级别差距—产品多样”的特征：燕山地区比太行山区数量多、品质高；从地市来看，秦皇岛和承德的长城旅游发展相对成熟，张家口次之；截至 2019 年年底，河北省共有 11 家 A 级长城旅游景区（4A 级及以上 4 家），还有闆城小镇、董家口长城乡村度假村等非 A 级景区；产品类型主要有旅游景区、旅游小镇、旅游餐饮和旅游演艺等[7]。河北省数字旅游目前处于发展、爬坡阶段，2012 年秦皇岛被确定为第二批国家智慧旅游试点城市之一，2013 年后河北省各地市展开智慧旅游建设探索。“一部手机游云南”“一部手机游贵州”“数字敦煌”“故宫文化遗产数字化”都是我国推动数字经济与旅游产业融合发展的具体措施，是“数字旅游”发展的创新实践。以“一部手机游云南”为参考，河北省文化和旅游厅与腾讯公司达成合作，依托“河北省旅游云”平台，腾讯将推动升级“乐享河北”客户端，构建 App、小程序、公众号三位一体的综合服务平台矩阵；正在筹建“长城云”微信小程序，下设品长城、读长城、游长城等菜单栏。甘肃省对长城保护的数字化，长城旅游、传播的数字化走在了前列。嘉峪关世界文化遗产监测中心采用物联网技术、大数据分析技术、三维扫描和数字化建模技术实现对长城遗址土体稳定性、气象、本体病害、风沙、游客等因素的长期监测。嘉峪关长城博物馆利用网站和微信平台全面开展文物资源线上展示工作，从图片到视频展览，特别是在抗击“新冠”疫情期间，做到“闭馆不闭展，居家看展览”；

之后又进驻国内直播平台快手，15 天内共推送 7 个作品，累计播放量突破 100 万人次。英国哈德良长城在游览步道建设、展示利用方面都具有良好的示范与经验。步道可以引导游客观赏更大范围的长城，而不是只集中参观长城中少数几处重要的遗址。志愿者提供步道状况的数据，并协助维护工作，通过步道参与哈德良长城保护管理。利用各种不同的工具和技术来展示哈德良长城。如：有关哈德良长城的著作、学术文章、旅游指南、儿童书籍等出版物；博物馆使用 3D 电影技术重现哈德良长城，2017 年沿线的 11 个博物馆和景区同时举办了一个分散展览——哈德良骑兵展；罗马骑兵操练表演等情景再现活动，激发人们的想象力，了解罗马士兵装备的演变；重建几处罗马设施，使游客有身临其境的感受，人们对其的批判反而加强了公众的参与度。国外以及国内其他省份在长城保护管理、开发利用等方面的示范与经验，为河北省长城旅游产业数字化发展提供了新的路径。

四、河北省文旅产业高质量发展的数字化对策

（一）开发数字旅游产品，丰富长城旅游产品体系

河北长城的自然风光，民间传统技艺、历史文化、红色文化、文学文化、非物质文化遗产等具有河北长城特色的旅游文化和旅游产品，亟待完成数字化转化，实现线上的现代化演绎。中华文物数字化取得标志性成果的代表有：故宫数字文物库一次性地推出 5 万件文物；云冈石窟第 3 窟被首次用 3D 打印技术实现的大体量、高精度文物复制工程；故宫博物院推出的“发现・养心殿——主题数字体验展”，用户通过手机，可以体验“召见大臣”“朱批奏折”“走进三希堂”“鉴藏珍玩”“亲制御膳”等活动。运用创新思维在旅游主题、内容、形式上进行充分设计开发，完善长城旅游产品体系。长城沿线的爱国主义教育基地、博物馆、纪念馆、陈列馆、展览馆等，以及与长城相关的诗词歌赋文学、书法碑帖、建筑等，都可以在数字云平台进行数字化展示，打造网上长城空间。长城数字文化内容本身是一种生产要素，可使长城成为网络小说、影视作品、动漫、网络游戏、直播等数字媒体中的元素，加强以长城文化为主题的音像作品、动漫产业、影视剧文化的开发，催生“长城 + 科技”的新旅游文创产业平台出现。如微信联合中国文物保护基金会发布的“一起修长城”小游戏，通过参与长城保护修缮的过程，了解长城的历史。

（二）提升长城旅游品牌形象，强化品牌数字化传播

河北长城文化旅游需要打造自己的核心品牌，使游客认知并记住长城品牌，提高河北长城旅游的知名度、旅游产业竞争力。品牌的树立是基于精准的定位。长城数字旅游的品牌定位要从游客画像、数量、消费结构等方面调查市场需求，结合当前的旅游资源、形式，比较其他省市旅游市场，提炼河北长城旅游资源的特色，在游客心中确立长城旅游的形象与地位。同时，建立长城旅游资源数据库，解析长城特色元素，融入时代特征，甄选河北长城旅游的代表性符号，设计视觉形象系统、听觉形象系统、旅游主题口号，及统一的长城文化形象标志等，构建数字化、地域化的旅游形象推广系统。在中国文化遗产领域，当前最知名的大 IP 就是故宫，其围绕皇室文化主题开发了各种 IP 内容。古老的长城文化遗产也可以通过 IP 开发而焕发生命力，受到年轻人的喜爱和追捧。腾讯公司通过“长城小兵”卡通形象，从微信公众号、腾讯网上开设“长城专栏”、“长城守卫军”游戏、“QQ 飞车手游”等多个层面打造长城 IP，让文物活起来，把长城故事讲好，向公众传达具有新意和吸引力

的长城文化。品牌的数字化传播，需要运用先进的数字传播技术引导游客的消费，将代表长城旅游品牌的文字、符号、图案等广泛用于旅游品牌宣传。在提炼长城数字旅游形象时统一宣传口径，呈现出清晰、明确的总体形象；也可以通过长城各景区特色资源和目标游客的个性化需求提出更为具体、有针对性的旅游形象来支持总体形象。

（三）加强长城景区智能化建设，拓展长城数字旅游营销路径

景区建设经历了信息化、数字化、智能化三个发展阶段。在智能化建设阶段，景区可以直接为游客提供食、住、行、游、购、娱的各种信息，深度挖掘整合旅游资源，为景区观念创新、技术重组、旅游产品体系调整等提供全方位的解决方案。长城景区智能化建设模式可以借鉴故宫博物院，从旅游前的导航到旅游中的智慧入园、智慧游览、智慧导购，通过网络购票分时段入园，引导游客科学游玩；一部智能手机或平板电脑，私人订制的长城导览新型讲解方式；自主研发多款App或小程序，多角度了解长城相关的历史、文化、民俗等，使游客借助手机App可提前了解长城里的故事；长城文创产品不仅通过网络销售，也可以设计餐饮文创，实现景区的二次创收。依托智慧营销平台，采用虚拟沙盘式景观展现长城旅游风貌，激发游客的旅游需求，构建“门户网站—三微（微博、微信、微电影）—搜索引擎—论坛社区—移动广告”的长城旅游数字营销体系。除了传统的广告、公关、直销、促销活动外，还可以举办长城主题摄影、书画展，长城数字化三围模型展览体验长城立体拼插模型互动；组织长城专题学术论坛、文化沙龙、长城主题交响乐民族乐演奏、长城沿线骑行等大型活动丰富营销手段，推介长城旅游产品。将线上线下媒体结合，多平台、多维度整合传统媒体和新媒体，拓宽销售渠道，提高长城品牌影响力和竞争力。

（四）建立并完善长城数字旅游公共服务体系

河北省长城数字旅游公共信息服务功能的提升应与智慧城市建设相同步，实现城市的无线数字化。在长城旅游景区、机场、酒店、商场、咖啡馆等休闲场所的热点区域达到Wi-Fi网络热点深度覆盖，而非热点区域完成5G网络无线宽带服务。从门户网站、旅游热线、旅游云App等方面加强旅游咨询服务能力，实现长城食住行游娱购服务过程的数字化，使游客可以便捷地获取旅游需求信息。在有机串联长城景区与乡村旅游点，策划推出长城人家、长城小镇等长城特色乡村旅游路线的过程中，游客应该享有覆盖全县的遗产资源人工智能推介，旅游步道路线引导等线上线下的互动。旅游管理部门、景区、酒店、旅行社等旅游相关行业在旅游行政管理、资源管理、企业管理等方面实现数字化，为游客提供具有个性化和针对性的旅游咨询、旅游产品订购。通过电话、邮件、微信、旅游社区等多种方式回访游客，及时了解长城旅游中出现的问题和游客满意度。河北长城数字旅游建设要与河北智慧城市、新乡村建设、旅游扶贫紧密结合起来。加强长城沿线旅游交通公路和步骑道建设，尤其组建长城驿站、观景平台、露营基地等，进而完善“数字乡村”的农村交通、通讯基础设施建设，以通畅、多元化的交通网络，提速长城区域的精准脱贫工作。在河北燕山—太行山特困区域发展长城数字旅游，规划长城文化特色的乡村小镇或生态农村综合体，将长城区域建设为绿水青山的北方“新农村”。

（五）加快长城旅游数字化人才的培养

高质量发展河北省长城文旅产业，争取旅游竞争中的主动权，都需要人才与知识。数字时代的长城旅游产业要求旅游人才为游客提供智能化服务，运用数字化经营管理、新媒体旅游营销等方式为游客私人订制旅游服务。旅游行政部门健全旅游人才流动机制，吸引数字旅游人才来河北工作，为高层次的旅游科技管理人才提供政策和资金支持；旅游行业培训机构建立“旅游＋数字化”型人才培育机制，注重培养具有现代经营管理理念和服务意识的实用型人才；省内旅游院校及高校旅游学院（系）在培养目标、课程设置、教材编写、教学方法等方面创新旅游人才的培养模式，为河北省培养输送旅游数字化人才；加强各旅游院校相互合作、高校与科研机构的合作，为河北长城旅游培养高素质的复合型旅游人才队伍。

参考文献

[1] 朱强．新媒体技术概论［M]. 杭州：浙江大学出版社，2008：275.

[2] 琼斯 . 新媒体百科全书 [M]. 熊澄宇，范红，译 . 北京：清华大学出版社，2007.

[3] 景东，苏宝华 . 新媒体定义新论 [J]. 新闻界，2008（3）：57.

[4] 高丽华 . 新媒体经营 [M]. 北京：机械工业出版社，2009：52-60.

[5] 宫承波 . 新媒体概论 [M]. 北京：中国广播电视出版社，2007：2.

[6] 匡文波 . 新媒体概论 [M]. 北京：中国人民大学出版社，2012：76-88.

[7] 白翠玲，李开霁，牟丽君 . 河北省长城文化旅游供求研究 [J]. 河北地质大学学报，2020（3）：123-129.

长城国家文化公园（青龙段）文旅融合研究

戴燕山 *

摘要：长城作为世界上现存体量最大的建筑文物，文化遗存、遗产丰富，文化开发与旅游价值巨大。以长城国家文化公园建设为契机，通过对长城河北省青龙段现状调查、历史文化梳理、问题归纳及成因分析，提出长城保护与开发的区域统筹到国家层面统筹的方向，试从立法完善、区域协同发展、特色文化融入等方面入手，活化长城大 IP、打造系列衍生品和服务，健全文化产业链条和体系，探索长城文物保护与开发、文化和旅游深度融合发展的新思路。

关键词：长城；河北青龙段；区域统筹；文旅融合发展

长城作为中国古代的军事防御工程，是中华民族的象征。1987 年，联合国教科文组织将中国长城列为世界文化遗产。以长城为核心，以文化为纽带，规划建好长城国家文化公园，特别是地方长城文化和旅游资源的保护、传承和利用，长城大 IP 开发深研、统筹开发，用好唯一性金色招牌，文旅深度融合生产新动能，是值得探索的重要课题。

一、长城

（一）长城、长城文化、长城文化带概念

1. 长城

长城是中国古代由连续性墙体及配套关隘、城堡、烽燧等构成体系的军事防御工程[①]。历经春秋战国、秦、汉、北魏、东魏、北齐、北周、隋、唐、辽、金及明代等 10 余个朝代，持续 2000 多年时间，是有史以来最长最大的单一建筑物，历史可上溯到西周时期“烽火戏诸侯”，长城一词首见于《管子》：“阴雍长城之地”，齐长城建于公元前 685—645 年之间。

我国现存各类长城资源遗存 43721 处，总长 21196.18 千米。明长城始建于 14 世纪，西起嘉峪关，

---

* 戴燕山，长城文化学者。

① 董耀会：《长城：追问与共鸣》，燕山大学出版社，2019 年，第 3 页。

东至虎山长城，跨越了河北、北京、天津、山西、内蒙古、陕西、甘肃等10个省（直辖市、自治区），相关遗存142处，总长8851.8千米。在2000多年的历史进程中，长城为国家统一、商贸往来、民族融合和社会发展作出了重大贡献，是中华文明的瑰宝。记录了中华民族长城内外文明的碰撞、交融与发展。长城为全国重点文物保护单位，具有巨大的文化和旅游价值。

2. 长城文化

长城文化首先是中国古代修建和使用长城过程中所形成的历史文化，其中也包括依托长城所形成，反映长城内外民族特质和社会风貌的文化[①]。长城内外不同族群的内在精神，通过文化的传承、创造和发展，既表现出民族特色，又有着鲜明的时代特点。

长城文化有着中华五千年文明凝聚的特点。长城本身所体现的军事文化、建筑文化、政治文化、管理文化，代表了当时的高超的政治智慧和组织管理水平，高超的建筑技术工艺和高超的军事艺术。长城体现了中华民族的伟大气魄，不畏艰难困苦的决心，国家统一和组织统筹的能力。

另一层面，长城文化包括长城所在区域的自然地域文化，游牧和农耕两类民族各自文化及融合文化，在相互交往与融合的过程中所产生的诚信文化、商道文化，以及劳动人民追求的包容开放、期望和平的文化。

长城是中华民族精神的象征。长城融入劳动人民的聪明智慧、勤劳团结、艰苦卓绝、自强不息精神。长城文化凝聚了中华民族爱好和平、刚毅勇敢、维护国家统一的精神。长城文化是民族文化融合，是中华文明内部各区域文化之间碰撞、交流的历史见证和遗留物。

3. 长城文化带

长城文化带是建立于长城、长城地域和长城文化之上的总体架构[②]。在长城沿线区域，两边的农牧民族因长城的关系在经济交流和文化融合过程中，叠移形成半农、半牧、半商的汇聚地带，在中国历代版图上长期存在的特殊区域，因其以长城为枢纽标志，称之为“长城文化带”。

首先，民族“文化融合地带”。即农业文化与游牧文化的汇聚融合带。融合本身就体现其文化包容性的特征和最终融合在一起的结果性。从长城及周边地区出土的文物、墓葬群等印证了这种融合特征。其次，民间“商贸文化带”。长城关与口最大的区别是口可以通商，关则偏重于军事。而长城口内外的平等互利的民间贸易，远超当时的官方贸易，并长期占据主流。青龙区域的干沟古镇就是当时的塞北兴隆街，在该地及周边现存功德碑文中有相关记载。再次，长城“文化过渡带”。无论是游牧文化，还是农耕文化，在这个过渡区和平碰撞、互相欣赏，相互借鉴、取长补短，付诸实践、创造往复，创出新的模式——民族文化融合。

此外，军事文化也是长城文化带的一个最显著特征，实质上是文化最激烈的交流、碰撞；而长城文化带在历史上占主流的是过渡与融合。过渡性体现文化形成的过程性，而融合地带体现这个过渡之后的结果性。中原文化过渡到塞北，塞北文化融入中原。正因如此深度民族融合，其过渡、融合之后的在中国历史上有着深远影响力，才有了清代“内边疆”的消失。长城文化带的价值，既根植于区域历史文化的深厚积淀，也依赖于长城象征意义的不断凝练和升华。

---

① 董耀会：《如何理解“长城文化经济带”之概念》，《经济要参》，2019年。

② 马保春：《“长城文化带”内涵探析》，华夏经纬网，2019年。

明代以辽东、蓟镇（青龙段属之）、宣府等九大军事重镇为中心的九边地区，基本上是长城文化带南境的大致范围，再加上长城北境的区域和节点（青龙区域属之）共同构成了长城文化带的范围。明长城文化带的形成与演变是中国长城文化带发展的最后定形。

（二）长城国家文化公园

2019 年 7 月 24 日，中央全面深化改革委员会第九次会议审议通过《长城、大运河、长征国家文化公园建设方案》（以下简称《方案》）。在《方案》中，界定了长城国家文化公园建设范围：包括战国、秦、汉长城本体遗存及附属物，除了明长城，还包括北魏、北齐、隋、唐、五代、宋、西夏、辽具备长城特征的防御体系，以及金界壕等。

长城国家文化公园主要涉及河北、北京、天津、山西、内蒙古、辽宁、黑龙江、吉林、山东、河南、陕西、甘肃、宁夏、青海、新疆 15 个省（自治区、直辖市）广大区域。在建设中，明确“保护第一、传承优先”的原则。结合国土空间规划，严格落实保护为主、抢救第一、合理利用、加强管理的文物工作方针，真实、完整保护传承文物和非物质文化遗产。强调“总体设计，统筹规划”。根据区位特点，注重跨地区、跨部门协调。因地制宜，分类指导，充分考虑地域资源差异性。积极稳妥，改革创新，破除瓶颈和矛盾。“两个突出”：突出文化引领，彰显特色，深入挖掘文物和文化资源精神内涵；突出活化传承和合理利用，与人民群众精神文化生活深度融合、开放共享。主体功能区：以文物和文化资源整体布局、资源差异及周边人居环境、自然条件、配套设施等情况为依据，围绕国土空间规划，着重建设管控保护、主题展示、文旅融合、传统利用 4 大主体功能区。

二、长城河北段（青龙段）

（一）长城（青龙）现状

长城河北段现存 2000 余千米，沿燕山山脉，自东向西，横亘于秦皇岛、唐山、承德、张家口、保定北部等所属部分县、区。部分段落处于河北与辽宁、天津、北京、山西等交界处。河北长城多为砖石结构，非常宝贵，精华地段 20 余处，关隘 200 余处，是明长城保存最为完整、最具代表性的区段之一。

长城秦皇岛段全长约 223 千米，东由山海关老龙头石城入海，一路向西至青龙满族自治县凉水河乡城子岭口段，现存单体建筑 905 座，关（口）堡 62 座，是秦皇岛地区现存体量最大、分布范围最广的文化遗存。

长城青龙段，全长约 184.5 千米，约占长城秦皇岛段的 4/5、河北段的 1/10，东起祖山镇英武山村老边岭横道东的敌楼，西到凉水河乡清河沿村的杏树岭的西尖楼。仅青龙境内就经过 7 个乡镇 24 个村和祖山景区，是秦皇岛境内明长城最长、最雄伟、最沧桑的一段，由于地处燕山东段深山老峪，基本原貌保存完整。

（1）该段长城由青龙与秦皇岛市海港区、抚宁区、卢龙县和唐山迁安市、迁西县，以及承德宽城县交界共有。

（2）该段长城具有代表性。是明早期长城、中期长城、晚期长城三个时期相结合的建筑；存在北齐长城与明长城叠加段。

（3）该段有10处关口要塞。有长城大小关口17座，其中董家口、板厂峪、义院口、花厂峪、界岭口、桃林口、河流口、冷口、白羊峪、城子峪为著名关口与交通要道，基本保存原貌，是华北通东北要塞要路，进关三大通道——承德御道口、无终道、傍海道之一[①]。

（4）文化遗址、遗产众多。长城青龙段遗址、遗产众多，另现存长城碑刻、文物、遗址、窑址等多处，具有文旅开发的价值。

表1 长城青龙段文化遗存梳理

城墙	184.5千米	敌楼	490座	墙台	107座	烽火台（烟墩）	17座
完好砖边墙	10.5千米	较完好	149座	完好的	24座	完好的	10座
塌毁的	10.5千米	半塌毁	191座	半塌毁	49座	半塌毁的	4座
石边墙完好	19.5千米	只剩基	150座	全坍塌	34座	完全坍塌	3座
半塌毁的	48千米						
全塌毁墙体	32.5千米						
无城墙地段	33.5千米						
老边长城	29.5千米						

（二）长城相关保护与立法

1. 国家重视长城的保护与修缮

1952年国家组织开展对居庸关、八达岭和山海关的长城维修工程。1961年长城八达岭段、山海关段、嘉峪关段被国务院列入第一批全国重点文物保护单位。1984年邓小平、习仲勋等老一辈领导人号召“爱我中华，修我长城”，开启了中国长城文化保护事业。山海关、金山岭、八达岭、居庸关等已经开发成著名的旅游景点。2015年河北省启动长城维修项目，对分属不同行政区的长城海港区董家口、青龙花厂峪、抚宁界岭口、卢龙佛儿峪、宽城喜峰口等进行修缮。

2. 各级长城立法保护不断加强

2006年国家颁布实施《长城保护条例》。加强对长城的保护，规范长城的开发利用行为。2016河北省颁布《河北省长城保护办法》，杜绝借保护之名大修“新长城”。2019年秦皇岛市颁布《秦皇岛市长城保护条例》，延展了长城保护范畴等，加强对长城的保护，规范长城的开发利用行为。

3. 各级长城规划建设逐级完善

2019年1月出台的《长城保护总体规划》明确要坚持不改变原状、最低程度干预、预防为主、分类保护和分级保护几项原则。作为长城国家文化公园建设试点，河北省《长城国家文化公园（河北段）建设保护规划》编制已基本完成。

① 任仕怀：《青龙史话》，中央文献出版社，2009年。

（三）长城（秦皇岛段）开发利用和保护现状

1. 保护和开发利用情况

（1）开发与否明显。可划分为已经开发段（如山海关段）和未开发段，即以青龙（县南界）段为代表的未开发段。

（2）发展差距较大。长城山海关段为全国第一批维修和开发，时间较早、旅游业较成熟，是5A级景区；而其他开发较晚的区段，如海港区板厂峪也已申报3A景区。

（3）维护差距较大。长城山海关段经多次维修，而同属一脉长城的青龙段因为没有开发，在深山中落籍无闻，成为风侵雨蚀的“野长城”。

2. 地方立法逐渐完善

2019年《秦皇岛市长城保护条例》颁布，运用立法形式，确认了阶段性长城保护成果：

（1）将长城窑址及附属建筑等相关历史遗存纳入长城保护范畴，明确了长城段落、长城保护范围和长城建设控制地带。

（2）完善了长城保护员管理机制。明确了长城保护员的身份、职责和待遇问题。

（3）确立了秦皇岛“长城保护日”——7月5日。

（4）禁止和限制相关长城范围内的一些具体行为。如对在长城上刻画、喷涂、放养牲畜、野营等作出了禁止性规定。

（5）加强了长城文物管理，对已经散落在民间的长城建筑构件的回收问题作出了具体规定。

3. 基础设施逐渐完善

在基础设施方面，继续扩大投入，如2012年抚宁区对板厂峪段[①]，引资800万元对基础设施进行完善。2017年海港区投资7.21亿元，修建了长175.4千米环长城旅游公路，又新建了5100米自行车专用绿道，对打造环长城特色旅游具有重要意义。

4. 长城口外交通改善

近年来，如途经青龙、通口内外的S251线省道、S261省道、承秦高速、G230国道、G508国道等逐步改善，客观上对长城关口有保护作用。此外，地方还拍摄了长城保护题材的微电影《夺砖》等，提升了民众对长城遗存和文化遗产保护意识。

（四）长城国家公园河北段推进情况

《长城国家文化公园（河北段）建设保护规划》明确指出：长城国家文化公园建设，要建设与长城并行的长城国家风景道。并且以此为基础，建设长城国家文化公园展示系统，以彰显长城的文化价值、历史价值和景观价值。优化交通线路和配套服务设施，串联重要展示空间和建设保护载体，连点、成线、建网，促进河北长城从分散、碎片化的地理空间转变为特定开放全民共享的公共文化空间，集中打造中华文化重要标志。

河北省文化和旅游厅积极推进长城国家文化公园（河北段）项目，初步确定山海关、金山岭、大境门为第一批试点，具体由秦皇岛等市立足发展实际推进。

① 2015年因秦皇岛行政区划调整，板厂峪所在驻操营镇由抚宁划给海港区管辖。

三、长城文化保护和利用开发存在问题及分析

（一）长城保护和利用开发令人担忧

1. 典型事件

（1）“小河口抹平野长城”事件。2016年媒体曝光“最美野长城”辽宁省绥中县小河口长城（实际属于明长城山海关段同类遗存），在修缮后被“抹平”，完全看不出长城的样子，变成一堵蜿蜒的“白灰墙”。辽宁省文物保护部门称“对长城进行修葺”，该修缮项目每一步都经过审批，合理合法。

（2）古长城荒居野外状况堪忧。风雨侵蚀，历史上曾遭人为破坏，眼下又缺乏维护与管理，年久失修，安全隐患逐年增多。部分地区存在违规建设、违法行为，也有长城砖被拆解、盗卖的现象发生，还曾发生过当地民众主动修复长城的事件。

2. 事件分析①

（1）管理缺位，重视程度不够

野外长城区段长、存量大，与数量稀缺文物相比，主管部门重视不够，管理上不到位。明长城目前保存较好的不足10%，保存一般的约为20%，保存较差的约40%，保存差的已经消失的为30%。

（2）认识缺位，宣传力度不够

长城保护和利用的宣传欠缺，对长城保护认识不够，如卢龙桃林口村早年曾用拆下的长城砖建房、修猪圈、改厕所，被称为史上“最昂贵的村庄”，后竖立“知耻碑”借以警世。再如，明长城小河口段，2016年被“抹平”，反映出对长城保护的认识缺位。

（3）“利益驱动”不足，难以融入

没有直接利益，长城未开区段欠缺维护与管理。年久失修，自然损毁逐年增多。长城保护与开发与所在地百姓的生产生活本身就存在矛盾。即使在已开发的区段，只是将精华段圈起来收门票，地方文化并未真正融入，百姓并无实际收益。而主管部门受编制和经费限制，没有经费，有心无力。这与民间董家口段义乌兵及家属的后裔自发保护长城，形成鲜明对比。

（4）长城维护维修水准不一

系统维修长城不单只是技术问题，还涉及文物保护等诸多问题。而由不同地区的施工队在不同的县区同时施工，其施工资质、运用材料与工艺等问题，这本身就存在长城遗存改变和灭失的风险。

2016年《河北省长城保护办法》颁布，杜绝借保护之名大修“新长城”。2019年《国家长城保护总体规划》明确，志愿者或社会团体不得擅自搬动、搬迁散落长城构件，不得擅自修缮长城及其附属文物，避免威胁甚至破坏长城文物本体。从国家的层面叫停了地方组织的各类自发的长城维修行为。

（二）长城立法在实际执行层面的现实问题

1.《长城保护条例》在地方执行层面的问题

（1）长城保护经费纳入地方财政预算难。如长城所在县区多为经济欠发达山区，财政本来就

① 孙立平：《实践社会学与市场转型过程分析》，《中国社会科学》，2002年第5期，第83～96页。

捉襟见肘，地方难以出资维修和保护长城。

（2）长城分段管理之弊。长城是世界上规模最大的单体线性文化遗产，如对长城实行整体保护、分段管理，人为地分成不同区段，则会产生截然不同的几种保护境遇的结果。“宝在深山无人问，身近闹市遍地金”。

2. 地方立法难突破，亦存未解问题

（1）“分段管理”属地划分难

就分段管理而言，长城青龙段多是位于青龙与其他县（区）交界，同属两地。存在保护和利用范围怎么划分，现实中是否存在重复和空白区问题。

（2）“长城保护经费”增负担

长城保护经费实际上纳入长城所在县区财政，而县区财政收入本就捉襟见肘。如长城青龙段长184.5千米，原属贫困县的青龙，因长城保护而增加几个县区之和的财政负担。就长城保护员经费而言，秦皇岛地区总数是96人，青龙44人，占总数的45%；而其他四县区合计才52人。

（3）“区域统管协调”突破难

因行政区划管辖不同，本就是同一脉长城，被人为分割，保护和发展不齐。

（三）长城保护和利用开发不均衡

1. 长城沿线县区文化旅游发展不平衡

保护和维护差距较大，纳入景区管理的长城重点段，经费充足。山海关长城及古迹维修，仅1984—2006年累计投资4912万元；2006—2012年筹资71983万元再次维修，河北省拨付拆迁征地资金3000万元。而未纳入旅游开发和管理保护的长城段，没有系统维修过，自然坍塌严重。

长城青龙段地处燕山深处，所在地建县历史较短，现代公共交通等基础设施本就不发达，旅游配套设施和服务体系相对不完善，也没有大量的旅游收入。

2. 长城沿线各自开发利用存在利益博弈

（1）先开发者先取得长城开发主动权。受行政区划等影响，与青龙交界段的长城板厂峪－义院口段，抚宁开发较早，取得开发主动权，划归财政实力雄厚和话语权大的海港区后，由海港区继续扩大投入进一步开发；而与青龙交界的唐山迁安段白羊峪、迁西喜峰口段也因此被后者两方抢占长城开发先机。

（2）资本介入客观上加剧统筹的难度。由于资本的介入，使得长城保护与开发的统筹因资本介入后开发，博弈突显，客观上增加了区域统筹的难度。

3. 长城保护和开发利用文旅融合任重道远

（1）长城保护与利用开发的手段原始

一方面，长城整体性保护和利用开发的体系还没有形成；一方面，长城保护和利用开发二者本身就是一对矛盾体。长城保护和展示手段同质化问题严重，长城文化展示与传播效果不佳，存在长城博物馆重复建设现象。长城文化与非遗开发方式和展示手段十年未变，缺乏创意设计和科技手段的运用。长城“非遗”活化利用程度不高，很多长城景区主营还是靠门票收入。还有长城景区为取悦游客，乱编长城故事，效果大打折扣。

（2）文旅融合深度不够、与区域文化“融而不合”

对长城文化本身内涵挖掘不深、融合不够，长城景区文旅模式同质化现象严重。旅游产品开发缺少与地域文化资源整合，对所在地文化历史、人文资源与非遗等的挖掘和展示不够，重硬件投入、轻软实力建设。就长城论长城，缺乏创新。有的长城景区投资兴建大型“实景演出”项目，投入大、收益缓，运维难以为继。

（3）长城特有的文化体系尚未形成

传统长城旅游行业正整体步入“下行期”，有的长城大型景区出现亏损；而小微景区、网红打卡地的客流量和收入节节攀升。新时期文旅融合要求转向对长城文化基因与精神内核的挖掘与研究[①]。特别是长城文化的活态传承与可持续发展，实现历史文化与现代文化之间的对接与融合，围绕长城 IP 形成系列产品与服务。长城 IP 虚拟价值与形态开发值得深入研究、大胆进行尝试。

文化旅游融合任重道远，长城申遗成功 31 年，长城还没有专属标识、吉祥物、专属旅游纪念品，音乐、美术、动画、3D 的专属性产品和影视剧开发，没有衍生文化产业链的开发。

四、长城青龙段区域文化及旅游产业资源分析

1. 独特的地理位置为文旅融合发展提供基础素材

地理位置通渠三省。青龙地处燕山东端，冀蒙辽三省交界。砖石结构的明长城 184.5 千米，在河北县域内独一无二。

长城（青龙段）位于交通要塞。五口通商，是联结沟通东北、华北、内蒙的要塞、要路。其中义院口、界岭口、桃林口、冷口、白羊峪、城子峪、擦崖子等关口成为中国古代道路交通史上珍贵的建筑。

古代的主要边关榷场、驿道，是古商路——无终商道的重要节点。“粮马古道”孕育干沟镇等长城口外商业集镇。素有“拉不败的哈达（赤峰）、填不满干沟”“拉不败的干沟、填不满的台营、建昌营”之说。

干沟古镇，诚信立市，口碑享誉关内口外。据现存老爷庙功德碑文考老字号商家 70 余家，城堡一所。第二次直奉战争期间，被奉军劫掠烧毁。

2. 深厚的文化底蕴为文旅融合发展提供不竭源泉

青龙区域历史遗存、文化丰富多样，是古热河－辽西生物化石群的重要发现地之一，出土的 1.6 亿年前侏罗纪中晚期带羽毛恐龙化石享誉海内外。

史前文化。域内已发现旧石器遗址多处，在三万年前就有人类活动，是秦皇岛最早区域。文化层根据出土遗址及文物，属于夏家店上层文化，是红山文化向中原发展的关键性过渡区。石、砖、铁艺文化有待挖掘。

古商族的发祥地。天命玄鸟、降而生商。域内青龙河古称玄水，青龙河流域现存多处为商（族）早期文化特征，八道河出土的商代青铜短剑，现存于国家博物馆。

---

① 范周：《言之有范：新时代的文化思考》，知识出版社，2019 年。

中国奚族文化之乡（2010）、中国诗词文化之乡（2017）和河北民俗文化之乡。域内燕（国）文化、奚族与辽金文化、白酒文化、盐道文化、满族文化、红色文化有待深挖。

3. 丰富的旅游资源为文旅融合发展奠定良好基础

产业化龙头初具规模。域内祖山森林公园为4A级景区，五大风景区总面积118平方千米。2016年艾伦（秦皇岛）集团与青龙签约，投资4亿元开发长城冷口温泉·山海间康养旅游度假区、文化产业园，一期已竣工。

青龙主打满族系列非遗文化保护与开发。有双合盛“在旗”满族系列食品，被誉为中国黏豆包之乡，企业发展迅猛，三期扩建完成，2019年产值过亿。北京正和顺、天津向汪果汁、山楂树下果汁、中红三融等龙头企业正打造绿色食品农产品质量安全示范区。

青龙水质优良，是秦皇岛、唐山的饮用水重要水源地，吸引娃哈哈、康师傅、今麦郎、蓝蓝在青龙投资建厂。

青龙成功承办2019秦皇岛市第二届旅发大会，初步形成五大生态旅游片区。

4. 良好的自然环境为文旅融合发展提供丰富资源

山场植被多样化、绿色经济发展。青龙区域地处北纬40°，暖温带亚湿润气候区，四季分明，日照充足，昼夜温差大，平均气温8.9℃，平均降水量715毫米，年无霜期162天。

全县林地面积334万亩，森林覆盖率达63.52%，位居全省第三。负氧离子很高，连续5年荣膺“全国深呼吸小城百佳”。

域内中药材、精品杂粮、干鲜果品、蔬菜食用菌资源丰富，全国板栗种植第一大县（2019），取得京东板栗地理原产地标，是中国苹果之乡、中国京东板栗之乡和河北杂粮之乡。

该县是出口板栗质量安全示范县、无公害果品生产基地县、肉鸡和山羊养殖大县、中药材生产示范县、全国经济林建设先进县、全国绿化模范县，是全域旅游的青龙河湿地国家水源地保护区。

五、长城国家文化公园青龙段文化保护和旅游开发利用的思考

当前，对长城文化遗产保护和旅游开发，尚存在亟待解决的问题。长城国家文化公园是一项国家层面的重大文化工程，其宗旨和目标是：实现保护传承利用、文化教育、公共服务、旅游观光、休闲娱乐、科学研究功能。长城国家文化公园管理化运营，是具有特定开放性空间的文化载体。

（一）统筹行政区划和区域文旅联席制度

长城北京段探索建设长城国家文化公园，逐步逐年对北京段甚至全国其他长城实行国家公园管理模式。推动长城两侧2千米内核心区的保护利用规划，形成长城遗产地保护区。这为区域统筹提供了新的方向。

1. 探索市域统筹到区域统筹的联合机制

对于长城青龙段而言两步走，先建立秦皇岛市山海关区、海港区、抚宁区、卢龙县、青龙满族自治县“三区两县”的市域统筹机制，整合秦皇岛域内长城相关资源，在山海关5A级景区标杆的基础上，向板厂峪等长城关口倾斜，在长城沿线打造星罗棋布、各具风格的“小而美”的特色小镇。

在此基础上，联席唐山、承德两市，统筹冷口、白羊峪、红峪口、城子峪、喜峰口等长城节点，实现省内、市域统筹保护与开发。

2.“三省五市”联席做强区域文旅品牌

唐山市迁安市白羊峪、红峪口，迁西喜峰口；承德市宽城县都山、峪耳崖，平泉市青龙河源、契丹王陵；辽宁葫芦岛市绥中九门口、建昌大峡谷、青龙河源、战国（燕）文化，朝阳市凌源市辽金文化；内蒙古赤峰红山文化等文化旅游资源。建立区域文旅发展联席机制，打造区域文旅平台，资源共享、互通有无，避免重复建设与恶性竞争，区域品牌打包升级，共享文旅融合发展成果。

3. 打造长城国家公园文化带区域统筹样板

秦皇岛两县三区，唐山迁安、迁西，承德宽城、平泉，辽宁建昌县、绥中县联手开发长城国家文化公园项目。统筹旅游基础设施建设，着力改善生态环境，创造长城国家文化公园区域统筹样本，推进长城文旅区域发展模式。

（二）统筹区域大交通助力长城内外文旅融合

对长城沿线的交通综合考虑、统筹规划。特别是非景区段长城沿线县区多是山区、革命老区，也是欠发达地区，交通是发展的主要瓶颈。以《全国红色旅游公路规划》和沿线省、市交通规划等为依托，围绕长城国家文化公园建设，打通区域断头路，改善旅游路。“大交通”格局形成区域旅游发展辐射效应，促进区域旅游业深入发展。

1. 铁路高速双管齐下贯通长城内外

（1）铁路建设。一是新建承秦铁路，长约 200 千米。该段是河北铁路网闭环的最后一段，与京承秦旅游“大三角”闭环，同时桥接京沈高铁与东北、内蒙古铁路网。二是新建山刀铁路，长约 88 千米，该段升级秦皇岛旅游铁路，即长城板厂峪口向北延伸至青龙境内与辽宁凌源市古刀尔登镇，桥接内蒙、辽宁北部铁路网。

（2）高速公路建设。一是新建卢青凌高速，总长约 128 千米，桥接京秦与承朝高速，并北延伸至承朝高速（G25）连接内蒙古－东北高速网。形成贯通秦皇岛西部三县一区大动脉，通北戴河新机场，建设秦皇岛－承德－内蒙古旅游新“大三角”。二是新建迁青高速，长约 30 千米，即迁曹高速北延跨长城至青龙八道河段，桥接迁曹和承秦高速，并入京津唐高速网。

2. 建大交通各级行政统筹区域协调

这些除了需要交通部统筹外，还需要河北、辽宁两省协调推进。市域范围内需要青龙、卢龙两县协调，省域范围需要秦皇岛、唐山和承德以及跨省的辽宁省凌源市协调。以长城国家文化公园为契机，大交通建设也是破解秦皇岛区域旅游发展瓶颈的关键。

（三）统筹规划与立法稳定长城保护和开发成果

1. 统一制订具体实施细则，解决执法标准不统一，法哲学、法理学基础和立法技术水平不一，以及对法理解差异较大的问题。

2. 针对各地比较成熟的经验、做法和创新模式，以法律的形式加以固定，制订长城保护、维修、开发的统一标准，实现规范化、长远性和可持续发展。

3. 明确各地的长城保护和开发责权利划分，解决因为行政区划导致的长城被人为地分区划段、差别对待问题。

4. 明确长城保护的上一级行政统筹责任。长城保护和维修经费列入上一级财政，在景区受益上缴财政中列支。解决同一脉长城保护背景下，长城景区段收益满满，“野长城”落寂荒草、无人问津的窘境，统筹长城保护和开发。

（四）培育长城 IP 体系拓展产业链条

1. 统筹组织建设长城保护利用开发解决瓶颈

在广泛听取民意，深入调查研究的基础上，做好战略规划。如组建长城国家文化公园管理团队，统一经营、管理与保护；组建长城文创团队，围绕长城 IP 整体包装、推介；组建产业链团队，结合河北中小文产企业优势，成建制组团，形成和延伸长城文化产业链；组建资源团队，引入社会资源，出人、出力、出点子、出产品，总体设计，统筹规划。解决长城保护与开发的资金、技术、管理与研发的瓶颈。

2. 项目负责调动各方积极性共享发展成果

实行项目负责、按股分配、按劳分配。长城现有成果入股，各类资源评估入股，社会资本介入，专业管理团队介入，按劳分配、按股分配。形成长城景区收入、文产受益资金反哺长城保护与开发良性机制，破解长城开发利用两极分化问题，亦巧妙解决大资本介入后的局部利益博弈问题。同时长城地方段的各类资源评估入股、收益，一方面解决地方投入难的资金瓶颈，一方面增加地方财政收入和当地就业，调动地方各方参与，带动长城欠发达地带人民靠长城文化发展地方经济，同时增强长城保护观念，有效地保护落寂深山中的“野长城”。

3. 统筹长城大 IP 打造品牌文化衍生品体系

深入挖掘长城文化内涵，统一打造长城文化符号。加强顶层设计，因地制宜，打造长城文化 IP，加盟的各方股东、资源方，通过产业研发、融资、项目制、多元化等形成体系与闭环产业链条。扩大宣传，打造特色长城 IP 及衍生品体系和长城虚拟价值。

4. 统筹研究智库资源建设打造文化新业态

一方面发挥本地高校、院所作用，一方面联系京津冀地区的研发与智库资源。深度研发文旅衍生品和服务，延伸产业服务链条。

围绕长城大 IP，运用“互联网 +”“科技 +”“文化 +”数字技术、大数据、云计算、物联网、人工智能新制造业态，有针对性地孵化新型音乐、动漫、影视、手游等产业，丰富长城文化产业链条和体系。

（五）长城文旅深度融合开启新动能

在长城国家文化公园项目上，吃透中央政策文件精神实质，紧跟政策，结合实际进行对标，统筹做好区域发展规划，推进长城文旅的深度融合，开展长城旅游与文史研究、文艺创作、新农村建设、新科技应用等诸多方面的融合发展。落实到具体项目上，集中优势打造系统文化工程。

1. 重点打造长城冷口文产园

（1）以艾伦集团（秦皇岛）青龙项目为龙头，结合青龙沿线长城特色，规划建设“一园一带八镇”，做强长城线文产产业链。

（2）围绕长城关口打造精品民宿旅游路线。

（3）围绕长城特色文化，设计亲子一日游路线，做好长城游，打造网红系列打卡地。

（4）围绕花厂峪红色文化博物馆、纪念馆等打造社会实践基地和研学旅行、爱国主义教育基地。

2. 区域文旅融合五大生态园

围绕长城塞北风光，以康熙提点“塞外八景”，以及青龙河、七彩青龙、祖山景区、肖营子镇、干沟古镇等为立足点，打造都山、温泉（冷口•山海间）、青龙河、天然石长城等口外五大生态园区，发展生态文化游，打造亲子园、农事体验基地和教育培训基地。

3. 区域生态资源融合“扶贫车间”

围绕绿色生态优势，开展绿化造林，特色种植及特色养殖业规模化、产业化。特别是区域农产品、果品、中草药系列深加工企业，打全国品牌，加大“扶贫车间”建设，解决长城欠发达地带脱贫后的产业振兴问题。

4. 区域人文资源融合深度体验

围绕地方人文资源，如青龙石文化、史前文化、桑蚕文化、商族文化、战国（燕）文化、奚族文化、塞北文化、满族文化、商道文化等多元文化汇集，挖掘非物质文化遗产，孵化区域特色中小型文旅企业，丰富文化内涵与旅游深度体验。科学规划区域文化旅游路线，打造区域旅游 2.0 升级版。

推动长城沿线特色民宿、长城文化村落项目打造，开展分门别类的非物质文化遗产展示、建设小型影视创作基地、网红打卡地，形成集居家型闲适旅游观光、文化深度体验于一体的沉浸式、链球式、蚂蚁搬家式的微型旅游产业带。运用新的手段和形式透过古老的长城历史文化，讲述新故事。

结论

长城是世界上规模最大的单体线性文化遗产，实施长城国家文化公园建设是国家战略，统筹完善各级规划、法律法规条例。先从县区统筹到省内统筹，再到区域统筹，实行区域文旅发展联席机制、项目负责制，按股、劳分配，资源共享、错位发展。打破行政区划局限，“打通断头路”，加强交通、基建等统筹；“打造长城大 IP”，丰富长城文化供给品类与服务，培育长城文化产业体系及衍生品体系；新业态、新动能，打造长城国家文化公园文化带；最后实现长城国家文化公园整体连片统筹。文旅深度融合，集中打造中华文化重要标志，坚定文化自信，彰显中华优秀传统文化持久影响力和社会主义先进文化强大生命力。

参考文献

[1] 董耀会 . 长城国家文化公园建设的几点思考 [C]// 中国长城学会，八达岭特区办事处 . 中国长城文化学术研讨会论文集 . 北京：中国书籍出版社，2020：2-7.

[2] 范周．言之有范：新时代的文化思考 [M]．北京：知识出版社，2019.

[3] 董耀会．如何理解“长城文化经济带”之概念 [J]．经济要参，2019.

[4] 孙立平．实践社会学与市场转型过程分析 [J]. 中国社会科学，2002（5）：83-96.

[5] 董耀会．明长城实考 [M]．南京：江苏凤凰科学技术出版社，2019.
[6] 刘江红．中国社会结构变动与文化政策演进 [M]. 北京：社会科学文献出版社，2016.
[7] 任仕怀．青龙史话 [M]．北京：中央文献出版社，2009.
[8] 刘玉宗．青龙湾 [M]．秦皇岛：燕山大学出版社，2018.
[9] 孙继胜．解密秦皇岛 [M]．北京：方志出版社，2008.
[10] 王华．青龙满族自治县村镇志 [M]．北京：中国文史出版社，2018.
[11] 刘振洲．隆化古代史情 [M]．长春：吉林大学出版社，2009.

长城国家文化公园建设数字化应用新思路

于景明　郑永斌　张建明 *

万里长城是“勤劳、智慧、百折不挠、众志成城、坚不可摧”的民族精神的象征，是激发爱国热情、增强民族观、坚定文化自信的重要载体。

中办、国办印发《长城国家文化公园建设方案》，明确管控保护、主题展示、文旅融合、传统利用四类主体功能区布局要求和保护传承、研究发掘、环境配套、文旅融合、数字再现五大基础性工程的总体建设任务。

为充分利用互联网大数据、云计算、人工智能、区块链、虚拟现实和3D技术，以“数字化应用、实效性服务”助力长城沿线各地长城国家文化公园建设和长城文旅融合、保护传承、数字再现等基础性工程的顺利实施，特提出以下应用建议。

一、建设“文化 + 旅游 + 科技”于一体的互联网综合应用平台——“长城云”平台

平台功能包括三个方面：

一是长城学术研究。为更好地推动文化数字化成果向网络化、智能化转变，考虑建设学术研究平台，汇聚具有前沿性的重要研究成果，以PC端和手机端形式对长城研究项目、战略合作、学术交流、考古发现等长城相关研究成果进行展示。如“学术交流”栏目，对近期长城主题学术交流会议内容进行回顾，提出尚未充分开展或需要加强研究的课题，总结研究的成果及大会取得的共识，不仅可以图文浏览，还支持语音、视频的形式进行播放。平台深度发掘研究长城历史文化宝库，为长城研究后来人提供理论支撑，为我国长城学发展和长城文化传播提供智慧成果。

---

* 于景明，北京岱阳信息技术有限公司董事长；郑永斌，北京岱阳信息技术有限公司副总经理；张建明，北京岱阳信息技术有限公司副总经理。

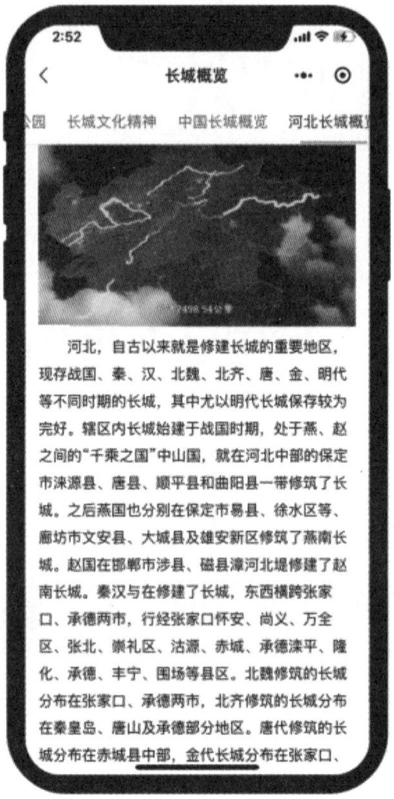

二是长城智慧旅游。进一步发挥文化、旅游和科技相互促进作用，打造集需求采集服务交互、效果反馈于一体的游客互动新模式。可建立智慧旅游平台，运用物联网、大数据、智能交互、扫描建模、图像采集等信息技术，通过直观的可视化交互手段，以AI导览、手绘地图、AR识物、VR全景等多种智慧功能，为游客提供游览、美食、酒店、机票、购物、攻略、游记、租车等旅游服务。其中AR识物功能，可识别建筑及植物。如通过手机摄像头扫描植物，了解植物名称、花语、特性及养护方法，满足游客好奇心，为旅途增加趣味性。打造“可体验、可观看、可阅读”的智慧旅游交互体验平台，推动长城沿线文化事业、文化产业和旅游业的融合发展。

注重资源整合和科技创新，打造文化旅游综合体，成为带动文化旅游产业发展的新景观、新载体，模拟打造印象·长城主题乐园，形成新的文化消费热点，不断催生新的文化消费形态。主题乐园分为主题游乐区、文化体验区、主题博物馆、康养休闲区、非遗研学区等不同主题园区，以游乐、体验的形式拉动长城文化、旅游、经济的大发展。如文化体验区，浓缩历史上各个时代的长城关城场景，游客可以换上不同时代的服装，在不同场景中进行拍摄、体验，在古时长城中感受长城文化；非遗研学区，以场景化的方式，为游客演绎非遗产品的“前世今生”，真正实现“乐赏长城，趣味游学”的目的。园区内的各主题版块可以串联成一条完整的故事线，让游客获得完整、流畅的游园体验。再现关城民俗风情，打造新文化旅游目的地。

三是长城资源交易。为了将文化资源通过数字化转化为文化素材，成为文化产业“新生产力”，可打造长城资源交易平台。平台依托长城专家学者、长城摄影爱好者、相关院校及企业等多方组成长城资源联盟，提供资源交易服务及个性化定制全案服务。其中，资源交易服务将联盟内拥有自主版权的长城图片、视频、三维模型、全景素材、航拍等资源进行展示及交易。平台依托于版权保障体系建立，有效保障作者及用户的合法权益，提升供给侧文化生产，盘活文化文物素材资源，打通长城文化资源供需壁垒；个性化定制全案服务依托全国优质的摄影师、设计师等视觉人才资源库，提供对接服务，帮助用户打造高品质的视觉内容，传播新媒体时代长城独特文化。

二、对长城实体展馆进行数字化升级改造

对现有展馆内长城相关文物、图片资料、模型雕塑，采用多点触控屏应用、透明滑屏触摸应用、人机交互系统、数字成像技术等科技手段制作，并通过视频、文字、图片、解说、立体 flash、虚拟漫游等方式，宣传介绍长城的历史、文化、军事、经济、民族融合等内容，让游客有全新感受，流连忘返。

三、建设长城数字博物馆

科技的发展催生公众对博物馆产生新需求：便捷化、智能化、高科技，可通过建立长城数字博物馆，更好地满足公众需求。采用实体博物馆与线上数字博物馆同步展现的形式，为游客展示长城的起源与发展、长城的军事防御系统及功能、长城的建筑结构等内容。博物馆陈列长城相关文物、图片资料、模型雕塑，并以数字沙盘的形式模拟“上下两千多年，纵横十万余里”的长城神姿。线上数字博物馆更是打破时间、空间的限制，运用三维图形图像技术、计算机网络技术、立体显示系统、特种视效等技术，将博物馆以三维立体的方式完整呈现于网络上，让用户通过互联网也可身临其境、360 度全方位地观赏珍贵展品，更便捷地获取信息、了解知识。借助 PC、平板、手机多终端互通的形式，随时随地感受长城古老而辉煌的历史文化。

四、打造沉浸式长城文化廊

通过多通道投影融合技术将画面投射到大幅面或多个幅面的银幕上，配合音响、灯光、烟雾等打造沉浸式的观景环境，画面场景多维度、全覆盖观众视角，通过互动感应系统智能控制，能够和观众产生互动，让参观者沉浸在充满梦幻的场景里，感受长城的独特魅力。

五、开发长城主题游戏

年轻一代对长城的认知仅限于“世界文化遗产”“不到长城非好汉”，而关于长城知识、长城文化内涵、长城精神则缺乏了解途径。有鉴于此，可以长城文化为知识体系，开发长城主题游戏。借助当代人感兴趣的方式，将长城文化、长城知识脉络融入长城主题游戏（手游/网游）中，寓教于乐。长城主题游戏以朝代为背景分为不同版块，每个版块都真实还原该朝代场景，包括游戏人物、服装、建筑风格、游戏内容设定、故事发生地的民俗风情等，让用户在娱乐中学习小到长城的构筑方法、

材质，大到长城对一个民族、一个国家的精神意义，从而发挥出游戏的科普及爱国主义教育作用。

六、建设 VR 长城主题影院

以弧幕为背景，采用激光投射的方式，由数字内容、投影系统、播放系统、集成系统、无缝屏拼接系统组成，打造融“3D 立体 + 动感体验”于一体的娱乐体验影院，为游客带来一场极致震撼的立体长城之旅体验，深刻感受虚拟现实技术与电影结合的无穷魅力。

根据环境情况分别设置 120°、150°、180°、360° 不同规格的屏幕。观众戴上液晶立体眼镜和头部跟踪设备，以便将观察者的视点位置实时反馈到计算机系统使其体验身临其境的感觉。当观众走动时，系统自动计算每个投影面正确的立体透视图像。

影院依托 VR 技术，向观众讲述长城的历史魅力和现代风采。长城题材影片分为科普纪录片和影视文化片。科普纪录片主要讲述深厚的长城文化、传播博大的长城精神、科普灿烂的长城文明；影视文化片主要是与长城有关的优秀电影展播。

七、区块链技术复原长城

长城历经两千多年历史变迁，如何恢复展现 15 个省（直辖市、自治区）的 404 个县（区）每一段的长城建造原貌，让全世界人民和子孙后代全面了解长城是重要课题，答案就是采用区块链和数字应用技术，将长城历史原貌真实复原，“让长城活起来”，成为中国长城原貌的“图景精品”。

区块链数字化复原长城项目，是利用区块链技术去中心化、不可篡改、全程留痕、可追溯、集体维护、公开透明等特性，基于分布式账本技术及共识机制进行多个节点同时修复及修复技术共享。

区块链技术的应用，可以让更多的人跨越民族界限，参与到长城数字化修复工程中，将长城按照不同时期的特点、风格进行复原重现，从而诠释文化遗产的历史，为世界文化遗产的保护开发提供新思路。

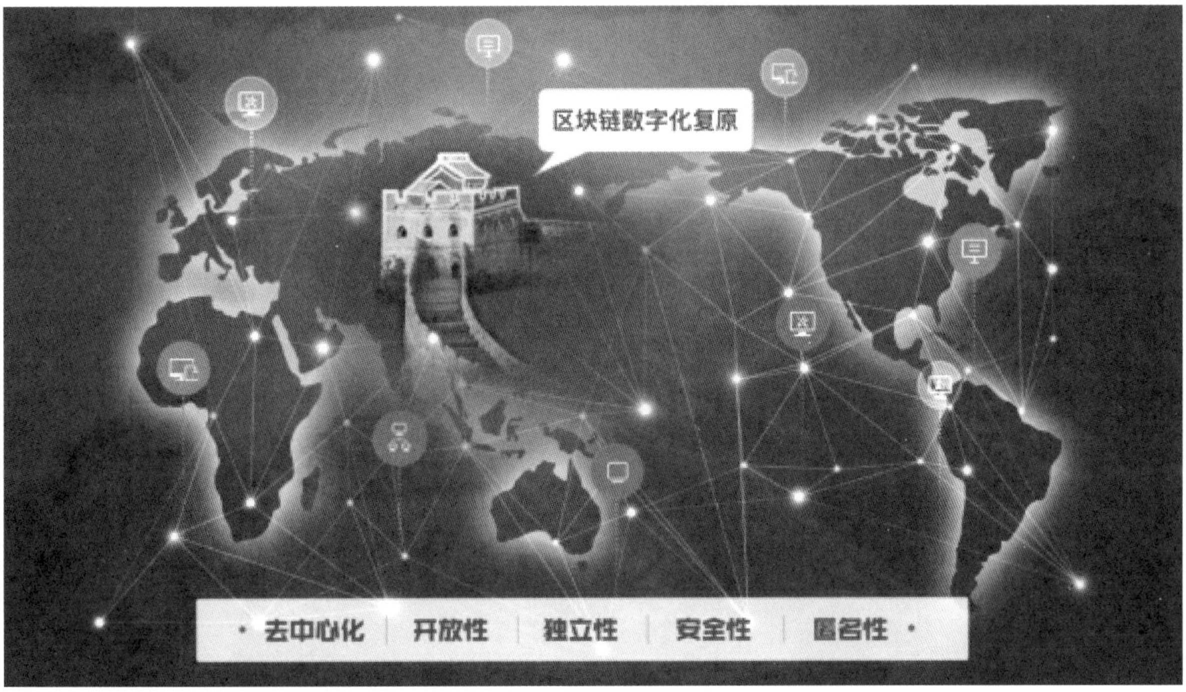

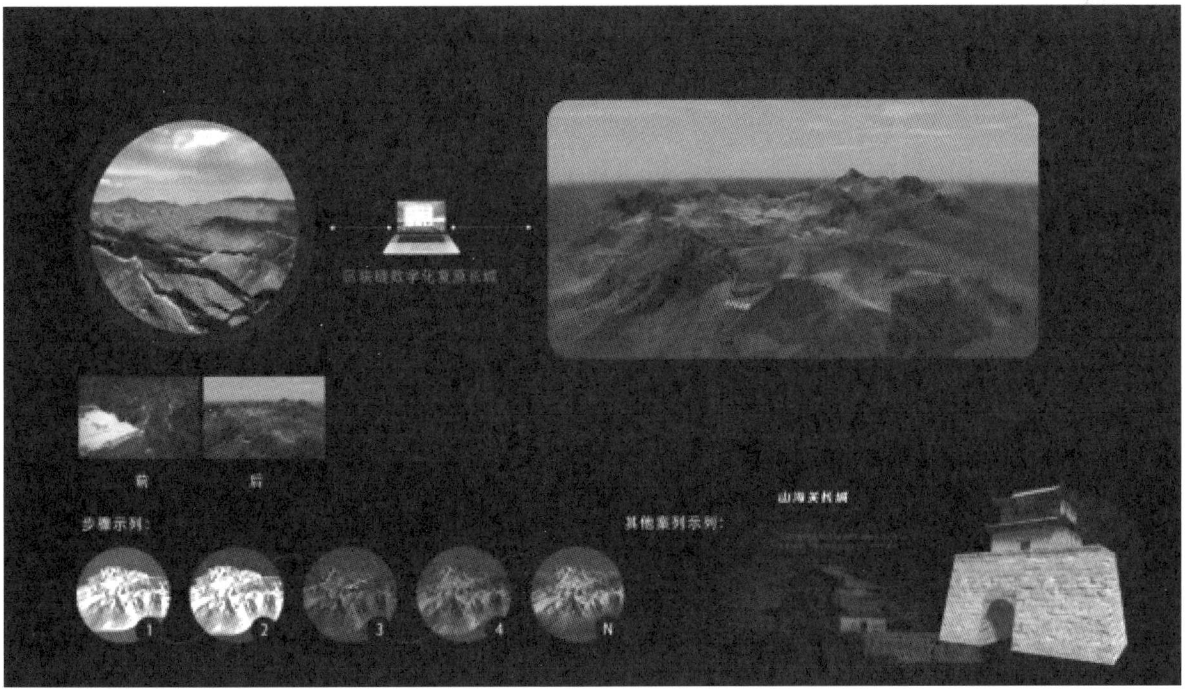

八、建设长城数字化保护系统

高精度、真实性空间三维基础数据信息留存是长城遗产保护应用研究工作开展的基础，也是实施长城国家文化公园保护传承工程的重要举措。

基于本地长城数据信息专业化采集，建立本地“长城数字档案”和省、市、县三级“长城数字化保护系统”，为长城进行可靠、精确、科学地保护提供保障。

采取人防、技防、物防三种防御保护手段共同推进本地长城实体的常态化保护工作。利用无人机高空无死角监测、巡查，能够全面、精准地看到本地长城的实际现状，通过厘米级的信息捕捉，发现长城病害，为保护长城提供重要的数据支撑。

长城旅游发展中利益相关者环境责任行为分析

何亚丽*

摘要：长城具有独特的文化、历史、建筑、军事和科学价值，是历史的巨大遗赠，是中国的旅游王牌。在世界宝贵的文化遗产长城旅游开发与发展中，保护旅游环境尤为重要，而其中涉及多个利益相关者，其行为都会在一定程度上对长城发展产生影响。首先，从利益相关者理论出发，确定长城旅游环境责任核心利益相关者包括政府部门、企业、当地社区和旅游者，并分析各主体长城环境责任行为；其次，基于层次分析法构建长城旅游发展中利益相关者环境责任行为评价指标体系，包括5个一级指标和18个二级指标，通过权重测算结果对各主体环境责任行为的驱动因素进行比较判断；再次，引入行为扩散理论，考虑关键驱动指标以及旅游环境这一背景，对传统的行为扩散研究模型进行分析、调整，构建了基于Bass模型的纳入动态采纳的长城环境责任行为扩散模型；最后，从明确长城旅游中各利益相关者角色定位、4个利益相关者层面的环境责任行为干预、建立各利益相关者整合机构等几方面提出干预对策，以期提高长城旅游发展中各相关主体环境责任行为的整体水平，改善世界遗产长城旅游资源及环境的保护。

关键词：长城旅游；利益相关者；环境责任行为；行为扩散

1 引言

近20多年来国际组织和各国政府都一直大力推崇可持续旅游，旅游学术研究也颇为关注这一旅游发展理念。十八大以来我国一直重视并且大力推进生态文明建设，《“十三五”旅游业发展规划》提出“文明旅游蔚然成风，旅游环境更加优美”“将旅游业培育成经济转型升级重要推动力、生态文明建设重要引领产业”，《国务院关于促进旅游业改革发展的若干意见》（国发〔2014〕31号）等政策文件均非常强调可持续旅游的重要性。

放到长城这一对象的旅游发展上来看，长城的保护和开发二者均衡可持续发展的重要性显得更

* 何亚丽，燕山大学经济管理学院硕士研究生。

为突出。长城是世界历史上修建时间最长、工程量最大的一项古代工程，是现存规模最大且极其宝贵的历史文化遗产，是中国的旅游王牌。除了为人们所熟知的八达岭、山海关、居庸关等段的长城得到较为妥善保护外，绝大部分仍处于自然状态，散落在鲜为人知的边远村庄。不论是已被开发的长城景区还是散落的各段野长城都长期遭受着不同程度的自然及人为的双重破坏。在对世界宝贵的长城文化遗产进行旅游开发中保护资源和旅游环境尤为重要。

学者们多以不同范围和地域的长城为研究对象（龚俊杰等，2016；孔旭红、辛儒，2008；李彪、郭奇斌，2009；徐凌玉等，2018），关注重点在长城资源条件及整合（刘锋、郭来喜，2000）、开发现状及问题（田家莉、张叶青，2013）、保护与开发（刘菽、赵杰，2020）、文化遗产的开发（董耀会，2020），提出发展路径及模式、对策与建议。现有关于长城的研究多为定性分析，对长城环境（杨丽花等，2017；张国红，2001）以及长城各相关者（苏明明等，2012；王纬等，2017）的研究相对较少，并且缺少长城环境责任行为（张建荣等，2017）以及行为扩散方面的研究。因此，以利益相关者为出发点，对长城旅游发展中利益相关者构成及其环境责任行为进行识别，并且对其长城环境责任行为评价指标及行为扩散问题进行分析，最后探讨采取何种以及如何采取有效的措施引导和干预各相关主体的长城旅游环境责任行为，促进长城的保护与开发。

2 材料与研究方法

2.1 长城旅游核心利益相关者及其环境责任行为分析

国内外学者对旅游业中利益相关者的界定大多援引弗里曼的经典定义，“能够影响一个组织目标的实现，或者能够被组织实现目标过程影响的个人或群体”（Freeman）。长城旅游发展中保护资源和旅游环境尤为重要，其中涉及多个利益相关者，其行为都会在一定程度上对长城发展产生影响。因此有必要引入利益相关者理论，长城旅游发展过程中涉及政府部门、企业、当地社区、旅游者、社会组织（如长城协会、大众媒体、志愿者）和科研机构等多个相关者，以核心利益相关者政府部门、企业、当地社区（当地长城保护员和社区居民）和旅游者为研究主体。

近年来，中国持续关注生态文明并作出了一系列政策性安排，其中2015年颁布的《关于加快推进生态文明建设的意见》，其亮点之一就是强调生态文明建设人人有责、共建共享，推崇人人都是生态文明建设者，政府、企业和个人都应承担环境责任，不同于以往“谁污染谁负责”的理念，体现了对于环境责任新的认识。环境行为广义上是指对生态环境质量或环境保护有影响的行为，包含正面的，也包含负面的。现有文献研究中多指正面的行为。旅游者环境责任行为是近年来国内相关文献的关注热点。如余晓婷认为游客环境责任行为是在旅游过程中游客采取的一切减少对环境造成不良影响或促进资源可持续利用的行为（余晓婷等，2015）；罗文斌认为是基于个人责任感和价值观，旅游者主动采取的若干有利于旅游环境可持续发展的行为等（罗文斌等，2017）。放在长城这一研究对象上，长城旅游环境责任行为即各相关主体采取的减少对长城资源、长城本体、长城环境以及周边生态环境等长城资源与环境的负面影响，促进长城可持续发展的行为。

2.1.1 政府部门

旅游管理部门按横向职能划分，包括建设部门、国土资源部门、文物部门、文化和旅游部门、林业部门、农业部门等；按纵向层级划分，有中央、省、市、县等各级政府行政主管部门。不同职能不同层级的政府部门各自为界，按照各自的权限对长城发展施加影响。各个部门的人员素质、行为决策等都会在不同程度上影响当地长城旅游发展，长城的发展情况也将会对这些部门的利益产生影响。

政府部门的长城旅游环境责任行为包括：建立和完善与长城有关的国家法律法规、规章和规范性文件、部门规章、地方性法规或政府规章，如《长城保护条例》《中华人民共和国文物保护法》《中华人民共和国城乡规划法》《长城保护总体规划》《全国重点文物保护单位保护规划编制审批办法》《文物保护工程管理办法》《文物保护单位执法巡查办法》《世界文化遗产保护管理办法》等，进行规范、推动、管理和监督长城旅游发展。越来越完善的政策法规体系，不仅为我国长城文化遗产旅游发展工作提供政策引领和行动指南，而且有助于提高全社会依法保护长城文化遗产资源的自觉意识，营造良好的保护环境。

2.1.2 企业

企业是营利性的经济组织，对旅游资源进行开发利用时既要追求经济效益，实现资源合理利用的最大效率，还要维护长城旅游资源和环境的长远价值。企业应充分发挥知识、技术和资金等社会资源方面的优势，凭借自身管理能力，对长城进行合理性开发，带来经济收入，促进当地经济发展。同时积极主动地采取长城环境责任行为，制订和执行相关措施，维护世界文化遗产长城的资源和环境，促进长久发展。

企业的长城旅游环境责任行为包括：在遵循法律法规、发展规划和保护条例等的基础上开发建设与长城相符的基础设施和服务设施，修缮和保护长城本体，维护周边村落及长城沿线生态环境，设置规章制度规范工作人员行为并积极倡导游客文明游长城，制订惩罚性制度提高非环境责任行为成本等。

2.1.3 当地社区

当地社区包括当地长城保护员和长城脚下周边常住居民，是长城旅游发展的重要参与者，为长城的旅游发展提供土地、林木、劳动力等生产要素，是长城发展的获益者，也是伴随长城旅游发展带来的消极影响的承受者。作为长城所在地的主人，应树立主人翁意识，积极主动参与长城旅游发展，支持长城旅游发展，从中谋求收益，促进生活水平提高，并切实保护长城旅游环境，保护世界文化遗产。

当地社区的长城旅游环境责任行为包括：长城保护员凭借自身掌握的专业保护技术和知识，引导帮助、协调监督长城发展，是长城环境维护的重要力量。如巡查、看护长城本体及防护设施；定期向相关部门报告长城保护状况和工作情况；发现破坏长城本体等违法犯罪行为及时汇报；协助主管部门做好长城日常养护、宣传等；编写工作日志，如实记录长城巡查、看护情况等；当地居民自我监督，严格遵守相应的政策、规章制度，合理提供配套旅游服务，不对游客进行野长城过路费、门票费等乱收费行为，不破坏长城本体（有些居民为了利益，破坏原有结构自己建焊梯方便游客攀爬）；注重长城及村落整体生态环境保护，不对长城区域进行乱砍滥伐、偷采滥挖、恳地拓路等行为，实现居民个人利益和社会公共利益的统一；对政府、企业和旅游者的行为进行监督，监督他人对长城的破坏行为。

2.1.4 旅游者

旅游者是旅游活动的主体，是旅游环境保护的实践者。在长城进行活动时，遵守当地相关制度，采取环境责任行为，尊重和保护长城资源和环境，会促进社区、企业及当地经济利益提升，相反游客的不文明行为会对长城的发展造成极大不良影响，侵犯其他利益相关者的利益，进而影响当地长城旅游的可持续发展。

旅游者的长城旅游环境责任行为包括：树立对世界遗产长城资源和环境的尊重和保护意识；履行道德义务，认清自身旅游活动的开展和行为的影响；积极参与各种环保志愿活动，遵守相关规定，不随意攀爬野长城、不乱扔垃圾、不乱刻乱画等；根据体验感知进行反馈，提出意见和建议，反馈长城遭到破坏情况等，自觉减少对长城的负面影响。

2.2 研究方法

2.2.1 层次分析法

层次分析法（AHP）最早由美国运筹学家 T.L.saaty 在 20 世纪 70 年代初提出，是将有关元素分层分组，构建层次结构，进而进行定量和定性分析以解决复杂的具有多目标的问题的决策方法。这种方法决策过程更加系统化、数学化，能在一定程度上减少和检验主观影响。主要步骤：

（1）建立递阶层次的评价指标体系

通过分析各指标的相互关系，建立具有层次结构的评价指标体系。

（2）构建判断矩阵

在指标体系的层级结构基础上，将同一级指标内的各指标两两比较，构成重要性比较矩阵 $\boldsymbol{A}=(a_{ij})$，引入 1-9 标度法以定量方式显示各指标的重要性，如表 1 所示。

表 1 判断矩阵标度定义

标度	含义
1	两个因素具有相同的重要性
3	前者比后者稍重要
5	前者比后者比较重要
7	前者比后者非常重要
9	前者比后者特别重要
2,4,6,8	影响之比介于上述两个相邻等级之间
1,1/2,···,1/9	影响之比为上面相应比较指标的互反数

（3）计算指标权重

$$\overline{\boldsymbol{W}_i}=\sqrt[n]{M_i}=\sqrt[n]{\prod a_{ij}} \tag{1}$$

$$\boldsymbol{W}_i=\overline{\boldsymbol{W}_i}\Big/\sum\overline{\boldsymbol{W}_i} \tag{2}$$

式中：$\overline{W_i}$ 为矩阵 $\boldsymbol{A}$ 每一行数值的乘积，W_i 为二级指标的权重。

（4）一致性检验

$$C_I=\frac{\lambda_{\max}-n}{n-1} \tag{3}$$

$$\lambda_{\max}=\sum_{i=1}^{n}\frac{(AW)_i}{nW_i} \tag{4}$$

$$C_R={C_I}/{R_I} \tag{5}$$

式中：C_I 是一致性指标，$\lambda_{\max}$ 为判断矩阵的最大特征根，C_R 为一致性比率，C_R=0 时判断矩阵 ***A*** 有完全一致性，若 $C_R<0.1$ 则 ***A*** 通过检验，反之，若比值大于 0.1 则不通过，需做适当修正，再次检验，直至通过。

2.2.2 Bass 模型

Bass 模型由美国心理学家 Frank.M.Bass 在 1969 年提出，最初是用来对耐用消费品销售情况进行预测的模型，并且成功预测了许多产品的销售、扩散情况。数学表达式为：

$$\frac{\mathrm{d}N(t)}{\mathrm{d}t}=(p+q\frac{N(t)}{m})\left[m-N(t)\right] \tag{6}$$

或写成 $$\frac{\mathrm{d}N(\mathrm{t})}{\mathrm{d}t}=p\left[m-N(t)\right]+q\frac{N(t)}{m}\left[m-N(t)\right] \tag{7}$$

其中，m 表示产品市场需求量最大值，$p(0<p<1)$ 为创新系数和 $q(0<q<1)$ 为模仿系数，当 $p<q$ 时表示行为扩散成功，反之则失败。Bass 模型反映出某时刻产品采纳人数受到宣传推广大众媒体等外部和口头交流传播等内部两方面因素影响。

后来 Bass 模型逐渐被改进、拓展到其他领域与方面，如郝凡浩等研究股票投资者对于新产品公告的行为特征（郝凡浩等，2019）；李萧薇等以此模型为基础研究公众危化品危害信息扩散问题（李萧薇等，2019）等。

3 长城旅游各利益相关者环境责任行为评价分析

3.1 评价指标体系的构建

首先通过查阅国内外关于旅游业以及长城旅游发展涉及的四个核心利益相关者即政府部门、企业（李进兵，2012；王凯等，2012；赵黎明等，2015）、当地社区（何学欢等，2018；徐晓雅，2019）和旅游者（贾衍菊、林德荣，2015；罗雾，2016；邱宏亮等，2018；余晓婷等，2015）的环境责任行为影响因素的研究成果，进行针对性指标收集，并综合考虑实际情况，对各因素进行梳理、总结和归纳，得出包含 5 个一级指标和 18 个二级指标的评价指标体系，如表 2 所示。

表 2 评价指标体系

一级指标	二级指标
B_1 环境意识	C_1 环境认知
	C_2 结果意识
	C_3 责任归因
	C_4 行为意图
B_2 环境敏感度	C_5 环境关注
	C_6 环境问题发现
	C_7 环境行为认可
B_3 环境态度	C_8 正面态度
	C_9 中立态度
	C_{10} 负面态度
B_4 环境感知	C_{11} 旅游活动影响感知
	C_{12} 环境政策 / 法规 / 制度感知
	C_{13} 环境行为感知
B_5 情境因素	C_{14} 环境法规
	C_{15} 其他利益相关者
	C_{16} 社会道德
	C_{17} 他人示范
	C_{18} 环境行为成本

3.2 指标权重结果分析

运用层次分析法，分别从各利益相关者即政府部门、企业、当地社区和旅游者四个维度咨询专家意见，进行评价打分，运用 YAAHP 软件得到权重测算结果，分别如表 3 ～ 6 所示，且其中各一级指标的 C_R 值均在 0.1 范围内，各权重分配结果可以接受。

从政府部门角度来看，一级指标的权重值，由高到低依次为环境意识、环境态度、环境感知、环境敏感度、情境因素，其中环境感知、环境敏感度和情境因素权重相差不大。各二级指标的权重来看，环境意识的二级指标中行为意图（政治、经济、社会、环境动机）和环境认知（长城环境价值观念、长城保护等环境相关知识）影响程度较大，其中对政府来说结果认知和对所承担责任的认知也非常关键。政府的环境态度直接影响其相关行为。环境感知的二级指标中环境政策 / 法规 / 制度感知的权重值比重最大，主要指各级政府对于省级、国家级等上一级政府部门长城相关发展战略、法律法规、政策的感知，对当地发展决策有一定指导作用。环境敏感度中关注长城环境问题及对环境责任行为的认可占比较大。情境因素的二级指标中环境法规、其他利益相关者（综合考虑经济、社会和环境效益及相关各方利益）、环境行为成本权重较大。

从企业角度来看，一级指标的权重值由高到低依次为环境意识、环境感知、环境敏感度、情境因素、环境态度，其中环境感知、环境敏感度和情境因素权重相同。各二级指标的权重来看，环境意识的二级指标中行为意图（利润动机、增强市场竞争力等）和环境认知（长城环境价值观念、环境相关知识）影响程度较大。环境感知、环境敏感度、情境因素都强调企业对外界的感知能力，包括环境感知的二级指标中旅游活动影响冲击感知、环境政策 / 法规 / 制度感知，环境敏感度中环境问题关注，情境因素中其他利益相关者和他人示范（政府和长城协会要求、旅游者需求、居民反应、市场竞争企业相关行为等）。另外情境因素中的行为成本也对企业采取长城环境责任行为有较大影响。

从当地社区角度来看，一级指标的权重值由高到低依次为环境感知、环境意识、情境因素、环境敏感度、环境态度。各二级指标的权重来看，环境感知中旅游活动影响感知权重最大，主要表现为当地社区对于开展长城旅游的经济影响、社会影响、文化影响、环境影响的感知以及积极影响与消极影响相互间的感知公平。环境意识的二级指标中行为意图和环境认知（环境价值观念、环境相关知识）影响程度较大。情境因素中环境行为成本（受当地本身设施设备配套条件如垃圾分类箱、垃圾处理站、排污系统等影响）和其他利益相关者（政府政策规定、宣传教育活动、企业经营活动、居民从中受益情况、旅游者来访带来的影响等）对长城保护员和居民环境责任行为影响程度较大。

从旅游者角度来看，一级指标的权重值由高到低依次为环境意识、环境感知、情境因素、环境敏感度、环境态度。各二级指标的权重来看，环境意识的二级指标中行为意图（如旅游者对环境的敏感程度、观光游览等需求）和环境认知（长城环境价值观念、长城环境保护相关知识）影响程度较大。环境敏感度中环境关注权重较大，表明现今旅游者对于旅游目的地旅游环境质量的关注，影响其活动前选择决策、过程中旅游体验及环境责任行为。环境感知中关于自身旅游活动的影响的感知会对环境责任行为影响较大，如认为自身行为会对长城产生破坏时会减少相关行为。情境因素中环境行为成本权重值较大，其他利益相关者（目的地政府、景区景点相关宣传教育活动、鼓励性惩罚性措施等）、他人示范（周围游客或居民行为）和社会道德影响程度大体相同，起到促进性、支持性作用。

表 3　政府部门长城旅游环境责任行为评价指标权重计算结果

C_R 值	一级指标	二级指标
0.0039	B_1 环境意识（0.389）	C_1 环境认知（0.263）
		C_2 结果意识（0.1411）
		C_3 责任归因（0.1411）
		C_4 行为意图（0.4547）
0.0000	B_2 环境敏感度（0.122）	C_5 环境关注（0.5）
		C_6 环境问题发现（0.25）
		C_7 环境行为认可（0.25）
0.0000	B_3 环境态度（0.2528）	C_8 正面态度（0.3333）
		C_9 中立态度（0.3333）
		C_{10} 负面态度（0.3333）
0.0089	B_4 环境感知（0.122）	C_{11} 旅游活动影响感知（0.2973）
		C_{12} 环境政策 / 法规 / 制度感知（0.539）
		C_{13} 环境行为感知（0.1638）
0.0074	B_5 情境因素（0.1143）	C_{14} 环境法规（0.3751）
		C_{15} 其他利益相关者（0.2147）
		C_{16} 社会道德（0.1215）
		C_{17} 他人示范（0.0741）
		C_{18} 环境行为成本（0.2147）

表 4　企业长城旅游环境责任行为评价指标权重计算结果

C_R 值	一级指标	二级指标
0.0116	B_1 环境意识（0.3488）	C_1 环境认知（0.2771）
		C_2 结果意识（0.1611）
		C_3 责任归因（0.096）
		C_4 行为意图（0.4658）
0.0000	B_2 环境敏感度（0.1844）	C_5 环境关注（0.5）
		C_6 环境问题发现（0.25）
		C_7 环境行为认可（0.25）
0.0000	B_3 环境态度（0.0981）	C_8 正面态度（0.3333）
		C_9 中立态度（0.3333）
		C_{10} 负面态度（0.3333）
0.0089	B_4 环境感知（0.1844）	C_{11} 旅游活动影响感知（0.539）
		C_{12} 环境政策 / 法规 / 制度感知（0.2973）
		C_{13} 环境行为感知（0.1638）
0.0074	B_5 情境因素（0.1844）	C_{14} 环境法规（0.0741）
		C_{15} 其他利益相关者（0.2147）
		C_{16} 社会道德（0.1215）
		C_{17} 他人示范（0.2147）
		C_{18} 环境行为成本（0.3751）

表 5　当地社区长城旅游环境责任行为评价指标权重计算结果

C_R 值	一级指标	二级指标
0.0116	B_1 环境意识（0.2618）	C_1 环境认知（0.2711）
		C_2 结果意识（0.1611）
		C_3 责任归因（0.096）
		C_4 行为意图（0.4658）
0.0000	B_2 环境敏感度（0.0986）	C_5 环境关注（0.5）
		C_6 环境问题发现（0.25）
		C_7 环境行为认可（0.25）
0.0000	B_3 环境态度（0.0624）	C_8 正面态度（0.3333）
		C_9 中立态度（0.3333）
		C_{10} 负面态度（0.3333）
0.0000	B_4 环境感知（0.4162）	C_{11} 旅游活动影响感知（0.5）
		C_{12} 环境政策 / 法规 / 制度感知（0.25）
		C_{13} 环境行为感知（0.25）
0.0074	B_5 情境因素（0.1611）	C_{14} 环境法规（0.0794）
		C_{15} 其他利益相关者（0.2422）
		C_{16} 社会道德（0.1373）
		C_{17} 他人示范（0.1373）
		C_{18} 环境行为成本（0.4017）

表 6　旅游者长城旅游环境责任行为评价指标权重计算结果

C_R 值	一级指标	二级指标
0.0116	B_1 环境意识（0.4133）	C_1 环境认知（0.2771）
		C_2 结果意识（0.1611）
		C_3 责任归因（0.096）
		C_4 行为意图（0.4658）
0.0000	B_2 环境敏感度（0.1097）	C_5 环境关注（0.5）
		C_6 环境问题发现（0.25）
		C_7 环境行为认可（0.25）
0.0000	B_3 环境态度（0.0585）	C_8 正面态度（0.3333）
		C_9 中立态度（0.3333）
		C_{10} 负面态度（0.3333）
0.0089	B_4 环境感知（0.2594）	C_{11} 旅游活动影响感知（0.539）
		C_{12} 环境政策 / 法规 / 制度感知（0.1638）
		C_{13} 环境行为感知（0.2973）
0.0022	B_5 情境因素（0.1592）	C_{14} 环境法规（0.0981）
		C_{15} 其他利益相关者（0.1844）
		C_{16} 社会道德（0.1844）
		C_{17} 他人示范（0.1844）
		C_{18} 环境行为成本（0.3488）

3.3 长城旅游发展利益相关者环境责任行为扩散模型的构建

在长城旅游发展各利益相关者环境责任行为扩散过程中，各采纳主体对于某种长城旅游环境责任行为的偏好并不是彼此独立存在的，而是具有发散性的，凭借社会网络包括家人关系、朋友关系、竞争关系等，以各种方式相互施加积极或消极的影响，产生行为扩散。

以旅游者为例，在初始阶段仅有少数长城环境保护意识强的游客在长城旅游中做出环境责任行为，随后内外部多种因素作用促使其他旅游者效仿这种行为，不断传播推进。并且由于社会网络的存在，不仅会影响旅游者这一个群体，会在更大范围内扩展、蔓延，影响到其他利益相关者，进而在全社会推进长城环境责任行为的发生、模仿和扩散。管理学中，行为扩散效果可分为积极的正面行为扩散和消极的负面行为扩散。对于管理者来说，明确行为扩散的过程，通过适当的引导和规范行为扩散可实现事半功倍的管理效果。

考虑到政府部门这一主体行为决策的特殊性，以下旅游环境责任行为扩散分析主体为企业、当地社区和旅游者，本文将以旅游者为例，构建其环境责任行为扩散模型，通过修改该模型中部分参数同样可用于解释当地社区和企业的环境责任行为扩散。

3.3.1 长城环境责任行为扩散基本模型

假设在某长城内存在某个环境责任行为，p 为政府规制、环境质量等外部因素对环境责任行为的潜在采纳者决策的影响系数，q 为环境意识、环境态度等内在因素对环境责任行为潜在采纳者决策的影响系数，$f(t)$ 表示该长城环境责任行为在 t 时刻的采纳者比率，若该环境责任行为从 t_1 时刻开始对游客产生影响，则 $F(t)$ 表示 t_1 时间点到 t 时刻的累计采纳者比率，数学表达式为：$F(t)=\int_{t_1}^{t} f(t)\mathrm{d}t$ 用 $N(t)$ 表示在 t 时刻已经采纳该长城环境责任行为的旅游者数量，$N(t)=mF(t)$，m 是环境责任行为最大采纳者潜量，在 t 时间节点长城环境责任行为采纳的瞬间比率表示为 $\mathrm{d}N(t)/\mathrm{d}t$，由此得出基于 Bass 模型的长城背景下环境责任行为扩散的基本模型，其数学表达式为：

$$\frac{\mathrm{d}N(t)}{\mathrm{d}t}=(p+q\frac{N(t)}{m})\left[m-N(t)\right]$$

或写成 $\dfrac{\mathrm{d}N(t)}{\mathrm{d}t}=p\left[m-N(t)\right]+q\dfrac{N(t)}{m}\left[m-N(t)\right]$

其中 m，p，q 是常数且 p，q 取值为 [0，1]，$F(t_1)=0$，$N(t_1)=0$。

3.3.2 纳入动态采纳的长城环境责任行为扩散模型

随着现代社会持续发展，市场环境日趋复杂，社会网络的不断嵌入，长城发展中各利益相关者环境责任行为受内外部多种因素影响，采纳者潜量表现出动态性，而不是 Bass 基本模型中假设固定不变的常数。因此，为了优化长城旅游发展中各利益相关者的环境责任行为扩散模型的精度，需要基本模型中部分原有假设做出调整。

在环境责任行为扩散的 Bass 基本模型中，增加 t 时刻环境责任行为扩散过程中的有效采纳者潜量，用 $\tilde{N}(t)$ 表示，t 时刻环境责任行为采纳者与潜在采纳者之比为 $\dfrac{N(t)}{\tilde{N}(t)}$，而 t 时间节点采纳者的瞬时采纳比率用 $\dfrac{\mathrm{d}N(t)}{\mathrm{d}t}$ 表示，则有数学表达式 $\dfrac{\mathrm{d}N(t)}{\mathrm{d}t}=\left[p+q\dfrac{N(t)}{\tilde{N}(t)}\right]\left[\tilde{N}(t)-N(t)\right]$ 为长城环境责任行为扩散模型。

长城环境责任行为采纳者数量受到内外部或可控或不可控因素的共同作用而动态变化。指标权重结果表明，旅游者的行为意图、环境认知、关于在长城旅游中活动的影响感知、环境行为成本等因素都对其长城环境责任行为具有重要影响。因此，在动态采纳者潜量 $\tilde{N}(t)$ 中纳入旅游者的行为意图、环境认知等关键要素的综合影响效应 TE_1，则

$$\tilde{N}(t)=\frac{2f(TE_1)}{f(TE_1)+1}W(t)$$

其中，$f(TE_1)$ 是 TE_1 的综合影响效应函数，$W(t)$ 是 t 时刻某范围内采取环境责任行为的旅游者总数，$\tilde{N}(t)$ 是有效采纳者数量。

综合影响效应 TE_1 由个人因素效应 TCE_1、环境规制效应 EE_1、生态环境效应 CE_1、社会网络效应 NE_1、社会责任效应 SE_1 复合而成，因此 $\tilde{N}(t)$ 也可以写成：

$$\tilde{N}(t)=\frac{2f(TCE_1,EE_1,CE_1,NE_1,SE_1)}{f(TCE_1,EE_1,CE_1,NE_1,SE_1)+1}W(t)$$

其中 $f(TCE_1,EE_1,CE_1,NE_1,SE_1)$ 取值在 0 到 1 之间时，$\dfrac{2f(TCE_1,EE_1,CE_1,NE_1,SE_1)}{f(TCE_1,EE_1,CE_1,NE_1,SE_1)+1}$ 的

取值也在 0 到 1 之间。当 $f(TCE_1,EE_1,CE_1,NE_1,SE_1)=0$ 时，有效采纳者潜量 $\widetilde{N}(t)$ 为 0，当 $f(TCE_1,EE_1,CE_1,NE_1,SE_1)=1$ 时，$\tilde{N}(t)=W(t)$，即当各种因素对主体的环境责任行为不产生影响时，主体不会采取此种行为，当这些效应发挥作用最强时，所有行为主体都成为了旅游环境责任行为的采纳者。

综上，纳入动态采纳的旅游环境责任行为扩散模型表达式为：

$$\frac{\mathrm{d}N(t)}{\mathrm{d}t}=[p+q\frac{N(t)}{\frac{2f(TE_1)}{f(TE_1)+1}W(t)}][\frac{2f(TE_1)}{f(TE_1)+1}W(t)-N(t)]$$

4 干预对策

4.1 明确长城旅游各利益相关者角色定位

长城发展过程中涉及政府部门、企业、当地社区、旅游等多个利益相关者，各个利益相关者都应承担长城旅游发展中的环境责任。在保护长城旅游环境的过程中，政府部门是宏观领导者和调控者，企业是管理者和执行者，当地社区是参与者与监督者，旅游者是消费者和实践者。长城旅游可持续发展的实现需要各利益相关者树立人人都是生态文明建设者的理念，明确自己的角色定位，遵守相应的道德规范、行为准则和规章制度，承担自身相应责任，积极采取长城环境责任行为。

4.2 各利益相关者环境责任行为干预对策

4.2.1 政府部门层面

政府充分发挥对长城旅游发展的管理和监督职能。首先，政府部门遵循上层机构相关规划、政策、法规引导，树立保护与开发统一的发展理念，借鉴英国哈德良长城的保护与管理经验，端正环境态度，统筹和协调长城旅游发展，促进经济效益、社会效益和环境效益有机统一。其次，充分发挥其主导作用，制订科学的旅游发展规划、相关政策以及环境责任行为规范，推动、管理和监督长城旅游发展，加强长城旅游事前的审批工作，保证相关设施设备的建设以“最小干预”为原则避让长城本体，且与长城的历史环境风貌相协调；通过多种渠道多种方式进行积极宣传，如设计长城环境保护宣传片、宣传册等传递相关信息、举办志愿者活动、纳入长城绩效评价等激励其他利益相关者采取环境责任行为。最后，采用补偿政策、鼓励或惩罚手段，保障其他利益相关者积极参与长城环境保护，贯彻落实违法必究措施，长城旅游运行中与长城保护协会、环境监测机构等共同发挥监督作用。另外，注重长城周边生态环境问题，开展增种植被、防风固沙，遏制沙化和荒漠化等治理活动，维护长城可持续发展的自然环境。

4.2.2 企业层面

企业贯彻落实旅游环境相关政策和承担执行责任。一方面企业要敏锐感知当地发展长城的相关政策和要求，并贯彻落实，严格遵守长城旅游开发中的原则和规律，严格遵循审批报备手续。另一方面企业要有高度的责任感，认识到世界文化遗产——长城的宝贵与脆弱，自觉保护长城环境，保障当地社区感知公平，为旅游者提供高质量的旅游环境，满足旅游消费者环境质量需求。同时通过自身的行为营造环保氛围，形成环境道德约束，激发旅游者、当地社区的长城环境保护意识，重视追求长远利益，实现多方共赢，实现长城遗产的保护与开发。如增设环保基础设施（垃圾分类箱等）和引导性基础设施，在长城部分区域设置警示牌、保护标志牌和网状围挡等阻止一些破坏行为；设置专门的签名墙供有需要的游客进行签名留念，取代在长城上乱写乱画；控制长城游览攀爬的人数及时间，每年设立“封城期”，以便长城遗产保护和环境恢复。与当地长城保护员合作，加强监督控制，引导居民也参与到经营活动中，了解长城以及长城旅游发展状况，直接与长城旅游挂钩，自觉成为长城环境的保护者。通过发放宣传册、景区内解说系统以及工作人员的行为示范，从听觉和视觉上让旅游者增强长城环境意识与非环境责任行为结果意识，提升环境感知程度。借助社会网络中的关键节点进行环境意识教育，如邀请社会公众人物或知名人士进行相关知识的宣传，依靠其影响力形成社会传播网络，进而影响行为扩散。严格制订和执行旅游景区行为规范，通过惩罚性制度提高非环境责任行为成本。

4.2.3 当地社区层面

当地社区应提升对长城的认识以及对长城环境的权利和参与意识。依靠政府和企业提供的支持性条件，积极投身参与到长城旅游发展中，从中获取就业机会、经济效益和社会效益等，将自身利益直接与长城挂钩。当地保护员凭借自身拥有的专业的保护技术和知识，引导帮助、协调监督长城发展，做好部分长城保护工作。

4.2.4 旅游者层面

旅游者应提升对长城资源及环境的尊重和保护意识。旅游者提高素质，履行道德义务，认清自身旅游活动开展和行为的影响，享受服务的同时尊重和保护长城旅游环境，在长城所在地政府部门、企业和社区相关规制、教育引导等举措的影响中，积极参与各种环保活动，将长城环境意识融入旅游活动全过程中；同时积极参与一些保护长城活动，比如捐款或者微型修缮工作，手工制作长城模型、砖体等，增强长城相关文化体验。鼓励旅游者根据体验感知进行反馈，提出意见和建议，举报长城非环境责任行为等，促使长城环境的质量提升。

4.3 建立各利益相关者整合机构

在充分认识各利益相关者角色定位、自身作用的基础上，为避免各自为战，为一己私利而影响长城整体环境，把分散的各主体组合起来，纳入一个系统，将利益相关者成立一个整体的机构，整合和优化长城资源配置。各主体协同努力，发挥该整体的最大效用，最终促成各利益相关者的整体协调。

因此考虑设立长城管理部门、社区协会、旅游者协会、长城保护协会，以及由各核心利益相关代表、媒体、专家等共同构成的利益相关者委员会等沟通协调机构，定期召开会议，表达各方意见和利益诉求，增加各利益相关者的沟通交流。让长城环境责任行为观念深入各方主体，建立长城旅游发展的共同目标，鼓励各相关者协同努力采取长城环境责任行为。也可以反馈各种信息，形成监督机制，对长城旅游发展进行多方面多角度的监督与控制，整体保障和促进可持续发展。

参考文献

[1]FreemanRE，HarrisonJS，WicksAC，et al. Stakeholder Theory[M]. Cambridge：Cambridge University Press，2010.

[2] 董耀会 . 山西长城文化遗产及长城旅游发展 [J]. 史志学刊，2020（03）：4-7.

[3] 龚俊杰，杨华，邓华锋 . 北京明长城沿线景观与生态风险分布格局分析 [J]. 中南林业科技大学学报，2016，36（5）：114-120.

[4] 郝凡浩，王铁男，赵超 . 新产品公告与股票投资者反应——基于 Bass 模型的投资者行为模型 [J]. 管理评论，（2019），31（1）：48-61.

[5] 贾衍菊，林德荣 . 旅游者环境责任行为：驱动因素与影响机理——基于地方理论的视角 [J]. 中国人口 • 资源与环境，2015，25（7）：161-169.

[6] 孔旭红，辛儒 . 河北省长城公路沿线旅游资源系统开发研究 [J]. 商业研究，2008（4）：148-151.

[7] 李彪，郭奇斌 . 古民族战争遗址主题旅游开发模式研究——以赵北长城旅游开发为例 [J]. 求索，2009（11）：88-89.

[8] 李进兵 . 基于游客类型的旅游企业自愿环境行动演化模型 [J]. 系统管理学报，2012，21（4）：510-516.

[9] 李萧薇，刘铁忠，鲁云蒙 . 基于 BASS 模型的公众危化品危害信息扩散行为研究 [J]. 管理学报，2019，16（11）：1703-1711.

[10] 刘锋，郭来喜 . 论宁夏长城的保护性旅游开发 [J]. 人文地理，2000（2）：41-44.

[11] 刘菽，赵杰 . 山西长城的价值与保护开发 [J]. 晋阳学刊，2020（5）：123-126.

[12] 罗霁 . 旅游者环境态度与环境行为关系研究 [J]. 旅游纵览（下半月），2016（4）：54.

[13] 罗文斌，张小花，钟诚，等 . 城市自然景区游客环境责任行为影响因素研究 [J]. 中国人口 • 资源与环境，2017，27（5）：161-169.

[14] 邱宏亮，范钧，赵磊 . 旅游者环境责任行为研究述评与展望 [J]. 旅游学刊，2018，33（11）：122-138.

[15] 苏明明，Geoffrey Wall. 遗产旅游与社区参与——以北京慕田峪长城为例 [J]. 旅游学刊，2012，27（7）：19-27.

[16] 田家莉，张叶青 . 论文化遗产多元旅游的开发——以喜峰口长城旅游发展为例 [J]. 人民论坛，2013（14）：172-173.

[17] 王凯，黎梦娜，葛全胜 . 世界遗产地旅游企业环境行为及其驱动机制——张家界饭店企业实证 [J]. 旅游学刊，2012，27（7）：64-73.

[18] 王纬，王璐，王经 . 长城保护过程中利益相关者静态博弈分析 [J]. 河北地质大学学报，2017，40（6）：141-144.

[19] 徐凌玉，张玉坤，李严 . 明长城防御体系文化遗产价值评估研究 [J]. 北京联合大学学报（人文社会科学版），2018，16（4）：90-99.

[20] 杨丽花，白翠玲，和文征 . 基于生态文明视角下河北省长城旅游资源开发研究 [J]. 河北地质大学学报，2017，40（6）：135-140.

[21] 余晓婷，吴小根，张玉玲，等 . 游客环境责任行为驱动因素研究——以台湾为例 [J]. 旅游学刊，2015，30（7）：49-59.

[22] 张国红 . 长城沿线生态环境现状分析与治理措施研究 [J]. 林业资源管理，2001（6）：61-65.

[23] 张建荣，赵振斌，张天然 . 基于“场论”的游客不文明行为表达——以八达岭长城刻画为例 [J]. 资源科学，2017，39（7）：1291-1302.

[24] 赵黎明，张海波，孙健慧 . 酒店企业低碳经营影响因素研究——基于天津市酒店的调查数据 [J]. 干旱区资源与环境，2015，29（12）：25-30.

长城艺术与河北文化创意产业发展策略

彭东航 *

摘要：长城作为中华文化和民族精神的象征，具有提高河北软实力的重要价值，也拥有促进河北文化创业产业发展的资源价值。建议设立有文创品综合体性质的长城文创园区，例如长城文化创意产业研究院，尽快实施省级战略层面的长城文创策略研究；河北长城 IP 战略与措施；人文精神与消费心理相结合的系列产品；河北长城文创与旅游集成发展，影视项目、节庆活动、休养基地等。

关键词：长城艺术；河北文化创意产业

目前，我国的旅游文创品收入已成为旅游收入的重要部分，但和旅游发达国家相比还有较大差距。旅游发达国家的销售收入一般占旅游总收入的 30% 以上，有的达到 50% 左右。从美国或日韩等国家的文创产业发展经验分析，通过特色故事包装的文化符号 IP 化是推动文创产业的成功策略。

国内各地长城题材的文创品如八达岭、山海关等著名景区有一定的销售效益，但整体的长城文创品开发还处于起步阶段。河北长城资源在全国处于前列，长城文化创意产业有着良好的基础。在河北文化经济升级发展的今天，河北长城文化创意产业应当顺势而为，借助京津冀协同发展的有利条件，开创一个全新的局面，通过系列长城文创品讲好河北故事，进一步提高文创产业效益。

一、长城文化精神内涵与新时代软实力价值

长城是中国古代重要的军事防御工程，修筑的根本目的是为了和平。长城的诞生和延续蕴蓄了丰富的和平文化内涵，是中华民族历史的“和平之盾”。长城是人类文明与世界和平的纪念碑，具有重要的国家文化软实力价值。长城的文化精神内涵，是长城艺术创作的文化根基和艺术创新的灵感源泉。

---

* 彭东航，云南师范大学美术学院研究生。

（一）长城的历史体现了和平治国理念

长城诞生后，始终作为军事防御工程在多数王朝持续修建，与各王朝的和平治国理念密切相关。有的时期对于是否修筑长城进行激烈争论，最终决策仍是修筑长城。传统和平文化及治国理念决定历代长城的防御策略，对北方游牧民族的策略包括“弭兵”“怀柔”“和亲”“互市”“朝贡”等和平形式。西方思想家韦伯认为长城是和平的象征，中国人没有征服世界的贪欲，而是满足于守住自己的家园。长城发展史证明，中华民族是一个崇尚和平的民族。

（二）长城是各民族深度交流与融合的历史纽带

长城区域的历代王朝包括少数民族政权，都以和解和宽容精神为指导，实施协调民族关系的策略。政治方面的措施主要是和亲，包括汉朝和匈奴的和亲、少数民族之间的和亲，都发生在长城区域。经济方面的措施主要是茶马互市，这是长城区域协调矛盾的有效措施。同时，长城促进了游牧民族与农耕民族的高度融合，发挥了民族融合的纽带作用。

（三）长城精神提高了中华民族凝聚力和文化自信

长城是中华民族的精神象征，蕴含的团结统一、众志成城的爱国精神，坚韧不屈、自强不息的民族精神，守望和平、开放包容的时代精神，已融入中华民族的血脉中，与核心价值观相辅相成。长城精神是凝聚民族向心力、实现民族复兴中国梦的精神源泉。在丰富人民精神世界、增强人民精神力量、提高大众文化自信等方面，长城精神堪当重任。

（四）长城和平文化对当代世界和平的重要价值

以儒道墨等为核心的中国传统和平思想，构成了长城和平文化的基本内涵。儒家的“和而不同”“协和万邦”多元共存的和平思想，可以成为化解当代民族冲突的重要策略和准则；墨家的兼爱、非攻思想为当代和平秩序构建提供了重要理论基础，是促进世界和平的东方力量。发源于基督教文明的西方和平主义，面对宗教文化背景的冲突和局部战争，理论研究与探索陷入困境。长城和平文化理论与实践案例，为国际地区冲突的解决提供了建设性的办法。长城和平文化可以更好地传播中华文化，提高中华文化在世界的影响力，提升中国的整体软实力与和平大国形象。

二、长城艺术作品是宣传长城文化的重要载体

长城所蕴含的深厚历史文化和精神品质，吸引着艺术家群体创作了大量的艺术作品。但是，长城艺术在民族文化自信方面还需要发挥更重要的作用，今后还需要更多、更高品位和更大影响力的长城艺术作品。

（一）戏曲与影视

长城题材的戏曲和影视作品非常丰富，特别是戏曲方面，自古就出现了多种多样的作品，而且流传广泛。与长城有关的戏剧有 120 多种，超过现有全国戏剧剧种总数的三分之一，并且分布流行全国各地。例如弹词、大鼓、相声和快板等。甘肃的陇戏、陕西的秦腔和山西的梆子、河北的北昆和评剧、北京的京剧都有长城题材的作品，还有地方特色的花鼓、秧歌等。

长城题材的戏剧，题材丰富，风格多样。著名作品有《杨家将》《山海关》战争戏曲，《孟姜女》悲情戏。长城戏剧的艺术价值，或者表现慷慨雄浑的保家卫国的英雄豪情，或者表现民众疾苦、

反抗暴政、向往幸福的悲剧情境。重要的是，今天的长城作为中华民族保卫和平、抵御侵略的民族文化精神象征，其民族精神价值已被大众所接受，成为民族团结奋进的精神源泉。

长城的影视作品深受大众欢迎，特别是电影和电视专题片在传播长城历史文化精神方面发挥重要作用，不仅对内传播长城文化，在对外文化交流方面的作用也越来越得到重视。电影作品有《秦始皇》《浴血雁门关》《长城》等，电视专题片有《万里长城》《望长城》《大地的艺术——长城》等。

（二）美术作品

1. 绘画艺术中的长城元素

在中国绘画史上，北魏时期的敦煌壁画《五百强盗成佛图》出现了关楼和城墙，可以视为长城元素在绘画中的出现。长城绘画包括中国画、油画、版画、连环画与水彩画、壁画五个不同的类别。

在中国画题材方面，清朝初年的袁江、袁耀《关城春晓图》，是正式以长城为题材的中国画作品。20世纪初，出现陈树人的《长城暮鸦》。宋一痕的《一九三三年之榆关抗日战争》表现在山海关（又称榆关）中国军队奋勇抗击日军侵略的抗战事迹。中华人民共和国成立后，许多画家选择长城题材进行艺术创作，例如石鲁的《古长城外》，傅抱石的《古长城下》。20世纪80年代，张仃、吴冠中等画家创作了长城题材画作。画家孙芳几十年致力于长城题材创作，在对长城全线考察之后创作了巨幅长卷《万里长城》。

除了中国画作品，长城油画也成为众多艺术家的创作方向。20世纪初，刘海粟、徐悲鸿等代表画家创作了很多长城油画作品，形神兼备地表现长城的精神与风貌。此后，抗战时期和中华人民共和国成立之后，很多画家也进行了长城油画的创作，并在20世纪末达到长城油画创作的高峰期。

长城版画方面，最早的是明代万历时期《新刻全像易鞋记》的卷2插图，有“天下第一雄关”和“居庸关”图案。国外较早的长城艺术作品也是以版画形式出现的，1720年的《使节穿越中国大墙》，重点展示中国长城的建筑艺术。19世纪末期，欧洲印制了以长城为题材的铜版画，这是欧洲介绍中国文化的重要艺术作品。20世纪30年代，李桦等创作长城版画，表现长城的雄奇壮美和顽强不屈的民族精神。20世纪80年代，长城版画作品的主题集中于传播长城和平精神，以长城象征当代和平友谊的纽带。

连环画和水彩画的创作，也是画家的选题。连环画的内容主要是长城传说故事，以及长城一带的英勇抗战故事。国外也有长城题材的水彩画作品，《大不列颠国王使臣觐见中国皇帝中国实录》一书中的水彩画，作者是威廉·帕里什上尉，创作于1793年，也是铜版画《中国万里长城第一景》的蓝本。

壁画方面的长城作品最早出现于东汉时期，内蒙古和林格尔汉墓的《过居庸关图》。还有敦煌壁画《五百强盗成佛图》。中华人民共和国成立之后，壁画的发展高峰出现于改革开放到21世纪初期。侯一民为北京地铁10号线建国门站创作的《血肉长城》，张仃为首都机场创作的《万里长城》，是优秀代表之作，通过长城表现山河壮美与坚忍奋进的民族精神。

2. 雕塑与工艺美术作品中的长城元素

长城的敌楼、箭孔、券门等处是长城雕塑集中的部分，雕塑作品多数以民间吉祥图案为题材，与敌楼风格协调一致，例如金山岭长城的麒麟楼影壁。除了长城本体上的雕塑，当代艺术家以长城为题材创作大量雕塑，矗立于城市广场或博物馆等公众场所，宣传长城文化精神。

长城工艺美术作品更为广泛。长城的图案用于装饰开始于20世纪初期，刺绣、陶瓷、钱币等产品都有长城的图案。中华人民共和国成立后，广泛应用于蜡染、刺绣、陶瓷、纪念章、邮票、门票等生活领域。长城的图案还用于挂毯、壁毯等制作，作为国礼赠送联合国组织和外国元首。生活用品方面，如旅行帽、扑克牌、银行卡等，都有长城作为主要图案元素。

（三）书法、摄影与音乐舞蹈

长城的书法作品不仅历史久远，而且丰富多样。古代帝王将相和文人墨客的题字、匾额与碑刻等，具有很高的文化艺术价值。中华人民共和国成立后，国家领导人大力倡导长城保护，有关的名人书法作品不断出现。到20世纪末，长城文化深入民心的氛围促使书法家们对长城给予更多的关注，出现长城书法创作的高峰。

摄影艺术对长城文化的传播发挥了重要作用。最早的长城摄影作品出现在19世纪中期，国外传教士和探险家对中国长城十分关注，拍摄很多保存至今的珍贵作品。抗战时期，沙飞拍摄抗战背景下的长城，为长城赋予更深刻的民族精神内涵。在20世纪80年代国家领导人倡议的长城保护热潮影响下，摄影家和摄影爱好者纷纷用镜头再现长城的壮美风姿，不仅提高了大众的长城保护意识，也提高了大众对长城文化精神的认识。

长城音乐舞蹈作品是传播长城文化的重要载体，音乐作品从古代民歌发展到当代的艺术歌曲、创作歌曲、交响乐和歌剧等，内容从控诉古代帝王暴政转变为近代歌颂美好家园。中华人民共和国成立后，升华为对民族精神的赞美，对和平生活的向往等。

（四）长城元素在艺术作品中的重要作用

长城作为中国的第一名片，是中国以及中华民族精神的象征。融合长城文化元素的各类艺术作品，在广大受众欣赏、品味、消费的同时，可以感受和体验博大、宽宏、团结、和平的中国文化与长城文化精神，不仅有文化精神宣传的重大意义，而且在促进文化旅游经济方面也可以发挥重要作用，是内在的强大驱动力。

1. 传播中华文化精神，提高河北文化软实力

长城不仅是中国的核心文化遗产，也是河北重要的文化资源。河北长城的文化内涵极为丰富深厚，包括古代长城将士守卫边疆的爱国奉献精神，近代抗击列强侵略、现代抗击日寇侵略的顽强不屈精神。通过综合提炼河北长城文化精神的丰富内涵，通过政策激励和引导应用于艺术作品中，通过大众的文化经济体验与消费，实现宣传河北长城文化精神的目标，提高河北的文化软实力。

2. 发展长城文化产业，创新河北文化创意产业

深入研究、充分挖掘河北长城的文化精神内涵，并广泛应用于艺术品类的开发和创新之中，通过戏曲、影视、图书、音像、文旅纪念品、日用品等的创意设计和营销，可以实现经济效益和社会效益的双重成果。

3. 促进国家文化外交，丰富河北对外文化交流

熊猫是我国独有的国宝级珍稀动物，长期实施的“熊猫外交”活动已经成为国家外交的重要组成部分，发挥了重要的纽带和推动作用。长城与熊猫同为中国的名片，也应当在国家外交方面发挥应用的作用。

长城的精华在河北，金山岭长城的品牌美誉度高于八达岭长城。河北长城文化深厚的底蕴应当

进行深层次的开发利用，通过丰富多样化的对外文化交流活动，以及适应国外民众欢迎的创新艺术产品，进一步提高河北对外文化交流的影响力和品牌效应，助力河北的文化强省建设。

三、河北长城文化创意产业发展策略

文化创意产业是一种在经济全球化背景下产生的以创造力为核心的新兴产业，是促进经济转型的重要策动力和新引擎，涉及领域广泛，包括广播影视、动漫、图书音像、文旅工艺品、大众日用品等。“十三五”以来，国家将推动文化产业革新上升到国家战略层面，文化产业成为国民经济支柱性产业。目前，文化产业的发展前景广阔，近几年来，文化创意产业对 GDP 的贡献率逐年增长，市场规模不断扩大，发展速度不断加快，充分说明文化创意产业的巨大活力和发展潜力。

河北的长城文化创意产业依托山海关、金山岭等著名景区，取得了一定的成绩，但与河北全域旅游以及文化创意产业的理想目标仍有较大的差距，需要群策群力，需要更多的扶持政策和发展策略。

（一）建设长城文创园区系列

可以依托河北现有的长城旅游景区，或者依托具有高品质长城旅游资源的区域地段，规划建设长城文化创意产业园区，以此作为河北长城文化创意产业发展策略实施的“发动机”。

长城文创园区的功能，包括省级战略层面的策略研究，基于省内各个长城旅游景区的特色文创产品策略与设计，融合全国长城文化元素的普适性文创产品的设计，各类长城文创品的生产，长城文创品的宣传策划与营销等。总之，长城文创园区应具备综合功能，是河北长城文创品的综合体。

例如，可以设立专业的长城文化创意产业研究院，负责总体战略发展的策略研究，通过国内外的文创市场分析，为产品设计团队提供有价值的策略方案和具体设计方向。同时，可以每年定期举办面向国内外的河北长城文创设计大赛，选择更适合市场需求的优秀作品进行生产销售。

长城文化创意产业研究院还可以延伸影视项目、演出项目、戏曲项目等的前期策划和剧本创作。通过联合国内的优秀影视机构进行长城影视剧的摄制，通过影视的巨大影响力，塑造河北长城名片和名牌效应，不仅可以推进影视 IP 产品的销售，同时也可以推动河北长城文创品的整体销售，产生更大的经济效益。同时，有市场潜力的演出项目可以对接河北长城景区，为景区的效益提升提供新的契机。

河北长城文创园区的建设，需要省级和长城沿线地市政府部门的支持，需要更好的产业政策扶持。通过良好的园区环境，以及完善的人才培养和选用制度，建立几个优秀的园区运作经营团队，特别是优秀的文创产品设计团队，为河北长城文创产业的快速发展奠定基础，提供强劲动力。

长城文创园区的设立，可以发挥园区的人才、技术和资金优势，协助长城旅游景区实现升级发展。例如，在古建筑复原动画方面，就有巨大的商机。目前，各国都非常重视古建筑复原动画的设计与制作，美国弗吉尼亚大学用虚拟现实技术对古罗马城市中 30 多个古建筑遗迹进行动画复原，历经十年，耗资 200 多万美元，制作了世界最大的古建筑复原动画，可以身临其境地感受 1600 年前的古罗马城，可以从各个角度观看和穿越建筑物，视觉体验感极强。还有雅典卫城的复原动画，将古希腊的建筑、庙宇、雕刻全貌全景展示，更直观地展示了古希腊文化。长城属于中国特色的古建筑，但是遗存状态残破，多数游客和大众都希望看到完全复原的长城雄姿，真实感受长城体系的军事防御功能，感受其精细而充满智慧的建筑结构。如果河北长城区段能够复原明代蓟镇长城动画，即使复原某个关隘地段，也会给河北长城文创产业发展提供助力和更高的效益。

（二）河北长城 IP 战略与措施

目前，国内文创产业比较成功的是故宫文创，这是我国文创产业高速发展的一个缩影，证明这个产业的发展潜力巨大。2016 年，故宫文创销售额超过 10 亿元。截至 2017 年年底，故宫的文创产品突破 1 万种，从日历、手提袋、钥匙链等实体商品，到线上表情包、输入法皮肤，产品种类十分丰富。

故宫用 IP 激活了传统文化，以“萌系”走心文创产品创造了独有的创意 IP。故宫成功转型的核心原因有：第一，充分挖掘利用独有的“皇城”文化打造超级 IP；第二，结合萌态特色与工匠精神，提供高品质的故宫文化日用品；第三，根据公众需求打造全媒体的专属营销模式。

河北长城的深厚历史底蕴和文化资源，是河北长城文化创意产业今后发展的活力之源。借鉴故宫文创 IP 的成功经验，河北长城 IP 战略可以从以下几个方面实施：

第一，河北长城文创产品 IP 要制订原创战略，打造河北旅游的特有品牌。文创市场之所以出现“有商品无市场，有需求无供给”的尴尬境地，核心问题是缺乏原创性。只关注短期经济利益，忽视或者不愿在 IP 原创方面投入人力和资本，在后期故事性和文化内涵注入方面更是战略性缺失。最终的结果是文创产品相互抄袭、恶性竞争，现有产品滞销，游客需要的产品却没有。因此，河北长城 IP 必须全面深入挖掘自古以来的长城文化元素，设计推广以“金山岭”“山海关”等为核心与代表的系列 IP 产品，综合塑造“河北长城”的特有品牌，这是河北长城 IP 文创品获得成功的基础和关键。

第二，河北长城 IP 的打造与营销要重视品质和口碑，形成“粉丝效应”。当前旅游文创品的主要缺陷之一是品质低劣，被游客排斥。因此，河北长城 IP 产品必须坚持品质第一原则，以工匠精神提高优质产品，才能结合文化内涵提高产品的市场活力。可以将长城人物形象创新提升为 IP 形象，吸收粉丝而形成较好的口碑。

第三，以市场潮流为导向，提供大众日用型文创品。旅游文创品的活力来自其自身的日用功能，只有被大众用于日常消费才能有更大的市场吸引力。因此，河北长城 IP 产品也应及时适应潮流方向，时刻创新产品，贴近大众生活，将长城文化元素融入当今社会，才能使产品保持永久的活力和市场效益。

（三）人文精神与消费心理相结合

第一，按照“日常即道”理念设计产品，实现人文精神与消费心理的结合。“日用即道”是比较新颖而且获得市场高度认可的设计理念，“日用”是衣食住行生活的需要，“道”是遵循的原则。市场证明，基于日用理念的文创品附加值最高，是竞争取胜的有效策略。在满足和丰富大众日常生活，提高生活品质的同时，也就实现了文创品的销售目标。可以用先进的“日用即道”设计理念，创新目前的河北长城文创品的设计思路。通过设计方法和新材料的选择，结合日常生活需要的具体特点，设计制作受大众欢迎的特色长城文创品，使客户得到物质便利与精神文化的双重体验，提高河北长城文创的品牌美誉度。

第二，以工匠精神塑造高品质。随着大众消费理性和品质要求的提高，只有高品质的文创品才能获得消费者的青睐。例如高端笔记本，是最受欢迎的文创产品之一。由于进入门槛低，是许多印刷企业参与的重要产品。但是，产品销售业绩并不理想，而国外有的品牌价格高达 200 元以上，其中的差异在于文化创意打动了消费者。如果长城笔记本能够将长城文化元素融入其中，包括图案与造型，以及笔记本的内容和新颖功能，也可以实现高端消费。

在注重高品质的同时，还可以结合最新的高科技进行设计研发。例如，AR 技术与文创品的结合。可以利用 AR 技术，将更多文化创新理念融入产品，给消费者带来全新互动视觉体验，使游客成为旅游景区的文化传播者。在景区挑选明信片，扫描二维码并下载安装客户端，可以以三维图像还原景点，加上音频讲解，不仅还原旅游场景，唤起旅游回忆，而且可以了解历史文化。明信片完成了文创品升级，解决了旅游纪念品被搁置，缺乏地域文化、品质低下和重复消费率不足问题。同时，可以设置购买链接和便捷电子支付功能，方便用户再次购买旅游纪念品，推动二次购物与二次旅游，带动河北长城旅游的良性循环发展。

第三，突出地方文化特色。旅游文创品同质化现象严重，产品质量整体较差，产品缺少地方文化特色，这些问题使游客失去购买意愿，成为制约旅游消费的巨大“软肋”。河北长城文创品的设计开发空间巨大，在深入调研基础上，将河北长城区域的历史文化、民俗风情融入产品，使之具有较高的吸引力，形成大众购买行为。

例如，秦皇岛长城的特色食品柞椤叶饼，是游客首选的地方饮食。在电子商务成熟的背景下，可以增加网络销售渠道，面向全国消费者，提高效益。还可以进行产品升级，选择实用的精美包装，印制长城图案，采用高科技的保鲜和安全包装纸箱等，让区域性消费的产品走向全国。

同时，可以延伸柞椤叶饼的系列创意。柞椤叶饼的叶子来自当代长城脚下的柞椤树，而柞椤树又名橡树，即葡萄酒橡木桶的材质来源。橡木的知名度远高于柞椤树，名称的不同无形中降低了“柞椤”产品的品牌影响力。可以通过网络营销策划活动，结合橡木来扩大“柞椤”名称的知名度。同时，创新设计柞椤叶文化书签、柞椤木学生文具用品等，包括其他的木质日用品也都可以尝试设计。

长城的书画作品很多，包括悬挂于人民大会堂的巨幅长城作品等。这些高品位的书画作品，可以通过授权复制，以缩小版的方式进行小规模生产，应用于大众家庭装饰的消费。其他的书画作品，也可以根据普通的家饰功能需要，针对客厅、书房和卧室的不同环境，复制或者重新创作，适应大众需求，从而扩大长城书画类文创品的销售空间。

（四）河北长城文创与旅游集成发展

河北长城文化创意产业的发展，可以融入旅游产业价值链，为长城旅游业的全面发展与提升创造新的方向。河北长城文化创意产业和旅游业的集成发展可以从以下几个方面实施。

第一，长城影视和演艺项目。在现有的河北长城景区，长城演艺项目还没有得到有效开发实施。同时，长城题材的影视剧节目也需要进一步开发摄制。在这方面，可以设立专门的河北长城影视和演艺机构，依托河北影视集团的优势资源和人才团队，研究和创作长城故事剧本。设立专门的河北长城投资机构，给予更好的政策倾斜和资金支持，充分利用民间资本，联合旅游公司、名牌文化企业，设计制作一批有市场效益的影视和演艺项目，推动河北长城旅游的升级发展。

第二，长城民俗、节庆和餐饮文化活动。长城元素的创新，包括菜系、特色餐厅、环境装饰、桌椅餐具等具有长城元素的创意品。在挖掘河北长城特色文化的基础上，从长城脚下当代居民的特色民俗入手，发展特色旅游，打造河北长城文化旅游的节庆品牌。

河北长城区域从东部的秦皇岛，向西延伸经过唐山、承德和张家口，再沿太行山向南延伸经过保定、石家庄，直到邢台和邯郸，区域跨度大，民俗各具特色，这是开发河北长城民俗旅游的重要资源和良好基础。

可以根据不同节气和季节，综合规划，错开实施，在河北长城的不同区段举办杏花节、桃花节、滑雪节，以及徒步登山赛、定向越野赛、超级越野赛等，打造一批具有国际影响力的河北长城民俗文化旅游节庆品牌，提升旅游文化的内涵和品牌知名度。

河北长城区域各地的美食也各具特色，可以设计实施长城美食旅游。美食文化是最直接、最有影响力的文化展示项目，发动公众参与评选长城旅游风味餐厅，宣传特色餐饮品牌小吃或菜品，提高长城景区的品牌效应。

第三，建设休假、养生与中医药文化基地。河北的长城区域主要位于燕山和太行山两大山脉，“两山”区域也曾是河北的贫困县域集中地带，原始生态环境保存较好，具有休假养生的优良条件。今天长城沿线的村镇绝大多数源于古代守卫长城的各级军事城堡，长城军事文化内涵极为丰富。可以从休假养生、文化体验、建设中医药文化体验基地的方向推进河北长城区域的新业态旅游。根据河北长城各地市的不同地段资源特点，规划建设一批具有生态养生功能的长城度假村和森林公园，同时赋予长城文化研学的功能。通过建设兼具休假养生功能的长城文化体验基地，打造一批优秀的长城文化综合体，这是对目前长城景区开发的一种有益补充，具有长久持续发展的特点，同时也是长城沿线乡村振兴战略的新举措。

第五章 传统利用篇

从社区营造视角看旅游的历史功能与当代价值　汤利华、顾海洋

长城脚下的古村落——从世界文化遗产角度看蔚县古堡的价值　郝建斌

从社区营造视角看旅游的历史功能与当代价值

汤利华　顾海洋*

摘要：旅游作为一种具有人文内涵的社会流动，能对目的地的经济、社会、文化、生态等多方面产生客观影响；“非经济功能”是中国旅游不容忽视的另一面。本文比较了先行国家或地区开展社区营造的理念与国内四十年旅游发展的实践，指出中国旅游事实上部分承担了中国式社区营造的功能。从这一角度看，“乡村振兴”背景下的“中国好旅游”是用营造之心推进旅游，以旅游之势撬动营造，让地域发展有“匠心”和“动能”，自上而下与自下而上互动并实现快与慢的结合。这对长城国家文化公园自身建设及与周边地域协同发展有一定启示意义。

关键词：社区营造；旅游；历史功能；当代价值

旅游是一种具有人文内涵的社会流动，这种社会流动能产生经济、社会、文化、生态等多方面的客观影响。认识到旅游有重要的经济意义但不只有经济这一面是很重要的，否则，就不能全面认识旅游在中国特殊国情下的历史功能和当代价值。

一、非经济功能：中国旅游不容忽视的另一面

中国旅游的历史功能和当代价值，一个不容忽视甚至更独特的“面”，是对一个地域 / 社区（这里是共同体的概念）的社会、文化和生态影响。

从业态的特性看，旅游与地域经济社会协调发展天然联系。如果说旅游活动的核心是体验，那么，这种体验与体验经济时代的其他体验（如在惯常的周边看电影、体验各种特色店等）的不同点在哪里呢？它是一种到“非惯常环境”的体验。体验什么？最基本的就是“在地”体验——体验在地生活、在地文化。那么，旅游者为这种体验产生的在地消费、销售这种体验的地方运营能力和有效管理该过程可能产生的正负面影响的地方公共治理能力——宏观层面上的“旅游管

* 汤利华，北京联合大学旅游学院副研究员，院旅游与城乡发展中心主任；顾海洋，首旅集团首旅服务学院总培训师。

理”（tourism management）[1]，就与快速工业化、城市化进程中的地方发展，特别是整体上处于工业化末期、步入后工业时代的传统地域的全方位发展天然联系在一起。

快速工业化、城市化中的地域发展，特别是传统社区（如古村镇、后发县域等）发展面临的问题是相似的：传统社区不仅经济上出现问题，地域人口、地方文化、自主性、内聚力等也在消失。国家正在探索如何振兴地域，并实现可持续发展——经济转型升级、迈向生态文明、加强社会建设等。那么，国际上有没有理论与实践可以借鉴？应该也是有的。在解决地域发展问题方面，一种重要的理念与实践被称为“社区营造”，可以说这是一个全世界的现象。

社区营造最早出现在20世纪20年代第一个走完工业化历程的英国；美国在20世纪30年代也有了社区改良运动；联合国于1951年在全球范围内推广这项地区发展运动，旨在通过地方社区自身的力量促进社区协调与整合，从而为地区找到一条有效发展的道路。亚洲国家或地区中实践最成功也最知名的是近邻的日本在20世纪60年代开始的，基于留住传统社区的社区营造运动——“造町运动”，还有积极复制日本经验，自20世纪90年代起我国台湾地区的“社区总体营造”。“造町运动”被认为对日本社会经济文化发展产生了较为深远的影响，是日本形成市民社会的重要基石；我国台湾地区的“社区总体营造”被认为是“台湾的独特资产”，对台湾社会影响广泛。

社区营造虽有不同种定义，但基本的理念是相通的，简言之，就是通过自下而上的方式，全面挖掘地方“人、文、地、景、产”等资源，并“经营之、创造之”，这个过程中，提升社区集体社会资本，形成社区共同意识，达到社区“自治理”；社区营造的核心是“造人”，其最大动机，可以说是重新发现、重新创造城乡最引以为傲的特色。当然，这也是个“慢工出细活”的过程，正如日本东京大学教授、联合国教科文组织顾问西村幸夫曾说的：“在进行急剧社会变革的今日中国，理解这些如同绘画一般缓慢的社区营造是一件困难的事情……”

曾产生深远影响的“社区营造”与“中国旅游”有关系吗？有区别有联系。可以说，从过去几十年旅游业发展来看，后者客观上部分承担了中国式“社区营造”之功能。

经济飞速发展的同时也导致了一系列负面后果，而旅游以“很轻”（一般说的吃喝玩乐）、“很经济”的方式事实上起到了发掘在地资源、扶贫富民、营造旅游目的地环境、带动社区参与、社会治理，特别是带动传统社区自然生态、文化遗产保护和发展等作用，这是中国现实国情下的客观事实，是旅游除经济以外的历史功绩。当然，这种功能的发挥，往往是源于“给外人看的”“挣外地人的钱”，而由地方荣誉感而产生的自内而外的“分享”并不多，因而其带动作用有限，很多还呈表面化，甚至产生了一些影响文化生态的副作用。

二、在地与再造：新时代“中国好旅游”落地的一组关键词

日本20世纪60年代开始社区营造，80、90年代有了硕果，2003年推出“观光立国”政策，“社区营造”成果导入“观光”被认为是其立国政策的重要基础。从“观光立国”的基本理念也能看出这一点：必须以建设让日本当地居民充满自豪感的生活环境，促进国内旅游、国际旅游事业的发展，丰富国民生活等为施政前提[2]。20世纪90年代，日本从思考地域发展的角度，深入探讨过“社区营造”与旅游业如何结合、如何相辅相成的课题（传统意义上的社区营造和旅游发展，一个重“内”，

一个重“外”，是有些相互排斥的）。

其基本观点是：地域社会、地域环境、地域经济是思考地域问题时最基本的三大关系，三者环环相扣，密不可分。一般的情况是：地域经济的发展，势必会改变地域社会的面貌，往往让地域环境恶化；而为了保全地域环境，很可能会造成地域经济的停滞不前，如此，虽然地域社会得以维持，相应的却导致缺乏变化；一旦重视地域社会的维持，结果大多是地域环境得以保全，却又失去了地域经济的活力。这种理论在国内过去的变迁中也得到了印证，如在快速的工业化、城市化进程中，一些地方经济发展了，但生态环境、人文环境却遭到了破坏；而一些地方由于地理位置偏僻等原因受现代化进程影响较小，传统的自然、人文环境保留了下来，但又存在经济长期滞后、物质文化生活待改善等问题[3]。

而把社区营造与旅游结合，可以重新思考三者关系：以地域社会为主体，凭借地域环境推动地域经济发展。这样，既让经济得到发展，也使环境与社会得以保全。而实现这种结合的理念和方法，用一句话概括即是：从“城乡之傲”开始的地域管理——把充分挖掘、积极培育城乡最引以为傲的特色作为基础和突破口，来对地域进行全方位、系统性的经营、创造与治理。

比照日本的理念与实践来看，从某种程度上可以说，国内现阶段推动的所谓全域旅游等促进旅游目的地整体发展的思路，就是有教训反思、有理论基础、有比较借鉴、有基层实践的区域一体化发展观，具有立足旅游又超越旅游的战略意义——以经济社会协调发展之心，行“旅游”之事，甚至可以说与改革开放之初国家加快发展旅游的“撬动”功能异曲同工（当然这次要撬动的不只是“经济”）。同时，既然是立足旅游的政策，要想发挥出实在的功能，就有在地方、在旅游行业如何落地、如何带动的战术、路径问题，即怎么办？笔者认为，有必要借鉴经验，把“从中国‘城乡之傲’开始的地域管理”作为一种方向、原则和方法，把“在地与再造”作为新时代全域旅游落地的一组关键词。

“在地”，即依托当地资源，发掘当地文化，形成当地“认同”，东道主首先以地方为荣；“再造”，就是在保护和继承在地资源的基础上，要注入创意、服务与活力。由此，一方面可以联结区域的过去与现在，另一方面可以推出当地独一无二的产品，让旅游者获得喜闻乐见的体验。这种立足地方发展，相信任何地方都有独特内涵，都有可传承的“个性”，首先营造居民“荣誉感”的“再造”，不同于不注重扎根地域资源，以短期利润为先，希望短平快“克隆”的“创造”。应该说，从在商言商角度，无地方性本无可厚非。但如果从旅游作为撬动地方延续“城乡之傲”的特殊产业的角度来看，以社会文化意义为“初心”，可能会做得更好，走得更远。

通过以“在地”为基础的“再造”，找出感动自身的元素，才能感动别人，才能让访客一访再访——让一人来一百次而不是一百人来一次。更进一步，“在地”与“再造”不仅可以避免旅游产品的“麦当劳化”，更是逆城市化的重要力量、应对全球化挑战的重要一面。

从这一角度看所谓全域旅游，就是旅游主动与社区营造的结合，用“营造”之心推进旅游，以旅游之势撬动“营造”，让一定区域既有“颜值”又有“气质”，地方发展有“匠心”有“动能”，自上而下与自下而上互动，快与慢结合。

如能重视这一面，我们将更能全面洞察旅游的当代价值，更好地理解推动“中国好旅游”的战略意义。从小处看，能有效避免一些地方旅游工作方向不明、全域理念落空；从大处看，可以避免对地方最宝贵、最脆弱的自然、文化生态造成伤害，使所谓全域旅游“得始终”——真正在五位一体布局中写下浓墨重彩的一笔。从这个意义上说，主动将旅游与社区营造相结合的文旅同人，就是在以帮助地方重新发现“城乡之傲”之心、行旅游之事——不只帮游客发现大不同的景观，也携手当地人重新发现地方之美；就是在从事“留住乡愁”、振兴乡村、振兴地域，实现可持续发展的大事业。

三、对长城国家文化公园建设的启示：与周边地域的协同发展并带动古村“营造”

社区营造的理念对长城国家文化公园这一国家重大文化工程的自身建设是有一定启示意义的。进一步还要看到，长城带周边的古村，包括京郊长城沿线村落仍面临着迫切的发展问题，如笔者调研过的北方晋、冀、蒙三省（自治区）交界，曾为自古兵家必争的新平堡村、左云长城周边村落；又如京郊门头沟沿河城村，昌平长峪城村，延庆香屯村、下花园村，怀柔撞到口村，等等。在大众休闲时代到来、乡村振兴背景下，长城国家文化公园建设如何与这些古村实现协同发展仍是一个有待继续破解的议题。无疑，依托长城吃上“长城饭”“旅游饭”是这些古村实现发展的一种重要方式；现实也能看到，一些古村，有的已经自发地走上这条道路，如通过开客栈、为自驾游一族作导游等，成了脱贫致富的“活路”，当然发展理念与水平不一。如何更好地、有组织地、可持续地吃上“长城饭”，从旅游治理机制上看主要有“外趋”和“内驱”两种方式：前者作为外力推动的模式，这也是过去较常使用的，近期如北京密云长城脚下的干峪沟村从空心村转变为“中国最美休闲乡村”的“重生”案例[4]；当然也有借鉴社区营造依靠内生动力所进行的探索。应该说在现实国情下，两种方式各有利弊，前者在现实国情下较为可行且相对高效，也会存在着“资本下乡”等可能的弊端[5]；后者更为持久但前提是要具有内生动力，还需要相关的政府、专业力量包括企业的支持等条件，所需的时间也较长。但也要看到，在一定的条件下一些有社会责任的企业也能把政府与村民协同起来，而且，外力推动与内生驱动也是可以转化的，也不乏一些外力推动后启发和带动了本村自我发展的意识和能力的案例。鉴于此，在一些当地政府、村民自我组织能力、内在活力都较弱的古村，推进政府支持、长城学会等专业机构帮扶、由具有相通理念的企业作为运营主体，政府、村组织、专业力量多元协同开展依托长城品牌的文旅服务（如打造“古村长城客栈”），同时实施长城文化战略和古村振兴战略并相得益彰，促进长城带所在地域经济发展并最终带动全面的“营造”，这是值得积极探索的。

（本文原载于 2018 年 2 月 13 日《中国旅游报》“视野版”；作者有修改）

参考文献

[1] 汤利华 . 旅游管理是什么——大众休闲时代的变迁与治理 [M]. 北京：中国旅游出版社，2019.
[2] 河村诚治 . 富裕国家和其应采取的旅游政策——以日本的“旅游立国”为例 [C]// 复旦大学旅游学系 . 旅游发展与社会转型 . 上海：复旦大学出版社，2015.
[3] 西村幸夫 . 大家一起来！打造观光城乡 [M]. 萧照芳，等译 . 台北：天下杂志股份有限公司，2010.
[4] 严旭阳，汤利华，杨一介 . 城乡关系视野下的空心村功能重构：动力与机理——北京密云干峪沟村“重生”案例研究 [J]. 管理评论，2020，32（4）：325-336.
[5] 张京祥，姜克芳 . 解析中国当前乡建热潮背后的资本逻辑 [J]. 现代城市研究，2016，31（10）：2-8.

长城脚下的古村落

——从世界文化遗产角度看蔚县古堡的价值 *

郝建斌 **

摘要：2019 年，作为国家战略的长城国家文化公园建设工程启动，此举对于文化传承、经济发展、第三产业推动、科学研究等都有积极的现实意义。公园建设旨在弘扬文化、发展产业、推动多业态发展，并促进长城保护区的经济、文化的综合发展。笔者认为保护长城，建设长城国家文化公园，推动文旅业的发展，更应该带动保护、利用长城古村落资源，而且长城国家文化公园四大园区建设的文旅融合与传统利用园区都能和乡村振兴战略协调发展。张家口市是长城国家文化公园河北省的试点之一，作为张家口明长城纵深防御重要支点的蔚县古堡群，必定会在公园建设中发挥重要作用。古堡是北方村落建筑的独特形式，蔚县的古堡群是北方古堡的代表，作为长城脚下的古村落，它的形成原因特殊，且具有建筑、历史、人文、艺术、民俗等多方面价值。从目前的世界文化遗产的角度与申报标准来看，古堡有着集体申遗的可能性。文章立足于长城古村落的角度，旨在从世界文化遗产的角度深入剖析、阐释蔚县古堡的多方位价值，以期促进其保护，并在未来的文旅融合、乡风文明建设等方面加以科学利用。

关键词：世界文化遗产；蔚县古堡；北方古堡；价值

中国是个幅员辽阔的国家，南北方的地理差异很大，特殊的历史发展促进形成了典型的南北文化差异，表现在人文、建筑、民俗等各个方面。历史上，北方多战乱，塞北的草原、森林孕育了众多的强悍民族，2000 多年来，一直与以中原为核心的政权进行冲突、战争。因此，北方的长城防御自古有之。秦统一后，把秦、赵、燕三国的长城连接、扩修，西至临洮，东到辽东，形成了我国

---

* 2019 年河北省社会科学基金项目“协同发展视域下京津冀长城古村落的保护研究”（课题编号：HB19YS006）成果。

** 郝建斌，燕山大学中国长城文化研究与传播中心研究员。

长城修建的第一次高潮期。随着国家的统一、分裂、再统一，北方的草原势力始终还是中原王朝的心患。到明朝时，北元的残余势力屡次威胁明王朝的统治。因此，在大明统治期间，中国的长城修建又进入一个前所未有的阶段。明长城从东到西一线排开，东起山海关以及辽东边墙，西至嘉峪关，绵延近万千米。在这个国家上下修城造墙的大背景下，以村落为单位的蔚县人民也修建了若干城堡式的村堡。数百年的风雨飘零，虽已消逝很多，但仍为我们留下了一批宝贵的文化景观财富。本文就其在世界文化遗产中的价值作一探索与阐述，旨在抛砖引玉，为蔚县古堡未来的保护和利用添砖加瓦。

一、世界文化遗产的内涵与外延及历史意义

世界文化遗产，是一项由联合国发起、联合国教科文组织负责执行的国际公约建制。1972 年 10 月，联合国教科文组织在巴黎举行第十七届会议，通过了《保护世界文化和自然遗产公约》，在公约的带动下，已在世界文化的保护与传承上作出了不朽贡献。

文化是人类所特有的行为结果，在改造自然的生产、生活中创造出来的，它不是独立个体，而是依附于人类的活动而存在。创造性是其主要特征，自然景观如果不经过人类的改造，就不能称其为文化景观。文化也是人类对自然界最重要的贡献与存在价值。[1]

世界文化遗产保护正在发挥着它伟大的力量，担负起保护与发展人类的生存环境、传承与塑造人类精神家园的重要作用，具有深远的意义。

在发展了近 50 年的时间里，世界文化遗产名录保护了众多的人类杰出文化遗产。我国目前有 55 个世界文化遗产被列入名录，不仅有闻名世界的中国长城、北京故宫、陕西秦始皇陵及兵马俑，还有皖南古村落（西递、宏村）、开平碉楼与村落、福建土楼，这三个遗产是我国典型的古村落活态遗址，兼具文化景观遗址的特点，是活生生的中国农耕社会缩影。相对于我国五千年伟大的连续文明发展历史，这个保护数量太少了，仍有很多文化遗产、文化景观遗产都有条件、也很需要进入保护名录。这需要我们在申遗方面多做工作，了解政策，做好保护，循序渐进地推进。2005 年 12 月《国务院关于加强文化遗产保护的通知》的发布，加快了我国从“文物保护”到“文化遗产保护”的发展进程。[2] 这对我国从各个角度申报世界文化遗产，有推动作用。

二、蔚县古堡的历史与现状

历史上的中国北方与南方相比，一直战乱不断。北方的少数民族政权数次跨过长城，入主中原；历史发展到明代，元朝的残余势力退居漠北，鞑靼、瓦剌与明朝形成对峙。明太祖在武力驱赶的基础上，又加强长城的建设，连接长城旧址，修筑新墙，完成了万里长城防御线，御敌于塞外。除此之外，在长城周边还建立“军堡”若干，有的军堡还建立在长城腹地。如西大坪堡、祁家皂堡等都在蔚县境内，远离长城主线。这些军堡的建立，也带动了官堡、民堡的大规模兴起。河北省张家口市的蔚县，历史久远，在商周时期归代国管辖，北周时设蔚州，后一直延续下来，直到民国设县。此地北接塞外，南连中原，地理位置特殊，军事地位相当重要。明朝历史中，蔚县交替归长城沿线九边重镇大同府镇与宣府镇的管辖，在政府造城运动的带领下，该地区的第一批军堡及官堡建立

起来，西大坪堡、羊圈堡、北官堡、横涧堡等都是这一时期修建的。明朝中后期，战事紧张，正统十四年的土木堡之变、嘉靖时的“庚戌之变”，更是让统治者对北方的瓦剌忌惮不已，后世朝廷都愈加重视长城防线的建设。为加强京师的防御能力，更是在山西、河北境内围绕北京城修建了两道长城防线，即内外长城，北京怀柔县域内的慕田峪长城火焰山段和山西省偏关县的老营堡为内外长城东西交接点。并设置六座著名关隘，内三关有倒马关、紫荆关、居庸关，外三关是偏头关、宁武关和雁门关。六座关城彼此联动，共同拱卫京师，成为保卫京师的强大屏障。蔚县的位置正好处于内外长城之间，属于长城防御的二级防卫，它成为长城防线与塞北势力斗争的缓冲地。战争、冲突的频繁发生，蔚州人民的正常生活空间被挤压。因此，响应国家的造城防御机制，仿造军堡、官堡的样式，各村落都开始建造村堡，堡垒的形制类似。蔚州多山区，沟壑较多，按照长城的以险制塞修建原则，村堡多建于台地，三面开门，临深渊或陡坡、水道，天然形成保护屏障，易守难攻，形成极好的防御能力。堡子的大规模建设，从明初一直延续到清代，终于形成了“八百村庄、八百古堡”的盛况。围绕堡子的各种庙宇、戏楼，也满足了堡民精神和文化的寄托与向往。堡子在明清时代，甚至是民国和新中国成立初期，有效地保证了村民的正常生活免受战乱、匪患以及洪水等自然灾害的侵扰，为蔚州带来了一段和平时光。但在近代，堡子却没落了，尤其是到了21世纪，青壮年农民普遍进城务工，古老的村庄多数时都以老人、妇女、儿童为主；通过打工富裕起来的农民为提高生活质量，更愿意迁出古堡，另建新村新房。堡子里的人气少了，建筑就得不到正常的使用与维护。因此，在最近几十年，自然与人为的因素使古堡毁坏得很快。1985年进行文物普查时，统计县域内共保存城堡将近300座，2001年调查统计表明大约有150座城堡得以留存。[3]据我们的调查研究与数据分析，现今古堡数量仅仅百余座，且部分为严重残破。政府保护力度不够，村民漠视，自然毁损，人为破坏，让古堡的未来更不光明，蔚县古堡的保护形势可谓是十分严峻。

三、蔚县古堡的价值

蔚县特殊的地理位置，形成古堡林立的壮观景象，却因为时代变迁，使古堡成为当地农民经济发展的累赘。如今，2019年中央一号文件公布提出全面推进乡村振兴，乡村要经济发展和重塑文明两手抓，提升乡村的文化自信，让乡村利用现有资源，深入发掘文化内涵，为未来的经济振兴作贡献。在这样的大好形势下，应该发挥古堡的巨大能量，让人们能够看到它的价值，能够在乡村旅游、文化艺术、传媒产业上作出更多贡献。这些工作的前提是我们要重视古堡作为一种文化的多方面价值。

1. 蔚县古堡作为北方古堡的代表，具有典型性价值

中国的北方，较之南方的杏花烟雨江南的田园生活而言，更多的是刀光剑影与铁骑黄沙。因此，乡人为自保，多营建堡垒式建筑。

历经岁月的沉淀后，形成了北方的古堡文化，这是一种活着的文化，而且一直在延续发展的文化。如今，河南、河北、山西、陕西、宁夏等都留存有各式的堡子，各地区的堡子规模、大小、数量不一，但都反映了在特定时期，人们追求和平、向往平安的情愫。比较而言，河北的古堡数量是众多省份里最多的，建设规制、保存状况、风格特点也是最典型的。而河北省又以张家口市蔚县为最，蔚县至今仍有百余座古堡屹立于壶流河畔和大南山南麓。其中有巍巍耸立于山巅之上以西大坪为代表的数座军堡；有已成功开发的暖泉西古堡，是商业运作的代表，其非遗项目“打树花”闻名于京津地区；还有南留庄、水西堡、宋家庄等中国历史文化名村；更有分五个批次入选中国传统村落名录的40个古村落，更多的古村落在整理申报中。蔚县古堡的文化价值正是北方古堡所需要展示于世人的。因此，可以说蔚县古堡是中国北方古堡文化的代表，对蔚县古堡的全面研究，可以涵盖北方古堡的基本问题。

2. 蔚州城及众多古堡具有明清历史研究价值

蔚县的历史悠久，从史前人类活动遗迹到两汉时期的代国都城，再有明清古堡遗留的各种历史文物与蕴含的历史价值，值得我们去深入挖掘。

蔚县的古堡不仅数量多，修建年代也相当久远。暖泉三堡之一的北官堡中的卢家小堡遗迹是元代修建，大部分堡子修建在明清时期。明朝之前蔚州地区就战事连连，烽火不断，此地就筑起了众多屯兵的堡垒，蔚县最古老的堡子当属于这一时期。明朝建立后，与北方残余势力对抗，蔚州又成为烽火前线，为屯兵、备粮，解决战争的后勤补给，这一时期又建立了大量的军堡与官堡。明中期到清初，战争、匪患不断，又掀起了村民自建城堡。因此，乡村的大部分民堡当属于这一时期。

十里一堡，五里一庄，有村便有堡，见堡便是村，有堡即有庙。古堡伴生的公共建筑有戏楼与各种庙宇神殿，保存有大量的历史文化信息，也反映了各个时期的民生国力。

年代久远，历史的沉淀厚重，蔚县现存的寺庙、古迹遗址多处。全国重点文保21处，省级20余处，县级近百处，不可移动文物上千件，很多文物还与古堡关联，因此历史价值不可小觑。

3. 蔚县古堡具有明清时期民俗文化研究价值

蔚州地区虽是战争前沿，但战事停歇阶段，这里又是草原与内地商贸的集散地，南来北往的货物，在此进行转运集散。蔚州城、暖泉镇都是当时的商贸重镇。明清时期，当地做麻纸生意的纸坊有十几处，出现一批造纸老字号；做皮毛生意的商家、匠人更是多达5000多人，商号达到上百家，货物销售全国甚至欧美国家。[4]蔚县的商业文明虽然短暂，但也为我们探索中国北方商业文化发展留下了重要信息。

建造于明清两代的古堡保护了数代乡民财产与生命的安全，使古堡中的村民得以延续着数百年的生活习俗，留下了中国农耕文明的活态表现。围绕古堡文明有着众多的文化生活，农民按着季节春耕秋收。闲暇时间，人们听蔚县秧歌戏，看山西梆子、灯影戏；逢年过节，更是拜灯山，办社火，各种娱乐活动让堡民们的业余生活丰富无比。

蔚县人民心灵手巧，为了让生活家园变得更加美好，过去的剪窗花逐渐成了一门特殊的手工技艺，一项重要的非物质文化遗产，一个我国民间剪纸艺术的重要派别。剪刻点染的特殊工艺使蔚县剪纸作品的地域性和艺术性都相当的独特和原生态。

“八百村庄、八百古堡”“有村就有堡，有堡就有庙”，这足以说明蔚县寺庙的规模。即使在如今古堡数量锐减，依附于古堡的寺庙荒废颇多，但依然阻挡不了善男信女们对未来的寄托与虔诚的叩拜。除了安慰信徒的心灵，寺庙也为我们留下了大量的壁画、雕刻和造型丰富、布局合理的古建筑式样。寺庙为一代又一代的古堡人提供着精神寄托与感情依附，也为人们的空虚心灵找到了慰藉的港湾。这些在古堡文化中占有重要地位的人文景观在未来的古堡利用中，可以起到很大的作用。

4. 蔚县古堡具有明清时期的民间艺术研究价值

古堡在蔚州大地上巍然屹立了数百年，偌大的古堡群，不仅形成庞大多元的古堡文化，也为后世保存了许多珍贵的艺术财富。从整体看，每一个堡子都是一个建筑群，雄伟的城门由高大的城墙连接成一个封闭的空间，在此间，街道整齐，且多数堡子为中轴线分布，民居分布两侧，各类庙宇、戏楼甚至于学堂等公共建筑或在堡内或在堡外有机地分布着。堡门、民居、庙宇、戏楼等丰富的建筑形式中蕴含着先民的审美文化和情趣，砖雕、石雕、木刻、壁画等在民居中、堡门上、庙宇戏楼中比比皆是。这些形式感强、造型优美、色彩艳丽的美术作品，是非常有价值的民间美术遗产，是构成我们国家民族文化的重要组成部分。它承载着先辈的审美追求，透露着自信的文化信息，反映着时代的变迁讯息，各类建筑也因为它们的存在而丰富、生动。

各类堡子的建筑主体不同，设施功能就有所不同。因此，军堡、官堡、民堡的形式规格各有不同。山岭上的军堡多为夯土建造，但规模较大；城内的军堡、官堡多为夯土包砖，如蔚州城、横涧堡等；而有条件的村堡堡门多为包砖，如白河东堡、北方城堡、白北堡等；也有夯土加石头组合的，如上苏庄堡等；还有纯石头垒砌而成的，如南柏山堡等。堡的形式亦有堡中堡、连环堡、独门堡、多门堡等；有的堡子建有完整的瓮城，如暖泉堡、北水泉堡等。堡内的建筑形式更是多样，各式的照壁、牌坊，各样的庙宇、民房，硬山顶、歇山顶、甚至于庑殿顶由布瓦或琉璃瓦覆顶；垂花门、回廊、多重四合院。建筑上的丰富反映出社会经济的发展状况及人们的财富能力，这些都为我们研究明清时期民间建筑艺术提供了典型的案例。

蔚县人民的一项重要的世界级非物质文化遗产——蔚县剪纸，是我国民间剪纸艺术的重要派别，地域性和艺术性都相当的独特和原生态，如今已经成为蔚县的文化品牌。形成、发展于清代的蔚县剪纸作为民间美术的重要部分，如今在扩大就业、拉动经济方面也有着巨大作用。

四、蔚县古堡申遗的可能性分析

1. 符合世界文化遗产的评估标准

蔚县古堡有深厚的历史、多方面的价值，现今仍保存有相当的规模，且多数为活态的存在方式，符合世界文化遗产评估标准的第三条，能为延续至今或已消逝的文明与文化传统提供独特的或至少是特殊的见证；第五条，是传统人类居住地、土地使用或海洋开发的杰出范例，代表一种（或几种）文化或人类与环境的相互作用，特别是当它面临不可逆变化的影响而变得脆弱。[5]

2. 同在册的世遗项目有可比性

蔚县古堡作为北方古堡的代表，可以为即将消失的古堡文化提供见证，现有的堡子形制多样、规模各一，有广泛的代表性。与已成为世界遗产名录的开平碉楼及云南土楼相比较，三者具有统一性，同样都是传统村落形式；同样都仍在使用，处在有机进化的过程中；同样都规模巨大，数量众多，有很大的代表性。当然，相比较碉楼和土楼，古堡的受损程度要大一些，这与北方建筑的材料、工艺有关，在保护力度上，前二者都较早的由政府介入保护，因此能够得到更有效的保护，而古堡至今未整体规划保护，多数仍处在自然状态中。

蔚县的堡子作为北方传统的村落建筑，有数百年的使用历史，是我国乡村原生态的活化石，在最近几十年的社会发展中，古堡消失得很快，且没有逆转的可能性。所以古堡具有申遗的可能性，也有自身多方面的条件可以规划申遗。从学术探讨上，我们要更进一步推动这一行为的进程。只有做足了功夫，才会有好的结果。福建的土楼在市政府领导成立的专门办公室推动下，十年铸一剑，才终于申遗成功。

3. 现实条件日趋成熟，国家战略推动，地区经济发展的需求

中央要推进乡村振兴战略，无疑是为国家的扶贫攻坚战加注的推进剂。战略在促进乡村的乡风文明建设方面，提出了传承发展乡村优秀传统文化、培育文明乡村、推动乡村文化振兴的具体措施，这对于落后的乡村经济来说，犹如久旱的树木遇到了甘霖。

蔚县毗邻京津，属于京津冀协同发展的覆盖地区，又在乌大张的经济发展范围内。交通便利，境内有京蔚等多条高速和207、209等国道线路，适于开发。张家口、北京合办2022年的冬奥会，也为它提供了更多发展机遇。

2019年7月，中共中央办公厅、国务院办公厅印发了《长城、大运河、长征国家文化公园建设方案》，这是新时期我国文物与文化资源保护的战略决策。长城国家文化公园不仅要树立我国的文化自信与民族自信，而且要切实地改善长城周边地带及长城文化带覆盖区的经济状况。长城国家文化公园的四大园区建设其中就有文旅融合区和传统利用区，这两部分园区的建设都和古村落的保护、利用挂钩。张家口市是河北省的试点城市，作为长城古村落，蔚县的古堡文化可以纳入其中予以保护。

蔚县古堡，一个在长城脚下的失落文明，伴随着我国北方历史的变幻风云，浮沉于历史长河之中。曾经的荣耀不在，只留下壶流河畔的众多堡垒村寨。在当今国家努力实现中国梦的伟大进程中，在复兴文化自信的历史道路上，曾经的辉煌，要转化成今日的前进动力。

蔚县的古堡有着深厚的历史文化，在乡村振兴中可以发挥其文化作用。利用古堡的自身资源，规划古堡旅游、建立古堡影视基地和古堡艺术创作基地、开发推广特色文化演出、培育特色饮食产品与文化产品，就如现在的蔚县剪纸一样，将来可以开发更多的非遗产品，带动本地就业，形成产业。

走文化的道路，对于古堡的未来，可以说是十分光明的。深厚的古堡文化中有太多可以发掘的价值，抓住古堡保护与利用的关键点，融入乡村振兴战略中，用文化资源开发带动经济发展，用经济的发展促进文化的建设，二者相辅相成。

利用蔚县古堡的规模性资源，发掘古堡文化的优秀资源，立根在文化的基础上，以申遗的远大目标为指引，逐步把古堡的价值凝练、浓缩、发扬、提升。河北省可从北方堡寨聚落群体的角度规划世遗申报目标，上报国家，推动蔚县走绿色、环保的发展之路，形成可持续的发展动力，为乡村的振兴、国家的复兴奉献力量。

参考文献

［1］单霁翔．文化景观遗产保护的相关理论探索［J］．南方文物，2010（1）：1.

［2］单霁翔．文化景观遗产保护的相关理论探索［J］．南方文物，2010（1）：11.

［3］罗德胤．蔚县古堡［M］．北京：清华大学出版社，2007：22.

［4］董耀会．蔚州——被岁月掩埋的往事［M］．北京：北京大学出版社，2013：71.

［5］世界文化遗产评估标准［J］．世界建筑，2019（11）：8.